Gesundheitspsychologie Band 5

Soziale Krisen und Gesundheit

W0273974

Reihe Gesundheitspsychologie
Herausgegeben von
Prof. Dr. Heinz W. Krohne Prof. Dr. Dr. Petra Netter
Prof. Dr. Lothar Schmidt Prof. Dr. Ralf Schwarzer

Band 5

Soziale Krisen und Gesundheit

von
Prof. Dr. Johannes Siegrist
Düsseldorf

Hogrefe · Verlag für Psychologie
Göttingen · Bern · Toronto · Seattle

Soziale Krisen und Gesundheit

Eine Theorie der Gesundheitsförderung am Beispiel von Herz-Kreislauf-Risiken im Erwerbsleben

von
Prof. Dr. Johannes Siegrist

Hogrefe · Verlag für Psychologie
Göttingen · Bern · Toronto · Seattle

Prof. Dr. phil. Johannes Siegrist, geb. 1943 in Zofingen (Schweiz). Studium der Soziologie, Sozialpsychologie, Geschichte und Philosophie an den Universitäten Basel und Freiburg i. Br. Dort M. A. (1967) und Dr. phil. (1969). Assistent an den Universitäten Ulm und Freiburg i. B. Dort Habilitation im Fach Soziologie (1973). Professor für Medizinische Soziologie am Fachbereich Humanmedizin der Universität Marburg von 1973 bis 1992, unterbrochen durch Gastprofessuren an der John Hopkins University, Baltimore, USA, und am Institut für Höhere Studien, Wien. Seit 1992 Professor für Medizinische Soziologie und Direktor des gleichnamigen Instituts an der Heinrich Heine Universität Düsseldorf. Zugleich Leiter des Postgraduierten-Studiengangs „Gesundheitswissenschaften und Sozialmedizin" der Medizinischen Fakultät.

Die Deutsche Bibliothek - CIP-Einheitsaufnahme

Siegrist, Johannes:
Soziale Krisen und Gesundheit: eine Theorie der Gesundheitsförderung am Beispiel von Herz-Kreislauf-Risiken im Erwerbsleben / von Johannes Siegrist. - Göttingen; Bern; Toronto; Seattle : Hogrefe, 1996
(Reihe Gesundheitspsychologie ; Bd. 5)
ISBN 3-8017-0673-7
NE: GT

© Hogrefe-Verlag, Göttingen · Bern · Toronto · Seattle 1996
Rohnsweg 25, D-37085 Göttingen

Das Werk einschließlich aller seiner Teile ist urheberrechtlich geschützt. Jede Verwertung außerhalb der engen Grenzen des Urheberrechtsgesetzes ist ohne Zustimmung des Verlages unzulässig und strafbar. Das gilt insbesondere für Vervielfältigungen, Übersetzungen, Mikroverfilmungen und die Einspeicherung und Verarbeitung in elektronischen Systemen.

Druck- und Bindearbeiten: Dieterichsche Universitätsbuchdruckerei
W. Fr. Kaestner GmbH & Co. KG, D-37124 Göttingen-Rosdorf
Printed in Germany
Auf säurefreiem Papier gedruckt

3-8017-0673-7

Reihen-Vorwort

Die auch im deutschen Sprachraum zunehmend wichtiger werdende Disziplin der Gesundheitspsychologie befaßt sich mit der Rolle psychologischer Faktoren bei der Aufrechterhaltung von Gesundheit, der Prävention von Krankheit, der Auseinandersetzung mit bestehenden Erkrankungen (einschließlich des Prozesses der Genesung) und der Überwindung chronischer Krankheiten. Entsprechend diesen Aufgabenstellungen spielen Themen wie "Gesundheitsförderung", "Bedingungen für die Änderung des Gesundheitsverhaltens", "Soziale Unterstützung", "Familie und Gesundheit" oder "Streßbewältigung" eine zentrale Rolle in dieser psychologischen Disziplin.

Die Gesundheitspsychologie hebt sich dabei von anderen Gebieten, die ebenfalls gesundheits- bzw. krankheitsbezogene Fragestellungen behandeln (Klinische Psychologie, Medizinische Psychologie, Psychosomatik, Verhaltensmedizin), insofern ab, als sie von einem *positiven Gesundheitsbegriff* ausgeht (Gesundheit also nicht als die bloße Abwesenheit von Krankheit auffaßt) und dem *präventiven Aspekt* Vorrang vor dem kurativen und rehabilitativen einräumt.

Bislang fehlen systematische deutschsprachige Darstellungen der verschiedenen Aufgabenfelder und Themen der Gesundheitspsychologie. Die Buchreihe soll diese Lücke schließen helfen und damit Theorieentwicklung und Anwendung psychologischer Ansätze im Bereich der Gesundheitswissenschaft fördern. Zu diesem Zweck werden in der Buchreihe experimentell-empirische Analysen, anwendungsorientierte Monographien, umfassende und kritische Literaturübersichten zu speziellen Fragestellungen sowie methodenorientierte Beiträge aufgenommen.

Entsprechend der Weite und Vielfalt gesundheitspsychologischer Themen sollen unterschiedliche Arten von Monographien in der Reihe vertreten sein: Einführende lehrbuchhafte Texte, Überblicksdarstellungen über den gegenwärtigen Erkenntnisstand in einem spezifischen Feld sowie Forschungsberichte, in denen besonders auf die (breitere) theoretische und praktische Verankerung des Themas wie auch auf methodische Entwicklungen eingegangen wird.

Die Buchreihe wendet sich in erster Linie an Studierende, wissenschaftlich interessierte Praktiker sowie Forscher und Lehrende der Psychologie, Medizin, Soziologie und Pädagogik.

Die Reihen-Herausgeber

Inhalt

Vorwort

Üblicherweise arbeiten Sozialepidemiologen, Verhaltenswissenschaftler und Biomediziner in getrennten Welten. Jede Disziplin glaubt, die ganze Wahrheit über Risikofaktoren einer Krankheit und die ihr zugrundeliegenden "Mechanismen" erkannt zu haben. Dies gilt auch im Falle der Herz-Kreislauf-Krankheiten, die Thema des vorliegenden Buches sind. Herz-Kreislauferkrankungen und deren wichtigste Risikofaktoren, wie insbesondere hoher Blutdruck, stellen heute in entwickelten westlichen Industrieländern, zunehmend auch in den Staaten des ehemaligen Ostblocks, sowie in einer wachsenden Zahl sog. Schwellenländer der Dritten Welt, ein herausragendes gesundheitspolitisches Problem dar.

Die Antwort der biomedizinischen Gemeinschaft konzentriert sich auf ein vertieftes Verständnis der Prozesse, welche zur Bildung von Gefäßablagerungen insbesondere in den Herzkranzarterien führen. Hier stehen Phänomene wie Verletzungen der Gefäßinnenschicht, Blutfettstoffwechselstörungen, Schaumzellenbildung und Oxidation, die Regulation von Wachstumsfaktoren und die Thrombusbildung im Vordergrund.

Verhaltenswissenschaftler suchen die Antwort demgegenüber in den Motivationen, welche zu gesundheitsschädigenden Lebensweisen wie Zigarettenrauchen, Übergewicht, Fehlernährung oder Bewegungsmangel Anlaß geben. Auch bestimmte Persönlichkeitsmerkmale wie beispielsweise ausgeprägte Feindseligkeit spielen hierbei eine Rolle. Während jedoch jede einzelne Einflußgröße für sich genommen von vergleichsweise geringer Bedeutung bleibt, zeigt sich im Zusammenwirken der Risiken die Krankheitswertigkeit der untersuchten Phänomene. Statistiker sprechen hier von kumulativen, im Gegensatz zu additiven Effekten.

Aber selbst das Zusammenführen von biomedizinischen und verhaltenswissenschaftlichen Erkenntnissen vermag nicht mehr als höchstens zwei Drittel der Varianz des Herzinfarktgeschehens aufzuklären. Es muß also noch weitere Antworten geben. In diesem Zusammenhang ist eine wichtige Erkenntnis der Sozialepidemiologie von Bedeutung: Herz-Kreislauf-Krankheiten sind in den sozio-ökonomisch schlechter gestellten Bevölkerungsschichten wesentlich häufiger als in besser gestellten zu finden. Dieser Unterschied läßt sich weder mit einer schlechteren medizinischen Versorgung noch mit der größeren Häufigkeit gesundheitsschädigenden Verhaltens erklären. Da die Unterschiede bei der erwerbstätigen Bevölkerung – und bisher vorwiegend bei Männern im mittleren Erwachsenenalter – besonders gravierend sind, liegt es auf der Hand, nach belastenden Bedingungen des Arbeitslebens als einer weiteren wichtigen Einflußgröße des Krankheitsgeschehens zu suchen. Denn wer schlecht ausgebildet und schlecht bezahlt ist, wer wenig Kontrolle über seine Arbeit und sein berufliches

Schicksal hat, ist erhöhten Streßbelastungen ausgesetzt. Dies gilt in exemplarischer Weise für die Industriearbeiter in einer sich rasch verändernden modernen Welt.

An dieser Stelle setzt das vorliegende Buch *Soziale Krisen und Gesundheit* von Johannes Siegrist ein. Ihm kommt das große Verdienst zu, die biomedizinischen, verhaltenswissenschaftlichen und sozialepidemiologischen Erkenntnisstränge in einen interdisziplinären Theorieentwurf integriert und diesen in drei unabhängigen Studien empirisch überprüft zu haben. Anhand des Modells beruflicher Gratifikationskrisen, das in diesem Buch erstmals in seiner theoretischen, methodischen und praktischen Reichweite dargestellt wird, belegt der Autor in eindrucksvoller Weise die Fruchtbarkeit dieses integralen Ansatzes bei der Erklärung von Herz-Kreislaufrisiken.

Besonders interessant ist der Vergleich deutscher und chinesischer Industriearbeiter: in beiden Fällen vermag das Zusammentreffen von hoher beruflicher Verausgabung und niedriger Belohnung (nicht nur im materiellen Sinne) die Ausprägung wichtiger körperlicher und verhaltensbezogener Risikofaktoren zu erklären. Allerdings liegt das Gefährdungspotential chinesischer im Vergleich zu deutschen Arbeitern aufgrund günstiger Blutfett- und Blutdruckwerte (noch) sehr viel niedriger. Demgegenüber wird in der deutschen prospektiven Industriearbeiterstudie gezeigt, daß auch nach statistischer Kontrolle der wichtigsten traditionellen Risikofaktoren die Herzinfarkt- und Schlaganfallrate von Arbeitern, die zu Beginn der Studie unter ausgeprägten beruflichen Gratifikationskrisen litten, um das Drei- bis Vierfache erhöht ist.

Interessanterweise zeigen sich auch Zusammenhänge zwischen chronischem Distress und psychophysiologischen Erschöpfungszuständen wie gestörtem Schlaf und verringerter hormoneller und kardiovaskulärer Reaktivität unter standardisierter psychomentaler Belastung. Eine verminderte Ausscheidung von Streßhormonen wie Adrenalin und Cortisol unter chronischer Belastung im Arbeitsleben wird in der dritten, hier dargestellten Studie an Industriemeistern ebenso belegt wie ein direkter Zusammenhang zwischen Gratifikationskrisen und Höhe der Blutgerinnungsneigung.

Diese und viele andere Ergebnisse unterstreichen die Bedeutung dieses einzigartigen Buches, das aus der Feder eines besonders begabten Forschers stammt. Mögen ihm eine weite Verbreitung, eine gebührende Anerkennung und eine maßgebliche Beeinflussung zukünftiger interdisziplinärer Forschung zuteil werden!

Prof. Dr. med. Dr. h.c. Herbert Weiner
University of California, Los Angeles

Danksagung

Wer die Bilanz einer zwölfjährigen Forschungsarbeit vorlegt, an der viele Mitarbeiterinnen und Mitarbeiter sowie Kollegen aus dem In- und Ausland beteiligt waren, hat eine große Dankesschuld zu begleichen. Ich tue dies gerne, auch, und besonders, an dieser Stelle. Zuerst gilt mein besonderer Dank meinem langjährigen Projektmitarbeiter Dr. Richard Peter, Düsseldorf, ohne dessen ausgesprochen wertvolle, engagierte und unverzichtbare Mitarbeit der empirische Teil dieses Buches nicht hätte geschrieben werden können. Sehr herzlich danke ich meiner Frau, Privatdozentin Dr. Karin Siegrist, für ihre Unterstützung und herausragende Mitwirkung bei der in der ersten Phase gemeinsam durchgeführten Forschungsarbeit. Ohne die außergewöhnliche methodische Kompetenz und den unermüdlichen Einsatz der beiden früheren Projektmitarbeiter Dipl. Psych. Dipl. Soz. Klaus H. Dittmann, der tragischerweise im Sommer 1985 in den Bergen tödlich verunglückt ist, und Dr. Herbert Matschinger, Mannheim, wären die weiteren Entwicklungen unserer Arbeitsgruppe nicht denkbar gewesen. Auch ihnen bin ich dankbar verbunden.

In meinen Dank einschließen möchte ich Dr. Daniela Klein, Marburg, die, später gemeinsam mit Dr. Sabine Kress, mit bewundernswertem Geschick und Fleiß die Grundlagen zu den in Kapitel 9 dargestellten Forschungsergebnissen gelegt hat, ebenso Dr. Ingbert Weber, Köln, dessen früherer Mitarbeit in der Forschungsgruppe ich wichtige Anregungen verdanke.

Weiterhin gilt mein Dank den studentischen Hilfskräften, Doktorandinnen und Doktoranden sowie medizinisch-technischen Assistentinnen, welche bei der Erhebung und Aufbereitung von Daten mitgewirkt haben, den Ärztinnen und Ärzten der werksärztlichen Dienste der untersuchten Betriebe, die uns unschätzbare Hilfestellungen während der Erhebungsarbeit gegeben haben sowie den Beschäftigten, die bereit waren, an unseren Untersuchungen und Erhebungen teilzunehmen.

Die Forschungen, die im zweiten Teil dieses Buches dargestellt werden, wären nicht möglich gewesen ohne großartige und uneigennützige Kooperationsangebote von Vertretern der klinischen und theoretischen Medizin. An erster Stelle möchte ich Prof. Dr. Dieter Seidel und Dr. Peter Cremer, Institut für klinische Chemie der Ludwig Maximilian Universität München, dankend erwähnen, ferner Prof. Dr. Bodo M. Strauer und Prof. Dr. Wolfgang Motz, Abteilung Kardiologie der Medizinischen Klinik der Heinrich Heine Universität Düsseldorf, Privatdozent Dr. Hermann Peter, Zentrum für Innere Medizin und Prof. Dr. Karl H. Voigt, Zentrum für Normale und

Pathologische Physiologie, beide an der Philipps Universität Marburg, schließlich Prof. Dr. Dr. h.c. Gotthard Schettler (Heidelberg) und Dr. Ralph Bernhardt (Köln).

Unter den vielen Freunden und Kollegen, durch deren Austausch die eigene Forschungsarbeit wichtige Impulse und Korrektive erfahren hat, möchte ich die nachfolgend in alphabetischer Reihenfolge genannten besonders hervorheben: Adrian Appels, Maastricht, James P. Henry, Los Angeles, Marcel Kornitzer, Brüssel, Lennart Levi, Stockholm, Michael Marmot, London, Töres Theorell, Stockholm, und Herbert Weiner, Los Angeles. Herbert Weiner danke ich überdies herzlich für seine Bereitschaft, das Vorwort zu diesem Buch zu schreiben.

Für die finanzielle Unterstützung der Forschungsarbeit danke ich der Deutschen Forschungsgemeinschaft, Bonn (Projekt Si/236), dem Bundesminister für Forschung und Technologie, Bonn (Nordrhein-Westfälischer Forschungsverbund Public Health, Projekt D2), der Stiftung Verum, München, und ihrem wissenschaftlichen Leiter, Prof. Dr. F. Adlkofer, sowie dem Odeborn e.V. und seinem Vorsitzenden, Herrn Geschäftsführer H. H. Leimbach, Bad Berleburg.

Schließlich danke ich der Universität Utrecht, die mir mit der Verleihung der Belle van Zuylen-Gastprofessur die Möglichkeit gegeben hat, in einem intellektuell anregenden Klima am Abschluß des vorliegenden Textes zu arbeiten. Den Herausgebern der Reihe "Gesundheitspsychologie", insbesondere Frau Prof. Dr. Dr. Petra Netter, Justus Liebig Universität Giessen, und Dr. Michael Vogtmeier, Hogrefe Verlag Göttingen, danke ich ebenso für ihr Engagement wie den entsprechenden Verlagen für ihre Erlaubnis, Tabellen und Abbildungen aus bereits veröffentlichten Originalarbeiten hier verwenden zu dürfen. Dipl. Soz. Matthias Broer, Nico Dragano, Kirsten Gieseler und Brigitte Lohmanns waren so freundlich, mir bei der endgültigen Gestaltung von Graphik und Text behilflich zu sein.

Der Autor

Teil I

Theoretische und methodische Grundlagen

1 Einleitung

Unsere Zeit ist reich an Krisen. Von Konjunktur- und Strukturkrisen, von Beschäftigungs- und Managementkrisen, aber auch von grundsätzlicheren Bedrohungen wie einer Krise der Arbeitsgesellschaft, des Wachstums, des politischen und gesellschaftlichen Systems ist die Rede. Im alltäglichen Sprachgebrauch verwenden wir den Begriff "Krise" in der Regel, um eine Situation zu bezeichnen, die als besonders schwierig bewertet wird, eine Situation, von der eine Gefahr, eine Bedrohung ausgeht. Wenn Krisen erlebt werden, greifen herkömmliche Muster der Problemlösung nicht mehr, bricht Vertrautes und Selbstverständliches zusammen. Bereits im alltäglichen Sprachgebrauch wird damit auf zwei wesentliche Komponenten des Phänomens verwiesen: auf eine objektiv vorhandene, intersubjektiv registrierte, tiefgreifende Veränderung eines gewohnten Zustandes und auf einen subjektiven Erlebnis- und Bewertungsvorgang, durch den die Veränderung als bedrohlich, belastend und herausfordernd eingestuft wird. Thema dieses Buches sind soziale Krisen in ihrer Auswirkung auf die menschliche Gesundheit.

Im allgemeinen lassen sich drei Arten von Einflußfaktoren auf die menschliche Gesundheit unterscheiden, die in der Regel in Wechselwirkung stehen: die genetische Ausstattung des einzelnen Menschen, das individuelle Handeln und Erleben sowie die Einflüsse der natürlichen und der sozialen Umwelt auf den Organismus. Im Zentrum unseres Interesses steht die Wirkung, welche von spezifischen sozialen Belastungen, sozialen Krisen, auf die körperliche Gesundheit, und speziell auf die Herz-Kreislauf-Gesundheit, ausgeht. Diese Wirkung erfolgt in erster Linie über zentralnervöse Prozesse des Erlebens und der Aktivierung des autonomen Nervensystems. Mit diesem Erkenntnisinteresse nehmen wir somit eine weitreichende Eingrenzung der Untersuchung von Phänomenen menschlicher Gesundheit und Krankheit in Kauf. Dieser Preis, der mit jeder wissenschaftlichen Analyse verknüpft ist, wird jedoch, so hoffen wir, aufgewogen durch einen Zugewinn an Erkenntnis. Denn es ist der einzigartige Vorteil wissenschaftlicher Arbeit, durch selektiv-analytischen, methodisch kontrollierten Wissenserwerb neuartige Erkenntnisse zu erzeugen, Erkenntnisse, die oft eine Erklärung bisher unzureichend verstandener Phänomene ermöglichen. Wenn der Nachweis gelingt, daß die Erfahrung sozialer Krisen die Herz-Kreislauf-Gesundheit direkt beeinflußt, so trägt dieses Wissen zur Etablierung eines neuartigen, erweiterten Verständnisses krankheitsfördernder bzw. gesunderhaltender Prozesse bei. Aus solchem Wissen lassen sich wiederum praktische Folgerungen für die Behandlung herzkranker Patienten und für die Krankheitsverhütung ableiten (vgl. Teil III).

Mit unserem selektiv-analytischen Vorgehen verknüpfen wir zugleich Wissen aus drei unterschiedlichen wissenschaftlichen Arbeitsrichtungen: aus der Soziologie, der Psychologie und der Biomedizin. Damit unternehmen wir den Versuch, ein transdisziplinäres Arbeitsprogramm zu realisieren (zum Begriffsverständnis und zum wissenschaftstheoretischen Hintergrund vgl. Kap. 1.2 und 1.3). Welche speziellen Disziplinen sind es nun, aus denen sich unser Wissen herleitet? Soziale Krisen stellen ein gesellschaftliches Phänomen dar, zu dessen Analyse die Theorien und Methoden der allgemeinen Soziologie und, soweit der besondere Bezug zu Gesundheit und Krankheit interessiert, die *Theorien und Methoden der Medizinischen Soziologie* beitragen (vgl. Cockerham, 1992, Freeman & Levine, 1989, Siegrist, 1995). Soziale Krisen sind jedoch in einer Gesellschaft unterschiedlich verteilt, d.h. sie sind in bestimmten sozioökonomischen Gruppierungen häufiger zu finden. Die Erforschung von Zusammenhängen zwischen sozialen Merkmalen und Erkrankungsrisiken bildet das wesentliche Thema der Sozialepidemiologie (vgl. Susser & Watson, 1986). Medizinsoziologisches und sozialepidemiologisches Wissen sind daher in der vorliegenden Arbeit eng verknüpft. Ihre besondere Belastungswirkung entfalten soziale Krisen jedoch erst über die affektiven und kognitiven Prozesse, die sie bei den betroffenen Individuen auslösen. Das Studium dieser Prozesse ist Gegenstand der Psychologie, speziell der Gesundheitspsychologie (vgl. Schwarzer, 1992) und, soweit interpersonelle Aspekte betroffen sind, Gegenstand einer Sozialpsychologie der Gesundheit (vgl. Stroebe & Stroebe, 1995).

Medizinsoziologisch-sozialepidemiologische und gesundheits-sozialpsychologische Erkenntnisse müssen jedoch mit physiologischen, endokrinologischen, immunologischen und kardiologischen Kenntnissen verknüpft werden, wenn eine *problemorientierte, transdisziplinäre Forschungsarbeit* erfolgreich in Angriff genommen werden soll. Im Zentrum wissenschaftlicher Arbeitsrichtungen, die sich um eine solche Verknüpfung bemühen, steht die Streßforschung, die in den vergangenen zwanzig Jahren eine Fülle neuartiger Erkenntnisse hervorgebracht hat (vgl. Weiner, 1992). Im zweiten und dritten Kapitel dieses Buches werden streßtheoretisch orientierte biomedizinische, psychologische und soziologische Erkenntnisse zu einer gesundheitswissenschaftlichen Theorie sozialer Krisen integriert, die zugleich das Fundament für die nachfolgend dargestellten empirischen Forschungsergebnisse bildet.

An dieser Stelle ist es sinnvoll, etwas genauer zu beschreiben, welchen Erkenntnisgewinn wir uns von diesem Vorgehen versprechen, zumal, da ein solcher Ansatz eher am Rande als im Zentrum des organisierten medizinischen Wissenschaftsbetriebes angesiedelt ist. Denn heute werden relevante neue Erkenntnisse über Krankheitsprozesse in erster Linie von den molekularbiologisch arbeitenden Biowissenschaften gewonnen. Das Erkenntnisprogramm einer molekularen Medizin ist auf die Entdeckung von Gesetzmäßigkeiten des Signalaustausches zwischen Genen, Zellen und Organen, den wesentlichen Komponenten des Organismus, ausgerichtet. Ist es möglich und sinnvoll, einem *Erkenntnisprogramm* zu folgen, welches wesentlich breiter und weiter angelegt ist, indem es den Organismus einer handelnden und erlebenden Person in den Mittelpunkt stellt, die mit ihrer sozialen Umwelt interagiert? Mit anderen Worten: Ist es möglich, die *drei Bezugssysteme* des Organismus und seiner Komponenten (*biologisches Bezugssystem*), der handelnden und erlebenden Person (*psychologisches Bezugssystem*) und der sozialen Umwelt, in und mit der die Person interagiert (*soziologisches Bezugssystem*) miteinander zu *verknüpfen*? Können aus einer solchen Verbindung *neuartige Erkenntnisse* über menschliche Gesundheit und Krankheit gewonnen werden? Und ergeben sich aus neuen Erkenntnissen Folgerungen für die *Praxis* der Gesundheitsförderung, der Krankheitserkennung und -verhütung?

Mit diesen Fragen befaßt sich das vorliegende Buch am Beispiel eines wichtigen Teilbereichs menschlicher Gesundheit: der *Herz-Kreislauf-Gesundheit*. Unser Erkenntnisinteresse richtet sich allerdings lediglich auf einen Ausschnitt der Beziehungen zwischen Organismus, Person und sozialer Umwelt: wir grenzen analytisch denjenigen Bereich von Austauschprozessen zwischen Person und sozialer Umwelt ab, der für ein positives oder negatives Selbsterleben, d.h. für einen zentralen Aspekt der Selbstregulation, von kritischer Bedeutung ist. Um zu verstehen, warum diese Abgrenzung so wichtig ist, müssen wir den *sozialanthropologischen Hintergrund* unserer Analysen kurz verdeutlichen.

Während in der biologischen *Evolution* zwei Motive der Selbstregulation dominieren und damit den Austausch zwischen Individuum und sozialer Umwelt entscheidend bestimmen, die Motive der *Selbstbewahrung* und der *Selbstvermehrung* (Darwin, 1859, Wilson, 1975), bildet sich in der Evolution des Menschen ein wesentlich *komplexerer Prozeß* der Selbstregulation heraus. Dank der spezifisch anthropologischen Eigenschaft "exzentrischer Positionalität" (Plessner, 1970), d.h. der Fähigkeit des Menschen, zu sich selbst in ein Verhältnis zu treten, das bewußtes Erleben und Denken ermöglicht, wird die Selbsterfahrung zu einem "Thema" sozialer Austauschprozesse, d.h. sie erfolgt *reflexiv*: ich erfahre mich selbst in der Spiegelung der Aktionen und Reaktionen signifikanter Anderer, die mit mir interagieren. Diese Reflexivität der Selbsterfahrung ist bereits in der Ontogenese menschlichen Sozialverhaltens verankert (Mead, 1934), und sie ist dafür verantwortlich zu machen, daß neben die "primären" Motive der Selbstbewahrung und der Selbstvermehrung *"sekundäre" Motivationen* treten, welche eine entscheidende Ausdifferenzierung der Selbsterfahrung im sozialen Kontext ermöglichen. Wir werden im dritten Kapitel eine ausführliche Begründung dieser wichtigen sekundären Motivationen der Selbstregulation geben. Hier genügt es, darauf hinzuweisen, daß konstitutive Formen menschlicher Selbsterfahrung wie Selbstwirksamkeit oder Selbstwertgefühl eine bestimmte Qualität von Vergesellschaftungserfahrungen voraussetzen. So sind beispielsweise gelungene Selbstwirksamkeitserfahrungen bei größeren Bevölkerungsgruppen in der Phase des mittleren Erwachsenenalters in unserer Gesellschaft an den Zugang zu zentralen sozialen Positionen im Erwerbsleben, im privaten (z.B. Familie) und im öffentlichen Bereich (Grundrechte) gebunden, deren Verfügbarkeit von der sozio-ökonomischen Chancenstruktur bestimmt wird. Positive Rückmeldungen durch signifikante Andere sind für die Stabilisierung und Kontinuität des Selbstwertgefühls auch im Erwachsenendasein von Bedeutung. Sie wiederum setzen das Eingebundensein in soziale Netzwerke einer bestimmten Dichte und Qualität voraus.

Selbstregulation und menschliche *Emotionalität* sind aufs engste miteinander verknüpft, und so läßt sich erwarten, daß Erfahrungen erfolgreicher Selbststeuerung positive Emotionen hervorrufen, während prekäre Selbstregulation mit intensiven negativen Emotionen einhergeht. Unsere *zentrale Hypothese* besagt, daß es einen systematischen Zusammenhang gibt zwischen der *Qualität* und *Intensität* von *Emotionen*, die aus der *Selbstregulation* im *sozialen Austausch* resultieren, und denjenigen neuronalen, neuroendokrinen, endokrinen und Immun-Prozessen, welche an der Erhaltung bzw. Beeinträchtigung menschlicher *Gesundheit wesentlich beteiligt* sind. Mit anderen Worten: die drei Bezugssysteme des Organismus, des personalen Erlebens und der sozialen Chancenstruktur werden unter dem Aspekt gelungener bzw. gestörter Selbstregulation miteinander verknüpft, um in einer dergestalt erweiterten Perspektive Phänomene menschlicher Gesundheit und Krankheit zu erklären.

Um einen solchen neuartigen Zusammenhang erkennen zu können, bedarf es jedoch eines speziellen *heuristischen* Zugangs. Diesen Zugang sehen wir in der Analyse kritischer Prozesse, welche die Selbstregulation gefährden. Erkenntnistheoretisch bedeutet dies, daß erst das Studium gestörter, ja bedrohter Austauschprozesse zwischen Person und Umwelt, genaugenommen erst die Analyse des kontrollierten Zusammenbruchs eines Systems, Einblicke in dessen verborgene Funktionsweise gewährt (zu einer analogen Vorgehensweise in der mikrosoziologischen Theorie s. Garfinkel, 1967). Daher versuchen wir hier, aus dem Studium krankmachender Bedingungen der Selbstregulation in kritischen sozialen Austauschbeziehungen auf verborgene gesundheitsfördernde Potentiale zu schließen. Uns scheint somit der Umweg über eine pathogenetische, krankheitszentrierte Analyse heuristisch ertragreich zu sein für ein Studium gesundheitsfördernder, "salutogener" (Antonovsky, 1987) psychischer und sozialer Bedingungen.

In diesem Zusammenhang können wir nun den einleitend genannten Begriff der *sozialen Krise* weiter präzisieren. Wir schlagen vor, ihn im folgenden nur auf jene Konfigurationen der gesellschaftlichen Wirklichkeit zu beziehen, welche die sozial vermittelten Selbstregulationsprozesse gefährden, bedrohen oder zerstören. Soziale Krisen entfalten ihre emotions-intensivierende Wirkung auf die von ihnen betroffenen Individuen stets über Prozesse der Blockierung von *Handlungschancen*, des Entzugs *sozialer Positionen*, des Vorenthaltens angemessener *Belohnungen* und des Ausschlusses von signifikanten gesellschaftlichen *Bindungen*. Indem sie dies tun, verletzen sie nicht nur das normative Gefüge einer Gesellschaft, sondern enttäuschen auch bei den Betroffenen grundlegende, eng mit dem emotionalen Erleben verbundene Erwartungen. Der Terminus "soziale Krise" im hier verwendeten Sinne besitzt damit einerseits einen breiteren Begriffsumfang als jener des individuellen Schicksalschlages oder des lebensverändernden Ereignisses (Dohrenwend & Dohrenwend, 1981). Zugleich ist sein Begriffsumfang enger als jener des Terminus "gesellschaftliche Krise", der ganz allgemein Situationen in zentralen Bereichen gesellschaftlichen Lebens kennzeichnet, die deren Fortbestand in Frage stellen und somit auf dringende kollektive Korrekturen, Anpassungen, oder Entscheidungen drängen (vgl. Bühl, 1984, Habermas, 1973). Wichtige Beispiele sozialer Krisen mit besonderem Bezug zum mittleren Erwachsenenleben (s.u.) stellen *Arbeitslosigkeit, sozialer Abstieg, unfreiwillige Mobilität* (z.B. erzwungene Migration infolge von Kriegen, Umweltkatastrophen oder infolge raschen sozio-ökonomischen Wandels), sowie verschiedene Formen von sozialem Statusverlust und *sozialer Isolation* dar (z.B. Wegfall wichtiger Bezugspersonen, soziale Stigmatisierung und Marginalisierung). Hier überall verliert der einzelne seinen Zugang zu Handlungsfeldern und Beziehungen, welche für die Aufrechterhaltung ungestörter selbstregulatorischer Prozesse von ausschlaggebender Bedeutung sind.

Dieses Buch beschränkt sich auf die Analyse gesundheitlicher Auswirkungen sozialer Krisen, die typischerweise im *mittleren Erwachsenenalter* auftreten und die eng mit der *sozialen Organisation der Erwerbsarbeit* verknüpft sind. Für eine solche *Beschränkung* gibt es gute *Gründe*. Erstens bildet die *Berufstätigkeit* in entwickelten Industriegesellschaften für den überwiegenden Teil der Bevölkerung die Grundlage einer kontinuierlichen Erwerbschance. Sie ist wesentliches Ziel langfristig angelegter gesellschaftlicher Sozialisationsprozesse. Für die Bewertung von sozialer Stellung und sozialem Ansehen einer Person, ebenso wie für das Erleben sozialer Identität, stellen berufliche Qualifikation, Position und Erwerbsstatus wichtige Kriterien dar. Selbstwirksamkeitserleben und Selbstwertgefühl werden im mittleren Erwachsenenalter in starkem Maße durch das Berufsleben geprägt. Ebenso wird die familiäre und außerfamiliäre soziale Verortung durch berufliche Kontexte erheblich determiniert.

Zweitens verbringt der überwiegende Teil der aktiven Bevölkerung den vergleichsweise höchsten Anteil bewußt erlebter *Lebenszeit* im Berufsleben. Dort werden die am längsten dauernden bzw. besonders intensiven Erfolgs- und Mißerfolgserfahrungen in Leistungssituationen gesammelt, und dort sind Menschen während besonders langer Zeit gesundheitsschädigenden Einflüssen ausgesetzt, soweit diese in Form chemischer oder physikalischer Noxen und/oder psychomentaler und sozioemotionaler Stressoren am Arbeitsplatz vorzufinden sind.

Drittens treten im Erwerbsleben, und damit im mittleren Erwachsenenalter, einschneidende *soziale Krisen* in besonderer *Häufigkeit* auf, so insbesondere die Arbeitslosigkeit, die unfreiwillige Mobilität, der berufliche Abstieg, der blockierte Aufstieg, die ungerechte Bezahlung. Allein von der schwerwiegendsten Form sozialer Krisen im Erwerbsleben, der *Arbeitslosigkeit*, sind gegenwärtig im OECD-Raum etwa 36 Millionen Menschen betroffen. Für immer mehr Menschen wird die Erwartung einer kontinuierlichen Vollzeit-Beschäftigung unrealistisch, zumindest dann, wenn die häufig erzwungene *Frühberentung* mitberücksichtigt wird: heute stehen im OECD-Raum lediglich 25-30% der Altersklasse der 55-65-Jährigen noch im Erwerbsleben (gegenüber Japan mit z. Zt. 44%). Diese Zahlen verdeutlichen, daß soziale Krisen im mittleren Erwachsenenalter, je nach sozialer Lage, mehr oder weniger häufig erlebte, erwartbare, konkret befürchtete Phänomene sind. Lassen sich Einflüsse sozialer Krisen auf die körperliche Gesundheit, vermittelt über negative Emotionen, die mit einer mißglückten Selbstregulation einhergehen, nachweisen, so sind die gesundheits- und gesellschaftspolitischen Konsequenzen aus solchen Erkenntnissen von beträchtlichem Gewicht (s. Teil III).

1.1 Plan des Buches

Das vorliegende Buch gliedert sich in drei Teile. Der *erste Teil* führt in das Thema "Soziale Krisen und Gesundheit" ein und entwickelt die theoretischen und methodischen Grundlagen für die nachfolgenden, auf die Darstellung wesentlicher Forschungsergebnisse unserer Arbeitsgruppe ausgerichteten Kapitel. Im *zweiten Kapitel* wird die Bedeutung von Herz-Kreislauf-Krankheiten im mittleren Erwachsenenalter aus verschiedenen Perspektiven beschrieben. So wird es möglich, die eigenen Erkenntnisse in einen breiteren Rahmen einzuordnen. *Kapitel 3* entwickelt die theoretischen Kernaussagen zum Zusammenhang zwischen sozialen Krisen, Selbstregulation und negativen Emotionen, durch die langfristig krankheitswertige zentralnervöse Aktivierungszustände gebahnt werden. Aus diesen Kernaussagen wird das *Modell beruflicher Gratifikationskrisen* hergeleitet, dessen *Messung* (Operationalisierung) Gegenstand des *4. Kapitels* ist.

Im *zweiten Teil* stellen wir die wichtigsten *Ergebnisse* aus drei *empirischen Studien* zum Zusammenhang zwischen sozialen Krisen im Erwerbsleben und der Entwicklung von Herz-Kreislauf-Risiken dar. Alle drei Studien beziehen sich auf *männliche Beschäftigte* im mittleren Erwachsenenalter, die zumindest zum Zeitpunkt der Untersuchung vollzeitbeschäftigt waren. Sie wurden im Zeitraum zwischen 1982 und 1992 durchgeführt, einer Zeit also, die in entwickelten Industriegesellschaften strukturelle und konjunkturelle Risiken der Erwerbsarbeit in besonderer Weise deutlich werden ließen. Zwei der Studien, die allesamt im produzierenden Gewerbe, und zwar in der Metall- und Autoindustrie durchgeführt wurden, stammen aus Deutschland, während die dritte in einer großstädtischen chinesischen Industriearbeiterpopulation realisiert wurde.

In *Kapitel 5* werden Anlage, Methodik und Stichproben der drei Studien ausführlich beschrieben. Die in den Kapiteln 6 bis 8 folgende Ergebnisdarstellung und -diskussion orientiert sich an den jeweiligen Zielkriterien der Untersuchungen. In *Kapitel 6* werden psychosoziale Einflußfaktoren des Erwerbslebens auf bedeutsame *körperliche Risikofaktoren* von Herz-Kreislauf-Krankheiten untersucht: *Bluthochdruck, atherogene Blutfettwerte und Blutgerinnungsneigung* (Fibrinogen). Hier werden u.E. erstmals in dieser Fülle und Intensität Belege für einen *direkten* Zusammenhang zwischen ausgeprägten Distress-Erfahrungen infolge sozialer Krisen und Höhe bzw. Veränderung wichtiger somatischer Risikofaktoren erbracht. Die Ergebnisse werden unter Verwendung multivariater statistischer Methoden erzielt, die es gestatten, die "störenden" Einflüsse durch zweifellos vorhandene Bestimmungsfaktoren der Lebensweise (z.B. Rauchen, Ernährung, Körpergewicht) bzw. der genetischen Disposition statistisch zu kontrollieren. *Kapitel 7* zeigt in Analogie zu Kapitel 6 entsprechende, wenn auch weniger konsistent nachgewiesene Zusammenhänge zu den *verhaltensbezogenen Risikofaktoren*, in erster Linie zum *Zigarettenkonsum*. Diese wissenschaftlich vielleicht weniger innovativen, praktisch jedoch ähnlich bedeutsamen Befunde unterstreichen die Notwendigkeit, das Bezugssystem der traditionellen Risikofaktoren-Medizin auszuweiten und spezifische psychologische und soziologische Risiko- und Schutzmerkmale in die Analyse miteinzubeziehen.

Neben den über etablierte Risikofaktoren vermittelten Wirkungen bestehen allerdings auch eigenständige, vom Zentralnervensystem direkt auf das Herz-Kreislauf-System geleitete Effekte von Distress auf das Krankheitsgeschehen. Von Interesse sind in diesem Zusammenhang daher Ergebnisse zur eigenständigen statistischen Vorhersage neuer Krankheitsereignisse durch Indikatoren sozialen Krisenerlebens. Diese Befunde, die sich auf klinische Ereignisse wie *Herzinfarkt, plötzlichen Herztod oder Schlaganfall* beziehen, werden anhand von Auswertungen der "Marburger Prospektiven Industriearbeiterstudie" in *Kapitel 8* dargestellt. Es zeigt sich, daß soziologische und psychologische Variablen, die Bestandteil des Modells beruflicher Gratifikationskrisen sind – zu Beginn der Studie ermittelt – eine starke eigenständige Vorhersagekraft für das Auftreten klinischer Ereignisse im nachfolgenden Beobachtungszeitraum von 6,5 Jahren besitzen.

Ungeklärt bleibt in der auf epidemiologische Zusammenhangsanalyse begrenzten Forschung die Frage nach den *Prozessen*, welche durch die wiederkehrende Erfahrung sozialer Krisen die Herz-Kreislauf-Funktionen langfristig zu verändern vermögen und damit den Weg zu vorzeitigen Krankheitsmanifestationen bahnen. Im *9. Kapitel* wird der Versuch unternommen, durch eine Verknüpfung von epidemiologischer und psychophysiologischer Forschung eine Antwort auf diese Frage zu geben. Speziell werden die kardiovaskulären und hormonellen Reaktionen auf eine standardisierte experimentelle psychomentale Belastungssituation untersucht, und es wird überprüft, ob, in welche Richtung und in welchem Ausmaß die kardiovaskuläre und hormonelle Reaktivität durch chronische berufliche Gratifikationskrisen moduliert wird. Wenn auch die Ergebnisse keine eindeutige Schlußfolgerung hinsichtlich der pathophysiologischen Bedeutung des von uns gefundenen Zusammenhanges gestatten, so verdeutlicht das Kapitel doch einen vielversprechenden Ansatz, zu neuen Erkenntnissen aufgrund einer Synthese epidemiologischer Feldforschung und quasi-experimenteller Prozeßforschung zu gelangen.

Im *dritten Teil* wird der praktische Nutzen unserer Ergebnisse für die primäre Prävention von Herz-Kreislauf-Risiken diskutiert. Das zentrale *Kapitel 10* erläutert auf den drei Ebenen des Modells beruflicher Gratifikationskrisen, der individuellen, der interpersonellen und der strukturellen Ebene, Chancen und Grenzen einer theoriegeleiteten Intervention im Arbeitsbereich. Illustriert werden diese Maßnahmen u.a. anhand von Erfahrungen, die wir zur Zeit im Rahmen einer Interventionsstudie bei innerstädtischen Busfahrern gewinnen. Hier wird die Essenz eines *gesundheitspychologischen* und *-soziologischen* Praxisbezuges der vorliegenden Forschungsarbeit verdeutlicht. Das Kapitel widmet sich abschließend der Diskussion makrosozialer Prozesse, welche, vermittelt über berufliche Gratifikationskrisen und andere Determinanten chronischen Distress-Erlebens, das Krankheitsgeschehen und die Sterblichkeit sozial differentiell beeinflussen. Hier wird deutlich, in wie starkem Umfang die gesellschaftliche Chancenstruktur Gesundheit und Wohlergehen des einzelnen bestimmt.

Das Buch verfolgt mit seinen drei Teilen trotz der thematischen Klammer in gewisser Weise *drei* unterschiedliche *Zielsetzungen*: im ersten Teil geht es darum, einen *neuen theoretischen Zugang* zu einem sozio-psycho-somatischen Verständnis von Gesundheit und Krankheit zu gewinnen, einen Zugang, der das Bezugssystem der molekularbiologisch orientierten Biomedizin um die Perspektive emotional bedeutsamer selbstregulatorischer Prozesse im statusgebundenen sozialen Austausch erweitert, ohne sich ihren grundlegenden Erkenntnissen zu verschließen. Im zweiten Teil beabsichtigen wir, eine zusammenfassende *Darstellung von Forschungsergebnissen* aus drei Studien zur Erklärung von Herz-Kreislauf-Risiken anhand beruflicher Gratifikationskrisen zu geben und damit wesentliche Aspekte einer Theorie mittlerer Reichweite zu überprüfen. Dagegen werden im dritten Teil Argumente zur Notwendigkeit und Möglichkeit *veränderter Präventionsarbeit* in einem wichtigen Sektor des Gesundheitswesens, und darüber hinaus der Sozial- und Gesellschaftspolitik, vorgetragen und diskutiert.

1.2 Chancen und Probleme transdisziplinärer Forschung

Ein Erkenntnisprogramm, das die Analyse von Verbindungen zwischen drei Disziplinen zum Ziel hat (biomedizinische Disziplinen, verhaltens- und sozialwissenschaftliche Disziplinen), setzt sich notwendigerweise der Kritik von allen drei Seiten aus, verläuft doch die Wissenschaftsentwicklung im allgemeinen innerhalb jeweiliger disziplinärer Bahnen. Es ist unmöglich, mit einer interdisziplinären Arbeit die Standards der einzelnen Disziplinen in allen Teilen zu erfüllen, und so sieht sich ein solches Unterfangen einer doppelten Rechtfertigung ausgesetzt: 1. zu begründen, warum diese Grenzüberschreitungen überhaupt notwendig sind und 2. zu belegen, wie die Qualität der Forschungsarbeit in den jeweiligen Nachbardisziplinen sichergestellt ist.

Generell läßt sich sagen, daß *transdisziplinäre Forschung* in Deutschland sowohl durch das System der akademischen Ausbildung und Karriereförderung wie auch durch das vorherrschende System der Forschungsfinanzierung eher *erschwert* als gefördert wird. Dies gilt in besonderem Maße in einem Gebiet, in dem es um die Verknüpfung zweier in ihrem Selbstverständnis weitgehend getrennter intellektueller Kulturen geht: der naturwissenschaftlichen und der sozialwissenschaftlichen (zu großen Teilen aus geisteswissenschaftlichen Traditionen gespeisten) Kultur (Snow, 1967). Da die Ausbildungs- und Forschungsprogramme beider Kulturen weitgehend getrennt verlaufen, gibt es im allgemeinen weder einen Zwang noch einen besonderen Anreiz zu einer verbindlichen Zusammenarbeit. Anders ist dies neuerdings im Falle der humanmedizinischen Ausbildung. Aus wissenschaftssoziologischer Sicht bildete die Begründung eigenständiger Fachgebiete wie Medizinische Soziologie, Medizinische Psychologie, Psychosomatik und Psychotherapie an Medizinischen Fakultäten der Bundesrepublik Deutschland im Rahmen einer neuen ärztlichen Ausbildungsordnung im Jahre 1970 die strukturelle Voraussetzung für eine langfristig angelegte Kooperation zwischen Human-, Sozial- und Naturwissenschaften in Lehre und Forschung (Pflanz & Siegrist, 1978).

Die *Begründung der Notwendigkeit* transdisziplinärer Forschung auf dem hier bearbeiteten Gebiet ergibt sich in erster Linie aus dem *Problembezug*. Chronisch-degenerative Erkrankungen im allgemeinen und Herz-Kreislauf-Krankheiten im besonderen stellen multifaktorielle Erkrankungen dar, zu deren Entwicklung genetische Dispositionen und eine Vielzahl sozio-kultureller Einflüsse beitragen. Die Berücksichtigung medizinsoziologischer und -psychologischer Erkenntnisse ist hier zum einen erforderlich, um Erkenntnisfortschritte beim Verständnis der Entwicklung und Veränderung gesundheitsschädigender Verhaltensweisen wie Rauchen, Bewegungsarmut, oder Fehlernährung zu erzielen. Zum andern dienen solche Erkenntnisse der besseren Erfassung situativer und personaler Risiko- und Schutzmerkmale im kardiovaskulär relevanten Distressgeschehen. Das ärztliche Gespräch, die Sozialanamnese, aber auch jede Art präventiver und diagnostischer Arbeit können von solchen Erkenntnissen profitieren. In fachübergreifender Zusammenarbeit zwischen Vertretern dieser Disziplinen wird versucht, Antworten auf die folgenden Fragen zu finden: Welche sozialen und psychischen Risiko- und Schutzfaktoren der Herz-Kreislauf-Krankheiten lassen sich identifizieren? Welche Erklärungskraft besitzen sie im Vergleich zu den etablierten biomedizinischen Risiko- und Schutzfaktoren? Wie interagieren sie mit diesen Faktoren? Wie zuverlässig und wie valide lassen sich diese Faktoren messen? Wie stabil und robust sind die beobachteten Effekte im Zeitverlauf, aber auch im interkulturellen Vergleich? Welche Erkenntnisse lassen sich aus Interventionsstudien ableiten, deren Ziel eine Veränderung sozialer und psychischer Risikofaktoren ist?

Solche Fragen bilden somit die *Legitimationsbasis* transdisziplinärer sozialwissenschaftlicher Forschung im Bereich der Herz-Kreislauf-Krankheiten. So akademisch sie sich vielleicht anhören mögen, so sehr verbirgt sich in ihnen jedoch ein konkreter *Problemdruck*, der in der alltäglichen Praxis der Behandlung und Betreuung Kranker sichtbar wird. Jedem klinisch erfahrenen Arzt sind Patientinnen und Patienten bekannt, die einen Herzinfarkt erlitten haben, ohne im medizinischen Sinne als gefährdet zu gelten. Ebenso sind Hochrisikogruppen bekannt, die entgegen der etablierten Theorie bis ins hohe Lebensalter frei von Krankheiten bleiben. Epidemiologische Studien haben ermittelt, daß die etablierten biomedizinischen und verhaltensgebundenen Risikofaktoren höchstens zwei Drittel der gesamten Varianz des Herzinfarktgeschehens zu erklären vermögen (Epstein et al., 1987). Auf viele für Diagnostik, Therapie und Prävention wichtige Fragen gibt es heute trotz einer ausgesprochen intensiven und in Teilen überaus erfolgreichen Forschung im Herz-Kreislauf-Bereich noch keine befriedigenden Antworten. Beispiele solcher Fragen sind: Welches sind die Risikofaktoren des frühzeitigen, d.h. im mittleren Erwachsenenalter eintretenden plötzlichen Herztodes? Von welchen Faktoren hängen Tempo und Schweregrad der Progression der Koronaratherosklerose ab? Unter welchen Bedingungen kommt es zur Bildung von athero-thrombotischen Komplikationen, zur Auslösung von Koronarspasmen, von höhergradigen Rhythmusstörungen? Welche Bedingungen sind dafür verantwortlich, daß sich Herzkranzgefäße nach Dilatation oder Bypass-Operation wieder verschließen? Welche Patientengruppen haben eine gute bzw. schlechte Prognose nach überstandenem Herzinfarkt? Können Antworten auf die genannten Fragen für jeweilige klinische Kollektive generell gegeben werden, oder müssen sie für Frauen und Männer, für verschiedene ethnische Gruppen, für verschiedene Altersgruppen unterschiedlich ausfallen? Sind die etablierten Suchstrategien, die häufig von einem einheitlichen klinischen Krankheitsbild ausgehen (z.B. *der* Herzinfarkt, *die* Herzinsuffizienz, *der* zerebrovaskuläre Insult, *die* essentielle Hypertonie), zielführend oder müssen Krankheitsbilder nach neuartigen Kriterien in Untergruppen differenziert werden (Weiner, 1992)? Wenn transdisziplinäre sozialwissenschaftliche Forschung hierbei auch nur zu einer der aufgeworfenen Fragen einen substantiellen Beitrag leisten kann, so hat sie sich theoretisch und praktisch legitimiert.

Die zweite, einleitend aufgestellte Forderung betrifft die *Qualitätssicherung* transdisziplinärer Forschungsarbeit. Hier müssen die dargestellten Fakten im zweiten Teil des Buches für sich selbst sprechen. Es soll nur nochmals wiederholt werden, was bereits in der Danksagung ausgeführt wurde: die vorliegende Forschungsarbeit wäre ohne eine Reihe großzügiger und selbstloser Angebote zu wissenschaftlicher Zusammenarbeit von seiten klinischer Forschergruppen (v.a. der Kardiologie, der klinischen Chemie, der Physiologie und Endokrinologie) nicht möglich gewesen. Auf diese Weise war ein Forscherteam, das lediglich über sozialwissenschaftliche Kompetenz verfügt, in der Lage, die notwendige biomedizinische Kompetenz in Form von zuverlässigen Kooperationsangeboten hinzuzugewinnen.

Wir haben bisher eine Begründung der Notwendigkeit transdisziplinärer Forschung auf der Ebene der Definition wissenschaftlicher Problemlösungen gegeben. Es gibt aber noch eine tiefere, *epistemologische*, d.h. erkenntnistheoretische *Begründungsebene*. Denn das Studium der Verknüpfung biologischer, psychologischer und soziologischer Informationsqualitäten wirft die Frage auf, wie die Übergänge zwischen diesen drei Systemen (Organismus, Person, Gesellschaft) konzipiert werden können. Wenn es einerseits notwendig ist, daß sich transdisziplinäre Forschung überhaupt mit Fragen der Systemübergänge befaßt, so stellt sich andererseits die Frage, ob solche Übergänge zwischen Systemgrenzen erkenntnistheoretisch angemessen untersucht werden können. Wie verhält sich beispielsweise sprachlich repräsentierte Information (psychologisch definiertes System) zu neuronaler Aktivierung im Neokortex (biologisch definiertes System)? Oder: wie können Merkmale eines sozialen Systems beschrieben werden, ohne daß diese letztlich auf psychologische Kategorien des Handelns und der Einstellungen einzelner Individuen zurückgeführt werden? Diese erkenntnistheoretischen Fragen der Transduktion über Systemgrenzen hinweg sind bis heute nicht befriedigend gelöst. Die moderne *Systemtheorie* bietet möglicherweise einen Ansatzpunkt zu ihrer Lösung an, indem sie darauf verweist, daß auf jeder höheren Integrationsebene aus den Bestandteilen der jeweils nachgeordneten Integrationsebene neue Eigenschaften resultieren (sog. Emergenz-Phänomene). Emergenz-Phänomene setzen stets Restriktionsleistungen auf der jeweils vorgelagerten Systemebene voraus. Über das Studium von Emergenz- und Restriktionsleistungen könnte es demnach möglich sein, die "Auf- und Abwärtseffekte" in der Hierarchie von Systemen angemessener zu analysieren (vgl. hierzu von Uexküll, 1987). Besondere Bedeutung kommt im Zusammenhang unserer Fragestellung dem Studium von "Abwärtseffekten" zu. Im 3. Kapitel werden wir untersuchen, wie sich das Zusammenspiel zwischen der statusgebundenen gesellschaftlichen Opportunitätsstruktur (Ebene des sozialen Systems) und den für die individuelle Selbstregulation wichtigen Motivationen und Emotionen (Ebene des personalen Systems) beschreiben läßt. Ebenso stellt sich die Frage, wie Erfahrungen auf der Ebene des personalen Systems in das neuronale System transduziert (bzw. parallel prozessiert) werden (vgl. Dennett, 1991, Weiner, 1992).

Auch wenn, wie bereits betont, eine befriedigende erkenntnistheoretische Begründung eines solchen transdisziplinären Forschungsansatzes zur Zeit nicht geleistet werden kann, so stellt doch allein der empirisch-statistische Nachweis von Zusammenhängen zwischen diesen drei Systemebenen ein starkes Argument für die prinzipielle Lösbarkeit des Problems dar. Wir können also sagen: in der Absicht, transdisziplinäre Forschung *epistemologisch* zu begründen, legt unsere Forschungsarbeit wenigstens auf der *substanzwissenschaftlichen Ebene* die Annahme nahe, daß eine erkenntnistheoretische Begründung einer sozio-psycho-somatischen Theorie menschlicher Gesundheit und Krankheit möglich ist. Mit der Frage, in welchem *wissenschaftshistorischen* Kontext das Interesse an einer sozio-psycho-somatischen Theorie von Gesundheit und Krankheit steht, wollen wir uns in dem als Exkurs gedachten folgenden Abschnitt befassen.

1.3 Exkurs: zwei Traditionen der Erforschung von Gesundheit und Krankheit

Die Geschichte der wissenschaftlichen Erforschung menschlicher Gesundheit und Krankheit in der modernen westlichen Medizin kann als ein Wettbewerb zweier intellektueller Traditionen interpretiert werden. Auf der einen Seite finden wir einen "strukturellen" Ansatz, der von der Annahme ausgeht, daß eine Lokalisation von Krankheitsereignissen in Organen, Geweben und Zellen den erfolgreichsten Ansatz bietet, Krankheitsursachen zu erklären. Auf der anderen Seite läßt sich ein "funktionaler" Ansatz erkennen, der Krankheit als Ergebnis eines Ungleichgewichtes zwischen ungünstigen Umgebungseinflüssen und den Anpassungsmöglichkeiten des Organismus interpretiert. Hier liegt das Gewicht stärker auf der Fehlfunktion als auf der organischen Läsion, und dementsprechend werden die Bedingungen in der Umgebung, aber auch in der Person, die zu solchen Fehlfunktionen führen, Bestandteil der Krankheitsursachenforschung. Selbstverständlich können zwischen diesen beiden Ansätzen Querverbindungen vielfältiger Art festgestellt werden. Als *vorherrschendes Paradigma* (Kuhn, 1973) hat sich aber in der modernen Medzinin des 18., 19. und 20. Jahrhunderts mit Sicherheit der *strukturelle Ansatz* durchgesetzt.

Die Entwicklung der pathologischen Anatomie im späten 17. und frühen 18. Jahrhundert war vermutlich der erste große Durchbruch des strukturellen Paradigmas in der Medizin. Der italienische Arzt und Gelehrte Morgagni, welcher sein sehr einflußreiches Werk "De sedibus" 1761 veröffentlichte, verknüpfte den Sitz ("sedes") und die Ursache ("causae") von Krankheiten auf programmatische Weise. In den darauffolgenden Jahrzehnten wurden entlang diesem Paradigma eine Reihe fundamentaler Entdeckungen möglich. Nach Michel Foucault (1973) waren diese Entdeckungen eng verbunden mit den Fortschritten des klinischen Denkens und der Einbindung der Naturwissenschaften in die medizinische Forschung. Der französische Arzt Bichat war der erste, der eine morphologische Taxonomie der menschlichen Gewebe entwickelte. Er schrieb 1801: "Die Chemie hat ihre einfachen Strukturen, aus denen komplexere Strukturen durch differentielle Bindungen entstehen. In gleicher Weise hat die Anatomie ihre einfachen Gewebe, welche durch Verbindungen Organe hervorbringen" (zitiert nach Foucault, 1973, S. 145). Die wichtigste, als revolutionär zu betrachtende Entdeckung im Rahmen des strukturellen Paradigmas menschlicher Krankheiten wurde allerdings einige Jahrzehnte später von Rudolf Virchow gemacht, und zwar mit der Begründung der Zellularpathologie in der Mitte des neunzehnten Jahrhunderts. Die zelluläre Anatomie und Pathologie eröffneten völlig neuartige Zugänge zum Verständnis von Krankheitsprozessen, insbesondere von Infektionskrankheiten, wie die grundlegenden Entdeckungen von Pasteur, Koch, Ehrlich, Behring u.a. zeigten. Die strukturelle, auf Organe, Gewebe und Zellen zentrierte Erklärung von Krankheit verdankt ihren Erfolg und ihre Anziehungskraft einer eleganten und beeindruckenden Kombination zweier grundlegender Prinzipien klassisch-naturwissenschaftlicher Forschung- dem Prinzip des Reduktionismus und dem Prinzip der "mechanistischen Verknüpfung". Das Prinzip des Reduktionismus geht davon aus, daß man die Wahrheit dadurch entdeckt, daß komplexe (und sichtbare) Systeme auf ihre zugrundeliegenden (und unsichtbaren) Komponenten reduziert werden: es sind Prozesse innerhalb und zwischen den Zellen, welche das Gewebe schädigen, die Organläsion verursachen und schließlich die Erfahrung der Krankheit begründen. Das zweite Prinzip, die mechanistische Verknüpfung, besteht darin, daß Gesetze der klassischen Physik auf die Analyse lebender Organismen übertragen werden. Eine mechanistische Betrachtungsweise des menschlichen Körpers wurde zwar bereits in der Frühphase neuzeitlicher Naturwissenschaft entwickelt, so etwa bei René Descartes, der bekanntlich die grundlegende Unterscheidung zwischen "res extensa" und "res cogitans", zwischen materieller und geistiger Realität einführte (zu Descartes' allerdings differenzierter Konzeption des menschlichen Organismus s. Weiner, 1992). Aber erst mit dem Siegeszug der naturwissenschaftlichen Forschung in der Medizin im 19. und 20. Jahrhundert hat dieses Prinzip seine scheinbare unumstößliche Geltung erlangt. Dieser Siegeszug wird gegenwärtig durch bahnbrechende Entdeckungen und Entwicklungen in den Gebieten der molekularbiologisch arbeitenden Biochemie und Humangenetik, durch Fortschritte in Gendiagnostik und -therapie kraftvoll fortgesetzt.

Das *funktionelle Krankheitsparadigma* weist mit seiner Betonung von Umgebungseinflüssen auf den gesunden und den kranken Organismus eine lange vorwissenschaftliche Tradition im medizinischen Denken und Handeln auf. Aber erst im Zeitalter der Doppelrevolution, der Industriellen Revolution in England und der politischen Revolution in Frankreich im ausgehenden 18. Jahrhundert, hat sich eine Forschungsrichtung in der Medizin etabliert, die das empirische Studium von Umgebungseinflüssen auf den Gesundheitszustand ganzer Bevölkerungsgruppen zum Gegenstand hatte. Neue Disziplinen wie Epidemiologie und Gesundheitsstatistik, Sozialhygiene, Arbeits- und Sozialmedizin sind damals entstanden (vgl. Rosen, 1979)). Sie haben eine überwältigende Fülle an Anschauungsmaterial über die krankmachenden Einflüsse der natürlichen wie der gesellschaftlichen Umwelt zutage gefördert. In Frankreich und England wurden vermutlich die ersten Forschungen durchgeführt, welche die Bezeichnung "Sozialepidemiologie" oder "Epidemiologie der Berufskrankheiten" verdienen (z.B. Villermés Studie zur sozial differentiellen Sterblichkeit im Jahr 1828, Kays und Thackrahs Studien zu Berufskrankheiten (als Überblick vgl. Rosen, 1979)). Aus soziologischer Sicht ist die Beobachtung interessant, daß viele der Ärzte, die wissenschaftlich in diesem bevölkerungsmedizinischen Gebiet tätig waren, eine aktive Rolle in gesundheitspolitischen Bewegungen spielten, so insbesondere in der Zeit nach den napoleonischen Kriegen in Frankreich, in Großbritannien sowie während der kurzen 1848er Revolution in Deutschland und in den Vereinigten Staaten von Amerika. Der junge Rudolf Virchow ist ein besonders interessantes Beispiel dieser Verbindung von wissenschaftlicher Forschung und gesundheitspolitischer Aktivität. Während der Revolutionsjahre um 1848 führte Virchow nicht nur seine berühmten Untersuchungen zur Typhus-Epidemie in Schlesien durch, die auf eindrucksvolle Weise zeigten, wie sozio-ökonomische, politische, geographische und biologische Faktoren bei der Ausbreitung der Seuche zusammenwirken (Virchow, 1849). Vielmehr setzte er sich auch für die Gesetzgebung im Bereich des öffentlichen Gesundheitswesens ein und war einer der ersten Verfechter eines universalen menschlichen Rechts auf Arbeit (Rosen, 1979). Die entscheidende Schwäche des funktionellen Paradigmas jener Zeit war jedoch das Festhalten an wissenschaftlich nicht begründeten Vorstellungen der Krankheitsentstehung, z.B. der Miasma-Theorie der Infektionskrankheiten (vgl. Loomis & Wing, 1990).

Auch wenn mit Charles Darwins Evolutionslehre sowie mit seiner viel zu wenig beachteten Emotionstheorie (Darwin, 1965, orig. 1872), mit Sigmund Freuds und Carl G. Jungs psychoanalytischen Theorien, mit der Entwicklung von Neurophysiologie und Psychophysiologie, von Emotions- und Verhaltensforschung sowie der psychologischen Lerntheorien neue wissenschaftliche Begründungen erfolgten, kann von einer konsens- und integrationsfähigen theoretischen Grundlegung des funktionellen Krankheitsparadigmas bis heute nicht gesprochen werden. Dies änderte sich auch nicht mit dem Einsetzen der medizinischen Streßforschung im engeren Sinne im ersten Drittel unseres Jahrhunderts. Zwar gebührt Walter Cannon (1928) und Hans Selye (1936) das Verdienst, als erste einen naturwissenschaftlich-experimentellen Nachweis von Zusammenhängen zwischen Umgebungsreizen, die negative Emotionen provozieren, und signifikanten physiologischen Veränderungen im Organismus geführt zu haben (s.u. Kapitel 2), aber beide Forscher blieben erkenntnistheoretisch dem strukturellen Denken verhaftet (kritisch hierzu Weiner, 1992).

Herbert Weiner hat jüngst darauf hingewiesen, daß erst mit der *wissenschaftstheoretischen Kritik* der an der klassischen Physik und Thermodynamik orientierten Biologie und Medizin sowie mit der Anwendung von Prinzipien der Systemtheorie, der Netzwerktheorie sowie der mathematischen Theorie nicht-linearer dynamischer Prozesse ein angemessener erkenntnistheoretischer Zugang zu einer funktionellen Theorie menschlicher Gesundheit und Krankheit gefunden wurde (Weiner, 1992). Das "Maschinenmodell" und die auf dieses bezogenen klassisch-physikalischen Gesetze struktureller Krankheitstheorien sind seiner Ansicht nach revisionsbedürftig, weil sie den spezifischen, einzigartigen Merkmalen lebender Organismen in mehrfacher Hinsicht nicht gerecht werden: lebende Organismen sind komplexe Systeme, sie weisen individuelle Variationen auf, sowohl infolge ihrer genetischen Ausstattung als auch infolge ihrer Fähigkeit des Lernens. Sie sind stabil, aber diese Stabilität wird ermöglicht durch Prozesse der Selbstregulation. Diese Prozesse folgen spezifischen, in der unbelebten Natur nicht bekannten Gesetzmäßigkeiten der Interaktion von Subsystemen in Form positiver, negativer und gemischter Rückmeldung, der parallelen Informationsübertragung und der Oszillation ihrer konstitutiven Elemente. Aber nicht nur mit Blick auf die Komplexität lassen sich *lebende Organismen* von physikalischen Systemen unterscheiden. Während letztere nach invarianten Regeln operieren, kontext-unspezifisch und ohne Selbstreferenz funktionieren, sind Organismen in ihrem Verhalten kontext-abhängig, selbst-referentiell und lernfähig. Die Prinzipien der Signal-Verarbeitung, Regulation, Modulation und Redundanz verschmelzen in der Kommunikation biologischer Subsysteme und Systeme zu einer einzigartigen Synthese, welche den physiologischen Imperativen der Nicht-Linearität, der Dynamik, der Periodizität und des Zeit-Bezuges gerecht wird (Weiner, 1992).

Die vergleichsweise junge Kritik an der klassisch-naturwissenschaftlichen Methodologie nahm ihren entscheidenden Ausgangspunkt in der Physik bzw. in der physikalischen Chemie, und zwar in dem Nachweis, daß auch bei irreversiblen Prozessen der Instabilität und des Chaos geordnete Strukturen entstehen können (Prigogine, 1982). Damit war es möglich geworden, den Übergang von unbelebter zu belebter Natur in neuem Lichte zu analysieren. In der Biologie, der Physiologie und Medizin (vgl. z.B. Garfinkel, 1983, Glass & Mackay, 1988, Hesch, 1989, von Uexküll, 1986, Weiner, 1992) wurden diese Einsichten in den vergangenen Jahren bereits erfolgreich in Forschungsprogramme umgesetzt, u.a. unter Zuhilfenahme mathematischer Modelle nicht -linearer Prozesse (z.B. Chaos-Theorie, vgl. Weinberg, 1987, Goldberger et al., 1992). Gegenwärtig stehen wir erst am Anfang der Entwicklung einer *universellen wissenschaftlichen Sprache*, die es womöglich gestatten wird, lebende Systeme in angemessener Weise zu beschreiben und in ihrer Funktionsweise zu erklären. Mit Hilfe dieser Sprache werden auch neue Modelle der Beziehung zwischen Organismus und Umwelt entwickelt werden können, welche den Prinzipien der Kontext-Abhängigkeit und der Selbstregulation lebender Organismen über Systemgrenzen hinweg Rechnung tragen. Insofern ist das Erkenntnisprogramm des vorliegenden Buches auf einen sich heute in Teilen der Medizin erst anbahnenden *Paradigmenwechsel* bezogen. In dieser Umbruchsphase ist es notwendigerweise gekennzeichnet durch erkenntnistheoretische Lücken, durch großenteils noch unangemessene methodische Zugänge und durch substanzwissenschaftliche Defizite. Aber zugleich öffnet es Wege zu einem neuartigen Verständnis der Wechselbeziehungen von sozialer Umwelt und Selbstregulation von Individuen, die, vermittelt über emotionale Erfahrungen, Gesundheit zu fördern oder Krankheitsprozesse langfristig zu bahnen vermögen.

2 Herz-Kreislauf-Erkrankungen im mittleren Erwachsenenalter

Der Lebenslauf wird auch in entwickelten Industriegesellschaften von biologischen und sozialen Zäsuren bestimmt. Diese Zäsuren sind in unterschiedlichem Maße sichtbar und bedeutsam. Deutlich sichtbar sind sie im Übergang von der Kindheit zur Jugend, einer Phase, die mit dem Beginn der Pubertät einsetzt. Weniger sichtbar, aber für soziale Stellung und Lebenschancen gleichermaßer einschneidend, ist jene Zäsur, die mit dem Eintritt ins höhere Lebensalter (sog. Rentenalter) beginnt. Zwischen Jugend und höherem Lebensalter liegt eine Spanne, die biologisch, teilweise auch sozial weniger klar strukturiert ist. Sie beginnt heute mit einer als Post-Adoleszenz beschriebenen Verlängerung der Jugendphase bis in das dritte Lebensjahrzehnt hinein und mündet in das mittlere Erwachsenenalter, das etwa den Zeitraum zwischen dem 30. und 60. Lebenjahr umfaßt. In der Post-Adoleszenz, der Phase des jungen Erwachsenenalters, werden wichtige gesellschaftliche Rechte und Pflichten sowie Qualifikationen für das Berufsleben erworben, und es erfolgen Festlegungen personaler und sozialer Identität mit folgenreichen Entscheidungen für die weitere Lebensplanung. Das mittlere Erwachsenenalter kann demgegenüber als typische Phase der Entfaltung und Wirksamkeit in konstitutiven sozialen Rollen, wiederum in erster Linie im Erwerbsleben, bezeichnet werden. Nie sonst im Lebenslauf ist eine so lange und so wirkungsvolle Phase relativer ökonomischer, sozialer und psychischer Unabhängigkeit gegeben, und dies hat tiefreichende Auswirkungen auf die soziale Verortung, die Wahl und Verwirklichung bestimmter Lebensstile und das subjektive Wohlbefinden. Im Selbstverständnis entwickelter Industriegesellschaften war bis in die jüngste Vergangenheit hinein die "Normalbiographie" in diesem Lebensabschnitt, zumindest für die männliche Bevölkerung, durch kontinuierliche Vollzeiterwerbstätigkeit geprägt. Deren "Erosion" setzte erst in den vergangenen zwei Jahrzehnten in beeindruckendem Umfang ein (vgl. Kap. 3).

Bei dem Versuch einer zusammenfassenden Kennzeichnung spricht die soziologische Lebenslaufforschung von einer *Institutionalisierung des Lebenslaufs* in entwickelten Industriegesellschaften, dessen Struktur durch die Erwerbsarbeit und die um sie herum entstandenden wohlfahrtsstaatlichen Sicherungssysteme geprägt ist (Kohli, 1989). Im Kern enthält der institutionalisierte Lebenslauf die alte Aufteilung in Ausbildungs- und Vorbereitungsphase, Erwerbsphase und Ruhestand, deren zeitliche Strukturierung durch die drei gesellschaftlich besonders normierten Verlaufsmuster der Schullaufbahn, der Berufskarriere und des Familienzyklus bestimmt wird. In merkwürdigem Gegensatz zur gesellschaftlichen Relevanz des mittleren Erwachsenenalters als der zentralen Phase von Produktion und Reproduktion steht die gesundheitswissenschaftliche Beschäftigung mit dieser Lebensphase: während zu den Themen Kindheit, Jugend, Adoleszenz einerseits, Altwerden und Altsein andererseits eine unübersehbare Fachliteratur existiert, blieben *entsprechende Analysen* des *mittleren Erwachsenenalters* bisher vergleichsweise *spärlich*, sieht man von teilweise irreführenden Modethemen wie "midlife crisis" ab. Diese Lücke kann selbstverständlich mit der vorliegenden Arbeit nicht geschlossen werden. Sie möchte lediglich Anstöße zu einer intensiveren Forschungsarbeit in diesem Gebiet geben. Die Konzentration des Themas auf kardiovaskuläre Gesundheit bei ausgewählten Kollektiven der erwerbstätigen männlichen Bevölkerung im mittleren Erwachsenenalter verdeutlicht zur Genüge den engen Geltungsbereich unserer Erkenntnisse. Dennoch zielt unsere Arbeit im Kern auf verallgemeinerungsfähiges Wissen ab, wie im dritten und teilweise im neunten Kapitel dargestellt werden wird.

Aus drei Gründen sind *Herz-Kreislauf-Krankheiten* im mittleren Erwachsenenalter gewissermaßen zum *Modellgegenstand* sozialepidemiologischer, sozio-psychosomatisch ausgerichteter Forschung geworden. *Erstens* handelt es sich um eine in modernen Gesellschaften weit verbreitete Gruppe von Krankheiten, welche einen beachtlichen Einfluß auf die Frühsterblichkeit, die Frühinvalidität und die Arbeitsunfähigkeit ausüben. Sie stellen daher eine besondere Herausforderung an die Medizin als Wissens- und Handlungssystem, aber auch, aufgrund der hohen und stark anwachsenden direkten und indirekten Kosten, an die Gesundheits- und Sozialpolitik entwickelter Industrieländer dar. Wegen ihrer hohen Verbreitung, Gefährlichkeit und sozioökonomischen Bedeutung wirken diese Risiken und Krankheiten auch in Form kollektiver Erfahrungen bzw. Befürchtungen als soziale Tatsachen auf das Alltagsleben zumindest älterer Erwerbstätiger ein – eine Beobachtung, welche die Relevanz der untersuchten Thematik weiter unterstreicht.

Zweitens bildeten die Herz-Kreislauf-Krankheiten gewissermaßen das Untersuchungsparadigma vieler in den vergangenen Jahrzehnten neu in die Medizin integrierter Wissenschaftsdisziplinen, so beispielsweise der Epidemiologie nicht- ansteckender Krankheiten (berühmt in diesem Zusammenhang die Framingham-Studie (vgl. Dawber, 1980), der medizinsoziologisch-sozialepidemiologischen Forschung (vgl.

Antonovsky, 1968, Syme, 1964), der klinisch-psychologischen und psychophysiologischen Forschung bei Patienten mit somatischen Erkrankungen (z.B. Typ A-Forschung; vgl. Friedman & Rosenman, 1974), oder der tierexperimentellen Streßforschung (vgl. Henry & Stephens, 1977). So formierten sich hier vielleicht früher, umfassender und überzeugender als bei anderen Krankheitsbildern ein interdisziplinärer Wissensbestand und eine "scientific community", die einen beachtlichen Einfluß auf die nachfolgende akademische Generation auszuüben vermochte.

Ein *dritter* Grund für den "Modell"-Charakter zumindest der sozialepidemiologischen Herz-Kreislauf-Forschung liegt in der Tatsache begründet, daß die Verbreitung dieser Krankheiten, wiederum in besonderem Maße im mittleren Erwachsenenalter, definierten sozialen Verteilungsmustern folgt: wurden diese Krankheiten, allen voran der akute Herzinfarkt, früher als typische "Manager-Krankheiten" betrachtet, so liegt heute eine erdrückende Fülle von Belegen vor, welche zeigt, daß Herz-Kreislauf-Krankheiten wesentlich häufiger in sozial benachteiligten Gruppen der Bevölkerung auftreten (*vgl. Kap. 2.4.*). Damit lassen sich weitreichende Fragestellungen zum Verhältnis von gesellschaftlicher Belastungsstruktur, sozial differentiellen Erkrankungsrisiken und Angemessenheit des medizinischen Versorgungssystems exemplarisch an diesem Krankheitsbild untersuchen.

2.1 Herz-Kreislauf-Krankheiten aus medizinischer Sicht

Gegenwärtig entfallen etwa 46% aller *Todesursachen* bei Männern und etwa 53% aller Todesursachen bei Frauen in Deutschland auf die Herz-Kreislauf-Erkrankungen. Bei Männern der Altersgruppe 45-65 Jahre sind es 37%. Dabei kommt den ischämischen Herzkrankheiten, d.h. dem Herzinfarkt, der Herzinsuffizienz und dem plötzlichen Herztod, mit 23% das größte Gewicht zu. Diese Krankheiten treten bei Männern, aus weiter unten darzustellenden Gründen, häufiger auf als bei Frauen. So liegt die altersstandardisierte Herzinfarktmortalität bei 30-69jährigen Frauen in Deutschland zur Zeit bei etwa 50 pro 100 000, bei Männern jedoch bei etwa 200 pro 100 000 (Keil, 1990). Auch liegt das mittlere Manifestationsalter des ersten Herzinfarktereignisses bei Frauen im Durchschnitt mit 64.5 Jahren etwa zehn Jahre später als bei Männern. Neben den *ischämischen* oder *koronaren Herzkrankheiten* (im folgenden häufig abgekürzt als KHK; ICD-9:410-414) spielen *zerebrovaskuläre Erkrankungen* (v.a. Schlaganfall; ICD-9:430-438) bei der Herz-Kreislauf-Sterblichkeit eine besondere

Rolle. Weitere, gefährliche und durchaus nicht seltene Krankheitsbilder sind die periphere arterielle Verschlußkrankheit und das Nierenversagen.

Eine gesundheitspolitische Betrachtung darf sich jedoch nicht auf die Mortalität und die *Morbidität* der Herz-Kreislauf-Krankheiten beschränken. Sie hat ebenso die Tatsache zu berücksichtigen, daß in Deutschland zur Zeit mehr als ein Drittel aller Berufs- und Erwerbsunfähigkeitsrenten auf diese Diagnosegruppe entfallen. Ihr Anteil ist noch höher, wenn lediglich die *Frühinvalidität* vor dem 54. Lebensjahr betrachtet wird. Einer allerdings nur für die alte Bundesrepublik gültigen Berechnung zufolge gingen im Jahr 1980 173 000 Erwerbstätigkeitsjahre durch KHK-Morbidität und -Mortalität verloren, und die *Kosten* der Behandlung dieser Erkrankungen betrugen im gleichen Jahr 7,5 Milliarden DM (Henke et al.,1990).

Herz-Kreislauf-Krankheiten stellen in den entwickelten Industrieländern bekanntlich eine *Epidemie* dar. Ihre Ausbreitung ist eng mit Veränderungen der sozioökonomischen Lage, der Entwicklung bestimmter Lebensweisen wie veränderter Ernährung, Zigarettenkonsum, fehlender körperlicher Aktivität, mit Urbanisierung und raschem sozio-kulturellen Wandel korreliert. Im globalen Maßstab zeigt sich eine Ausbreitung der Erkrankungen von Westen (USA, Westeuropa) nach Osten (Osteuropa, Russland, demnächst vermutlich China) und von Norden (Industrieländer) nach Süden (Schwellenländer). Seit den späten sechziger Jahren ist die Herz-Kreislauf-Mortalität in einigen der Länder, in denen sie besonders weit verbreitet war, rückläufig, allen voran in den USA. Auch Finnland, Schweden und insbesondere Japan weisen einen sehr deutlichen Rückgang der Herz-Kreislauf-Sterblichkeit auf (Uemura & Pisa, 1988, WHO-MONICA, 1994). In Westdeutschland sind im Zeitraum von 1979-1986 die altersstandardisierten KHK-Mortalitätsraten (Altersgruppe 35-64) bei Männern um 17% und bei Frauen um 16% zurückgegangen. Dieser Rückgang ist im Vergleich zu den beinahe spektakulären Veränderungen in Japan, in den USA, in Finnland und Schweden als eher bescheiden zu bewerten (Keil, 1990).

2.1.1 Die klassischen Risikofaktoren

Eine überwältigende Fülle epidemiologischer, klinischer und experimenteller Studien belegt, daß die Herz-Kreislauf-Krankheiten *multifaktoriell* bedingt sind, insbesondere, daß das Vorhandensein klassischer Risikofaktoren wie der *Hypertonie*, der *Hypercholesterinämie* und des *Zigarettenrauchens*, ihre Auftretenswahrscheinlichkeit um ein Mehrfaches erhöht (Kannel et al., 1984, Epstein et al., 1987). Die beobachteten Effekte auf die Erkrankungswahrscheinlichkeit sind bei gleichzeitigem Vorhandensein zweier oder mehrerer Risikofaktoren bei einer Person nicht additiv, sondern multiplikativ. An einem Beispiel verdeutlicht, heißt dies, daß das relative Risiko eines Herzinfarktes für Raucher gegenüber Nichtrauchern 1.5 beträgt, das relative Risiko von Rauchern, die zugleich an Bluthochdruck leiden, gegenüber nichtrauchenden Normotonikern jedoch auf 6.0 ansteigt. Bezieht man den weiteren Faktor Hypercholesterinämie in die Berechnung mit ein, so erhöht sich das relative Risiko eines Herzinfarktes im Untersuchungszeitraum auf 19.0 (Kannel et al., 1984, Castelli & Anderson, 1986).

Diese und viele entsprechenden Untersuchungsbefunde sind beeindruckend. Die moderne Risikofaktorenforschung hat sich allerdings nicht auf diese drei Phänomene beschränkt. Schon früh wurde entdeckt, daß auch der Diabetes mellitus das Infarktrisiko erhöht. Wie bereits oben dargestellt, führt das Zusammentreffen einer bestimmten Risikokonstellation zu einem besonders stark gesteigerten Erkrankungsrisiko. Mit der Kennzeichnung eines "metabolischen Syndroms" ist es neuerdings gelungen, eine solche Konstellation zu identifizieren, wobei bereits leicht erhöhte Risiken bedeutsam sind. Die wesentlichen Komponenten dieses Syndroms sind hohe Insulinwerte bzw. erhöhte Insulinresistenz, eine verringerte Fibrinolyse, erhöhte Blutdruck- und erhöhte atherogene Blutfettwerte (vgl. Howard et al., 1993). Auf der Suche nach weiteren, einzeln abgrenzbaren koronaren Risikofaktoren zeigte sich, daß Männer wesentlich häufiger und früher als Frauen erkranken und daß weibliche Sexualhormone einen Schutz gegen frühzeitige KHK bilden. Zu den vergleichsweise gut gesicherten Risikofaktoren zählen auch körperlicher Bewegungsmangel, Übergewicht (bzw. ungünstige Verteilung von Fettgewebe), erhöhte Harnsäurewerte, erhöhte Fibrinogenwerte, sowie bei Frauen die Einnahme von Antikonzeptiva. Ferner erhöhen bestimmte subklinische Entwicklungen des Herz-Kreislauf-Systems das Erkrankungsrisiko, so vor allem eine vergrößerte linke Herzkammer (linksventrikuläre Hypertrophie). Manche weiteren Risikofaktoren sind nur bei besonders exponierten Subgruppen der Bevölkerung von Bedeutung. Hierzu zählen sog. kardiotoxische Substanzen der Arbeitswelt (z.B. Blei, Kohlenmonoxid, Nitroglyzerin, aber auch Schichtarbeit und Lärm; als Überblick vgl. Kristensen, 1994). Neuerdings werden auch bestimmte, in der frühen Lebensgeschichte erworbene Risiken im Zusammenhang mit KHK diskutiert, so z.B. eine ungünstige Ernährungssituation in den ersten Lebensjahren, häufig verbunden mit einer geringen Körpergröße, aber auch mit ungünstigen sozio-ökonomischen Umständen (vgl. Kap. 3.1), ebenso der frühe Erwerb bestimmter Virusinfektionen, welche die über Immunabwehr vermittelten Prozesse der Atherosklerose beeinflussen können (Hansson, 1993).

Die Liste koronarer Risikofaktoren ließe sich mühelos erweitern (vgl. Schaefer & Blohmke, 1977). Ein substantieller Erkenntnisgewinn läßt sich daraus jedoch nicht entnehmen. Denn zweifellos handelt es sich bei der koronaren Herzkrankheit um eine multifaktorielle Erkrankung, die uns vor das Problem stellt, das Ineinandergreifen der einzelnen Risiken im vielschichtigen Erkrankungsprozeß zu verstehen. Die Streßforschung im Herz-Kreislauf-Bereich hat sich vielleicht stärker als andere Arbeitsrichtungen um eine integrierte funktionale Analyse dieses multifaktoriellen Krankheitsgeschehens bemüht. Bevor wir jedoch Ergebnisse einer solchen synthetischen Betrachtung erörtern können, ist es unumgänglich, ein gewisses Verständnis der grundlegenden pathogenetischen Prozesse der KHK zu gewinnen. Die beiden zentralen Begriffe lauten hier "Atherosklerose" und "Thrombose". Im folgenden Abschnitt sollen die mit ihnen bezeichneten pathogenetischen Prozesse kurz und verständlich beschrieben werden. Ausgangspunkt sind genauere Ausführungen zu dem bisher sehr kursorisch behandelten, vermutlich wichtigsten einzelnen koronaren Risikofaktor, der Hyperlipidämie.

2.1.2 Atherosklerose und Thrombose

Befunde der Biochemie und Pathophysiologie des Fettstoffwechsels haben gezeigt, daß das Blutcholesterin nicht der entscheidende atherogene, d.h. die Atherosklerose der Herzkranzgefäße verursachende Faktor sein kann, da sich alle Blutfettkomponenten im Plasma ausschließlich als Bestandteil komplexer Transportpartikel, sog. Lipoproteine, finden. Lipoproteine bestehen aus den Komponenten Cholesterin, Triglyzeride, Phospholipide sowie aus einer Eiweißkomponente, den sog. Apoproteinen. Im menschlichen Plasma lassen sich aufgrund unterschiedlicher physikalisch-chemischer Eigenschaften vier hauptsächliche *Lipoproteinfraktionen* unterscheiden:

- die very-low-density-Lipoproteine (VLDL);
- die low-density-Lipoproteine (LDL);
- die high-density-Lipoproteine (HDL);
- die Chylomikronen (vorwiegend aus Triglyzeriden bestehend).

Pathophysiologisch von Bedeutung sind in erster Linie hohe Konzentrationen von LDL-Cholesterin und niedrige Konzentrationen von HDL-Cholesterin (HDL-Cholesterin kann somit als Schutzfaktor angesehen werden!). Tatsächlich ist es gelungen, das relative Risiko des Faktors "Blutlipide" bei der Bestimmung der Herzinfarkthäufigkeit durch Differenzierung in die genannten LDL- und HDL-Lipoprotein-Cholesterinfraktionen deutlich zu erhöhen Auf weitere Differenzierungen im Bereich des *Fettstoffwechsels* und ihre Wertigkeit im Rahmen pathophysiologischer Modelle der Atherosklerose kann hier nicht eingegangen werden (vgl. als Überblick Schwandt & Richter, 1995).

Interessant ist in diesem Zusammenhang die Beobachtung, daß atherogene Lipide zwar generell einer atherosklerotischen Entwicklung von Arterien Vorschub leisten, daß diese Entwicklung jedoch besonders häufig und in spezifischer Form die Herz-Kranz-Gefäße (Koronarien) und in geringerem Maße die das Gehirn versorgenden Arterien (v.a. Carotis) befällt. Daher kann man auch nicht unterstellen, daß das Risikofaktorenprofil des Schlaganfalls (zerebrovaskulärer Insult) mit demjenigen des Herzinfarktes deckungsgleich ist. Eine neue Übersichtsarbeit zu diesem Problem kommt zu folgendem Ergebnis (Wolf et al., 1992): an erster Stelle der zerebrovaskulären Risikofaktoren steht, sowohl bezüglich epidemiologischer wie klinischer Wertigkeit, der *Bluthochdruck*. Klinische Studien an vielen tausend Hypertoniepatienten belegen den positiven Effekt antihypertensiver Therapie auf die Schlaganfallhäufigkeit. Bereits eine Senkung des diastolischen Blutdrucks um durchschnittlich 6 mmHg ist mit einer 38%igen Senkung der Zahl tödlicher Schlaganfälle verbunden. Zweifellos sind die beeindruckenden Erfolge einer Senkung der kardiovaskulären Morbidität und Mortalität in den USA, in Australien, Kanada und einigen nordeuropäischen Ländern zu einem beachtlichen Teil auf diesen Effekt zurückzuführen, auch wenn der Rückgang der Schlaganfallsterblichkeit in den USA bereits vor einer breiten Verfügbarkeit wirksamer antihypertensiver Medikamente einsetzte. Weitere wichtige zerebrovaskuläre Risikofaktoren bilden die linksventrikuläre Hypertrophie, das Zigarettenrauchen und der Diabetes mellitus. Die Bedeutung der Lipide sowie der thrombogenen Faktoren wird heute noch kontrovers diskutiert, obwohl Klarheit darüber besteht, daß die Atherosklerose als generalisierte, diffundierende Erkrankung des Gefäßsystems beiden pathologischen Zuständen, Herzinfarkt und Schlaganfall, zugrundeliegt.

Wie muß man sich nach heutiger Erkenntnis diesen Erkrankungsprozeß vorstellen? Die Entstehung und Weiterentwicklung (Progression) der *Atherosklerose* ist ein vielschichtiger und langwieriger Prozeß, dessen Frühstadium in vereinfachter Form anhand eines Drei-Phasen-Modells dargestellt werden kann (vgl. Fuster et al. 1992, Ross 1986, Schaffner, 1994).

In der *ersten Phase* ereignen sich aus einer Vielzahl von Gründen (z.B. toxische Substanzen, Infektionen, Strömungsverhältnisse in der Blutbahn, Immunmechanismen, gefäßverengende (vasokonstriktorische) Hormone, Zigarettenrauch) diskrete, auch mikroskopisch nur schwer feststellbare Mikroverletzungen der innersten Gefäßschicht, des sog. Endothels. Dies bedeutet, daß vereinzelte Endothelzellen ihre angestammte Funktion, eine Schutzschicht zwischen den im Blut zirkulierenden

Komplexen (v.a. Leukozyten, Lipoproteine, Fibrinogen) und der Gefäßwand zu bilden, einbüßen. Jetzt vermögen vereinzelte Makromoleküle, insbesondere LDL-Partikel, durch die dünne Endothelschicht hindurchzuwandern und sich in der Gefäßwand einzulagern, ohne daß jedoch irgend eine morphologische Schädigung damit verbunden wäre. Solche Prozesse bilden sich bereits in den ersten Lebensjahren im menschlichen Gefäßsystem aus.

Die *zweite Phase* der Atherosklerose beginnt mit dem Eindringen von im Blut zirkulierenden Monozyten in die Stellen des verletzten Endothels. Dort bilden sie sog. Adhäsionsmoleküle, mit deren Hilfe sie, unterstützt durch Makrophagen, in den subendothelialen Gefäßbereich vordringen. Die Berührung von Monozyten und LDL-Partikeln mit glatten Muskelzellen (smooth muscle cells) löst eine Kaskade von Ereignissen aus (vermittelt über körpereigene Wachstumsfaktoren, z.B. PDGF (platelet derived growth factor)), deren wichtigstes Resultat die Bildung einer großen Zahl von Schaumzellen ist. Es ist wichtig, an dieser Stelle festzuhalten, daß Monozyten und Zytokine über freie Radikale die ins Endothel eingelagerten LDL-Cholesterinpartikel oxidieren. Schaumzellen enthalten somit oxidiertes LDL, das nunmehr für die weitere Entwicklung der Atherosklerose bedeutsam wird. In diesem Stadium werden sog. Fettstreifen am verletzten Endothel sichtbar. Sie sind ebenfalls reversibel und für sich genommen nicht von pathogenetischer Bedeutung.

Erst in der *dritten Phase* beginnt ein pathogenetisch bedeutsamer Prozeß, der mit der "Entblößung" (Denudation) des Endothelbetts und der daraus resultierenden Schädigung der Intimaschicht der arteriellen Gefäßwand einsetzt. Schaumzellen mit oxidiertem LDL im Verein mit einer Ansammlung von Blutplättchen, von Muskelzellen, Fibrin und Kollagen tragen zur Formierung sog. atheromatöse Plaques an der Intima bei. Es sind diese vereinzelten, exzentrisch lokalisierten atheromatösen Plaques, welche den Ausgangspunkt für das weitere Schicksal, die Progression der Atherosklerose und ihre Komplikationen, bestimmen.

In einer Zeitspanne, die in seltenen Fällen Monate, meistens jedoch Jahre oder Jahrzehnte betragen kann, wachsen *atheromatöse Plaques* in den Gefäßinnenraum hinein und verengen damit den Gefäßdurchmesser. Erst in den vergangenen Jahren hat man beobachtet, daß dieser Wachstumsprozeß nicht kontinuierlich verläuft, sondern durchaus in Schüben erfolgen kann. Man hat ferner erkannt, daß der atherosklerotische Wachstumsprozeß kein irreversibles Geschehen ist, sondern in gewissem Umfang durch therapeutische Maßnahmen rückgängig gemacht werden kann (s.u.). Die vielleicht wichtigste neuere Erkenntnis bezieht sich jedoch auf eine Unterscheidung zwischen gefährlichen und weniger gefährlichen Verlaufsformen des Wachstums atheromatöser Plaques. So wird heute angenommen, daß *insbesondere Plaques, die reich an Lipiden sind*, klinisch bedeutsam sind, während stark fibrinhaltige, verkalkte Ablagerungen ohne größere Lipidpolster als nicht besonders gefährlich gelten (Davies, 1990, Fuster et al., 1992). Lipidreiche Plaques verleiten durch ihre Interaktion mit thrombogenen Substanzen (Thrombin, Fibrinogen) zur Bildung lokaler Mikrothromben. Unter ungünstigen Bedingungen (z.B. durch Strömungsverhältnisse erzeugte Wandspannung, gefäßverengende Prozesse) können diese lipidreichen Plaques an den Rändern einreißen und aufbrechen (sog. Plaque-Ruptur). Die Ruptur selbst löst in der Regel eine massive Thrombose aus. Es ist dieses Ereignis, welches für klinische Erscheinungen der ischämischen Herzkrankheit wie unstabile Angina pectoris, Myokardinfarkt und plötzlichen Herztod von allergrößter Bedeutung ist. Im einzelnen werden diese *akuten koronaren Syndrome* durch Risikokonstellationen ausgelöst, die heute erst in Ansätzen erforscht sind.

Die bisherigen Ausführungen verdeutlichen zweierlei. Erstens zeichnet sich entgegen dem weitverbreiteten Modell der einseitig auf erhöhte Lipidzufuhr zurückgeführten progressiven Koronaratherosklerose ein klinisches Bild der Entstehung koronarer Ereignisse ab, das ein komplexes *Zusammenspiel* von *Lipidstoffwechsel* und *Gerinnungsgeschehen* an der beschädigten Gefäßwand nahelegt. Nicht jede koronarangiographisch dokumentierte Stenose eines bestimmten Schweregrades gilt als pathophysiologisch bedeutsam, sondern es sind in erster Linie mittelschwere, jedoch lipidreiche Plaques, die zu Ruptur und assoziierter Thrombusformation neigen und von denen das Risiko akuter Komplikationen ausgeht. Wir können hier nicht auf die weitreichenden diagnostischen, therapeutischen und präventivmedizinischen Implikationen dieser veränderten Krankheitsmodellbildung eingehen, jedoch wird bereits an dieser Stelle deutlich, daß neue Ansatzpunkte für die Prävention gegeben sind: Antioxidantien, welche das Risiko der Oxidierung von zirkulierendem LDL-Cholesterin und damit seine atherogene Potenz reduzieren, antithrombogene Substanzen und Substanzen, welche vasokonstriktorischen Prozessen entgegenwirken, treten nunmehr in den Vordergrund. Auch kommt der Streßbewältigung in diesem Krankheitsmodell eine weitaus größere Bedeutung zu, da Streßhormone bzw. exzessive Aktivierungen des Sympathicus das thrombogene Geschehen, den endogenen Lipidmetabolismus sowie die Vasokonstriktionsneigung wesentlich mitbeeinflussen (vgl. Kap. 2.3). Zweitens machen die Ausführungen jedoch auch deutlich, daß unser Wissen über die Risikokonstellationen der besonders dramatischen akuten Syndrome des plötzlichen Herztodes sowie des tödlichen oder nicht-tödlichen zerebrovaskulären Insults heute noch sehr begrenzt ist.

Bezüglich der Pathophysiologie des ischämischen *Schlaganfalls* werden zwar dem Koronarsystem vergleichbare athero-thrombotische Prozesse in den das Gehirn versorgenden großen Arterien (v.a. Arteria carotis) angenommen, jedoch zeigt sich, daß zusätzlich Arteriolen im Gehirn selbst am pathophysiologischen Geschehen beteiligt sind. Die degenerative Mikroangiopathie der kleinen Gefäße im Gehirn scheint allerdings teilweise von anderen Einflüssen abhängig zu sein als die Makroangiopathie der großen zuführenden Arterien- ein Tatbestand, der die Diagnostik und Prävention des Schlaganfallrisikos vor große Herausforderungen stellt (DeGraba et al.,1992). Erst neuerdings wird übrigens auch im Bereich der ischämischen Herzkrankheiten den Mikroangiopathien vermehrt Aufmerksamkeit geschenkt.

Der *plötzliche Herztod*, der in mindestens einem Drittel aller Herzinfarktmanifestationen die unmittelbare Folge ist, muß nach wie vor als eines der größten präventivmedizinischen Probleme unserer Zeit betrachtet werden. Über seine spezifischen Risikofaktoren ist bisher wenig bekannt. Häufig stellt er die erste und tragischerweise einzige Manifestation der KHK dar. Das durch eine athero-thrombotische Komplikation in einer der Koronararterien ischämisch, d.h. blutleer gewordene Herzmuskelgebiet ist in besonderem Maße gefährlichen Herzrhythmusstörungen ausgesetzt. Tachyarrhythmien der Herzkammer und schließlich das zum Tode führende Kammerflimmern treten häufig als Folge von Reizleitungsstörungen in dem durch Zellnekrosen beschädigten Herzmuskel auf. Zusätzlich spielen neurogene Einflüsse eine Rolle, so daß nach heutiger Ansicht eine Trias von myokardialer Ischämie, elektrischer Instabilität und neuronaler bzw. neuroendokriner Aktivierung für das Auftreten des plötzlichen Herztodes verantwortlich gemacht wird (McCance, 1989, Frank & Smith, 1990). Im Zusammenhang unseres Themas ist die Tatsache von besonderer Bedeutung, daß die Schwelle für gefährliche Rhythmusstörungen durch eine Störung der *Balance* der Aktivität des Sympathicus und des Vagus drastisch herabgesetzt wird (Lown et al., 1973, Schwartz, 1984). Diese Balance wird u. a. durch chronische und durch subakute Distresserfahrungen über eine vom Neokortex über den Hirnstamm laufende Bahn direkt beeinflußt (Skinner & Reed, 1981).

Zusammenfassend können wir festhalten, daß trotz gewaltiger Erkenntnisfortschritte der klinischen, epidemiologischen und experimentellen Herz-Kreislauf-Forschung in der Medizin heute nach wie vor *empfindliche Kenntnislücken* bestehen. Dementsprechend zeigen sich auch *Defizite* bei der *frühen Erkennung* und *Verhütung* dieser das Morbiditäts- und Mortalitätsspektrum entwickelter Gesellschaften in so starkem Umfang bestimmenden Krankheitsbilder. Es wird hier die *These* vertreten, daß ein sozio-psycho-somatisches Verständnis der Herz-Kreislauf-Krankheiten, das an den im ersten Kapitel skizzierten Prinzipien einer *funktionalen* Krankheitstheorie orientiert ist, sowohl *theoretisch* neue Erkenntnisse als auch *praktisch* neue Präventionsmöglichkeiten erschließen kann. Die restlichen Teile dieses Buches können auch als Versuch betrachtet werden, diese These zu belegen. Die nachfolgende *Abbildung 1* zeigt im Überblick die wesentlichen Wirkungspfade einer streßtheoretisch akzentuierten pathophysiologischen Modellvorstellung der koronaren Herzkrankheit. Während deren theoretische Grundlagen im ersten Teil dieses Buches erarbeitet werden, erfolgt eine empirische Überprüfung der Wirkungspfade, soweit dies im Rahmen unseres Untersuchungs- und Meßansatzes möglich ist, im zweiten Teil.

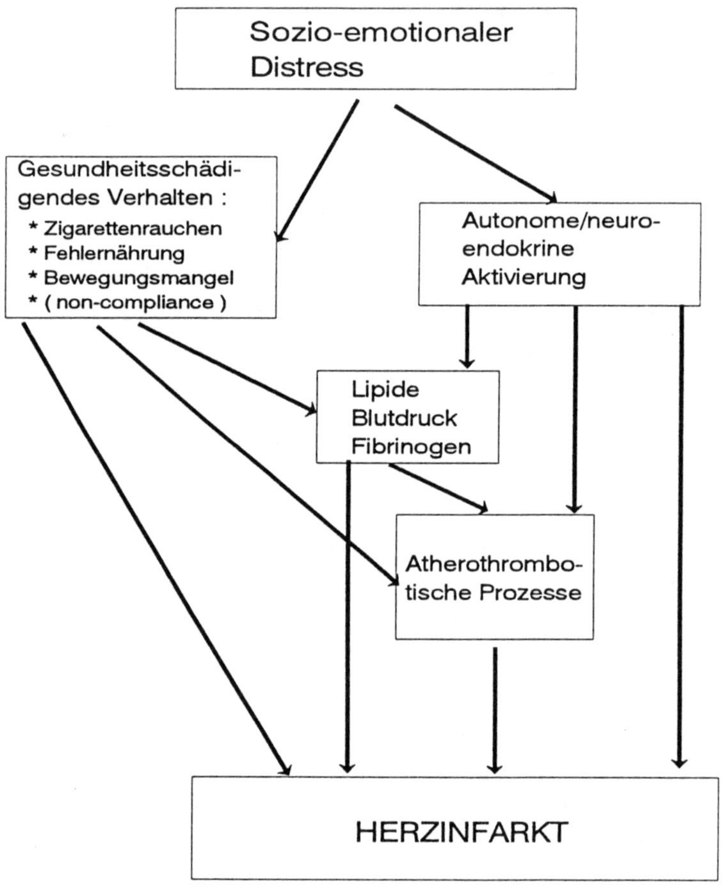

Abbildung 1. *Schematische Darstellung der Wirkungspfade einer streßtheoretisch akzentuierten pathophysiologischen Modellvorstellung der koronaren Herzkrankheit*

2.2 Herz-Kreislauf-Krankheiten aus verhaltenswissenschaftlicher Sicht

Es ist das herausragende Verdienst der epidemiologischen Forschung in Amerika in den ersten zwanzig Jahren nach dem Zweiten Weltkrieg gewesen, den Einfluß von Umgebungs- und Lebensstilfaktoren auf die Herz-Kreislauf-Krankheiten dokumentiert zu haben. An erster Stelle muß in diesem Zusammenhang die berühmte Framingham-Studie genannt werden (zusammenfassend Dawber, 1980). Sie und viele, ihr nachfolgende Studien haben zweifelsfrei belegt, daß gesundheitsschädigende Ernährungs- und Rauchgewohnheiten, in geringerem Umfang auch körperliche Inaktivität, das koronare Risiko mitbestimmen und daß primärpräventive Maßnahmen zur Verringerung der Häufigkeit gesundheitsschädigenden Verhaltens einen günstigen Effekt auf die Senkung des Herz-Kreislauf-Risikos ausüben (Farquhar et al., 1990). Diese Tatsachen räumen den Verhaltens- und Sozialwissenschaften einen wichtigen Platz in der Herz-Kreislauf-Forschung und den daraus in die Praxis umsetzbaren Handlungsprogrammen ein. Im einzelnen lassen sich sechs Bereiche *gesundheitsrelevanter Verhaltensweisen* abgrenzen, die im Kontext von Herz-Kreislauf-Krankheiten besondere Beachtung verdienen: Ernährung, Genußmittelkonsum, körperliche Aktivität, Gewichtskontrolle, Blutdruckkontrolle sowie, im weitesten Sinn, Streß und Entspannung. Während das letztgenannte Thema in einem eigenen Abschnitt ausführlich behandelt wird, sollen nachfolgend wenigstens einige grundlegende Orientierungsdaten zu den ersten fünf Bereichen gegeben werden. Wir beschränken uns auch hier ausdrücklich auf Basisinformationen, da diese Inhalte das Hauptthema des vorliegenden Buches nur am Rande tangieren.

An erster Stelle bezüglich der klinischen Wertigkeit steht mit Sicherheit die *ungesunde Ernährung*, d.h. eine Nahrung, die reich an Kalorien, gesättigten Fettsäuren, tierischem Cholesterin und Salzgehalt ist (Assmann et al., 1990). Eine große Anzahl von Kohorten- und Interventionsstudien hat den ungünstigen Einfluß einer so beschaffenen Nahrung auf das Herz-Kreislauf-Risiko belegt. So kann mittels einer zehnprozentigen Senkung der Höhe der durch Nahrung aufgenommenen Cholesterinwerte eine etwa zwanzigprozentige Senkung des Koronarrisikos erzielt werden. Eine extrem cholesterinarme Diät ist sogar, im Verein mit einer Änderung anderer Lebensstilgewohnheiten, in der Lage, die Koronaratherosklerose signifikant zurückzubilden (Ornish et al., 1990). Aus diesen Erkenntnissen ergeben sich zwei Aufgaben, erstens die Aufgabe, zu verstehen, durch welche psychischen und sozialen Einflüsse ungesunde Ernährungsweisen erworben, aufrechterhalten und gegen besseres Wissen fortgeführt werden, und zweitens die Aufgabe, Prinzipien einer herz-kreislauf-schonenden

Ernährungsweise unter Einbeziehung dieser Einsichten präventivmedizinisch umzusetzen.

Eine fettreduzierte, cholesterinarme, ballaststoff- und vitaminreiche Ernährungsweise ist heute für weite Teile der Bevölkerung in entwickelten Industrieländern im Prinzip realisierbar, obwohl vielfältige Zwänge des Nahrungsmittelmarktes, der Werbung, der Gastronomie und der das Ernährungsverhalten bestimmenden sozialen Normen einer solchen Absicht entgegenwirken. Zu den wichtigsten ernährungswissenschaftlich gesicherten Grundsätzen einer gesunden Diät gehören:

- sparsame Verwendung von Speisefetten;
- Einschränkung des Verzehrs fettreicher, vor allem tierischer Lebensmittel;
- Einschränkung des Verzehrs von tierischen Fetten, von Innereien und Eigelb;
- Verwendung pflanzlicher Speisefette und -öle;
- Verzehr pflanzlicher ballaststoffreicher Lebensmittel und vitaminhaltiger Früchte und Gemüse (Antioxidantien);
- Einschränkung der Kochsalzaufnahme.

Obwohl die Höhe des Cholesterinspiegels im Blut sowie seiner Fraktionen (LDL, HDL, VLDL) auch von genetischen (Brown & Goldstein, 1988) und endogenen (Moeller, 1987) Einflüssen abhängig ist, bestimmt doch die Ernährungweise das *Cholesterinprofil einer Bevölkerung* in besonderem Maße. Neuere epidemiologische Studien zur Prävalenz ungünstiger Blutfettprofile zeigen auch für Deutschland einen hohen präventivmedizinischen Handlungsbedarf (Assmann et al., 1992, Cremer et al., 1991, Keil, 1990, Zober & Germann, 1992). Übereinstimmend stellen diese Studien eine Prävalenz behandlungsbedürftiger Gesamtcholesterinwerte ($\geq$ 250 mg/dl) von 30% bei 40-60 jährigen Männern und von 27% bei Frauen der gleichen Altersgruppe fest. Hohe Gesamtcholesterinwerte gehen häufig mit hohen LDL- und niedrigen HDL-Werten einher, obwohl die letztgenannten Werte, wie bereits erwähnt, eine höhere Spezifität hinsichtlich der Vorhersage koronaren Risikos besitzen.

Auf diesem Hintergrund erhält die Frage nach sozialen und psychischen Determinanten des Ernährungsverhaltens eine besondere Aktualität. In soziologischer Sicht stellt Ernährungsverhalten als Teil gesundheitsrelevanten Verhaltens ein durch subkulturelle Bräuche und soziale Normen gesteuertes Alltagshandeln dar, welches in der primären Sozialisation erlernt und über die Bezugsgruppe der Familie im sozialen Austausch verstärkt und kontrolliert wird. Ernährungsgewohnheiten sind hochgradig routinisierte und affektiv besetzte Phänomene, die eine hohe Änderungsresistenz aufweisen. In manchen gesellschaftlichen Schichten orientieren sich Ernährungsgewohnheiten an Lebensbedingungen und Wertvorstellungen der Herkunftsfamilien erziehender Eltern. Sie stellen damit ein besonders eindrucksvolles Beispiel für die These des "cultural lag", des sozio-kulturellen "Hinterherhinkens" dar: hoher Fettkonsum und Kalorienverbrauch blieben beispielsweise für die Ernährungsweise vieler Arbeiterfamilien charakteristisch, obwohl schwere körperliche Arbeit für die Mehrheit keine wichtige Rolle mehr spielte. Ähnliches läßt sich bezüglich sozial differentieller Körperbilder sagen: in sozialen Schichten mit niedrigerem Bildungsniveau ist Übergewicht im allgemeinen noch heute mit mehr positiven Wertvorstellungen besetzt als in höheren Schichten. Nicht nur das Wissen über Zusammenhänge zwischen Ernährung und Gesundheit ist sozial unterschiedlich verteilt, sondern auch der Stellenwert, den Gesundheit als Wert in der Lebensführung insgesamt einnimmt: sozio-kulturelle Benachteiligung geht einher mit einem eher instrumentellen Verhältnis zum Körper (Körper als "Maschine", die durch Gebrauch einem unbeeinflußbaren Verschleiß unterliegt). Dementsprechend sind die unmittelbaren Ziele des Ernährungsverhaltens, Genuß, Sättigung und Geselligkeit, wesentlich bedeutsamer als die entfernt liegenden Ziele gesundheitlicher Vorsorge und Schonung (Buchmann, 1985, Siegrist, 1995).

Zu diesen sozio-kulturellen und schichtspezifischen Determinanten von Ernährungsverhalten gesellen sich spezifische gruppendynamische und persönlichkeitsspezifische Einflüsse, deren Erforschung Gegenstand der Gesundheitspsychologie ist (Schwarzer, 1992). Verhaltenswissenschaftliche Studien zu den Bedingungen erfolgreicher Veränderung des alltäglichen Nahrungsverhaltens belegen indirekt dessen hohe Änderungsresistenz. So gelingen dauerhafte, tiefreichende Änderungen der Diät nur dann, wenn die ganze Familie bzw. die relevante Gruppe in die Maßnahme einbezogen wird und wenn individuelle Beratung und Anleitung erfolgt, wobei Prinzipien kognitiver Verhaltensmodifikation wie systematische Selbstbeobachtung, Reizkontrolle und Selbstverstärkung angewandt werden müssen (Carmody et al., 1986).

Ähnlich schwierig sind Verhaltensänderungen im Bereich des *Genußmittelkonsums*, wenn auch hier in jüngster Zeit ermutigende Interventionserfolge erzielt worden sind. Für Herz-Kreislauf-Krankheiten und, in noch größerem Ausmaß, für Krebskrankheiten, stellt das *Zigarettenrauchen* einen besonders wichtigen verhaltensgebundenen Risikofaktor dar. Zigarettenrauchen ist auch heute noch eine weit verbreitete gesundheitsschädigende Verhaltensweise, die in der überwiegenden Zahl der Fälle in der *Adoleszenz* begonnen wird. Daher ist es besonders wichtig, die psychosozialen Motivationen des Zigarettenrauchens wie auch anderer gesundheitsschädigender Verhaltensweisen, beispielsweise des Alkoholkonsums, in der Adoleszenz zu erkennen. Neuere verhaltenswissenschaftliche Studien zeigen, daß zumindest drei *latente Funktionen* mit erhöhtem Zigarettenkonsum während der Adoleszenz verbunden sind: 1. Affektkontrolle (Hervorrufen von Stimulation in eintönigen Situationen, von Beruhigung in aufregenden, belastenden Situationen); 2. Selbstdarstellung in kritischen sozialen Situationen (Erhöhung der Sicherheit des Auftretens, "Reife", Attraktivität, Nähe zum Erwachsenenstatus); 3. quasi-rituelle Aufgaben (Versicherung der Zugehörigkeit zu einer Bezugsgruppe, Anknüpfen von Kontakten) (Schwarzer, 1992, Wetterer & von Troschke, 1986). Diese latenten Funktionen des Rauchens werden umso wichtiger, je prekärer das Selbstkonzept und das Selbstwertgefühl bei Adoleszenten sind. Problemverdichtung und Mißerfolgserlebnisse sind in unteren sozio-ökonomischen Schichten im allgemeinen weiter verbreitet als in höheren Schichten, und zugleich finden sich Techniken erfolgreicher Selbstregulation dort seltener. Diese Zusammenhänge können die Beobachtung miterklären, daß es eine auffällige inverse Beziehung zwischen sozio-ökonomischer Lage und Zigarettenrauchen gibt, und zwar sowohl in der Adoleszenz wie auch im mittleren Erwachsenenalter (vgl. Kap. 2.4.). Mit diesen Erkenntnissen gut vereinbar sind neue Ergebnisse erfolgreicher Prävention des Zigarettenrauchens bei Adoleszenten, die vorwiegend an den Mechanismen sozialer Kompetenzerweiterung, gelernter Selbstwirksamkeitsüberzeugungen und positiver außerschulischer Erfolgserlebnisse ansetzen (Jessor et al., 1990, Gohlke et al., 1989, Schwarzer, 1992).

Auf verhaltenswissenschaftliche Erkenntnisse zu den Motiven gesteigerten *Alkoholkonsums* kann hier ebensowenig eingegangen werden wie auf die umstrittenen Zusammenhänge zwischen Alkohol und kardiovaskulärem Risiko. Dagegen muß erwähnt werden, daß *körperliche Bewegungsarmut* und *erhöhtes Körpergewicht* zwei verhaltensgebundene Risiken darstellen, die in einem engen Zusammenhang stehen. So treiben viele Leute Sport, um ihr Körpergewicht zu verringern und ihre Körperform zu verbessern, wobei das Verhältnis von Muskelgewebe zu Fettgewebe verbessert werden soll. Andererseits ist unter Übergewichtigen der Anteil sportlich Aktiver niedriger als unter Schlanken. Auch hier findet sich wiederum ein starker Schichtgradient: je niedriger die Schichtzugehörigkeit, desto häufiger das Übergewicht, insbesondere bei Frauen, und desto seltener die regelmäßige körperliche Aktivität. Körperliche Aktivität in Form regelmäßigen aeroben Trainings hat nachweisbar günstige Effekte auf das Herz-Kreislauf-System (Paffenbarger et al., 1990), darüber hinaus aber insbesondere auch auf die subjektive Gesundheit (Schwarzer, 1992). Legt man die sportmedizinischen Kriterien eines gesundheitswirksamen regelmäßigen Trainings zugrunde, so muß man allerdings feststellen, daß nur zwischen 10 und 25% der erwachsenen Bevölkerung körperlich aktiv sind. An diesem Tatbestand hat auch die sog. Fitneß-Welle nur wenig geändert. Die Motivationsbarrieren zu regelmäßiger körperlicher Aktivität sind heute erst teilweise erforscht, und es zeigt sich auch hier, daß einzelne gesundheitsschädigende Verhaltensweisen in einen bestimmten Lebensstil eingebettet sind, der gesamthaft zu verändern wäre, falls dauerhafte Erfolge der Verhaltensänderung erwartet werden könnten.

Gesundheitsrelevantes Verhalten bezieht sich schließlich auch auf *Kenntnisse* und *Handlungsbereitschaften* bezüglich eigener körperlicher Risikofaktoren, in erster Linie des hohen Blutdrucks und der erhöhten Cholesterinwerte. Aus epidemiologischen Feldstudien in Deutschland ist bekannt, daß die Prävalenz der manifesten Hypertonie in der Altersgruppe 25-69 bei Männern zwischen 19% und 27%, bei Frauen zwischen 15% und 24% liegt. Der *Bekanntheitsgrad* schwankt in drei neueren Feldstudien zwischen 64% und 81% bei männlichen und zwischen 83% und 84% bei weiblichen Hypertonikern. Während sich bezüglich des Bekanntheitsgrades gegenüber den siebziger Jahren deutliche Verbesserungen ergeben haben, ist der Anteil gut behandelter, kontrollierter Hypertoniker nach wie vor vergleichsweise gering: er schwankt zwischen 16% und 27% bei den männlichen und zwischen 34% und 44% bei den weiblichen Hypertonikern (Keil, 1990). Gesundheitsrelevantes Verhalten bezieht sich hier also in erster Linie auf die Kenntnis der eigenen Blutdruckwerte und, im Falle festgestellter Hypertonie, auf die Bereitschaft, mittels diätetischer oder medikamentöser Maßnahmen den Blutdruck zu kontrollieren. Die Motive zu *"compliance"* bei Hypertonie sind vielfältig und komplex, aber ohne Zweifel spielen auch hier schichtspezifische Einstellungsmuster eine wichtige Rolle (Stock, 1993; vgl. Kap. 7).

Daten zur Prävalenz der Hypercholesterinämie wurden bereits weiter oben angeführt. Dagegen liegen erst seit kurzem Erkenntnisse über den Umfang des Bekanntheits- und Behandlungsgrades der Hypercholesterinämie für Deutschland vor (Keil et al., 1995). Danach geben von den Personen, die Cholesterinwerte von ≥ 300 mg/dl aufweisen, nur 14%-22% der Männer und nur 11%-38% der Frauen an, über ihre erhöhten Cholesterinwerte informiert zu sein. Entsprechende Behandlungsprävalenzen sind noch deutlich niedriger, sodaß insgesamt der Bekanntheits- und Behandlungsgrad der Hypercholesterinämie in Deutschland noch wesentlich niedriger liegt als derjenige der Hypertonie.

Zusammengenommen verdeutlichen bereits diese wenigen Ausführungen, welch großes Erkenntnis- und Handlungspotential in sozialepidemiologischen, verhaltens- und sozialwissenschaftlichen Forschungen im Bereich der Herz-Kreislauf-Krankheiten liegt. Auch wenn der Wissensstand in den einzelnen Gebieten noch disparat, die Erklärungsmodelle noch von begrenzter Reichweite und die Interventionsstrategien in ihrer Wirksamkeit eingeschränkt sind, so wird angesichts des großen Problemdrucks durch das vielfältig determinierte chronisch-degenerative Krankheitsgeschehen doch deutlich, wie hilfreich eine Erweiterung des biomedizinischen Krankheitskonzeptes in Theorie und Praxis ist. Zwei entscheidende Aspekte einer solchen Erweiterung des etablierten Krankheitsverständnisses werden in den folgenden beiden Abschnitten erörtert.

2.3 Herz-Kreislauf-Krankheiten aus streßtheoretischer Sicht

2.3.1 Theoretische Grundlagen

So wichtig, wie im ersten Kapitel dargelegt, ein sozio-psycho-somatisches Verständnis menschlicher Gesundheit und Krankheit ist, so sehr muß doch gefragt werden, ob der bis zur Unkenntlichkeit verwässerte Begriff "Streß" in diesem Zusammenhang heute überhaupt noch eine Rolle spielen kann. Was sollen wir in einem wissenschaftlich anspruchsvollen Sinn unter diesem Begriff verstehen? Zunächst gilt es, einige Mißverständnisse zu klären und festzuhalten, was wir im folgenden nicht unter "Streß" verstehen wollen bzw. welche Begriffsdifferenzierungen unverzichtbar erscheinen.

1. Streß ist nicht gleichbedeutend mit der umgangssprachlichen Konnotation von "Hektik", "Überlastung", "Unrast", "Aufregung" etc. Vielmehr ist es angezeigt, Streß als Ergebnis einer spezifischen Transaktion zwischen Umwelt und Person zu verstehen und damit analytisch zwischen Merkmalen der Situation (*Stressor*), die in der Person etwas auszulösen vermag, und Merkmalen der Person, die auf diese Situation reagiert (*Streßreaktion*), zu unterscheiden. Einerseits können Personen auf ein und dieselbe Situation individuell recht unterschiedlich reagieren, andererseits engen Stressoren, wie wir sehen werden, das Reaktionsspektrum der mit ihnen konfrontierten Personen in typischer Weise ein. Daher ist es notwendig, das Zusammenspiel zwischen situativen und personalen Komponenten des Streßgeschehens genauer zu analysieren.

2. Es ist weder sinnvoll, den Begriff "Stressor" für alle nur denkbaren Umgebungseinflüsse zu verwenden, noch, ihn zirkulär zu definieren: Stressor ist dasjenige, was in einer Person eine Streßreaktion auslöst. In dem sozial- und verhaltenswissenschaftlichen Kontext unserer Argumentation empfiehlt es sich vielmehr, den Begriffsumfang einzuengen und lediglich Situationen als Stressoren zu bezeichnen, welche den menschlichen Erlebens- und Erfahrungsfluß in Form einer *Bedrohung* oder einer *Herausforderung* unterbrechen. Mit andern Worten: Stressoren generieren Unterbre-

chungserfahrungen, die von der betroffenen Person eine "Antwort", die Suche nach einer "Lösung" etc. erfordern.

3. Diese "Antwort", die *Streßreaktion*, kann prinzipiell auf *drei Ebenen* erfolgen: auf der Ebene der emotionalen Erfahrung und der affektiven Reaktion, auf der Ebene der neuronalen, neuroendokrinen, endokrinen und immun-vermittelten Aktivierung, und auf der Ebene overten Verhaltens bzw. geplanten Handelns. Es ist einsichtig, daß die Bedeutung einer Streßreaktion einerseits von der *Qualität* und *Intensität* eines *Stressors*, andererseits von dem Erfolg der eingesetzten *Bewältigungsstrategien*, dem Grad der *Kontrollierbarkeit* der Situation, abhängt. Im Bezugssystem einer sozio-psycho-somatischen Theorie menschlicher Gesundheit und Krankheit stehen jene Streßreaktionen im Zentrum des Interesses, die a) Antworten auf einen *negativ* bewerteten Stressor (Bedrohung bzw. Herausforderung mit ungewissem Erfolg) beinhalten, die b) das Ergebnis einer fortgesetzten Erfahrung *begrenzter* Kontrollierbarkeit der herausfordernden Situation und damit begrenzter Bewältigungschancen sind und die c) *physiologische Aktivierungszustände* provozieren, deren kurzfristige Neutralisierung durch motorische Aktivität und/oder erfolgsgesteuertes Handeln nicht möglich ist. Streßreaktionen, welche durch diese drei Merkmale gekennzeichnet sind, nennen wir im folgenden "*Distress-Erfahrungen*". Distress-Erfahrungen können nach ihrer Qualität/Intensität und Dauer klassifiziert werden (s.u.). Hierbei gilt: je intensiver und längerdauernd Distress-Erfahrungen sind, desto höher ist das Risiko, daß sie dysregulierend auf die physiologischen Abläufe im Organismus einwirken und damit langfristig bestimmte Erkrankungsprozesse anbahnen. Sind andererseits positive Ergebnisse des Bewältigungsprozesses einer herausfordernden Situation erwartbar, während die physiologische Aktivierung weiter anhält, so sprechen wir mit Selye (1973) von einer *Eustress*-Erfahrung.

4. Von den klassischen Streß-Konzeptionen Selyes (1973) und Cannons (1928) grenzen sich die bisher getroffenen terminologischen Unterscheidungen dennoch in mehrfacher Weise ab:

- Stressoren werden nicht in Hinblick auf ihre unmittelbare biologische Schädlichkeit, sondern in Hinblick auf den *psychologischen Aspekt* der Kontrollierbarkeit einer *bedrohliche Unterbrechungserfahrungen* generierenden Situation analysiert;
- Stressoren werden nicht auf deskriptiver Ebene, ohne theoretischen Bezug klassifiziert, noch werden sie zirkulär, d.h. über die Streßreaktion, definiert. Vielmehr erfolgt eine *Klassifikation* von Stressoren im Rahmen einer *sozialwissenschaftlichen Theorie* des Zusammenhangs zwischen sozialen Krisen, Selbstregulation und Emotion (vgl. Kap. 3);

• Streßreaktionen werden prinzipiell auf den drei genannten Ebenen der *Emotion*, der *physiologischen Aktivierung* und des *overten Verhaltens* analysiert, ohne daß von vornherein ein deterministisches Verhältnis zwischen diesen Ebenen unterstellt wird, wie dies sowohl in Cannons Konzept der "Notfallreaktion" wie in Selyes Konzept des "allgemeinen Anpassungssyndroms" der Fall ist. Emotion, physiologische Aktivierung und overtes Verhalten lassen sich als drei unterschiedliche Informationsqualitäten eines agierenden und reagierenden Organismus interpretieren, deren Vernetzung durch neuronale Programme zwar in gewissem Umfang vorgegeben ist, deren *Dissoziation* jedoch im Fall fortgesetzter Distresserfahrungen das Entscheidende ist (s.u.);

• schließlich wenden wir uns im folgenden entschieden von der insbesondere von Hans Selye vertretenen Konzeption der Streßreaktion als einer unspezifischen, physiologisch stereotypen (weil phylogenetisch alten) Antwort des Organismus ab (Selye, 1973). Dieses zuletzt genannte Argument muß in aller Kürze begründet werden.

John W.Mason (1968, 1971), James P.Henry (1992, Henry & Stephens, 1977), Marianne Frankenhaeuser (1983), Seymour Levine (1987) und erst kürzlich Herbert Weiner (1992) haben aus unterschiedlichen Perspektiven eine *fundierte Kritik* der wissenschaftlichen Basis des Selye'schen Konzeptes vorgelegt. Ohne die Argumente hier im einzelnen ausbreiten zu können, lassen sich die beiden zentralen Kritikpunkte wiefolgt zusammenfassen:

1. Heute liegt eine beeindruckende Fülle von Beobachtungen vor, welche zeigen, daß der Organismus mit einer *Vielfalt neuroendokriner und hormonaler Reaktionen* auf Stressoren antworten kann. Weitreichende Entdeckungen der Neurowissenschaften der letzten 25 Jahre haben gezeigt, daß viele in peripheren Subsystemen des Organismus ablaufenden interzellulären Kommunikationsprozesse zentralnervös moduliert werden. Durch die Entdeckung der Doppelfunktion einiger biogener Amine, vor allem aber der in wachsender Zahl identifizierten Peptidhormone, die sowohl als periphere Hormone wie auch als zentrale Neurotransmitter bzw. Neuromodulatoren fungieren (Krieger & Liotta, 1979), ist es notwendig geworden, unsere Vorstellungen über die Funktion des *endokrinen Systems* im Organismus grundlegend zu revidieren (zusammenfassend Ballieux et al., 1984, Hellhammer et al., 1987, Hesch, 1989, Weiner, 1992). In diesem Zusammenhang ist auch der Nachweis von Bedeutung, daß eine Reihe wichtiger, vor allem über Steroidhormone gesteuerter Stoffwechselvorgänge der Kontrolle durch den Hypothalamus unterliegen. Der *Hypothalamus* seinerseits wird durch eine Vielzahl afferenter Bahnen von den höher gelegenen limbischen Strukturen sowie vom Neokortex innerviert und stellt damit eine zentrale "Schaltstelle" im Informationsfluß zwischen zentralnervös bearbeiteten Umweltreizen und dem autonomen Nervensystem dar (LeDoux, 1987).

2. Auf diesem Hintergrund vielfältiger, differenzierter hormonaler Antworten des Organismus hat es sich als heuristisch fruchtbar erwiesen, Streßreaktionen nach zwei übergeordneten Kriterien zu klassifizieren und damit ihre potentiell unendliche Vielfalt auf ein überschaubares Spektrum von Reaktionsmustern zu reduzieren: a) nach dem Kriterium der *wahrgenommenen Kontrollierbarkeit* des Stressors, d.h. des erwartbaren Erfolges der zur Verfügung stehenden Bewältigungsressourcen (Henry & Stephens, 1977, Levine, 1987, Weiss, 1972); und b) nach dem Kriterium der *Aktivität/Passivität* des eingesetzten Bewältigungsverhaltens (Mason, 1968, Frankenhaeuser, 1983).

Die Kombination dieser beiden Kriterien hat James P. Henry zu seiner bekannten *Streßachsen-Konzeption* geführt (Henry & Stephens, 1977). Danach entscheidet die im fronto-kortikalen Bereich der Stimulusbewertung und im *limbischen System* erfolgende Signalgebung darüber, wie in den drei Antwortsystemen der emotionalen Erfahrung, der neurohormonalen Reaktion und des overten Verhaltens reagiert wird. Der Grad der Bedrohlichkeit eines Stressors hängt davon ab, ob die Situation selbst bekannt ist, ob angemessene Bewältigungsmuster auf diese Situation vorhanden sind und ob die Konsequenzen im Fall erfolgloser Bewältigungsversuche schwerwiegend sind. Bedroht ein dergestalt bewerteter Stressor die im Verhaltensrepertoire einer Person verfügbaren Bewältigungsmittel, dann kann ihm durch aktives Handeln (Kämpfen), durch Entzug (Fliehen) oder durch passive Hinnahme (Aufgeben) begegnet werden. Kämpfen, Fliehen und Aufgeben (overtes Verhalten) sind mit unterschiedlichen Emotionsqualitäten (Wut, Ärger, Angst, Enttäuschung, Hilflosigkeit) und einer unterschiedlichen Aktivierung neuroendokriner Reaktionsmuster entlang der Streßachsen verbunden. Streßtheoretisch bedeutsam sind in erster Linie Situationen, in denen Entzug und Flucht ausgeschlossen sind (sog. "*no exit*"-Situationen) und in denen der Ausgang eigenen aktiven Bewältigungshandelns *ungewiß* ist. *Kontrollversuche mit antizipiertem Erfolg* aktivieren die Sympathicus-Nebennierenmark-Achse (SNA) im Organismus, wobei offenbar Erfolgs- und Kontrollerfahrungen zusätzlich mit einer Stimulierung der Hypothalamus-Gonaden-Achse (HGA) einhergehen (Henry, 1992, Mason, 1968). Als Folge werden u.a. die Streßhormone Adrenalin, Noradrenalin, Neuropeptid Y, ebenso Gonadotropin und Testosteron und vermehrt ausgeschüttet. *Kontrollversuche mit antizipiertem Mißerfolg stimulieren* demgegenüber vermehrt die Hypothalamus-Hypophysen-Nebennierenrinden-Achse (HNA) (Axelrod & Reisine, 1984, Mason, 1968, Levine, 1987), zusätzlich zu der mit Verausgabung einhergehenden Sympathicus-Aktivierung. Diese Achse (HNA) ist für die vermehrte Synthese von ACTH und Cortisol verantwortlich. Auch *Prolactin* wird unter diesen Bedingungen vermehrt gebildet (Theorell et al., 1987). Werden bei Mißerfolgserfahrung die aktiven Kontrollversuche aufgegeben, so bleibt die Hypothalamus-Nebennierenrinden-Achse aktiviert, jedoch tritt gegenüber der Sympathicus-Aktivierung jetzt eine verstärkte vagale (Parasympathicus) Aktivität (VA) in den Vordergrund. Erfahrungen von Wirksamkeits- und Kontrollverlust gehen häufig mit einer Blockierung des motorischen Systems (Immobilität) einher und werden typischerweise von intensiven negativen Emotionen (Hilflosigkeit, Depression und Verzweiflung) begleitet (Engel, 1968, von Holst, 1972).

Nach diesen einleitenden Ausführungen wenden wir uns nunmehr der Frage zu, wie Distress-Erfahrungen mit pathophysiologischen Prozessen im Herz-Kreislauf-System in Beziehung gesetzt werden können. Denn erst die Beantwortung dieser Frage ermöglicht eine erfolgreiche Weiterarbeit an einem *funktionalen sozio-psychosomatischen Krankheitsparadigma.* Ausgangspunkt unserer Argumentation ist die Tatsache, daß ischämische Herzkrankheiten in verschiedener Weise durch eine *exzessive Stimulation* des *sympathischen Nervensystems,* d.h. durch einseitig übersteigerte katabole Zustände des Organismus begünstigt werden. Verschiedene Forscher haben daher die KHK eine hyperkatabole Krankheit genannt (Beamish et al., 1985, Christensen, 1989, Raab, 1970). Dies bedeutet, daß der Organismus in Situationen, welche *wiederkehrende Verausgabung, gepaart mit ungewissen Kontroll- und Erfolgschancen* nahelegen, mit besonders langandauernden, intensiven Aktivierungen des sympatho-adrenergen Systems reagiert, deren Wirkung auf das Herz-Kreislauf-System durch die ebenfalls aktivierte Hypothalamus-Nebennierenrinden-Achse verstärkt wird (s.o.). Weder die passive Situation eines raschen Kontrollverlusts noch die aktiv-erfolgreiche Bewältigungssituation ist mit einer *vergleichbaren* autonomen Aktivierung verbunden. Im letzteren Fall folgen der anspannenden Aktivierung mit dem Erleben von Erfolg, Belohnung und Kontrolle gegenregulierende Entspannungserfahrungen, die ein *Gleichgewicht* zwischen katabolen und anabolen Reaktionen im Organismus sicherstellen (Hess, 1957, Karasek et al., 1982). Im ersteren Fall werden zwar ebenfalls intensive neurohormonelle Aktivierungen ausgelöst, jedoch bleiben hier die mit katabolenergetischen Reaktionslagen verbundenen sympathoadrenergen Stimulationen aus, vor allem in Situationen des vollständigen Kontrollverlusts. Wir erwarten somit langfristig krankheitswertige Einflüsse auf das Herz-Kreislauf-System vor allem von *aktiven Distresserfahrungen,* die mit hoher, kontinuierlicher *Aktivierung* der beiden oben beschriebenen Streßachsen (SNA/HNA) einhergehen. Es handelt sich um Erfahrungen herausfordernder, bedrohlicher Situationen, denen nicht ausgewichen werden kann, deren *angestrebte Bewältigung* jedoch auch angesichts begrenzter Erfolgsaussichten *fortgesetzt* wird. Da diese Erfahrungen typischerweise von *negativen Emotionen* der Irritierung, Verärgerung und Enttäuschung begleitet werden, stellt sich die Frage, warum bzw. unter welchen Bedingungen sie chronifiziert werden. Wir werden diese Frage ausführlich im 3. Kapitel behandeln, nachdem die psychologischen und soziologischen Grundlagen unserer streßtheoretischen Konzeption erörtert worden sind.

Zusammenfassend schlagen wir vor, chronifizierte Distresserfahrungen, die mit Aktivität assoziiert sind (*Aktivitäts-assoziierte chronische Distress-Erfahrungen*) als *heuristisch zentrale Kategorie* herz-kreislauf-relevanter Streßphänomene zu betrachten. Aus sprachlich-stilistischen Gründen verwenden wir im folgenden in der Regel die Begriffe "Distress" bzw. "Distress- Erfahrungen", wenn wir diese spezifische Eingrenzung ansprechen. Einem diesbezüglichen *Forschungsprogramm* stellen sich daher die folgenden Aufgaben:

1. zu belegen, wie Distress über die genannten neuronalen, neurohormonalen, endokrinen und Immunsystem-vermittelten Reaktionen die Herz-Kreislauf-Funktionen beeinträchtigt und zu strukturellen Läsionen der Gefäße und Endorgane beitragen kann;

2. diejenigen Merkmale sozialer Situationen und diejenigen Merkmale personalen Bewältigungshandelns zu identifizieren, die nachweislich mit einer hohen Wahrscheinlichkeit Distress evozieren, desgleichen diejenigen Merkmale sozialer Situationen und personalen Bewältigungshandelns zu identifizieren, welche der Evozierung von Distress entgegenzuwirken vermögen;

3. nachzuweisen, daß von einer reduzierten Exposition gegenüber Bedingungen, welche Distress evozieren, günstige Effekte auf die Herz-Kreislauf-Gesundheit ausgehen.

Das vorliegende Buch leistet in erster Linie einen Beitrag zur zweiten Aufgabe eines solchen Forschungsprogrammes. Dennoch sollen repräsentativ ausgewählte Erkenntnisse zur ersten Aufgabe hier kurz vorgestellt werden, auch wenn in der referierten, zumeist experimentellen Forschungsliteratur nur in vergleichsweise seltenen Fällen Bedingungen untersucht wurden, welche spezifisch auf die Auslösung von Distress im erwähnten Sinn ausgerichtet waren. Vorab wollen wir noch festhalten, daß der hier vorgeschlagenen analytischen Abgrenzung eines Bereichs typischer Streßerfahrungen ausschließlich eine heuristische Funktion zukommt. Wir wollen damit nicht unterstellen, daß andere Qualitäten von Streßerfahrungen nicht auch von Bedeutung für das Herz-Kreislauf-System sein können, noch wollen wir ausschließen, daß Distress auch andere Systeme des Organismus zu beeinträchtigen vermag (vgl. Kap. 9). Es geht jedoch in der Frühphase der wissenschaftlichen Testung einer neuartigen Konzeption darum, ihren Geltungsbereich unter möglichst eindeutigen Bedingungen herauszuarbeiten.

2.3.2 Distress und kardiovaskuläre Risikofaktoren

Lipidstoffwechsel

Wir erwähnten bereits, daß das autonome Nervensystem für die neuronale Kontrolle des inneren Milieus eines Organismus und dessen Anpassung an Belastungen durch veränderte Umweltbedingungen verantwortlich ist. Die beiden funktionellen Einheiten des autonomen Nervensystems, der Sympathicus und der Parasympathicus, stehen dabei in enger Wechselwirkung (s.u.). Die Erfolgsorgane des *Sympathicus* sind u.a. die glatte Muskulatur aller Organe, des Myokards, eines Teils der Drüsen, Fett- und Leberzellen und lymphatisches Gewebe. Die meisten Organe werden sowohl von parasympathischen als auch von sympathischen Fasern versorgt mit jeweils antagonistischer Wirkung. Die Erregungsübertragung erfolgt chemisch, wobei Acetylcholin die wichtigste Transmittersubstanz der postganglionären parasympathischen Faserendigungen darstellt, während Noradrenalin die wichtigste sympathische Neurotransmittersubstanz bildet.

Im allgemeinen liegen die sympathischen Ganglien organfern. Eine besondere Rolle spielt jedoch das *Nebennierenmark.* Es handelt sich um ein umgewandeltes sympathisches Ganglion, das elektrische Impulse in hormonale Signale umwandelt und über eine Synthese und Ausschüttung von Adrenalin (80%) und Noradrenalin (20%) auf dieselben Organe wirkt wie postganglionäre Neuronen. Besondere Bedeutung haben die Katecholamine des Nebennierenmarks für Organe, die nicht nerval versorgt werden sowie bei der Regulation metabolischer Prozesse wie z.B. der Mobilisierung von Fettsäuren, von Glukose und Laktat (Esler et al., 1990, Kress, 1993).

Der *endogene Lipidkreislauf* beginnt mit der Abgabe der aus Eigensynthese und Nahrung entstandenen Lipoproteine, vorwiegend aus der Leber, ins Blut. Diese Abgabe wird zum einen über einen Rezeptor-vermittelten Prozeß (LDL-Rezeptoren; Brown & Goldstein, 1986) gesteuert, zum andern erfolgt die Eliminierung des überschüssigen Cholesterins aus dem Blutkreislauf über den sog. Scavenger-Mechanismus (Makrophagen, Fibroblasten, glatte Muskelzellen). In unserem Zusammenhang ist die Tatsache von zentraler Bedeutung, daß erhöhte Lipoproteinkonzentrationen im Blut die Folge *katecholamin-induzierter Lipolyse* sein können. Bisher sind drei Mechanismen bekannt, die für diesen Zusammenhang verantwortlich gemacht werden können.

1.: Adrenalin- und Noradrenalinsekretion erhöhen, vermittelt über eine Stimulation von Betarezeptoren, die Ausscheidung freier Fettsäuren aus Adipozyten. Das erhöhte Fettsäureangebot wird in dem Maße, in dem es nicht zur Deckung des Energiebedarfs benötigt wird, von der Leber aufgenommen, die es, über Triglyzerid-Bildung in

VLDL umgewandelt, in den Blutkreislauf abgibt (sog. freie Fettsäuren-Hypothese, vgl. Taggart & Carruthers, 1977, Dimsdale & Herd, 1982).

2. Ein zweiter Mechanismus besteht in der Modulation hepatischer Cholesterinsynthese durch Katecholamine. So konnte bereits in den 70er Jahren im Tierversuch gezeigt werden, daß das Schrittmacher-Enzym dieser Biosynthese, die HMG-CoA-Reduktase, dosisabhängig durch Noradrenalin aktiviert wird (George & Ramasarma, 1977).

3. Ein dritter Mechanismus wurde erst vor wenigen Jahren nachgewiesen; Maisière et al. (1985) fanden in vitro eine dosisabhängige Blockierung der LDL-Aufnahme in Fibroblasten unter Adrenalin-Einfluß. Diese Blockierung erfolgt entweder über eine Interferenz mit dem Bindungsvorgang oder durch ein Herunterregulieren der Zahl der LDL-Rezeptoren. Dieser dritte Mechanismus weist indirekt darauf hin, daß unter Distress nicht nur erhöhte endogene Lipoproteinkonzentrationen im Blut entstehen, sondern daß auch die Elimination erhöhter Cholesterinkonzentrationen aus dem Gefäßsystem gestört sein kann, und zwar vermittelt über eine katecholamin-induzierte Funktionseinschränkung von LDL-Rezeptoren.

Eine Vielzahl tier- und humanexperimenteller Studien zu den Auswirkungen akuter und chronischer Distress-Situationen auf Lipide sind bis heute durchgeführt worden. Im *tierexperimentellen* Bereich umfassen sie zentralnervöse (hypothalamische) Stimulation, Exposition gegenüber experimentell manipuliertem sozialem Rangordnungsstreß bei Makaken (Affen), und sozialen Rangordnungsstreß bei frei lebenden Gorillas. Unter den genannten Bedingungen konnten erhöhte Gesamtcholesterinkonzentrationen bzw. niedrigere HDL-Cholesterin- und Apoprotein A1-Konzentrationen beobachtet werden.

Interessant sind darüber hinaus zwei Befunde aus den an Affen durchgeführten Untersuchungen. Kaplan et al. (1982) stellten fest, daß die Progression von Intimaläsionen an den Koronarien sozial gestreßter Makaken nicht substantiell durch Veränderung der Lipoproteinkonzentrationen erklärt werden kann. Mit anderen Worten: zentralnervöse Einflüsse auf den atherosklerotischen Prozeß verlaufen offenbar nicht ausschließlich über die oben beschriebenen hormonal-metabolischen Mechanismen.

Eine zweite wichtige Entdeckung wurde von Sapolski et al. (1987) gemacht: rangniedrige Gorillamännchen, die vermehrt chronischen Distress-Situationen ausgesetzt waren, wiesen gleichzeitig mit ihren erniedrigten HDL-Cholesterinwerten signifikant erhöhte Glukokortikoid-Konzentrationen im Plasma auf. Eine umfangreiche streßphysiologische Forschungsliteratur dokumentiert den Anstieg von Cortisol unter Bedingungen begrenzter Kontrolle über wichtige Güter bzw. begrenzter Vorhersehbarkeit (Henry & Stephens, 1977).

Im *humanexperimentellen* Bereich sind seit der klassischen Studie von Grundy et al. (1959) vielfach Zusammenhänge zwischen Prüfungsstreß und Lipidspiegeln untersucht worden. Im allgemeinen wurden positive Zusammenhänge gefunden, in zwei Studien außerdem in Verbindung mit erhöhten Plasmakatecholaminkonzentrationen, wenn auch die Korrelation auf der Ebene von Individualdaten in einer dieser Studien nicht signifikant war (O'Donnell et al., 1987, van Doornen et al., 1987).

Als weitere Stressoren wurden untersucht: Fallschirmspringen, freie Rede, psychomentale Leistungsexperimente, z.B. Farbwortwahltest nach Stroop (s. zusammenfassend Schultz, 1989). Die Auswirkungen solch heterogener Stressoren auf den Lipidstoffwechsel waren uneinheitlich. Diese Heterogenität läßt sich vermutlich sowohl mit der fehlenden Chronizität der untersuchten Stressoren erklären, als auch mit der fehlenden Vergleichbarkeit der experimentell erzeugten Streßerfahrungen.

Allen genannten Stressoren, einschließlich der Prüfungssituationen im Studium, ist gemeinsam, daß sie nur in einem begrenzten Sinne ein ökologisch und soziologisch valides Modell chronifizierter Distress-Zustände definieren. Weitere wesentliche Erkenntnisse sind daher von humanepidemiologischen Studien zu erwarten, in denen soziale Stressoren und darauf erfolgende Streßreaktionen mit Lipid-Parametern in Beziehung gesetzt werden (s.u. Kap. 6).

Blutdruckregulation

Die Wirkungsübertragung der sympathischen Neurotransmitter erfolgt über *adrenerge Rezeptoren* (alpha- und beta-Rezeptoren), deren Verteilung verdeutlicht, wie eng sympathisches Nervensystem und *Kreislaufregulation* miteinander verbunden sind. So führt eine Erregung von alpha-Rezeptoren durch Noradrenalin konstriktorisch auf das Gefäß, wodurch der Strömungswiderstand und damit der Blutdruck erhöht wird. Am Herzmuskel bewirkt eine gesteigerte Katecholaminantwort, vermittelt über beta-1-Rezeptoren, eine Erhöhung der Herzfrequenz sowie der Überleitgeschwindigkeit und Kontraktilität.

Wie weit eine chronisch rezidivierende Sympathicus-Aktivität ursächlich an der Entstehung der primären Hypertonie beteiligt ist, ist heute noch umstritten. Zum einen stellt sich die Frage, ob "Hypertonie" überhaupt eine einheitliche nosologische Kategorie darstellt oder aber eine Sammelbezeichnung für unterschiedliche pathogenetische Mechanismen mit gleicher Enderkrankung (Weiner, 1992). Zum andern stellt die Hypertonie, ähnlich wie die koronare Herzkrankheit, eine multifaktorielle Erkrankung dar, bei der zumindest in Subgruppen genetische Faktoren zusätzlich zu ernährungsbedingten (v.a. Salzkonsum, Alkohol, Übergewicht) Einflüssen eine Rolle spielen

(Ganten, 1985). Auf der anderen Seite besteht kein Zweifel, daß das sympathische Nervensystem das Renin-Angiotensin-System stimuliert, wodurch pressorische Effekte erhöht werden und, nach Folkows (1990) umfangreichen Untersuchungen, über eine erhöhte Gefäß-Reaktivität eine progressive Hypertrophie der Widerstandsgefäße entwickelt wird. Zusätzlich spielt eine für die Transduktion emotionaler Erfahrung in sympatho-adrenerge Aktivierung zuständige morphologische Struktur des limbischen Systems, der zentrale amygdaloide Nucleus, eine wichtige Rolle bei der Kontrolle der Barorezeptor-Funktion (Stock et al., 1978). Dies ist bedeutsam, weil der Barorezeptor-Reflex die feedback-regulierte Schwellenverschiebung des Blutdrucks ("resetting") kontrolliert.

Ob die angedeuteten Mechanismen allerdings nur bei Subformen der Hypertonie, insbesondere bei der sog. Hoch-Renin-Hypertonie (Esler et al., 1977), von Bedeutung sind, ob sie lediglich bei genetisch vorbelasteten Heranwachsenden pathophysiologisch entscheidend sind und ob sie auch den vieldiskutierten Übergang von der sog. Grenzwert-Hypertonie zur manifesten Hypertonie zu erklären vermögen, ist nach wie vor offen (vgl. zur Diskussion Henry et al., 1995, Weiner, 1992). Eine abschließende Würdigung der komplexen Beziehungen zwischen Distress und Hypertonie muß allerdings zwei starke Argumente berücksichtigen, zum einen die klaren blutdrucksenkenden Effekte von Betarezeptoren-Blockern, die für einen kausalen Effekt zentraler und peripherer sympatho-adrenerger Aktivierung auf den fortgesetzten Blutdruckanstieg sprechen, zum andern die wachsende Konvergenz epidemiologischer Studien, die einen Zusammenhang zwischen psychischen und sozialen Bedingungen von Distress und Hypertonie-Prävalenz nachweisen (s.u. Kap.3 u. 6).

Blutgerinnung

In den vergangenen 15 Jahren ist unsere Kenntnis der Rolle der Blutplättchen bei der Entstehung und klinischen Manifestation der koronaren Herzkrankheit in entscheidender Weise erweitert worden. Heute liegen umfangreiche epidemiologische Studien vor, die zeigen, daß Faktoren, welche für die Blutgerinnung verantwortlich sind, in erster Linie *Fibrinogen*, eigenständige Risikofaktoren der koronaren Herzkrankheit sind (Meade et al., 1980, Ernst, 1990). Klinisch-pathophysiologische Studien zeigen die enge Wechselbeziehung zwischen Atherosklerose und thrombotischen Entwicklungen auf (vgl. Kap. 2.1.), experimentelle Forschungen geben uns Einblick in die komplexe Regulation der Plättchenphysiologie, an der zahlreiche endokrine und Immunfaktoren beteiligt sind (Markovitz & Matthews, 1991), und pharmakologische Versuche belegen die protektiven Wirkungen antithrombotischer Substanzen in der primären und sekundären Prävention der ischämischen Herzkrankheit sowie des Schlaganfalls (Wolf et al., 1992, DeGraba et al., 1992).

Klassische Streßhormone wie das *Adrenalin* haben einen *plättchen-aktivierenden Effekt* von klinischer Bedeutung (Gerrard & Peterson, 1985). Durch Interaktion von Adrenalin mit der Plasma-Membran des Blutplättchens wird der normalerweise stumme Glykoprotein IIb/IIIa Rezeptor aktiviert, wodurch mit Hilfe des Fibrinogens eine Plättchenaggregation erfolgt, die nun ihrerseits die Voraussetzung für die Bildung körpereigener Substanzen wie Adenosin-Triphosphat (ATP), Serotonin, Thromboxan u.a. darstellt. Die daraus entstehende Kaskade mikrothrombotischer Läsionen bis hin zu Koagulation und Vasokonstriktion ist mehrfach beschrieben worden (Markovitz & Matthews, 1991). Es ist also durchaus plausibel, anzunehmen, daß Distress über sympatho-adrenerge Aktivierung an der Verbindung zwischen erhöhter Blutplättchenaggregationsneigung, erhöhtem Fibrinogen und nachfolgend erhöhtem Risiko atherothrombotischer Komplikationen (im Herzmuskel wie im Gehirn) wesentlich beteiligt ist, obwohl die pathophysiologischen Verbindungsschritte im einzelnen noch nicht erforscht sind. Für eine substantielle Verknüpfung der Phänomene spricht auch die auffällige zirkadiane Synchronizität von katabol-sympathischer Reaktionslage und Plättchenaggregation einerseits (Maseri, 1986) und von sympathischer Aktivierung und erhöhter Manifestationsrate akuter ischämischer Komplikationen andererseits.

Obwohl also ein Zusammenhang zwischen Distress und gerinnungsfördernden Faktoren, in erster Linie vermittelt über Adrenalin, naheliegt, gibt es doch bisher erst vergleichsweise wenige methodisch einwandfreie Studien, die diesen Zusammenhang experimentell beim Menschen nachgewiesen haben. Drei Arbeiten sind hier von besonderem Interesse. Levine et al. (1985) fanden bei jungen Ärzten unter der belastenden Bedingung einer öffentlichen Rede einen deutlichen Anstieg zweier Indikatoren erhöhter Plättchenaktivität: Faktor 4 und Beta-Thromboglobulin. Unter standardisierter psychomentaler Belastung, die durch den Farb-Wortwahl-Entscheidungstest nach Stroop (siehe ausführlich Kap. 9) induziert wurde, fanden Malkoff et al. (1993) in einer Gruppe von 40 gesunden jungen Männern einen hochsignifikanten Anstieg von ATP. Auch zeigte sich im Mittel in der Experimentalgruppe der vielfach nachgewiesene Anstieg von Blutdruck und Herzfrequenz, obwohl kardiovaskuläre und Gerinnungsparameter auf der Individualebene nicht signifikant korreliert waren. Eine weitere Studie wurde an Herzinfarktpatienten und einer gesunden Kontrollgruppe, die beide einem belastenden Rechentest unterzogen wurden, durchgeführt (Grignani et al., 1991). Hier zeigten sich deutliche Effekte auf kardiovaskuläre Parameter, Katecholamine sowie Indikatoren erhöhter Plättchenaggregation unter Belastung. Ebenso kam es zu einem signifikanten Anstieg von Thromboxan B2. Die distress-induzierten Veränderungen der Plättchenaggregation konnten schließlich durch ein aggregationshemmendes Medikament reduziert werden.

Trotz uneinheitlicher Befunde und methodischer Schwierigkeiten weisen diese Studien doch eindrucksvoll auf wichtige Verbindungslinien zwischen sympathoadrenerger Aktivierung und Blutgerinnung hin. Sie werden durch sozialepidemiologische Forschungsergebnisse (vgl. Kap. 3 u. 6) weiter gestützt.

2.3.3 Distress und akute ischämische Ereignisse

Wir haben in Abschnitt 2.1 bereits erwähnt, daß nur etwa die Hälfte der Varianz des Infarktgeschehens durch dokumentierte klassische Risikofaktoren erklärt werden kann. Diese, auch in der klinischen Praxis vielfach bestätigte Beobachtung legt die Vermutung nahe, daß pathogene Einflüsse auf das Herz-Kreislauf-System vorhanden sein müssen, die zusätzlich zu den über die erwähnten Risikofaktoren ausgeübten Effekten direkt auf das Gefäßsystem und den Herzmuskel einwirken. Daher stellt sich die Frage, welche Rolle Distress hierbei spielt.

Drei Aspekte dieser Frage sollen hier behandelt werden. Erstens fassen wir die faszinierenden tierexperimentellen Ergebnisse zu den neurohormonalen Effekten von Distress auf die Progression der Atherosklerose kurz zusammen. Zweitens diskutieren wir neuere Befunde zum Zusammenhang zwischen Distress und Gefäßspasmen und drittens kommen wir nochmals auf die Frage eines Zusammenhanges zwischen Distress und plötzlichem Herztod zurück.

Langfristige Folgen von Distress für die *Progression* der *Koronaratherosklerose* sind in einer Reihe *tierexperimenteller* Studien an Makaken-Affen unter der Leitung von Jay Kaplan (Kaplan et al., 1982, 1983, Manuck et al., 1988) auf eindrucksvolle Weise belegt worden. Das Koronarsystem dieser Spezies weist erstaunlich viele Parallelen zum menschlichen Koronarsystem auf, so daß diese Ergebnisse auch von Interesse für pathophysiologische Modelle der koronaren Herzkrankheit beim Menschen sind. Diese Arbeitsgruppe hat Distress präziser und valider erzeugt als die meisten anderen experimentellen Forschungsgruppen in diesem Arbeitsgebiet: bei willkürlich zusammengestellten kleinen Gruppen männlicher Makaken wurde die durch Gruppenprozesse gebildete Rangordnung durch periodisch erfolgte Umgruppierung gezielt gestört. Diese kontrollierte soziale Manipulation war vor allem für die dominanten Tiere folgenreich, da ihnen jeweils ein neues, stärkeres bzw."besseres" Alpha-Tier zugesellt wurde. Rangordnungen werden in Makaken-Gruppen nicht automatisch hergestellt, sondern erfordern Kampf und Verausgabung. Es ist daher wahrscheinlich, daß die dominanten Männchen, die periodisch sozial deklassiert wurden, wiederkehrende Erfahrungen von Kontrollbedrohung und Kontrollverlust bei fortgesetzter Aktivierung machten. Diese Erfahrungen wurden experimentell dadurch verschärft, daß ein mit Östrogen behandeltes Makaken-Weibchen in die Gruppe gebracht wurde, das jeweils dem Alpha-Tier in der Gruppe Kopulationen gewährte. Gemäß dem streßtheoretischen Modell wurde erwartet, daß ein signifikanter Interaktionseffekt der beiden Variablen "soziale Statusbedrohung" und "Dominanzstreben" auf die Progression der Atherosklerose erzielt wird, der unabhängig von der durch die Nahrung zugeführten Cholesterinmenge bestehen bleibt. Die Vermessung der Koronarläsionen nach mehr als 20 monatiger Intervention bestätigte sowohl bei der mit erhöht atherogener Diät gefütterten Gruppe wie auch bei einer zweiten, mit Normalkost gefütterten Gruppe den postulierten Zusammenhang (Kaplan et al., 1983): die Gruppe der dominanten, zugleich sozial instabilen Männchen wies signifikant erhöhte Intimaläsionen an den Koronarien auf. Allerdings erschien der statistisch gesicherte Zusammenhang nur in der hypercholesterinämischen Gruppe von klinischer Relevanz zu sein – ein Befund, der von grundsätzlicher Bedeutung ist, da er die enge Verzahnung der klassisch-biomedizinischen Kenntnisse über die Pathogenese der koronaren Herzkrankheit mit neuen streßtheoretischen Erkenntnissen belegt (s.a. Kap. 6 u.8).

Aber läßt sich der erzielte Effekt wirklich über *neurogene Mechanismen* erklären? In einem weiteren Experiment wurde die Zufallshälfte der dominanten Tiere unter sonst gleichen Bedingungen mit dem Betarezeptoren-Blocker Propranolol behandelt. Das Ergebnis war eindeutig: trotz gleicher Ernährung, trotz vergleichbarer sozialer Verhaltensweisen und körperlicher Aktivität wies die behandelte Gruppe hochsignifikant geringere Intimaläsionen auf (Manuck et al., 1988). Dies deutet darauf hin, daß bestimmten Betarezeptoren-Blockern unter Umständen antiatherogene Eigenschaften zuzuschreiben sind. Nach Ablad et al. (1988) sind diese Eigenschaften auf eine bisher allerdings nicht genau lokalisierte Beta-1-Blockade im Zentralnervensystem zurückzuführen, von der, neben einschlägigen peripheren Effekten, eine reduzierte Sympathicus-Aktivierung ausgeht. Ihre wichtigsten Folgen sind eine Veränderung der Blutplättchen-Dynamik an der Intima, eine erhöhte Synthese des anti-atherogenen Prostacyclins sowie eine Modulation des endogenen Lipidstoffwechsels.

Auf weitere, wesentliche Ergebnisse der tierexperimentellen distress-vermittelten Atheroskleroseforschung an Makaken, auch auf die interessanten Unterschiede zwischen männlichen und weiblichen Tieren, können wir hier nicht weiter eingehen (als Überblick siehe Kaplan et al., 1985, 1994). Sie dürfen trotz der hohen streßtheoretischen Relevanz bezüglich ihrer Aussagekraft für das Verständnis pathophysiologischer Entwicklungen im menschlichen Organismus nicht überschätzt werden. In diesem Zusammenhang ist jedoch eine neue japanische Studie von Interesse, die u. W. erstmals bei koronar erkrankten Männern nachgewiesen hat, daß ein zuverlässiger Indikator gestörter Balance zwischen erhöhter Sympathicus- und erniedrigter Parasympathicus-Aktivität mit der Progression der Koronaratherosklerose korreliert ist (Bigger et al., 1990).

Während die soeben referierten Erkenntnisse die Auswirkungen *chronischer* Distresserfahrungen betreffen, liegen heute überdies klinisch bedeutsame Ergebnisse zu den *akuten* Auswirkungen von Distress auf ischämische Komplikationen vor. Das durch athero-thrombotische Prozesse geschädigte Gefäßsystem ist für eine Reihe akuter Komplikationen anfällig. Unter diesen kommt den *Gefäßspasmen* eine besondere Bedeutung zu. Gefäßspasmen sind eine wichtige Ursache bestimmter Formen von *Angina pectoris* (Maseri et al., 1978). Allerdings erfolgen Schmerzwahrnehmungen nur in etwa einem Drittel aller Episoden, die mit den typischen EKG-Zeichen einer Blutleere im Herzmuskel, einer Ischämie, einhergehen. Andererseits wurden neuerdings stumme Ischämien auch bei Abwesenheit der typischen ST-Streckensenkung im EKG belegt. In unserem Zusammenhang sind die Studien von Deanfield et al. (1984) und von Rozanski et al. (1988) von besonderem Interesse, die zeigen, daß *stumme Ischämien* unter psychomentaler Belastung bei Koronarkranken besonders häufig zu beobachten sind.

Eng verknüpft mit der Anfälligkeit für Vasospasmen in athero-thrombotisch vorgeschädigten Gefäßen ist das Risiko gefährlicher *Herzrhythmusstörungen.* Neurogene Einflüsse auf Herz-Rhythmusstörungen wurden bereits weiter oben besprochen (2.1.). Maseris et al. klassische Studie über Vasospasmen (1978) belegte bereits den engen Zusammenhang zwischen stummer Ischämie und höhergradigen Rhythmusstörungen. Mittels ambulanter Registriertechniken ist es heute möglich, das Auftreten von Arrhythmien in Situationen erhöhter Distressbelastung zu dokumentieren. Die bekannte Arbeitsgruppe um Bernard Lown hat sich seit vielen Jahren um die Klärung pathophysiologischer Hintergründe eines immer wieder berichteten Zusammenhanges zwischen akuten exzessiven Distress-Erfahrungen und zum plötzlichen Herztod führenden Arrhythmien bemüht, die allerdings vorwiegend bei Patienten mit atherothrombotisch vorgeschädigten Gefäßen zu beobachten sind (zusammenfassend Lown, 1987).

Abschließend ist eine zwar seltene, jedoch wichtige Abweichung von der soeben genannten Regel zu nennen, die zugleich Licht auf einen weiteren streßphysiologisch bedeutsamen Pathomechanismus wirft: Die amerikanischen Pathologen Gebelin und Hirsch fanden bei 11 von 15 Opfern von Gewaltverbrechen, die ohne wesentliche körperliche Verletzung Minuten oder Stunden nach dem Überfall verstorben waren, nekrotische Bezirke im Herzmuskel, vor allem im Subendokardium, die offensichtlich auf einen massiven Ausstoß von Streßhormonen mit zellschädigender Wirkung zurückzuführen waren, und zwar bei Opfern, deren Koronargefäße weitgehend intakt waren (Gebelin & Hirsch, 1980). Diese *Zellnekrosen* haben eine elektrische Instabilität mit nachfolgendem Kammerflimmern und Herztod ausgelöst. Zu ähnlichen Schlußfolgerungen gelangen Reichenbach et al. in einer Studie an entlassenen jungen Raumfahrtspezialisten, die an *plötzlichem Herztod* verstorben waren (1975). Die Befunde verweisen auf die Bedeutung der erstmals von William Raab (1970) nachgewiesenen selektiven *Kardiomyopathie* im klinisch manifesten Ischämiegeschehen und korrigieren das bisher allzu einseitig auf das koronare Gefäßsystem fixierte pathophysiologische Modelldenken. Auch im myokardialen Zellstoffwechsel und in der lokalen Interaktion zwischen Ischämie und elektrischer Erregungsübertragung spielen neuronale und endokrine Vorgänge eine wesentliche Rolle.

Zusammenfassend läßt sich sagen, daß heute eine breite, detaillierte und insgesamt überzeugende Evidenz für eine maßgebliche Beteiligung des autonomen Nervensystems (v.a. exzessive Aktivierung des sympatho-adrenergen Systems bzw. *Dysbalance* zwischen sympathischem und parasympathischem Nervensystem) an der Entstehung, Entwicklung und klinischen Manifestation ischämischer kardiovaskulärer Erkrankungen besteht. Besonders nachdrücklich ist dies bezüglich der zum akuten Herzinfarkt und plötzlichen Herztod disponierenden Bedingungen gezeigt worden, obwohl für die Pathomechanismen des zerebrovaskulären Insultes teilweise vergleichbare Prozesse verantwortlich zu machen sind.

Damit ist eine zuverlässige naturwissenschaftliche Basis für eine transdisziplinäre Modellbildung dieser heute so weitverbreiteten Krankheitszustände geschaffen, und es gilt nun, die zweite der erwähnten Aufgaben eines solchen Forschungsprogrammes, die Identifizierung sozialer und psychischer Merkmale, die mit chronischem Distress verbunden sind, im Rahmen der Entwicklung einer einheitlichen theoretischen Konzeption in Angriff zu nehmen (Kap. 3). Den folgerichtigen Einstieg in ein solches Unterfangen bildet eine Übersicht über den gegenwärtigen Kenntnisstand zur ungleichen sozialen Verteilung kardiovaskulärer Erkrankungen (2.4). Damit wechseln wir zugleich das Bezugssystem, indem wir uns nach klinisch-medizinischen (2.1), verhaltenswissenschaftlichen (2.2) und streßtheoretischen (2.3) Ausführungen der sozialwissenschaftlich-epidemiologischer Argumentation zuwenden.

2.4 Herz-Kreislauf-Krankheiten aus soziologischer Sicht

Daß Krankheiten sozial ungleich verteilt sind, daß Ärmere früher sterben als Reichere, ist eine jahrhundertealte Erfahrung. Mit der Entwicklung der modernen Medizin und des wohlfahrts- und sozialstaatlichen Sicherungssystems in wirtschaftlich und politisch fortgeschrittenen Industrienationen sind soziale Unterschiede der Sterblichkeit ebenso wie Ungleichheiten medizinischer Versorgung zweifelsohne drastisch reduziert worden. Der Zusammenhang von sozialer Ungleichheit und Gesundheit ist zumindest in den westeuropäischen Staaten in der Zeit wirtschaftlichen Aufschwungs nach dem Zweiten Weltkrieg bis in die siebziger und achtziger Jahre hinein kein wichtiges gesundheitspolitisches Thema gewesen (Fox, 1989). Auch wenn man heute nicht mehr den Optimismus der Nachkriegsepoche teilt, die fortgeschrittenen privatwirtschaftlich-demokratisch verfaßten Industrieländer entwickelten sich zu "nivellierten Mittelstandsgesellschaften" (Schelsky, 1965), so wird doch deutlich betont, daß wir die Phase klassischer sozialer Ungleichheit, d.h. der Existenz sozio-ökonomischer Klassen im Sinne von Karl Marx, endgültig überwunden haben. Diese Sichtweise wird indirekt auch dadurch bestärkt, daß es in einer Reihe westlicher Länder – eine bekannte Ausnahme bildet hier Großbritannien (Townsend & Davidson, 1982) – keine repräsentative, kontinuierlich fortentwickelte sozialepidemiologische Datenbasis zum Thema soziale Ungleichheit und Gesundheit gibt.

Selbst dort, wo *Einflüsse sozialer Ungleichheit* auf Gesundheit und Krankheit unstrittig dokumentiert und anerkannt sind, wird ihnen politisch dadurch begegnet, daß in den weiteren Ausbau des Systems der medizinischen Versorgung investiert wird. Mit anderen Worten, es wird die Meinung vertreten, soziale Ungleichheiten bezüglich Gesundheit könnten am besten dadurch verringert werden, daß man das System medizinischer Versorgung quantitativ und qualitativ optimiere (kritisch hierzu Fox, 1989, Illsley & Svensson, 1990, Wilkinson, 1986).

Diese Meinung hat sicherlich viel für sich, jedoch verkennt sie, daß das gesundheitliche Versorgungssystem nur eine von fünf entscheidenden Determinanten menschlicher Gesundheit ist. Die vier übrigen Determinanten bilden die genetische Disposition, die "natürliche" Umwelt, die soziale Umwelt (Erwerbsleben, Freizeit, Wohnen, zwischenmenschliche Beziehungen etc.) und die gesundheitsrelevante Lebensführung. Selbst wenn man die ersten beiden Determinanten als gegenwärtig nur in begrenztem Maße modifizierbare Größen aus der Betrachtung ausklammert, bleiben sozio-ökonomische, sozio-kulturelle und psychische Einflüsse auf die menschliche Gesundheit bestehen. Sie bilden, wenn man eine substantielle Menge sozialepidemiologischer, medizinsoziologischer und gesundheitspsychologischer Forschung in einem Satz zusammenfassen kann, die eigentliche "Hypothek" der nach wie vor sozial ungleich organisierten entwickelten Industriegesellschaften in Hinblick auf ein zentrales menschliches Gut: Gesundheit.

Daher stellen sich einer soziologischen Analyse der Herz-Kreislauf-Krankheiten in fortgeschrittenen Industriegesellschaften folgende Fragen:

1. Wie definiert und mißt die Soziologie soziale Ungleichheit in modernen, sozioökonomisch und politisch fortgeschrittenen Industriegesellschaften?
2. Welche Zusammenhänge zwischen Indikatoren sozialer Ungleichheit und der Häufigkeit von Herz-Kreislauf-Krankheiten liegen vor,und wie wandeln sie sich gegebenenfalls im Zeitverlauf?
3. Wie läßt sich dieser Zusammenhang, falls er überzeugend dokumentiert ist, erklären?

2.4.1 Zum Konzept sozialer Ungleichheit in fortgeschrittenen Gesellschaften

Die Erfassung und Erklärung sozialer Ungleichheit und ihrer Folgen im Wandel des gesellschaftlichen Lebens bildet eines der zentralen Erkenntnisinteressen der *Soziologie.* Im Gegensatz zum Begriff der individuellen Ungleichheit zielt der Begriff der sozialen Ungleichheit auf Lebensumstände und Lebenschancen von Menschen ab, die in einer Gesellschaft als *knappes Gut* ungleich verteilt sind. Dies bedeutet, daß angestrebte, begehrte Güter, die einer gesellschaftlichen Verteilung unterliegen und die von der überwiegenden Mehrheit ihrer Mitglieder als wichtig erachtet und dementsprechend bewertet werden – so zum Beispiel Eigentum, Einkommen, Bildung, Konsumgüter, Ansehen, Macht –, ungleich auf verschiedene *soziale Positionen* verteilt sind. Soziale Ungleichheit ist damit ein wesentliches Merkmal der *Sozialstruktur*, d.h. einer relativ beständigen, das individuelle Leben mitbestimmenden und zugleich überdauernden Anordnung von Lebensumständen in bessere und schlechtere Lagen. Mit den Begriffen "soziale Position" und "bessere bzw. schlechtere Lage" werden zwei wesentliche Merkmale soziologischer Analyse von Ungleichheit herausgestellt: erstens das Merkmal der Kategorisierung oder *Typisierung* von Personen durch deren Zuordnung zu bestimmten *sozialen Orten*, zweitens das Merkmal der *gesellschaftlichen Bewertung* ungleicher Lebenslagen, d.h. der *vertikalen Differenzierung* einer gesellschaftlichen Struktur.

Mit dem Terminus "*sozialer Status*" verbindet die Soziologie diese beiden grundlegenden "Konstruktionsprinzipien" der Gesellschaft, die Tatsachen nämlich, daß Personen einen bestimmten, gesellschaftlich definierten und bewerteten Ort "besetzen" oder "einnehmen" und über diese "Besetzung" an den zentralen gesellschaftlichen Verteilungsprozessen teilnehmen. Bekanntlich wurde in den vorindustriellen Gesellschaften der soziale Status für die überwiegende Mehrheit der Gesellschaftsmitglieder "vererbt", d.h. über die Herkunftsfamilie tradiert ("*zugeschriebener* sozialer Status"), während er in modernen Gesellschaften – zumindest nach ihrem Selbstverständnis als demokratische, egalisierende Leistungsgesellschaften –, erworben werden kann ("*erworbener* sozialer Status").

In einer sicherlich nur sehr globalen Zusammenfassung der modernen soziologischen Ungleichheitsforschung können wir sagen, daß in fortgeschrittenen Gesellschaften die Merkmale der *Ausbildung*, des *Berufes* und des *Einkommens* bei der Bestimmung des sozialen Status einer Person von ausschlaggebender Bedeutung sind. Mit der Herausstellung dieser drei Merkmale der sog. *meritokratischen Triade* wird wesentlichen gesellschaftlichen Entwicklungsprozessen von der frühindustriellen zur modernen Industrie- und Dienstleistungsgesellschaft Rechung getragen:

- der *Überwindung* der *traditionellen Klassenstruktur* frühindustriell-kapitalistischer Gesellschaft u. a. durch Sozialstaatsentwicklung und Interventionstätigkeit des Staates, durch Wohlstandsentwicklung, durch Ausdifferenzierung und Qualifizierung des Berufsspektrums, durch Tertiarisierung der Erwerbsbevölkerung, durch Ausbreitung von Beschäftigungsverhältnissen mit öffentlichen Arbeitgebern, durch Erhöhung intra- und intergenerativer sozialer Mobilität;
- dem zentralen Stellenwert von *Bildung* als berufsstatus-zuweisender, einkommensdifferenzierender und den allgemeinen Lebensstil bestimmender Größe;
- dem überragenden Einfluß, der mittelbar oder unmittelbar von der *Erwerbstätigkeit* auf die Qualität der Lebensverhältnisse der arbeitenden Bevölkerung und der von ihr abhängigen Sozialgruppen (Kinder, Hausfrauen, Alte) ausgehen.

Diese Entwicklungen haben innerhalb der Soziologie der letzten Jahrzehnte dazu geführt, soziale Ungleichheit sozialstrukturell als eine vertikal angeordnete Abfolge von Statuslagen zu interpretieren, die es gestattet, jedes Mitglied der Gesellschaft anhand der drei genannten Kriterien einer als relativ homogen gedachten Bevölkerungsgruppe zuzuordnen. Solche relativ homogenen Bevölkerungsgruppen werden *soziale Schichten* genannt. Soziale Schichten sind demnach Personengruppen, welche sich im Hinblick auf "Lebensstandard, Chancen und Risiken, Glücksmöglichkeiten, aber auch Privilegien und Diskriminationen, Rang und öffentliches Ansehen" (Geiger, 1932) in vergleichbarer Lage befinden.

Mit diesem Konzept schichtenspezifischer Statuslagen werden objektive, dem Individuum äußerliche, mit subjektiven, die Mentalität und das Erleben des einzelnen betreffenden Phänomenen kombiniert, ohne daß damit eine deterministische Beziehung, wie im traditionellen marxistischen Klassenkonzept, oder eine grundsätzliche Gewichtung sozio-ökonomischer im Vergleich zu sozio-kulturellen Einflußgrößen vorgenommen wird.

Die Konzeptualisierung sozialer Ungleichheit anhand von *Schichtungsmodellen* ist in der gegenwärtigen Soziologie nicht ohne weitreichende *Kritik* geblieben (zur deutschsprachigen Diskussion vgl. Hradil, 1987, Berger & Hradil, 1990, Kreckel, 1992). Vier Hauptkritikpunkte sind dabei von besonderer Bedeutung.

Erstens stellt sich die Frage, welchen Geltungsbereich das Schichtungskonzept angesichts neuerer Entwicklungen der Sozialstruktur beanspruchen kann. Das Modell geht im Kern von einer Kovariation der drei genannten Kriterien aus und berücksichtigt nicht die zunehmende Bedeutung *statusinkonsistenter* Lebenslagen (z.B. hoher Bildungsgrad in Kombination mit niedrigem Einkommen oder umgekehrt, niedrige berufliche Stellung in Kombination mit hohem Einkommen etc.).

Zweitens wird mit dem Schichtungskonzept die vorrangige Ausrichtung der Ungleichheitsanalyse an dem Kriterium der *Berufstätigkeit* deutlich. Diese Ausrichtung steht im Einklang mit *Modernisierungstheorien*, welche in der Regel die Verlagerung der Statuskriterien von der Geburt über den Besitz zum Beruf betonen:"Die beruflich vermittelten Lebensbedingungen Einkommen, Prestige und Qualifikation, die im Mittelpunkt der neueren Schichtungsmodelle stehen, sind zunächst an die Person der jeweils Arbeitenden gebunden. Das Schichtkonzept ist also vor allem auf die "Kernbevölkerung" der Erwerbstätigen hin ausgerichtet. Deren Familienangehörige werden nach dem Berufsstatus des Haushaltsvorstandes eingeordnet. Dies zeigt, daß zusammen mit der Berufsorientierung die Familienorientierung zu dem Grundzug der Schichtungssoziologie zählt. Am besten paßt das Modell auf "Normalfamilien", in allen anderen Fällen führt die Anwendung des Schichtmodells zu mehr oder minder großen Problemen" (Hradil, 1987, S.84f.).

Eine dritte Gruppe von Kritikpunkten orientiert sich an sog. *"neuen" Ungleichheiten*, die nur teilweise das herkömmliche Kriterium der ungleich verteilten Ressourcen zur Erreichung individueller Lebensziele betreffen, zum überwiegenden Teil jedoch Belastungsrisiken bzw. Entlastungschancen allgemeiner Lebensführung zum Gegenstand haben: soziale Ungleichbehandlung, soziale Sicherheit, risikoreiche bzw. -arme Wohnumwelt. Hier wie auch bei konventionell als horizontale Gliederungskriterien betrachteten Phänomenen wie Geschlecht, Alter, Generationszugehörigkeit etc. werden neue soziale Differenzierungen gesehen (Hradil, 1987). Noch weitergehend ist die Kritik, die darauf abzielt, die prägende Kraft gesellschaftlicher Ungleichheit insgesamt in Frage zu stellen und ihr eine zunehmende *Individualisierung* von Lebensweisen und eine wachsende Autonomie gegenüber normativen gesellschaftlichen Zwängen entgegenzustellen (Beck, 1986).

Viertens schließlich wird die *fehlende theoretische Fundierung* der Schichtungssoziologie kritisiert. Als Konsequenz ergeben sich daraus auf der operationalen Ebene willkürliche Festlegungen bezüglich der Kategorisierung der zentralen Schichtungskriterien, ebenso bezüglich der Kombination und Gewichtung einzelner Schichtungsmerkmale, die in einen zusammenfassenden Schicht-Index Eingang finden.

Diese Kritik erscheint schwerwiegend. Es ist daher notwendig, den *eigenen Standpunkt* innerhalb dieser aktuellen Diskussion um die Tragfähigkeit soziologischer Schichtungsmodelle wenigstens thesenartig zu verdeutlichen. Im folgenden gehen wir von der Annahme aus, daß mit den Kriterien *"Stellung im Erwerbsleben"* und *"Ausbildungsniveau"* die *grundlegenden Statusdifferenzierungsmerkmale* von Personen in fortgeschrittenen Gesellschaften gegeben sind. Diese Differenzierungskriterien behalten nach unserer Einschätzung für die Mehrheit der Bevölkerung nach wie vor ihre *gesellschaftlich prägende Kraft*, zumindest für Bevölkerungsgruppen unterhalb des Rentenalters. Mit der Kategorie "Stellung im Erwerbsleben" wird allerdings ein über die konventionelle Schichtungssoziologie hinausgehender komplexer Sachverhalt beschrieben, der die ökonomischen, sozialen, psychischen und physischen Risiken und Chancen der Erwerbstätigkeit umfasst. Es wird unterstellt, daß die längerfristig gesicherte Teilhabe am Arbeitsmarkt, das Nichtbetroffensein von negativen Segmentierungstendenzen des Arbeitsmarktes (Doeringer & Piore, 1971) und damit die Unabhängigkeit von wohlfahrtsstaatlichen Transferzahlungen den sozialen Status ebenso wesentlich bestimmen wie die Chancen qualifikationsgerechter, belastungsarmer, autonomie-fördender beruflicher oder berufsähnlicher Tätigkeit. Stellung im Erwerbsleben und Bildungsniveau bilden die wesentlichen Elemente einer begrenzten, überschaubaren Anzahl gesellschaftlich relevanter *Konfigurationen von Statuslagen*, die sowohl durch Kovariation der Merkmale im Sinn des konventionellen Schichtmodells als auch durch konstitutive Statusinkonsistenzen bestimmt sein können. Insofern halten wir die *multi-dimensionale Analyse sozialer Ungleichheit* prinzipiell für sinnvoll, wenn sie auch ihre heuristische Kraft empirisch noch unter Beweis zu stellen hat.

Zweitens halten wir in Anlehnung an die Konzeptionen Max Webers (1922) und Theodor Geigers (1932) an der Annahme fest, daß soziale Statuslagen Momente der *objektiven und subjektiven* Vergesellschaftungssituation abbilden (vgl. auch Geissler, 1986). Wir wagen sogar die These, daß jenseits absoluter Verelendungserfahrungen, die in fortgeschrittenen Gesellschaften selten geworden sind, die subjektive Komponente der Bewertung einer Soziallage durch Betroffene im Medium *sozialer Ver-*

gleichsprozesse zu einer entscheidenden Determinante der Relevanz sozialer Ungleichheitserfahrungen geworden ist (Konzept der *relativen Deprivation*).

Drittens sind wir der Meinung, daß die genannten konstitutiven Kategorien sozialer Statuslagen zu allgemein und unspezifisch sind, um gehaltvolle Erklärungen für einzelne Bereiche schichtspezifischen Handelns, Befindens etc. liefern zu können. Vielmehr müssen in dieses Bezugssystem *neue Aussageelemente* eingeführt und im Rahmen falsifizierbarer theoretischer Konstrukte auf ihren Erklärungsgehalt hin überprüft werden. In dieser Absicht wird im folgenden Kapitel ein theoretisches Konzept *differentieller sozialer Ungleichheit* entwickelt und zur Erklärung beobachteter Assoziationen zwischen sozialer Statuslage und individuellem Erkrankungsrisiko herangezogen.

Aus diesen Ausführungen ist deutlich geworden, daß wir bei aller Kritik an der konventionellen Schichtungssoziologie deren zentrale Kategorien nach wie vor für bedeutsam erachten und daß wir nicht der Meinung sind, "neue" soziale Ungleichheiten erforderten eine grundsätzliche konzeptuelle und methodische Umorientierung, wie dies in einigen neueren Publikationen zu dieser Thematik nicht ohne Emphase verkündet wird (z.B. Hradil, 1987). Allerdings läßt sich nicht bestreiten, daß soziale Differenzierungsmerkmale ihre globale Geltung für Großgruppen in gewissem Maße eingebüßt haben und daß mit der multi-dimensionalen Erfassung sozialer Lagen anstelle einer durchgängigen vertikalen Schichtungsstruktur das Bild einer heterogen strukturierten, durch horizontale und vertikale Auffächerungen gebrochenen Gesellschaft der Realität eher entsprechen dürfte.

2.4.2 Soziale Ungleichheit und Herz-Kreislauf-Risiken

Sozialepidemiologische Untersuchungen an umfangreichen Kollektiven haben sich in der Regel einfacher Operationalisierungen sozialer Schichtzugehörigkeit bedient. Im Vordergrund standen hierbei Variablen wie "Bildungsgrad", "Einkommen" (des Haushaltsvorstandes bzw. der Familie) und "Klassifikation der Berufszugehörigkeit". Diese Variablen messen soziale Ungleichheit auf der Ebene von Individualdaten. Sie können als einzelne Indikatoren oder kombiniert in sog. Schichtindizes verwendet werden. Neben Individualdaten werden in sozialepidemiologischen Studien gelegentlich auch Aggregatdaten verwendet, welche das Wohngebiet sozialökologisch charakterisieren (z.B. Wohndichte, Anteil der Dauerarbeitslosen an der Wohnbevölkerung, Einkommensverteilung etc.). Obwohl damit soziologisch relevante Charakterisierungen erzielt werden können, besteht das methodische Problem von Aggregatdaten darin, daß von beobachteten Assoziationen auf Gruppenebene nicht auf entsprechende Assoziationen auf Individualebene geschlossen werden darf (sog. ökologischer Fehlschluß). Jede dieser Vorgehensweisen weist zahlreiche Begrenzungen auf (Fox et al., 1982, Liberatos et al., 1989, Steinkamp, 1993, Wilkinson, 1986). So können Indikatoren wie Einkommen oder berufliche Stellung durch das Krankheitsgeschehen, das sie zu erklären beabsichtigen, selbst beeinflußt sein, sodaß ihre prädiktive Kraft zumindest in Querschnittstudien erheblich eingeschränkt ist. Bildung ist zwar eine einfach, zuverlässig und valide zu erhebende, die soziale Lage einer Person relativ zeitüberdauernd charakterisierende Größe, aber ihre Verteilung unterliegt starken Schwankungen nach Geburtskohorten. Außerdem definieren Bildungsabschlüsse in der Regel grobe, in sich weiterhin heterogene Gruppen (z.B. wenn berufliche Bildung und Mobilität nicht einbezogen werden). Am häufigsten werden in der sozialepidemiologischen Forschung zur Abschätzung sozialer Schichtzugehörigkeit dennoch die Variablen Bildung und berufliche Stellung bzw. Berufsbezeichnung verwendet. In den großen amerikanischen und britischen Studien werden Berufsklassifikationssysteme zugrundegelegt, welche, mit Modifikationen, seit Beginn des Jahrhunderts Verwendung finden (vgl. Susser et al., 1989, Leete & Fox, 1977). Auch innerhalb einer großen Berufsgruppe wie beispielsweise der Gruppe der britischen Regierungsangestellten ist eine vergleichbare Differenzierung vorgenommen worden (Marmot et al., 1984). Zweifellos begegnet ein solches Vorgehen zahlreichen Schwierigkeiten: Wie sollen beispielsweise die vielfältigen Berufsbezeichnungen in eine begrenzte Zahl vergleichbarer Berufe zusammengefaßt werden? Wie sollen entscheidende Differenzierungskriterien wie Größe eines Unternehmens, Erwerbssektor bzw. Beschäftigungszweig erfaßt werden? Wie repräsentativ ist der aktuelle bzw. zuletzt ausgeübte Beruf für die Abschätzung der erwerbsspezifischen Statuslage einer Person?

Angesichts dieser konzeptuellen und methodischen Probleme ist es erstaunlich, wie robust sozialepidemiologische Befunde zum Zusammenhang zwischen *beruflicher Lage* und *kardiovaskulärem Risiko* zumindest bei männlichen Kollektiven im erwerbsfähigen Alter in verschiedenen fortgeschrittenen Industrieländern sind. Die folgenden Hinweise sollen dies untermauern, ohne daß wir einen vollständigen Überblick über den gegenwärtigen Stand dieser Literatur geben können (vgl. hierzu Kaplan & Keil, 1993).

Frühe sozialepidemiologische Studien in der Zeit vor dem Zweiten Weltkrieg ließen erkennen, daß eine enge Beziehung zwischen Höhe des sozio-ökonomischen Status und Häufigkeit der koronaren Herzkrankheit, zumindest bei berufstätigen Männern, besteht. In diesem Zusammenhang wurde das weitverbreitete, griffige Schlagwort vom Herzinfarkt als einer typischen Managerkrankheit geprägt. Erst Ende der sechziger Jahre erschienen Veröffentlichungen, die nachwiesen, daß sich dieser Trend umgekehrt hatte und daß nunmehr diese Krankheiten in den *unteren sozioökonomischen Schichten* weiter verbreitet waren als in den höheren (Antonovsky, 1967, Cassel et al., 1971, Hinkle et al., 1968). Es war nicht das erste Mal in der Geschichte der Epidemien, daß Krankheiten der "Reichen" im Laufe sozialen Wandels zu Krankheiten der "Armen" wurden. So weit wir heute wissen, war dieser Umschwung vor allem in männlichen Bevölkerungsgruppen zu beobachten, während bei Frauen seit Beginn der epidemiologischen Beobachtungen bereits eine inverse Beziehung zwischen Höhe des Sozialstatus und koronarem Risiko bestand (Heller et al., 1984, Morgenstern, 1980, Pamuck, 1985).

Wie läßt sich dieser Umschwung erklären? Sicherlich spielt die Tatsache eine wesentliche Rolle, daß es in höheren, bildungsstärkeren sozialen Schichten besser und schneller gelang, gesundheitsfördernde Verhaltensweisen zu praktizieren, die nunmehr mit dem Entstehen der koronaren Herzkrankheit in Beziehung gebracht wurden (fettreiche Ernährung, Rauchen, Bewegungsmangel, hoher Blutdruck, Übergewicht). In einigen Ländern dürfte zudem die Tatsache ins Gewicht fallen, daß die Fortschritte der Erkennung und Behandlung koronarer Risiken den sozial besser gestellten Bevölkerungsgruppen eher zugute kamen als den schlechter gestellten. Auch Kohortenphänomene und ein unterschiedlich auf die Schichten sich auswirkender säkularer Trend können eine Rolle gespielt haben. Säkulare Trends wie die "Wanderung" der KHK-Epidemie von USA, Kanada, Nord- und Westeuropa zu zentral- und osteuropäischen Ländern oder von fortgeschrittenen Industrieländern zu Schwellenländern sind belegt und trotzdem bisher unzureichend erklärt worden. Ähnliche, bisher nicht gut verstandene "Gesetzmäßigkeiten" können die Veränderung des Zusammenhangs zwischen sozialer Schicht und KHK mitbewirkt haben.

Besser läßt sich hingegen die Frage beantworten, welche Faktoren den nunmehr in einer großen Zahl von Industrieländern dokumentierten inversen Zusammenhang zwischen Schicht und KHK zu erklären vermögen. Wenn wir nochmals an die obigen Ausführungen zu den allgemeinen Determinanten der Gesundheit anknüpfen, so können wir sagen, daß drei der fünf Erklärungsansätze hierbei nur von untergeordneter Bedeutung sein dürften. So ist es unwahrscheinlich, daß der in einem relativ kurzen Zeitraum sich konstituierende Trend durch genetische Einflüsse zustande gekommen ist. Auch dürften die natürlichen Umwelteinflüsse, selbst bei Würdigung der Zusammenhänge zwischen Luftverschmutzung und kardiovaskulärer Sterblichkeit (Dockerey & Pope, 1994), keine ausschlaggebende Rolle spielen. Ebenfalls wenig Erklärungskraft wird den schichtspezifischen Einflüssen der Inanspruchnahme bzw. Qualität medizinischer Leistungen beigemessen (Marmot et al., 1986). Somit bleiben die beiden

Erklärungsansätze der schichtspezifisch variierenden, gesundheitsrelevanten Soziallagen und der schichtspezifisch variierenden Lebensführung, des gesundheitlichen Lebensstiles, übrig. Beide Erklärungsansätze sind in hohem Maße aktuell, und wir werden im dritten Kapitel ausführlich auf sie eingehen. Zuvor ist es jedoch notwendig, die soziale Verteilung der uns interessierenden Krankheiten und ihrer wichtigsten Risikofaktoren genauer kennenzulernen.

Eine wichtige diesbezügliche Erkenntnis wurde ende der siebziger Jahre mit der sog. *Whitehall-Studie* in Großbritannien gewonnen. Michael G. Marmot und seine Arbeitsgruppe konnten bei einer Kohorte von 17 530 britischen Regierungsangestellten in einem zehnjährigen Beobachtungszeitraum erstmals den sozialen Gradienten der Koronarsterblichkeit prospektiv belegen (Marmot et al., 1978). Sie fanden eine inverse lineare Beziehung zwischen der Höhe des relativen Mortalitätsrisikos und der Höhe der nach fünf Positionsgruppen unterschiedenen beruflichen Stellung der Untersuchten. Obwohl die Differenz zwischen jeder Statusgruppe deutlich war, galt doch das Hauptinteresse dem Unterschied des relativen Risikos (rR) zwischen der höchsten (rR=1) und der niedrigsten Statusgruppe (rR=3.6). Selbst nach statistischer Kontrolle der sechs wichtigsten Risikofaktoren blieb der soziale Gradient, wenn auch in abgeschwächter Form, bestehen (rR=2.1; Marmot et al., 1984). Dieser quantitative Nachweis eines *sozialen Gradienten der KHK* ist wissenschaftlich und gesundheitspolitisch von herausragender Bedeutung. Selbst wenn man von einem Vergleich der Extremgruppen absieht und die mittlere Berufsgruppe als Bezugsgröße berücksichtigt, kann man aufgrund dieser Daten schließen: Wenn die beruflichen Mittelschichten ein den leitenden Angestellten vergleichbares Sterberisiko besäßen, könnte ihre Koronarsterblichkeit um 55% verringert werden (Marmot, 1994). Eine größere Zahl von Studien belegt den sozialen Gradienten der KHK-Mortalität zwischenzeitlich auch in den USA, Finnland, Norwegen, Schweden, Irland und Belgien, aber es gibt auch Länder mit weniger klaren Befunden, so z.B. Kanada (s. Kaplan & Keil, 1993). Neben beruflicher Stellung werden dabei auch Einkommen sowie, besonders eindrucksvoll in einer neuen schottischen Studie, Wohneigentum (Woodward et al., 1992) zur Definition der Schichtzugehörigkeit herangezogen.

Neben Mortalitäts-, Prävalenz- und Inzidenzraten wurden auch erhöhte Rezidivraten bzw. geringere Überlebenswahrscheinlichkeiten nach überstandenem Erstinfarkt in ungünstigeren sozio-ökonomischen Statuslagen dokumentiert. Die erste, aufsehenerregende Studie in diesem Zusammenhang wurde von Ruberman et al. (1984) in den USA veröffentlicht. Sie zeigte ein mehrfach erhöhtes Mortalitätsrisiko in der Gruppe mit niedrigstem Bildungsabschluß, nach statistischer Kontrolle wichtiger klinischer Einflußgrößen. Der größte Teil dieses Effektes konnte anhand der zwei Variablen "hohe soziale Isolation" und "starke berufliche und/oder finanzielle Belastungen" erklärt werden. Männer mit hohen Werten bei diesen beiden Variablen hatten ein 5,6 fach erhöhtes Sterberisiko in den dem Erstinfarkt folgenden drei Jahren. Lediglich die Variable "Herzrhythmusstörungen" war mit einem noch höheren Risiko verknüpft. In einer weiteren, sorgfältig kontrollierten Studie haben jüngst Williams et al. (1992) nachgewiesen, daß nach statistischer Kontrolle zahlreicher prognostischer Einflußfaktoren eine signifikante Beziehung zwischen Familieneinkommen und Überlebensrate nach dokumentierter KHK besteht.

Da sozio-emotionaler Rückhalt in unteren sozialen Schichten häufig schwächer ausgebildet ist als in höheren, erstaunt es nicht, daß verschiedene Studien einen engen Zusammenhang zwischen sozialem Rückhalt und erhöhter Sterblichkeit nach Erstinfarkt nachgewiesen haben (als Übersicht vgl. Berkman, 1995; Kaplan & Keil, 1993).

Weit weniger Studien wurden bisher zum Zusammenhang von sozialem Status und zerebrovaskulären Komplikationen durchgeführt, obwohl bereits eine der klassischen sozialepidemiologischen Untersuchungen einen inversen Zusammenhang aufzeigte (Lilienfeld, 1956). Bestätigt wurde ein solcher Trend in weiteren Studien aus den USA (Liu et al., 1982) und aus Finnland (Salonen, 1982). Für die Sterblichkeit an beiden Krankheiten, KHK und zerebrovaskulärem Insult, gilt, daß ihr Rückgang in höheren sozio-ökonomischen Schichten früher und in stärkerem Ausmaß erfolgte als in niedrigeren Statuslagen (für die USA s. Casper et al., 1992). Im Zeitraum 1970 - 1985 wurde sowohl in den USA (Wing et al., 1988) als auch in Großbritannien (Marmot & McDowall, 1986) belegt, daß der soziale Schichtgradient sich nicht verringert, sondern im Gegenteil ausweitet.

Obwohl nur etwa 30 - 35% der Varianz des sozialen Schichtgradienten der KHK durch die bekannten kardiovaskulären Risikofaktoren aufgeklärt werden kann, liegen zahlreiche Studienergebnisse vor, die auch für wichtige Risikofaktoren eine schichtspezifische Verteilung nachweisen. Am stärksten ist der Schichtgradient beim Zigarettenrauchen und, vor allem bei Frauen, beim Übergewicht ausgeprägt. Vereinzelt liegen aber auch Befunde vor, die dies bezüglich Bluthochdruck, Hyperlipidämie und erhöhter Fibrinogenwerte belegen (zusammenfassend Kaplan & Keil, 1993). Dementsprechend ergibt sich auch eine Ansammlung, ein sog. Cluster von Risikofaktoren, mit höherer Wahrscheinlichkeit in den unteren Schichten, wie dies u. a. eindrucksvoll für Deutschland dargestellt worden ist (Helmert et al., 1990).

Erste Ergebnisse zeigen schließlich auch für einen offenbar wichtigen neuen kardiovaskulären Schutzfaktor, die an Antioxidantien reiche Ernährung, einen klaren Schichtgradienten auf. So geben in der zur Zeit laufenden Whitehall II - Studie 62% der Männer und 44% der Frauen der niedrigsten beruflichen Statusgruppe an, weniger als einmal täglich frisches Obst oder Gemüse zu essen, aber nur 34% der Männer und 18% der Frauen der höchsten Positionsgruppe (Marmot et al., 1991).

2.4.3 Zusammenfassung

Zusammenfassend können wir festhalten, daß kardiovaskuläre und insbesondere koronare Herzkrankheiten im mittleren Erwachsenenalter zuungunsten niedrigerer sozioökonomischer Statuslagen ungleich verteilt sind. Der soziale Schichtgradient hat in den letzten 20 Jahren in einer Reihe entwickelter Industrieländer weiter zugenommen, die Schere sozialer Ungleichheit koronarer Erkrankungsrisiken öffnet sich, bildlich gesprochen, weiter. Nur zum Teil ist dieser Trend auf die ebenfalls schichtspezifisch verteilten kardiovaskulären Risiko- und Schutzfaktoren zurückzuführen. Wir müssen daher prüfen, wieweit schichtspezifisch variierende Bedingungen von chronischem Distress in diesem Zusammenhang von Bedeutung sind. Diese Prüfung kann im folgenden Kapitel erfolgen, in dem wir die in diesem Kapitel getrennt dargestellten Perspektiven der klinischen Medizin, der Streßforschung, der Gesundheitspsychologie und der Medizinsoziologie unter diesem Aspekt zu einer einheitlichen Argumentation zusammenführen wollen. Dieses Vorhaben ist auch deswegen wichtig, weil sich der Nachweis sozial ungleicher Koronarsterblichkeit im mittleren Erwachsenenalter nicht auf Schichten innerhalb eines Landes begrenzen läßt. Es spricht vieles dafür, daß auch auf einer größeren Bezugsebene ähnliche Prozesse sich abspielen. So zeigen neueste Statistiken aus den ehemals sozialistischen zentral- und osteuropäischen Ländern sowie aus einigen Ländern der ehemaligen Sowjetunion einen teilweise erschreckenden Anstieg der koronaren Mortalität insbesondere bei Männern der Altersgruppe 20 - 64 Jahre in den vergangenen 25 Jahren. Dieser Anstieg ist so stark, daß er den in diesen Ländern beobachteten Rückgang der Lebenserwartung wesentlich mit zu erklären vermag (Hertzman, 1995). Vieles spricht dafür, daß ein Zusammenhang mit den in diesen Ländern seit ende der sechziger Jahre wachsenden sozio- ökonomischen und psychosozialen Belastungskonstellationen bestehen dürfte. Extrapoliert man schließlich solche makrosozialen Trends der Koronarsterblichkeit auf die Schwellenländer, die gegenwärtig gleichzeitig mit ihrer umfangreichen sozio-ökonomischen Dynamik eine Epidemie der KHK erfahren, so wird die Tragweite unserer Fragestellung in vollem Umfang deutlich.

3 Soziale Krisen und Gesundheit – das theoretische Modell

Dieses Kapitel befaßt sich mit zwei Aufgaben. Zunächst wird in einem kurzen Überblick gezeigt, welche grundlegenden *Entwicklungstendenzen* die *Erwerbsarbeit* im allgemeinen und ihre gesundheitsgefährdenden Wirkungen im besonderen bestimmen. Dies ist wichtig, da nur auf diesem Hintergrund gezielt nach spezifischen Erklärungskonzepten für die im vorangegangenen Kapitel berichteten Zusammenhänge zwischen sozialer Statuslage und Herz-Kreislauf-Risiko gesucht werden kann. Drei Bereiche chronischer Distresserfahrungen im Erwerbsleben werden als besonders bedeutsam herausgestellt: 1. Belastungserfahrungen, die sich aus der Arbeitsorganisation bzw. dem Inhalt von Arbeitsaufgaben ergeben; 2. Belastungserfahrungen, die mit der sozialen, zwischenmenschlichen Dimension des Arbeitslebens assoziiert sind; und 3. Belastungserfahrungen, die aus begrenzter beruflicher Statuskontrolle (unfreiwillige berufliche Mobilität, Statusinkonsistenz, Arbeitslosigkeit) resultieren. Es wird gezeigt, wie diese Bereiche mit Hilfe theoretischer Konzepte bisher erforscht und empirisch überprüft worden sind. Stärken und Schwächen des gegenwärtigen Erkenntnisstandes werden dargestellt (vgl. Abschnitt 3.1).

Die zweite Aufgabe besteht darin, auf dem Hintergrund dieses Wissens die *eigene theoretische Konzeption* herzuleiten, die den nachfolgenden empirischen Untersuchungen (Teil II) zugrundeliegt. In Abschnitt 3.2 erfolgt eine streßtheoretische Verankerung des Modells beruflicher Gratifikationskrisen, während in Abschnitt 3.3 die einzelnen Komponenten des Modells erläutert und die Untersuchungshypothesen entwickelt werden, deren Prüfung Gegenstand des empirischen Teiles dieser Arbeit ist.

Die Darlegungen des zweiten Kapitels haben den Schwerpunkt auf das mittlere Erwachsenenalter und die Rolle des Erwerbslebens bei der Generierung chronischer Distresserfahrungen gelegt. Dennoch soll einleitend darauf hingewiesen werden, daß heute eine ernstzunehmende Forschungsliteratur zum *Einfluß frühkindlicher* sozioökonomischer *Benachteiligung* auf das kardiovaskuläre Erkrankungsrisiko im mittleren Erwachsenenalter besteht, die auf eine biosoziologische Perspektive verweist. In dieser Perspektive wird angenommen, daß die sozio-ökonomischen Lebensumstände der Eltern zum Zeitpunkt der Geburt und während der ersten Lebensjahre einen prägenden Einfluß auf die psychobiologische Entwicklung des Säuglings und des Kleinkindes ausüben, der auch die längerfristige Empfänglichkeit gegenüber chronisch-degenerativen Erkrankungen mitbestimmt – eine Annahme, die durch faszinierende Ergebnisse verschiedener neuer Kohortenstudien durchaus an Glaubwürdigkeit gewonnen hat (Wadsworth, 1986).

Ein halbes Dutzend Studien, die in Großbritannien und Finnland durchgeführt wurden, gelangen übereinstimmend zu dem Ergebnis, daß Armut in der frühesten Kindheit das kardiovaskuläre Erkrankungsrisiko im mittleren Erwachsenenalter erhöht (Forsdahl, 1977, Marmot et al., 1984, Notkola et al., 1985, Kaplan & Salonen, 1990, Barker & Osmond, 1986, Barker & Martyn, 1992). Leider werden in diesen Studien keine strengen Hypothesentestungen vorgenommen, und die Charakterisierung der sozio-ökonomischen Ausgangslage bleibt sehr rudimentär. Immerhin zeigen Kaplan & Salonen (1990), daß Männer im Alter zwischen 42 und 60 Jahren dann, wenn sie im untersten Tertil der sozio-ökonomischen Lage während ihrer frühen Kindheit lokalisiert waren, signifikant häufiger unter pektanginösen Beschwerden während Fahrradergometrie leiden als die in der Kindheit bessergestellten Männer. Dieser Effekt konnte nicht auf Alter, Zigarettenrauchen, Cholesterin, Fibrinogen oder Körpergröße zurückgeführt werden. Interessante Überlegungen zu diesem Zusammenhang ergeben sich aus einer neuen Darstellung von Barker und Martyn (1992). Danach stellt das Körpergewicht am Ende des ersten Lebensjahres eine kritische Größe dar: je geringer das Körpergewicht, desto höher das spätere koronare Risiko. Die Autoren diskutieren drei mögliche Erklärungen dieses Zusammenhanges: 1. das geringe Gewicht ist Ausdruck eines sozio-ökonomisch benachteiligten Lebensmilieus, das seinen pathogenetischen Einfluß auf das Herz-Kreislauf-System über chronifizierte Distresserfahrungen und gegebenenfalls über gesundheitsschädigendes Verhalten ins Erwachsenenleben hinein fortsetzt; 2. genetische Risiken, die sich u.a. in Störungen der Gewichtsentwicklung im Säuglingsalter manifestieren, sind für vorzeitige Koronarerkrankungen von Bedeutung; 3. ein belastendes sozio-ökonomisches Milieu während der Kindheit begünstigt die Ausprägung noch unbekannter Vulnerabilitätsfaktoren für Stoffwechselaberrationen, die sich zuerst in Störungen der Gewichtsregulation und des Wachstums, später in vorzeitigen athero-thrombotischen Komplikationen manifestieren. So spekulativ diese Überlegungen gegenwärtig auch klingen mögen, so sehr ist die Forschung doch angehalten, den prägenden Einflüssen früher Kindheit nach Möglichkeit in einer theoretisch besser vorbereiteten biopsychosoziologischen Analyse nachzugehen, nachdem die kritische Rolle früher Erfahrungen für die Krankheitsanfälligkeit in späteren Lebensphasen in der tierexperimentellen Forschung so überzeugend belegt worden ist (Henry & Stephens, 1977, Weiner et al., 1980, Weiner, 1992).

In den folgenden Abschnitten wenden wir uns allerdings denjenigen biographischen Phasen und Kontexten zu, welche das *Alltagsleben* des Erwachsenendaseins, und besonders *des mittleren Erwachsenenalters*, bestimmen. Wir fragen nach der Gestalt und Relevanz chronifizierter Belastungserfahrungen, die sich direkt oder indirekt aus dem Erwerbsleben ergeben. Welche Bedeutung kommt ihnen im Zusammenhang mit der Entwicklung distress-vermittelter Erkrankungen zu? Anhand welcher theoretischer Konzepte kann diese Belastungsrealität spezifiziert und zuverlässig identifiziert werden? Und wie kann uns der Bogen der Argumentation zur Thematik der sozial differentiellen Morbidität und Mortalität, wie wir sie am Ende des letzten Kapitels entwickelt haben, zurückführen?

3.1 Entwicklungstendenzen der Erwerbsarbeit und Wandel beruflicher Belastungserfahrungen

Die Industrielle Revolution hat bekanntlich mit dem Ausbreiten maschineller, arbeitsteilig organisierter Massenproduktion eingesetzt. Ein wachsender Teil der Erwerbsbevölkerung war, auf Kosten der Landwirtschaft, im industriellen Sektor beschäftigt, dessen Produktionsschwerpunkt sich von der Gebrauchsgütererzeugung mehr und mehr auf die Erzeugung von Produktionsgütern (z.B. Schwerindustrie) verlagerte. Damit ging eine Ausdifferenzierung der abhängig beschäftigten Arbeitnehmerschaft in Facharbeiter einerseits, un- und angelernte Arbeiter andererseits einher. Arbeitsteilige Massenproduktion führte jedoch mit der zunehmenden Akzeptanz der Prinzipien des Taylorismus zu einer weitreichenden De-Qualifizierung weiter Teile der Industriearbeiterschaft, deren Arbeit den Charakter repetitiver Teilarbeit mit den Merkmalen der Monotonie und des Zeitdrucks (prototypisch: Fließbandarbeit) erhielt (Braverman, 1974). Noch zu Beginn unseres Jahrhunderts war industrielle Arbeit häufig durch körperliche Schwerarbeit, lange Arbeitszeiten und Exposition gegenüber einer Vielzahl gesundheitsschädigender Umgebungs- und Materialeinflüsse gekennzeichnet. Sozialstaatlicher Arbeits- und Gesundheitsschutz, entwickeltes Arbeitsrecht und gewerkschaftliche Interessenvertretung haben im Verein mit technischem Fortschritt zu einem Abbau, zugleich jedoch einer Verlagerung beruflicher Belastungen in der Industriearbeit geführt. Im Vordergrund stehen nunmehr vermehrt zentralnervös vermittelte Belastungserfahrungen, die sich sowohl aus der Arbeitsorganisation, den spezifischen Arbeitsinhalten, als auch aus den sozialen Beziehungen am Arbeitsplatz, den Bedingungen der Entlohnung und den berufsbiographischen Risiken ergeben.

Im Bereich der Produktion ist diese Verlagerung hin zu *psychomentalen Belastungen* der zunehmenden Automatisierung von Fertigung und Transport, mithin dem Anwachsen von Kontroll- und Steuerungstätigkeiten auf Kosten manueller Tätigkeit zuzuschreiben (Kern & Schumann, 1970, 1984). Diese Entwicklung verläuft in einzelnen Branchen und Ländern unterschiedlich, und sie betrifft höher Qualifizierte teilweise stärker als weniger Qualifizierte, mit dem wichtigen Unterschied allerdings, daß letztere in stärkerem Maße einer Kumulation traditioneller, physischer, physikalisch-chemischer und psychomentaler Belastungen ausgesetzt sind.

In den vergangenen drei Jahrzehnten hat sich in den am weitesten entwickelten Wirtschaftszweigen eine folgenreiche, als *"Neo-Industrialisierung"* bezeichnete Entwicklung anzubahnen begonnen. Sie lässt sich durch eine bisher nie dagewesene Rationalisierung gesamtbetrieblicher, teilweise auch zwischenbetrieblicher Arbeitsorganisation und -teilung kennzeichnen, die erst durch den konsequenten Einsatz der mikroelektronischen Datenverarbeitungs- und Kommunikationstechniken möglich geworden ist. Zum Zweck der Verringerung von Produktions- und Wartezeiten, der Intensivierung von Ausnutzungsgraden teurer Anlagen, der Verringerung von Lagerhaltungskosten sowie der Flexibilisierung der Angebotsstruktur werden funktional und räumlich getrennte Arbeitsgänge durch integrierte Produktionspläne aufeinander abgestimmt. An den bei diesem Rationalisierungsprozeß erhalten gebliebenen Arbeitsplätzen setzt eine weitere Leistungsintensivierung ein, die sich als Forderung nach möglichst gleichmäßiger Effizienz und möglichst fehlerfreier Produktion konkretisiert, und zwar umso mehr, je teurer Arbeitszeit und Arbeitsmaterial werden. Mit der Neo-Industrialisierung und der veränderten Produktionsweise geht eine folgenreiche Umgestaltung der Beschäftigungsverhältnisse einher. Sie läßt sich mit zwei Wendungen als "Erosion des Vollzeitarbeitsverhältnisses" (Brose et al., 1993) und als "Fragmentierung stabiler Berufsbiographien" (Siegrist, 1986) beschreiben: befristete Arbeitsverhältnisse, Teilzeitarbeit, "job-sharing" etc. nehmen zu, während zugleich erhöhte Umschulungszwänge, Umsetzungsrisiken, vertikale und horizontale Mobilitätsereignisse sowie Berufsdiskontinuitäten infolge von Arbeitslosigkeit zu beobachten sind.

Diese Umgestaltung hat vielfältige Ursachen, und sie bleibt nicht auf den Produktionssektor beschränkt, sondern manifestiert sich ebenso in den Dienstleistungsberufen. Zum einen reagiert die Arbeitsmarkt- und Beschäftigungspolitik mit diesem Spektrum der vom Normalarbeitsverhältnis abweichenden Beschäftigungsverhältnisse auf neue Produktionskonzepte und Produktionsstrukturen (Piore & Sabel, 1985), auf verkürzte

Produktlebens- und Marktnutzungszeiträume (bei teilweise verlängerter Produktionsentwicklungszeit) in der Industrie, auf zeitliche Differenzierungs- und Individualisierungswünsche bei Beschäftigten und bei Kunden in bestimmten Dienstleistungssegmenten. Zum andern reflektiert sie eine in traditionellen Industriebranchen als Strukturkrise erlebte Destabilisierung der Beschäftigungsverhältnisse, die sich zumindest von der Stabilitäts- und Prosperitätsphase der Wirtschaft westlicher Industrieländer nach dem Zweiten Weltkrieg immer deutlicher abhebt. Wachstumsgrenzen, übersättigte bzw. zu stark regulierte Märkte, Globalisierung der Produktion, mangelnde Anpassung der Wirtschaftsstruktur an die rasche Expansion der Informationstechnologie stellen einige der entscheidenden Determinanten dieses Prozesses dar.

Man ersieht aus diesen Ausführungen die Ambivalenz der Phänomene, die mit den Begriffen "Erosion des Vollzeitarbeitsverhältnisses" und "Fragmentierung der Berufsbiographie" beschrieben werden. Während eine erhöhte Flexibilität zeitlicher Arrangements ebenso wie ein Aufbrechen kontinuierlicher, fest institutionalisierter, damit wandlungsresistenter Berufsverläufe mit normativen, gesamtgesellschaftlichen Entwicklungstrends der Individualisierung (Beck, 1986), der "De-Institutionalisierung" der Lebensgestaltung (im privaten wie im beruflichen Bereich) konform gehen, sind andererseits die Risiken gesellschaftlicher Benachteiligung und Ausgrenzung mit all ihren negativen Folgen dramatisch angestiegen. Um diese Ambivalenz richtig bewerten zu können, müssen die skizzierten Prozesse veränderter Beschäftigungsverhältnisse im Zusammenhang einer übergreifenden Entwicklung gesehen werden, die in aller Deutlichkeit von Doeringer und Piore (1971) herausgearbeitet worden ist. Danach differenziert sich die *Erwerbsbevölkerung* immer deutlicher in *zwei Segmente*, in gut ausgebildete, flexibel und mobil Beschäftigte einerseits, welche auf die Erfordernisse der modernen Wirtschaft eingestellt sind, und in einseitig oder unzureichend geschulte, wenig flexible und immobile Beschäftigte andererseits, welche aufgrund geringer Qualifikation oder aufgrund langjähriger Tätigkeit in absterbenden Industrie- und Verwaltungszweigen einem hohen *Arbeitslosigkeitsrisiko* ausgesetzt sind. Wenn das Gut Arbeit knapper wird, wird es zunehmend der ersten Gruppe vorbehalten bleiben, und die Gesellschaft wird durch eine neue Form der "Dichotomisierung" (Popitz et al., 1957) geprägt zwischen jenen, die vergleichsweise sichere Arbeit – und damit gehobenes Einkommen und gesellschaftlichen Status – besitzen, und einer wachsenden Gruppe, welche durch Zugehörigkeit zu instabilen Randbelegschaften oder durch Ausschluß vom Arbeitsmarkt in eine unterprivilegierte Lebensform gedrängt wird.

Diese "Dichotomisierung" spitzt sich aller Voraussicht nach in der näheren Zukunft weiter zu: bereits heute zeichnet sich ab, daß als Folge der erwähnten Automatisierung, Computerisierung und Rationalisierung der industriellen Produktion sowie als

Folge der Strukturkrise traditioneller Produktionsbereiche neue Arbeitsplätze vorwiegend im Dienstleistungsbereich geschaffen werden. In den USA rechnet man gegenwärtig damit, daß 9 von 10 neuen Arbeitsplätzen im Dienstleistungssektor entstehen. Beschäftigungsverhältnisse in diesem Bereich unterliegen jedoch ebenfalls einer wachsenden Segmentierung: auf der einen Seite finden wir Berufsgruppen mit hoher, häufig akademischer Qualifikation, beruflichem Prestige, hoher Arbeitsplatzautonomie und guten Karrierechancen. Auf der andern Seite wächst die Gruppe derer, die in marginalen Beschäftigungsverhältnissen stehen (z.B. geringe Arbeitsplatzsicherheit, unregelmässige Arbeitszeiten, schlechte Bezahlung, monotone, gering geschätzte Arbeit, hohe soziale Isolation am Arbeitsplatz).

Auf dem Hintergrund dieser, hier nur stichwortartig erwähnten Entwicklungen der Erwerbsarbeit muß unsere Aufmerksamkeit nun den drei erwähnten Bereichen von Distresserfahrungen im Arbeitsalltag gelten: Erfahrungen im Zusammenhang mit Arbeitsorganisation und Arbeitsinhalt, Erfahrungen im Zusammenhang mit der sozialen Dimension des Arbeitslebens, und Erfahrungen, welche sich auf den Bereich beruflicher Statuskontrolle beziehen.

3.1.1 Arbeitsorganisation und -inhalt

Das im Zusammenhang mit der Erklärung arbeitsbezogener Erkrankungen wichtigste und einflußreichste theoretische Konzept belastender Arbeitsorganisation und Arbeitsinhalte ist von dem amerikanischen Soziologen Robert A. Karasek (1979) entwickelt worden. Die Grundidee dieses Konzeptes besteht darin, Belastungserfahrungen aus der Kombination zweier entscheidender Dimensionen von Arbeitsinhalten abzuleiten: der Dimension der *Anforderungsqualität* und der Dimension der *Arbeitsteilung* und der damit gegebenen unterschiedlichen *Kontrolle* über den *Arbeitsprozeß*. Diese beiden Dimensionen ergeben sich nach Meinung des Autors aus den zwei entscheidenden Wandlungen des industriellen Produktionsprozesses der letzten Jahrzehnte: der zunehmenden Ersetzung physischer durch psychomentale Anforderungsprofile und der fortschreitenden Arbeitsteilung innerhalb der und zwischen den Produktionsprozessen. Eine wachsende Zahl von Arbeitsplätzen ist nunmehr bestimmt durch quantitativ hohe psychomentale Anforderung (z.B. in Form von Zeitdruck) bei gleichzeitig geringer Kontrolle über die Arbeitsaufgabe und deren Ergebnis (z.B. bei der klassischen Fließbandarbeit).

Mit geringer Kontrolle über Arbeitsinhalte und -prozesse gehen zwei psychologisch folgenreiche Erfahrungen einher: die Erfahrung geringen Entscheidungsspielraumes, damit geringer Autonomie der arbeitenden Person, und die Erfahrung mangelnder bzw. einseitiger Nutzung der Fähigkeiten, über welche die arbeitende Person verfügt. Nach der dieser Konzeption zugrundeliegenden Hypothese ist chronischer Distress bei Personen zu erwarten, die Arbeitsplätzen mit quantitativ hoher psychomentaler Belastung bei zugleich niedrigen Kontrollmöglichkeiten und, in der Regel damit assoziiert, geringen Einsatzmöglichkeiten ihrer Fähigkeiten ausgesetzt sind. Mit andern Worten: es wird ein *Interaktionseffekt* der beiden Variablen *"psychomentale Arbeitsanforderung"* und *"Entscheidungs- bzw. Kontrollspielraum"* (und analog: "psychomentale Arbeitsanforderung" und "Einsatzmöglichkeit persönlicher Fähigkeiten") auf Zielkriterien wie"chronische Distressbelastung" bzw. daraus resultierendes Krankheitsrisiko postuliert (vgl. *Abbildung 2*).

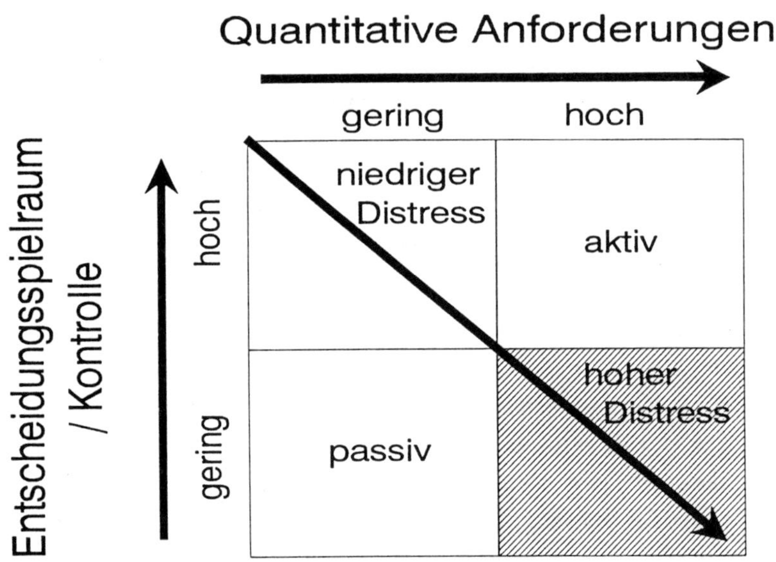

Abbildung 2. *Das Anforderungs-Kontroll-Modell nach Karasek (in Anlehnung an Karasek & Theorell, 1990, S. 32)*

Dieses zweidimensionale Arbeitsbelastungsmodell hat sich, wie wir sehen werden, in einer beeindruckenden Zahl von Studien als *erklärungskräftig* erwiesen. Es lohnt sich daher, seine theoretischen Grundlagen etwas genauer zu betrachten. In einer umfassenden Bilanz der theoretischen, empirischen und praktischen Aspekte ihres analytischen Ansatzes, die Robert A. Karasek und Töres Theorell im Jahr 1990 veröffentlicht haben (Karasek & Theorell, 1990), sind diese Grundlagen ausführlich dargestellt worden. Danach liegt der Belastungswirkung, die von einem Zusammentreffen von quantitativ hoher Anforderung und niedrigem Entscheidungsspielraum ausgeht, eine spezifische Qualität von Lernerfahrungen zugrunde: Anforderungen bzw. Herausforderungen, welche eine notwendige Voraussetzung für neue Lernerfahrungen bilden, können aufgrund eingeschränkter Kontrollmöglichkeiten nicht aktiv, erfolgsgesteuert bearbeitet werden. *Aktives Lernen* unterbleibt in solchen Situationen fehlender Kontrolle über die Verstärkungssequenz, obwohl der herausfordernde Reiz vorhanden ist. Dies führt zu einer mentalen und emotionalen Spannung, die längerfristig nicht nur pathophysiologische Auswirkungen haben kann, sondern auch die Lernfähigkeit der diesen Bedingungen wiederkehrend ausgesetzten Person einschränkt. Demgegenüber ermöglichen und fördern Arbeitsbedingungen, welche hohe Anforderungen in Kombination mit hohen Kontroll- bzw. Entscheidungschancen enthalten, aktives Lernen, indem die Problemlösungskapazität der arbeitenden Person herausgefordert und eine entsprechende Erfolgserfahrung generiert wird. Kontrolle über die Verstärkungssequenz und damit einhergehende Kompetenzerweiterung sind die wesentlichen Mechanismen, welche der nach solchen Situationen erfahrenen Spannungsreduktion zugrundeliegen. Zusätzlich wirkt aktives Lernen motivationsfördernd und leistungssteigernd (Karasek & Theorell, 1990).

Diese *lerntheoretische Fundierung* chronischer Distress-Erfahrungen speist sich aus verschiedenen Quellen: aus neueren Entwicklungen psychologischer Lern- und Motivationstheorien selbst (Bandura, 1986, Csikszentmihalyi, 1975), aus der soziologisch orientierten Sozialisationsforschung (Kohn & Schooler, 1983; insbesondere dem zentralen Konzept der arbeitsbezogenen Selbst-Bestimmung), aus arbeitspsychologischen (Greif et al., 1991, Hacker, 1978, Volpert, 1974), psychophysiologischen (Frankenhaeuser et al., 1976) und streßphysiologischen (Henry & Stephens, 1977) Untersuchungen. Auch wäre das von Karasek entwickelte Konzept nicht denkbar gewesen ohne wegweisende Arbeiten, die auf dem Gebiet beruflicher Streßforschung in den sechziger Jahren in den USA durchgeführt worden sind, so die Studie von Kornhauser über Arbeit und psychische Erkrankungen (1965) und die rollen- und organisationssoziologisch ausgerichteten Arbeiten der Michigan-Gruppe (Kahn et al., 1964, Caplan et al., 1975).

Nach dieser Konzeption gibt es somit *Arbeitsplätze*, die ein *gesundheitsförderliches Entwicklungspotential* in sich enthalten, indem sie Beschäftigte aktivieren, stimulieren, ihnen Entwicklungsanreize und befriedigende Erfolgserlebnisse ermöglichen. Zu solchen Berufen sind nach Karasek beispielsweise Wissenschaftler, Ärzte, Freischaffende in führenden Positionen (z.B. Architekten, Künstler), Lehrer oder leitende Manager zu zählen. Auf der andern Seite finden wir Arbeitsplätze, die durch die erwähnte Kombination restriktiver Tätigkeiten dequalifizierend, demotivierend und distress-erzeugend wirken. Von diesen Risiken betroffen sind in erster Linie Berufsgruppen wie un- und angelernte Industriearbeiter (v.a. Fließbandtätigkeit) sowie bestimmte niedrigrangige Dienstleistungsberufe (z.B. Bedienungspersonal, Transportarbeiter; vgl. Karasek & Theorell, 1990).

Diese Klassifizierung von Arbeitsplatzmerkmalen ist in doppelter Weise bedeutsam. Erstens ermöglicht sie, belastende, gesundheitsgefährdende Arbeitsbedingungen genauer zu identifizieren, als dies durch eindimensionale Arbeitsplatzkategorisierungen möglich wäre. Es ist in diesem Zusammenhang auch wichtig, darauf hinzuweisen, daß aus dem theoretischen Modell belastender Arbeitsinhalte nicht nur krankheitswertige Distress-Erfahrungen abgeleitet werden, sondern ebenso psychologisch ungünstige Effekte auf das Lern-, Motivations- und Vigilanzniveau. Daraus ergeben sich unter Umständen gravierende Konsequenzen für Produktionskosten (betriebliche Fehlzeiten, fehlerhafte Produktion (Karasek & Theorell, 1990). Zweitens ermöglicht dieses Konzept, die ungünstigen sozialisatorischen Effekte des Arbeitslebens genauer zu charakterisieren: Beschäftigte an Arbeitsplätzen mit quantitativ hoher Anforderung und niedrigen Kontrollchancen weisen häufig ein durch Passivität gekennzeichnetes Freizeitleben auf, und sie nehmen kaum an politischen und kulturellen Aktivitäten teil (Karasek, 1979).

Es besteht somit kein Zweifel, daß das von Karasek entwickelte Konzept von großer Bedeutung ist. Auf der andern Seite müssen kritische Fragen gestellt werden, die sowohl den Geltungsbereich der Konzeption wie auch ihre streßtheoretische Fundierung betreffen. Zunächst taucht die Frage auf, ob das Modell nicht zu sehr am klassischen Berufsspektrum der Industriearbeit orientiert ist. *Dienstleistungsberufe*, die, wie wir gesehen haben, eine immer größer werdende Gruppe innerhalb der erwerbsaktiven Bevölkerung darstellen, lassen sich in ihrem Belastungsgehalt nur unvollständig anhand der beiden genannten Dimensionen kennzeichnen. Zwischenmenschliche Belastungen (z.B. im Umgang mit Kunden), mangelnde soziale Unterstützung, ungünstige Bezahlung bzw. Karrieremöglichkeit, ungünstige Arbeitsumgebung etc. spielen hier eine wichtige Rolle. Auch innerhalb der Industriearbeit scheint es unverzichtbar, die Belastungsproblematik unter dem Aspekt zwischenmenschlicher Beziehungen (soziale Isolation, Hilfe und Rückhalt in der Gruppe, Konflikte in vertikalen und horizontalen Arbeitsbeziehungen etc.) zu analysieren (s.u.). Ferner stellt sich angesichts der oben skizzierten Entwicklungen der Arbeitsmarktsegmentierung und der sich ausweitenden Arbeitslosigkeit die Frage, ob der Dimension des Arbeitsplatzinhaltes bzw. der Arbeitsteilung heute, und vor allem in der näheren Zukunft, noch der im Modell vorausgesetzte Stellenwert einer "Leitbelastung" zukommen kann, oder ob nicht vielmehr in zunehmendem Maße die Dimension der *Arbeitsplatzverfügbarkeit*, d.h. der beruflichen Statuskontrolle, ins Zentrum beruflichen Belastungsgeschehens rückt. Mit dieser Frage werden wir uns bei der Begründung des eigenen theoretischen Ansatzes beschäftigen.

Fragen stellen sich aber auch auf der weniger weitreichenden Ebene der Bedeutung wesentlicher, im Modell verwendeter Begriffe. In scharfsinnigen Analysen hat Stanislav Kasl darauf hingewiesen, daß der Begriff der *Kontrolle* in dem von Karasek und Theorell verwendeten Sinn mehrdeutig ist (Kasl, 1989, 1991, vgl. auch Parkes, 1989): zum einen bezeichnet er ein Merkmal der dem Individuum äußerlichen Arbeitssituation, zum andern charakterisiert er eine Form personalen Handelns und mit ihr assoziierter Einstellungen, Überzeugungen und Befindensweisen. Auch im ersteren Fall kann zwischen verschiedenen Bedeutungen unterschieden werden: Kontrolle als Verfügen über Mittel und Fähigkeiten, die an eine Person gestellte Arbeitsanforderung zu meistern; Kontrolle als Dispositionsspielraum am Arbeitsplatz (z.B. Fähigkeit, die Reihenfolge von Arbeitsaufgaben selbst festzulegen); Kontrolle als Möglichkeit, das Verhalten anderer im Arbeitsprozeß zu steuern (Kasl, 1989).

Ein weiteres kritisches Argument bezüglich des Konzepts betrifft die Frage der *Chronifizierung* von Distresserfahrungen. Warum, so ist zu fragen, passen sich Personen den aktives Lernen blockierenden Arbeitsbedingungen nicht an, indem sie ihr Erwartungsniveau senken oder durch Habituation den Distress-Charakter verringern? Bereits Kornhauser hat in seiner Pionierarbeit (1965) darauf hingewiesen, daß die erhöhte (psychische) Krankheitsanfälligkeit von Arbeitern, die repetitiver Teilarbeit ausgesetzt waren, nicht so sehr auf den geringen Grad der Aktivierung ihrer Fähigkeiten oder den geringen Kontrollspielraum zurückzuführen war, sondern vielmehr auf die enttäuschten Erwartungen, die sie an ihr Berufsleben gerichtet hatten. Dies wirft die grundsätzlichere Frage nach dem Verhältnis von objektiven bzw. situativ-extrinsischen und subjektiven bzw. personengebunden-intrinsischen Gegebenheiten im Belastungs- und Bewältigungsgeschehen am Arbeitsplatz auf. Die Stärke und zugleich Schwäche des von Karasek entwickelten Modells liegt darin, daß es strikt auf den objektiven Kontext der Arbeitsorganisation bzw. Arbeitsaufgabe begrenzt bleibt, und zwar unabhängig davon, wie das Modell gemessen wird (auf Aggregatdaten- oder auf Individualdaten-Niveau). Zwar fließen, wie dargestellt worden ist, lern- und streßtheoretische Annahmen in das Modell ein, jedoch wird dem Problem der *individuenspezifischen Bewältigungsmuster* angesichts der im Modell identifizierten Belastungsbedingungen auf konzeptueller und operationaler Ebene keine weitere Beachtung geschenkt. In der sozial- und verhaltenswissenschaftlichen Streßforschung herrscht allerdings weitgehend Konsens darüber, daß die Anforderungsmerkmale einer potentiell belastenden Situation erst dadurch belastend wirken, daß sie von der mit ihr konfrontierten Person als nicht bewältigbar eingeschätzt und erlebt werden (Lazarus, 1966, Lazarus & Folkman, 1984). Distress wird als Ergebnis einer Abweichung von Standards der Balance zwischen Anforderung und Bewältigung interpretiert. Bereits das organisations- und rollensoziologische Streßkonzept der Michigan-Gruppe hat diese Erkenntnis ernstgenommen, indem eine – allerdings spezifische – Form von Diskrepanz-Erfahrungen zwischen Umweltanforderungen und personalen Fähigkeiten zum Ansatzpunkt für die Erklärung krankheitswertiger Arbeitsbelastungen gewählt wurde (van Harrison, 1978). Auch auf dieses Problem werden wir weiter unten ausführlicher zu sprechen kommen.

Begrenzungen eines theoretischen Modells zu diskutieren, ist sicherlich eine wichtige Aufgabe der Wissenschaft. Ebenso wichtig ist es aber, zu zeigen, welche Erklärungs- und Prognosekraft einem theoretischen Modell zukommt und welche praktischen Folgerungen sich daraus ergeben können. In dieser Hinsicht weist das von Karasek entwickelte und von Karasek, Theorell und Mitarbeitern in einer Fülle unterschiedlich angelegter empirischer Studien getestete Modell eine *eindrucksvolle Bilanz* auf. Es ist hier nicht möglich, einen Überblick über alle hierzu vorliegenden Ergebnisse zu geben (vgl. Karasek & Theorell, 1990, Schnall et al., 1994), jedoch sollen die wesentlichen Erkenntnisse zusammenfassend dargestellt werden. Sie beziehen sich stets auf den Tatbestand eines erhöhten Krankheitsrisikos von Personen, die an Arbeitsplätzen mit hohem Arbeitstempo, Hektik, inkonsistenten Anforderungen (quantitativ hohe psychomentale Anforderung) in Kombination mit Monotonie, geringen Lernanreizen und/oder geringen Einflußchancen auf Arbeitsinhalt und Arbeitsablauf (geringe Chancen der Entscheidungs- und Kompetenzbildung) beschäftigt sind (sog. job strain).

Bis zum Jahr 1993 sind mindestens 14 Studien zur Überprüfung eines Zusammenhangs zwischen *"job strain"* und *Herz-Kreislauf-Krankheiten* veröffentlicht worden. Bis auf eine Ausnahme (Reed et al., 1989) zeigten sie ein erhöhtes relatives Risiko von 1.3 - 4.0 für Personen mit hohen "job-strain" Werten im Vergleich zu geringer Belasteten. Die methodische Qualität der Studien war allerdings unterschiedlich. So waren Querschnittstudien und Fall-Kontroll-Studien enthalten, ferner Studien, die ausschließlich subjektive Angaben zu Angina pectoris-Beschwerden und berichteten Diagnosen enthielten. Immerhin wiesen mindestens 5 prospektive Studien den erwarteten Zusammenhang nach, wenn auch teilweise anhand unterschiedlicher Maße von "job strain" und teilweise nur für Einzelkomponenten (die Kontrolldimension erwies sich im allgemeinen als stärker prädiktiv als die Anforderungsdimension).

Nach einer Periode weitgehend theorieloser, zu inkonsistenten Ergebnissen führenden kardiovaskulären Streßforschung im Bereich psychosozialer Arbeitsbelastungen müssen die konsistenten und kumulativen Befunde zum "job strain"-Modell als Erfolg und, angesichts der daraus resultierenden Konsequenzen, als Durchbruch bewertet werden. In allen Fällen wurde anhand multivariater statistischer Verfahren der Einfluß wichtiger konfundierender Größen (somatische und verhaltensgebundene Risikofaktoren) kontrolliert. Ferner ist bemerkenswert, daß Effekte sowohl anhand von aggregierten wie anhand von Individualdaten nachgewiesen werden konnten, wenn auch erstere in der Regel schwächer waren.

Mindestens 18 weitere Studien untersuchten den Einfluß von *"job strain"* auf *Risikofaktoren* wie Bluthochdruck, Cholesterin, Fibrinogen, Zigarettenrauchen, Übergewicht sowie auf das ambulant registrierte Blutdruckprofil (als Überblick s. Schnall et al., 1994). Hier waren die Ergebnisse erwartungsgemäß weniger einheitlich. Relativ gute Übereinstimmungen fanden sich bezüglich Zigarettenrauchen sowie bezüglich einer Erhöhung des ambulant registrierten Blutdrucks. Eine sorgfältig angelegte Querschnittstudie fand zudem eine 2.7 fach erhöhte Hypertonieprävalenz bei Arbeitern mit hohen "job strain"-Werten (Schnall et al., 1990). Einige neuere, besonders innovative, die epidemiologische und psychophysiologische Methodik kombinierende Studien, die in der von Töres Theorell geleiteten Arbeitsgruppe durchgeführt wurden, zeigen einen Zusammenhang zwischen "job strain" und Höhe von Immunoglobulin (Theorell, Orth-Gomer et al., 1990 a) bzw. "job strain" und Testosteron auf (Theorell, Karasek et al., 1990 b). Studien dieser Art sind deshalb von besonderem Interesse, weil sie Licht auf mögliche, der statistischen Assoziation zugrundeliegende pathophysiologische Vermittlungsschritte werfen.

Fragen wir nun in Anknüpfung an die letzten Ausführungen des vorhergehenden Kapitels nach dem Beitrag des hier diskutierten "job strain"-Konzeptes zur *Erklärung* des sozialen *Schichtgradienten der KHK*: Gelingt es, anhand von "job strain"-Merkmalen risikoreiche Gruppen des Erwerbslebens besser zu identifizieren als anhand konventioneller Kennzeichen sozialer Schichtzugehörigkeit? Michael Marmot und Töres Theorell (1988) haben sich mit dieser Frage in einem lesenswerten Aufsatz auseinandergesetzt. Ihre Antwort kann dahingehend zusammengefaßt werden, daß die durch das "job strain"-Modell definierten Belastungssituationen im Erwerbsleben tatsächlich wesentlich häufiger in niedrigeren sozialen Statusgruppen zu finden sind und daß dementsprechend in Arbeiterpopulationen die Beziehung zwischen "job strain" und KHK-Risiko besonders stark ist. Die daran anschließende Frage lautet daher, ob die Effekte von "job strain" auf das KHK-Risiko sich verringern, wenn der Einfluß von "Schichtzugehörigkeit" statistisch kontrolliert wird. Wie die gründliche Übersicht von Schnall et al. (1994) zeigt, ist dies in der Mehrzahl der Studien nicht der Fall, so daß geschlossen werden kann, daß "job strain" tatsächlich eine wichtige erklärende Größe bei der Analyse von Zusammenhängen zwischen sozialem Status und KHK-Risiko ist. Allerdings gilt diese Aussage in wesentlich stärkerem Maße für Männer als für Frauen. Ellen Hall hat in verschiedenen Studien versucht, diesen Unterschied aufzuklären (Hall, 1990, 1994).

Abschließend soll noch auf zwei wichtige Weiterentwicklungen des "job strain"-Modells hingewiesen werden. Sie sind beide in wesentlichem Umfang von Jeffrey V. Johnson, Ellen Hall und Töres Theorell inauguriert worden. Die erste Ergänzung betrifft den zeitlichen Aspekt der Exposition gegenüber belastenden Arbeitsbedingungen. In einem aufwendigen Verfahren der Datenaufbereitung und -analyse haben Johnson et al. (1993) an einem Datensatz über die *Berufsbiographie* von 12 517 schwedischen Männern, deren kardiovaskuläre Mortalität in einem 14jährigen Zeitraum analysiert wurde, gezeigt, daß langfristige Exposition gegenüber Arbeitsbedingungen, die mit einem niedrigen Grad an Kontrolle über die Arbeitsaufgabe verbunden waren (allerdings nicht mit hoher Anforderung), mit einem erhöhten relativen Sterberisiko verbunden waren. Neuere, noch unveröffentlichte Ergebnisse belegen, daß insbesondere die Subgruppe der Männer, deren Kontrollspielraum im Laufe ihres Berufslebens verringert wurde, einem erhöhten Risiko ausgesetzt waren (Johnson, 1994, persönliche Mitteilung). Dieses letztere Ergebnis erhält auf dem Hintergrund der im folgenden entwickelten eigenen theoretischen Konzeption eine besondere Aktualität.

Eine zweite Entwicklung betrifft die konzeptuelle Erweiterung des "job strain"-Modells um eine *dritte Dimension*, die am Arbeitsplatz erfahrene *soziale Unterstützung*. Nach dieser Konzeption werden Arbeitsplätze als hochbelastend betrachtet, die durch geringe Kontrolle, hohe Anforderungen und geringe Unterstützung gekennzeichnet sind. Es wird, mit anderen Worten, ein dreifacher Interaktionseffekt von Kontrolle, Anforderung und Unterstützung auf Indikatoren des kardiovaskulären Risikos postuliert. Erste Ergebnisse zeigen, daß diese Hypothese erfolgreich getestet werden kann (Johnson & Hall, 1988, 1995).

Diese zuletzt erwähnte Ergänzung des "job strain"-Modells verweist uns auf einen zweiten, wesentlichen Aspekt der Konzeptualisierung von Belastungserfahrungen im Berufsleben: die Dimension sozialer Beziehungen am Arbeitsplatz.

3.1.2 Soziale Beziehungen

Was heißt soziale Unterstützung am Arbeitsplatz? Welche Dimensionen zwischenmenschlicher Beziehungen sind hierbei von Bedeutung? Wirkt soziale Unterstützung am Arbeitsplatz distress-mindernd, schützend, oder ist lediglich das Fehlen bzw. der Verlust von Rückhalt für die Abschätzung eines distress-vermittelten Krankheitsgeschehens von Bedeutung? Welche empirische Evidenz bezüglich postulierter Zusammenhänge zwischen sozialer Unterstützung am Arbeitsplatz und Herz-Kreislauf-Risiko liegt bisher vor?

Vielleicht ist es am einfachsten, mit der Beantwortung der zuletzt genannten Frage zu beginnen, da der Forschungsstand in diesem wichtigen Gebiet sozialepidemiologischer, arbeitssoziologischer und sozialpsychologischer Forschung durch eine Vielzahl sich überlappender theoretischer Konzepte und empirischer Meßverfahren gekennzeichnet ist. Lange vor der erwähnten Erweiterung des "job strain"-Modells sind pathogene Effekte fehlenden sozialen Rückhalts am Arbeitsplatz auf das Herz-Kreislauf-Risiko untersucht worden. So berichteten Medalie et al. bereits 1973 über Ergebnisse einer prospektiven Studie an 10 000 israelischen Bediensteten (Medalie et al., 1973), wonach Angina pectoris häufiger bei Männern auftrat, welche sich über einen Mangel an Anerkennung ihrer Arbeitsleistung durch Kollegen und Vorgesetzte beklagten. Und die bekannte Framingham-Studie zeigte, daß Frauen, welche im Angestelltenverhältnis tätig waren und angaben, von ihren Vorgesetzten bei der Arbeit keine Unterstützung zu bekommen, prospektiv ein höheres KHK-Erkrankungrisiko aufwiesen als andere weibliche Berufsgruppen oder Hausfrauen (Haynes et al., 1980). Mangelnde Unterstützung durch Vorgesetzte und Schwierigkeiten in der Kommunikation mit Kollegen waren auch belastende Faktoren, die in einer Querschnittstudie an männlichen Zeitarbeitern mit erhöhtem diastolischem Blutdruck korreliert waren (Matthews et al., 1986). Andererseits ließ sich in einer Studie an Fluglotsen nachweisen, daß selbst unter schweren psychomentalen Arbeitsbelastungen die Blutdruckanstiege in der Gruppe derer geringer ausfielen, die guten Rückhalt bei Kollegen erlebten, im Vergleich zu denjenigen, die auf sich allein gestellt waren (Rose et al., 1978).

Der *"Puffer"-Effekt* sozialen Rückhalts bei vorhandener Arbeitsbelastung ist ausführlich von James P. House untersucht worden (House, 1981). In einer Studie an über 1 800 Chemie-Arbeitern konnte er zeigen, daß hohe Arbeitsbelastungen nur in der Gruppe derer, die über mangelnde Unterstützung durch Vorgesetzte klagten, einen Einfluß auf die Häufigkeit körperlicher Symptome (u.a. Angina pectoris) besaßen. Nicht alle Studien zeigten allerdings die erwähnten Beziehungen (Cohen, 1988, Waltz, 1994), und in manchen Untersuchungen war sozialer Rückhalt am Arbeitsplatz nicht für sich allein, sondern lediglich als Teil einer belastenden Arbeitsplatzkonstellation für das Krankheitsgeschehen bedeutsam. In diesem Zusammenhang kommen wir auf das dreidimensionale Arbeitsbelastungsmodell von Johnson und Hall (1988) zurück.

Zwei umfangreichere Studien verdeutlichen den Gewinn einer *komplexeren* Betrachtungsweise. An einer repräsentativen Stichprobe von 14 000 Beschäftigten in Schweden wurde gezeigt, daß die KHK-Prävalenz immer dann erhöht war, wenn geringe Kontrolle am Arbeitsplatz in Kombination mit fehlendem sozialem Rückhalt vorhanden war (d.h. sowohl bei hoher wie bei niedriger Anforderung). In dieser Studie wirkte somit sozialer Rückhalt am Arbeitsplatz nur unter der Bedingung protektiv, daß ein hoher Entscheidungsspielraum vorhanden war (Johnson & Hall, 1995). In einer neueren schwedischen Kohortenstudie wurde ein Mortalitätsrisiko von 1.7 bei Männern mit hohem "job strain" gefunden, das sich jedoch bei zusätzlicher Berücksichtigung von Belastungen infolge ungünstigen sozialen Rückhalts bzw. fehlenden sozialen Netzwerks auf 4.6 erhöhte (Falk et al., 1992). Diese sicherlich nicht vollständigen, jedoch repräsentativen Forschungsergebnisse zeigen uns bezüglich der aufgeworfenen Fragen folgendes:

- Fehlender sozialer Rückhalt am Arbeitsplatz in Form mangelnder Hilfeleistung oder mangelnder Anerkennung ist mit einem erhöhten kardiovaskulären Risiko verbunden.
- Wahrgenommene Unterstützung am Arbeitsplatz moderiert den Effekt hoher Arbeitsbelastungen auf das Herz-Kreislauf-Risiko, d.h. wirkt protektiv.
- Die negativen Effekte mangelnden sozialen Rückhalts potenzieren sich, wenn zusätzliche psychosoziale Arbeitsbelastungen vorhanden sind.

Wichtige Forschungsfragen bleiben jedoch beim gegenwärtigen Kenntnisstand unbeantwortet. Zunächst stellt sich die Frage, worin der schützende bzw. belastende Effekt sozialer Beziehungen im engeren Sinne besteht. Folgende Hypothesen werden in diesem Zusammenhang diskutiert:

1. Erfahrener sozialer Rückhalt und das Bewußtsein, in kritischen Situationen Hilfe zu erhalten, vermindern nicht nur die Intensität von Distress-Erfahrungen in Belastungssituationen, sondern erzeugen darüber hinaus positive Emotionen, die das Selbstwertgefühl erhöhen können und die auf der Ebene neuroendokriner Aktivierungen anabole, regenerationsfördernde Prozesse stimulieren (vgl. Broadhead, 1984).

2. Die Erfahrung von zuverlässig funktionierendem sozialem Rückhalt am Arbeitsplatz verweist auf einen Arbeitskontext, der insgesamt als relativ belastungsarm eingeschätzt werden muß, da drei strukturelle Voraussetzungen der Entwicklung solidarischer Aktivitäten erfüllt zu sein scheinen: räumliche Nähe von Arbeitskollegen; vergleichbare Arbeitserfahrungen eines Kollektivs; und relative Gleichheit des betrieb-

lichen Status und der Arbeitsaufgaben, mithin des Zugangs zu wichtigen Ressourcen (Johnson & Hall, 1995). Diese Hypothese zielt darauf ab, zu belegen, daß der Arbeitskontext selbst, innerhalb dessen sozialer Rückhalt erfahren wird, belastungsmindernde Merkmale aufweist (z.B. Abwesenheit von Konkurrenz, extremem Zeitdruck, Neid, Mißtrauen, sozialer Distanz).

3. Die Erfahrung befriedigenden sozialen Rückhalts bzw. die Klage über fehlende Unterstützung verweisen auf personale Eigenschaften der Soziabilität, der Ich-Stärke und der Abwesenheit von Feindseligkeit. Die protektiven bzw. pathogenen Effekte gehen somit nicht von Merkmalen zwischenmenschlicher Beziehungen aus, sondern von Merkmalen der an ihnen beteiligten Personen (Bandura, 1992, Cohen, 1988).

Bisher sind keine Studien bekannt, welche diese Hypothesen alternativ getestet haben. Auch besteht in der Forschung zur Zeit keine Einigkeit darüber, auf welche Dimensionen sozialen Rückhalts man sich bei der Untersuchung dieser Fragen konzentrieren sollte: auf die strukturelle Dimension der Größe und Dichte *sozialer Netzwerke* am Arbeitsplatz, auf die funktionelle Dimension von *Leistungen*, die im Prozeß sozialer Unterstützung am Arbeitsplatz erbracht und erhalten werden (informationale, emotionale, instrumentelle Hilfen, vgl. House, 1981, House et al., 1988) oder auf die Dimension erfüllter bzw. enttäuschter *Erwartungen*, welche Arbeitende an ihre Vorgesetzten, Kollegen oder Kolleginnen richten ("wahrgenommene Angemessenheit von Rückhalt", vgl. Orth-Gomer & Lunden, 1987; zur Theoriediskussion von sozialem Rückhalt allgemein s. Badura et al., 1987, K. Siegrist, 1986, Waltz, 1994).

Eine weitere bisher ungeklärte Frage betrifft die Beziehung zwischen sozialem Rückhalt am *Arbeitsplatz* und im *außerberuflichen Bereich*. Gehen gleiche, vergleichbare oder sogar stärkere schützende Wirkungen von gutem sozio-emotionalen Rückhalt außerhalb des Arbeitsbereiches aus? Besteht ein kumulativer Effekt sozialer Unterstützung im familiären bzw. personalen und im Arbeitsbereich? Gilt dies in gleicher Weise für positive wie für negative Effekte? Unter welchen Bedingungen kommt der Erfahrung sozialen Rückhalts am Arbeitsplatz besondere Bedeutung zu (z.B. fragmentierte Sozialbeziehungen im Privatleben, fehlende stabile Bezugsgruppen infolge Migration oder infolge raschen sozio-kulturellen Wandels (Bergman, 1995, Brown & Harris, 1989, Cobb, 1976, Marmot & Syme, 1976, Matsumoto, 1971))?

Schließlich stellt sich auch hier die Frage nach der Beziehung zwischen mangelndem sozialem Rückhalt und *sozialer Ungleichheit*. Einige der vorliegenden Studien verweisen explizit auf einen solchen Zusammenhang (Ruberman et al., 1984, Mirowski & Ross, 1986). In ihrer erhellenden Analyse dieser Frage hat Karin Siegrist (1986) darauf hingewiesen, daß ein günstiges Klima hilfreicher Vergesellschaftung sozialstrukturell ungleich verteilt ist: in unteren sozio-ökonomischen Statuslagen sind

Netzwerke häufig kleiner, störanfälliger, weniger stabil und durch ein geringeres Ausmaß an Reziprozität gekennzeichnet. Daher sind soziale Ressourcen innerhalb der Netzwerke, obwohl sie bei Mitgliedern unterer sozialer Schichten vermehrt benötigt würden, hier vergleichsweise seltener als in höheren Schichten vorhanden. Und selbst da, wo sie vorhanden wären, sind Kompetenzen ihrer angemessenen Nutzung in diesen Gruppen häufig weniger gut ausgebildet.

Zusammenfassend kann festgestellt werden, daß die Dimension sozialer Beziehungen am Arbeitsplatz in streßtheoretischer Sicht erwiesenermaßen von großer Bedeutung ist. So erhöht das Fehlen sozialer Unterstützung das kardiovaskuläre Risiko, wie andererseits die Erfahrung sozio-emotionalen Rückhalts vorhandene Distress-Belastungen zu moderieren vermag. Wichtige konzeptuelle und empirische Fragen in diesem Forschungsgebiet konnten bisher allerdings nicht befriedigend geklärt werden. Gilt gleiches auch für einen dritten Bereich beruflicher Belastungserfahrungen?

3.1.3 Berufliche Statuskontrolle

Belastungserfahrungen im Arbeitsleben werden nicht allein auf der Ebene des Leistungszusammenhangs generiert, sondern ebenso auf der Ebene des *Gratifikationszusammenhangs*, d.h. der Arbeitslöhne und Gehälter, der beruflichen Karrierechancen und Mobilitätsrisiken (vgl. Weber, 1984). Die einleitenden Ausführungen dieses Abschnitts haben verdeutlicht, daß unerwünschte berufsbiographische Ereignisse wie sozialer Abstieg, unsichere Beschäftigungssituation, temporäre oder dauerhafte Arbeitslosigkeit von wachsender Bedeutung für die Abschätzung gesundheitsgefährdender Arbeitsverhältnisse sind (vgl. auch Brenner, 1973). Wir fragen daher auch hier nach den vorliegenden theoretischen Konzepten und der empirischen Evidenz, welche einen solchen Zusammenhang begründen.

In der einschlägigen Forschung hat sich bisher kein konsensfähiger Oberbegriff für die genannten, hier zu untersuchenden Phänomene gefunden. Wir haben daher an anderer Stelle vorgeschlagen, den Terminus *"berufliche Statuskontrolle"* als Oberbegriff zu verwenden (Siegrist et al., 1986, Siegrist & Matschinger, 1989). Wir verstehen darunter alle berufsbiographisch relevanten Erfahrungen, die Distress durch die Tatsache erzeugen, daß der erworbene berufliche Status bedroht wird. Dies bedeutet in erster Linie, daß die mit dem erworbenen beruflichen Status verbundenen Gratifikationen nicht weiter bzw. nicht in angemessenem Umfang gewährt werden. Dies ist in erster Linie unter den folgenden drei Bedingungen der Fall: 1. intragenerative berufliche Abwärtsmobilität; 2. fehlende qualifikationsgerechte Positionierung (Statusinkonsistenz); 3. Erfahrung von Arbeitsplatzunsicherheit und Arbeitslosigkeit.

Eine diese Phänomene unter dem Aspekt distress-vermittelter Beziehungen zwischen sozialem Status und koronarem Risiko verbindende theoretische Konzeption werden wir in den folgenden Abschnitten entwickeln. Bisher ist die empirische Forschung bei der Beschäftigung mit diesen Themen in der Regel ohne Bezug zu einer expliziten Theorie vorgegangen. Zur Vorbereitung des folgenden ist es dennoch nützlich, wesentliche empirische Befunde entsprechender Studien zu resümieren.

Berufliche Mobilität

Berufliche Mobilitätsereignisse innerhalb eines Lebenslaufes (intragenerative Mobilität) bilden in modernen Gesellschaften eine weitverbreitete und typische Erfahrung. Insbesondere im frühen und mittleren Erwachsenenalter sind horizontale berufliche Mobilität sowie vertikale Aufstiegsmobilität häufige und vergleichsweise häufig erfolgreich realisierte soziale Tatsachen. Vertikale Mobilitätschancen sind sozialstrukturell ungleich verteilt: so verringern sich Chancen inter- und intragenerativer Aufstiegsmobilität unterhalb der Facharbeiterebene in dramatischer Weise. Im Zusammenhang unseres Themas sind berufliche Mobilitätsereignisse von Interesse, die unerwünscht sind und einen unfreiwilligen Wechsel der Position oder des Berufes beinhalten. Hierbei sind ebenfalls Erfahrungen blockierten Aufstiegs, d.h. Erwartungsenttäuschungen angesichts regulärer Karriereverläufe von Bedeutung. Die Häufigkeit unerwünschter bzw. blockierter Mobilitätsereignisse wird in großem Umfang durch die sozio-ökonomische Chancenstruktur determiniert, auch wenn im Einzelfall individuelle Qualifikationsdefizite oft eine Rolle spielen.

Angesichts der immer noch überragenden Bedeutung des beruflichen Status für individuellen bzw. familiären Wohlstand, für Lebensqualität und gesellschaftliche Integration überrascht es nicht, daß die sozialepidemiologisch ausgerichtete Streßforschung bereits in ihrer Frühphase nach dem Zweiten Weltkrieg mit der Untersuchung von Zusammenhängen zwischen beruflicher Mobilität und Gesundheit begonnen hat. Im folgenden werden die wichtigsten einschlägigen Studien kurz referiert, wobei allerdings kritisch anzumerken bleibt, daß eine aus streßtheoretischer Sicht unverzichtbare Spezifizierung beruflicher Mobilitätsereignisse nach Freiwilligkeit/Zwang, nach berufsbiographischem Stadium bzw. Lebensalter sowie nach Struktur des Arbeitsmarktes beinahe durchgängig fehlt.

Von insgesamt 10 Studien zeigen drei keinen bzw. keinen überzeugenden Zusammenhang zwischen beruflicher Mobilität und KHK (Hinkle et al., 1966, Wardwell &

Bahnson, 1973, Haynes et al., 1983). In der Framingham-Studie zeigt sich zwar eine höhere Inzidenz koronarer Ereignisse in der Gruppe der Arbeiter mit vielen beruflichen Mobilitätsereignissen in den vergangenen 10 Jahren, aber weder ist die Richtung der Mobilität hier genauer spezifiziert, noch gilt der Zusammenhang für andere Berufsgruppen (Haynes et al., 1983). Vier Fall-Kontroll-Studien zwischen Infarktpatienten und parallelisierten Kontrollen weisen darauf hin, daß intragenerative berufliche Mobilität als potentielles Distressgeschehen von Bedeutung ist: Syme et al. (1964, 1966) fand sowohl in einer ländlichen Gegend in North Dakota als auch in einer urbanen Region in Kalifornien einen Zusammenhang zwischen Anzahl beruflicher Wechsel und KHK. In einer umfangreichen deutschen Fall-Kontroll-Studie zeigte Weber (1984), daß 22% der männlichen Infarktpatienten der Altersgruppe 41-55 Jahre, aber lediglich 9% der Kontrollgruppe signifikante Ereignisse erzwungener beruflicher Mobilität in den vergangenen 10 Jahren erlebten (vgl. auch Siegrist et al., 1980). Ähnliche Befunde berichtet Friczewski et al. in einer Fall-Kontroll-Studie an Metallarbeitern in Berlin (1987).

Besondere Erwähnung verdienen drei prospektive Studien, von denen zwei Hinweise auf einen Zusammenhang zwischen blockierter Aufstiegsmobilität und KHK-Inzidenz enthalten (Bruhn et al.,1966, Kaplan et al.,1971), während die dritte einen ungünstigen Effekt der Erwartung, den Arbeitsplatz zu verlieren, auf Blutdruck- und Harnsäurewerte nachwies (Kasl & Cobb, 1970). Auf die zuletzt genannte Studie werden wir weiter unten nochmals eingehen.

Der Forschungsstand zu der vorliegenden Frage ist somit als bisher eher unbefriedigend zu bezeichnen, vor allem dann, wenn man eine Spezifizierung des beruflichen Mobilitätsgeschehens unter Belastungsaspekten als notwendig erachtet (vgl. Weber, 1984). Immerhin verdeutlichen die zusammengetragenen Hinweise, daß es sich lohnt, diesen Bereich eingeschränkter beruflicher Statuskontrolle in Zukunft genauer zu untersuchen.

Statusinkonsistenz

Die Diskussion relevanter Kriterien zur Festlegung des sozio-ökonomischen Status einer Person hat uns bereits mit dem Begriff der Statusinkonsistenz vertraut gemacht. In den 60er Jahren haben verschiedene Forschergruppen den Zusammenhang zwischen Statusinkonsistenz und Krankheitsanfälligkeit untersucht, ohne jedoch eine theoretische Fundierung geleistet zu haben. Gleiches muß für die 80er Jahre festgestellt werden, in denen wieder vermehrt auf diesen Zusammenhang aufmerksam gemacht wurde (als kritische Übersicht vgl. Vernon & Buffler, 1988). Vor einer Bewertung des empirischen Forschungsstandes müssen wir zunächst die begriffliche Klärung soweit vorantreiben, daß ersichtlich wird, welcher Stellenwert dem Konzept in einem streßtheoretischen Rahmen zukommen kann.

In Anbetracht der damals herrschenden terminologischen Konfusion haben Kasl und Cobb (1969) vorgeschlagen, Statusinkonsistenz lediglich als Oberbegriff zu benutzen und folgende zwei für das Distress-Geschehen relevante Phänomene begrifflich zu unterscheiden:

- *Statusinkongruenz*: dieser Terminus beschreibt den Sachverhalt, daß eine Person durch zwei bezüglich einer Rangordnung deutlich voneinander abweichende Statusmerkmale charakterisiert wird (unabhängig von der Art bzw. dem Ausmaß dieser Abweichung; Beispiel: hohe Ausbildung, Beruf mit niedrigem Prestige);
- *Statusdiskrepanz*: dieser Terminus beschreibt den Sachverhalt, dass zwei Personen, die in einer engen Beziehung zueinander stehen, unterschiedliche Statusmerkmale aufweisen; Beispiel: Ehepaar mit deutlich ungleichem Bildungsniveau.

Beide Formen von Statusinkonsistenz können Distress erzeugen, allerdings hängt dies wesentlich davon ab, ob und in welchem Ausmaß dadurch wiederkehrend ungünstige soziale Vergleichsprozesse angestoßen werden. Wer mit niedrigem Ausbildungsniveau einen gut bezahlten Beruf ausüben kann, wird sich kaum in seiner sozialen Identität durch Statusinkongruenz bedroht fühlen. Wenn andererseits ein Mann mit Hauptschulabschluß mit einer Frau zusammenlebt, die eine universitäre Ausbildung absolviert hat, dann ist die Chance hoch, daß eigene und fremde soziale Vergleichsprozesse und daraus resultierende ungünstige Bewertungen zu fortgesetzten Distresserfahrungen führen.

Von vier publizierten Studien, in denen u.a. der Einfluß von Statusinkongruenz bezüglich Beruf und Bildung auf das Koronarrisiko untersucht wurde, bestätigte sich die Hypothese zweimal (Bruhn et al., 1966, Shekelle et al., 1969), während sie in den beiden anderen Studien nicht bestätigt werden konnte (Medalie et al., 1973, Reed et al., 1983). Aussagekräftig ist vor allem die prospektive Studie von Shekelle et al. (1969) an ca. 1500 verheirateten Männern: Statusinkongruente erlitten in einem Fünfjahreszeitraum 2,8mal so häufig wie Statuskongruente einen tödlichen oder nichttödlichen Herzinfarkt .

Zahlreicher sind Studien, welche den Effekt von Statusdiskrepanz (in der Regel bei Ehepaaren) untersuchten. Frauen mit im Vergleich zum Partner deutlich niedrigerem Bildungsabschluß wiesen in drei von vier Studien ein erhöhtes koronares Risiko auf (Bruhn et al., 1966, Sklo et al., 1976, Talbott et al., 1977), während eine schwedische Fall-Kontroll-Studie keinen Zusammenhang fand (Bengtsson et al., 1973). Männer mit im Vergleich zur Partnerin niedrigerem Bildungsniveau zeigten in zwei prospektiven

Studien ein erhöhtes koronares Risiko (Haynes et al., 1980, Suarez & Barrett-Connor, 1984), während in zwei weiteren Untersuchungen Statusdiskrepanz im Sinne der Höherqualifizierung des männlichen Partners prädiktiv war (Shekelle et al., 1969, Sklo et al., 1976). Zwei weitere prospektive Studien konnten die Hypothese jedoch nicht bestätigen (Reed et al., 1984, Medalie et al., 1973).

Zusammenfassend drängt sich der Eindruck einer konfusen Befundlage auf. Es scheint durchaus lohnenswert, nach Distress-Potentialen im Bereich von Statusdiskrepanz und Statusinkongruenz zu suchen, jedoch muß eine solche Suche sowohl konzeptuell als auch methodisch wesentlich differenzierter vorgehen, soll sie zu konsistenten Ergebnissen führen.

Arbeitslosigkeit

Das für die Mehrzahl der Beschäftigten dramatischste Ereignis unfreiwilliger beruflicher Mobilität ist die erfahrene Arbeitslosigkeit. Eine Vielzahl von Studien hat sich angesichts der individuellen und gesellschaftlichen Bedeutung dieses Problems mit gesundheitlichen Auswirkungen der Arbeitslosigkeit befaßt (als Überblick vgl. Schwefel & Svensson, 1987). Allerdings ist die Zahl der Studien, die valide biomedizinische Meßgrößen einbeziehen und Indikatoren des kardiovaskulären Risikos untersuchen, vergleichsweise gering. Die meisten der publizierten Studien, die alle mehr oder weniger deutlich ein erhöhtes kardiovaskuläres Risiko im Zusammenhang mit erfolgter Arbeitslosigkeit belegen, weisen methodische Probleme auf, entweder, weil sie Aggregatdaten benutzen (z.B. Brenner, 1973), weil sie als Querschnittstudien angelegt sind, oder weil sie sich auf den Nachweis kurzfristiger Veränderungen im Risikofaktorenprofil konzentrierten. So haben Arnetz et al. (1988) eine Verringerung der Immunkompetenz bei von Arbeitslosigkeit betroffenen Frauen nachgewiesen, Mattiasson et al. (1990) erhöhte Cholesterinwerte bei Werftarbeitern, die ebenfalls von Arbeitslosigkeit bedroht waren, und Kasl & Cobb (1970) erhöhte Blutdruck- und Harnsäurewerte unter vergleichbaren Bedingungen.

Alle diese Befunde sind wichtig, jedoch ist aus ihnen nicht direkt auf eine erhöhte Wahrscheinlichkeit zu schließen, ein höheres Infarktrisiko aufzuweisen. In drei prospektiven Studien wird dieser zuletzt genannten Frage nachgegangen. Sie wurden an umfangreichen repräsentativen Stichproben durchgeführt und waren somit in der Lage, zahlreiche Störgrößen statistisch zu kontrollieren. Moser et al. (1987) untersuchten das KHK-Mortalitätsrisiko in einer Kohorte von über 160 000 britischen Männern. Sie fanden in der Gruppe derer, die im Jahr vor der Zensus-Befragung auf Arbeitssuche waren, prospektiv eine signifikant erhöhte KHK-Mortalität. Das Gleiche gilt für die noch umfangreichere finnische Studie von Martikainen (1990): auch hier erwies sich die Tatsache der Arbeitssuche im Jahr vor der Zensusbefragung als prädiktiv für Gesamtmortalität (rR=2.5), für Herz-Kreislauf-Mortalität (rR=1.5), für Suizid-Mortalität (rR=1.9) und für alkoholbedingte Todesursachen (rR=3). Die Studie zeigte überdies einen linearen Anstieg des Mortalitätsrisikos mit zunehmender Dauer der Arbeitslosigkeit. Eine unabhängige britische Studie bestätigte neuerdings die gefundenen Zusammenhänge (Morris et al., 1994).

In deutlichem Gegensatz zum Forschungsstand der beiden vorangegangenen Themen (berufliche Mobilität, Statusinkonsistenz) finden wir hier vergleichsweise konsistente Ergebnisse vor, die belegen, daß Arbeitsplatzunsicherheit und, mehr noch, erfahrene Arbeitslosigkeit als soziale Krisenerfahrung par excellence mit einem deutlich erhöhten kardiovaskulären Morbiditäts- und Mortalitätsrisiko einhergeht, ganz zu schweigen von den zahlreichen weiteren gesundheitsschädigenden Effekten. Eingeschränkte berufliche Statuskontrolle findet sich in unteren sozio-ökonomischen Schichten wesentlich häufiger als in höheren, und es sind weniger effektive Bewältigungsmöglichkeiten in solchen Krisensituationen zur Hand. Es ist daher vordringlich, den Zusammenhang zwischen bedrohter beruflicher Statuskontrolle und chronischem Distress theoretisch zu begründen und in eine solche Begründung nach Möglichkeit die wesentlichen, bisher dargestellten Erkenntnisse einfließen zu lassen.

3.2 Selbstregulation, Emotion und soziale Krisen

3.2.1 Zur Ontogenese menschlicher Selbstregulation

Zu Beginn dieses Buches wurde darauf hingewiesen, daß mit der menschlichen Evolution eine folgenreiche Differenzierung jener "primären" Motivationen stattgefunden hat, deren Aufgabe die Regulation des Selbst ist. Zwar bilden die Bewahrung und Behauptung des Selbst mit dem Ziel des individuellen und kollektiven Überlebens ebenso wie die Vermehrung des Selbst durch Zeugung und Geburt nach wie vor grundlegende motivationale Gegebenheiten. Jedoch werden diese "primären" Motive der Selbstbewahrung und Selbstvermehrung durch "sekundäre" Motive überlagert und ausdifferenziert, die sich aus der spezifischen conditio humana der "exzentrischen Positionalität" (Plessner, 1970) ergeben. Damit bezeichnen wir die evolutionär einmalige Tatsache, daß der Mensch zu sich selbst in ein Verhältnis treten, die Erfahrung des Selbst zu einem Thema machen und mit dieser Erfahrung Gefühle und Gedanken verbinden kann. Zwar zeigen neuere Untersuchungen, daß Rudimente solcher Selbsterfahrung auch bei Schimpansen und Orang-Utan-Affen vorfindbar sind (Strauß & Goethals, 1992), aber nirgends sonst als beim Menschen existiert die verbalisierte Selbsterfahrung mit so weitreichenden Folgen für die Ausgestaltung von Handlungsprogrammen, interpersonellen Beziehungen und subjektiven Befindlichkeiten.

Die Entwicklung der Selbsterfahrung in der menschlichen Ontogenese stellt einen vielschichtigen Prozeß dar, dessen Dynamik wir heute trotz umfangreicher Erkenntnisse der Entwicklungs- und Sprachpsychologie, der Psychoanalyse und der sozialpsychologischen Sozialisationsforschung erst in Umrissen verstehen. Grundlegend für dieses Verständnis sind die anthropologischen Tatsachen der Plastizität, d.h. der geringen Spezialisierung und der weitgehenden Formbarkeit menschlicher Anlagen in einem "extrauterinen", sozial-kommunikativen Beziehungsfeld (Portmann, 1951), sowie des Formungszwangs bzw. der durch "Weltoffenheit" und reduzierten Bestand angeborener Verhaltensmuster unentbehrlich gewordenen "Außenstabilisierung" durch soziales Lernen (Gehlen, 1958). Es gilt heute als weitgehend gesichert, daß sich die kognitiven und motivationalen Lernprozesse, die am Aufbau des Selbst beteiligt sind, erst auf dem Hintergrund einer positiven vorsprachlich-affektiven Bindungserfahrung ("Urvertrauen", Erikson, 1963; vgl. auch Bowlby, 1979) zwischen Mutter und Säugling störungsfrei entwickeln. Die Struktur des *sozial-kommunikativen Beziehungsfeldes*, in dem jene grundlegenden Lernprozesse stattfinden, welche für den Aufbau des Selbst konstitutiv sind, ist mit besonderer Intensität von dem behavioristischen Sozialpsychologen George Herbert Mead (1934) untersucht worden. Nach Mead ist die Selbsterfahrung ein *reflexiver Prozeß*, der nur dadurch möglich wird, daß "signifikante Andere" auf zunächst spontane und später geplante Äußerungen des Kindes reagieren, indem sie verstärkende Rückmeldungen geben. Das Kind lernt, sich selbst über die Rückwirkungen, die seine Initiativen im Verhalten der Eltern auslösen, zu erleben. Es sieht sich selbst so, wie andere es sehen, es sieht sich vom Standpunkt der anderen, mit ihm kooperierenden Individuen aus. Das Kind sammelt auf diese Weise Erfahrungen, welche die eigene Teilhabe an der Mitwelt im Medium der Reaktion anderer ins Bewußtsein bringen. Deshalb spricht Mead in der Frühphase der Entwicklung des Selbst von einem "mich" (me).

Im Entwicklungsstadium sprachlich vermittelter sozialer Beziehungen gelingt dem Kind sodann zunehmend die Perspektivenübernahme ("role taking"), d.h. die Fähigkeit, erwartete Reaktionen signifikanter Anderer, damit auch reflexive Selbsterfahrungen, in das eigen-initiierte Handeln einzubeziehen. In der Perspektivenübernahme vermag das Kind, sich selbst zum Objekt einer handlungsrelevanten Orientierung zu machen. Die Gesamtheit dieser, in der Perspektivenübernahme angeeigneten, sprachlich repräsentierten handlungsrelevanten Orientierungen nennt Mead "generalized other": Umfang und Inhalt des verinnerlichten Wissensvorrates sind ebenso wie seine Schichtung nach Relevanzkriterien sozial "konstruiert" (vgl. hierzu auch Berger & Luckmann, 1969, Schütz, 1971).

Nach Meads Vorstellung ist erfolgreiche soziale Interaktion in reaktionsoffenen Situationen anhand von Perspektivenübernahme und Probehandeln im Medium des "verallgemeinerten Anderen" dem Menschen nur möglich, weil der Neokortex das hierzu erforderliche Rüstzeug angemessener Informationsverarbeitung bereithält. Obwohl Mead die von Neumannschen Prinzipien kybernetischer Informationsverarbeitung noch nicht kannte, paßt seine Konzeption des Zentralnervensystems als einer "Einheit der Integration", welche eine "zeitliche Dimension" aufweist, doch erstaunlich gut mit ihnen überein: die zeitliche Unterbrechung der Sequenz zwischen Impuls und Handlung und die mit ihr gegebene Verzögerung ermöglichen einen kognitiven Prozeß iterativer Testung der in der sozialen Interaktion als angemessen erachteten, sodann manifest geäußerten Reaktion. Deshalb folgert Mead: "Die Prozesse der Erfahrung, welche das menschliche Gehirn ermöglicht, funktionieren nur innerhalb einer Gruppe interagierender Individuen" (Mead, 1934, 133; zur Interpretation vgl. auch Siegrist, 1970).

Als Fazit dieser kurzgefaßten Zusammenfassung wesentlicher Ergebnisse der Meadschen Theorie können wir festhalten, daß Selbstbewußtsein und Selbstbewertung in den Frühstadien der Ontogenese reflexiv, durch Rückvermittlung über signifikante Andere in sozialen Interaktionen konstituiert werden. Selbstregulation realisiert sich als teilweise latentes (Perspektivenübernahme, Probehandeln über das "verallgemeinerte Andere"), teilweise overtes, neuronal gesteuertes Verhalten im zwischenmenschlichen Austausch.

Es muß als bleibendes Verdienst Meads betrachtet werden, die *Soziogenese der Selbsterfahrung* in der frühkindlichen Entwicklung überzeugend dargelegt und die konstitutive Rolle signifikanter Anderer im Prozeß der Selbstwahrnehmung und -bewertung herausgearbeitet zu haben. Dennoch fehlt in Meads Theorie ein in unserem Zusammenhang wesentlicher Gesichtspunkt: die Analyse der *motivationalen und affektiven Basis* sozial vermittelter Prozesse der Selbstregulation. Wie stabilisieren sich im Kind bestimmte, von ihm initiierte Handlungsprogramme? Sicherlich sind im Sinne von "trial and error" Erfolgserfahrungen bedeutsam. Aber wie verbinden sich die beiden grundlegenden Erfahrungen des "ich kann immer wieder" und "ich will immer wieder" im Aufbau stabiler Muster der Selbstregulation miteinander? Wie entwickelt sich bei solchen repetitiv ausgefühten, durch Lernen ausdifferenzierten, erfolgsgesteuerten Handlungsprogrammen das kindliche Selbstwertgefühl?

Wir sind heute noch nicht in der Lage, präzise Antworten auf diese Fragen zu geben. Aber es liegt nahe, von der Annahme auszugehen, daß der konstitutive "Antriebsüberschuß" (Gehlen, 1958) des Kindes nicht nur durch soziale Normierung, sondern auch durch selektive Stabilisierung kindlicher Eigenproduktion bewältigt wird. Dies bedeutet, daß die Intentionalität kindlicher Handlungsprogramme wesentlich durch soziale Verstärkung zustandekommt. In diesem Prozeß sehen wir die rudimentäre Form einer motivational außerordentlich bedeutsamen Erfahrung- der Erfahrung von Selbstwirksamkeit.

Selektive Stabilisierung durch soziale Verstärkung bedeutet lerntheoretisch, daß von signifikanten Anderen gezielt Belohnungen eingesetzt werden. Somit können wir weiter annehmen, daß die Qualität der *belohnenden Rückmeldung* zu einem entscheidenden Kriterium subjektiver Bewertung der Eigenproduktion und damit, nach Mead, der *Selbstbewertung* wird. Durch signifikante Andere belohnte Eigenproduktion bildet daher die rudimentäre Form einer zweiten, motivational außerordentlich bedeutsamen Erfahrung: der affirmativen Selbstbewertung ("Selbstwertgefühl").

Diese beiden höherentwickelten motivationalen Prozesse der Selbstregulation, die *Selbstwirksamkeit* und die *Selbstbewertung*, die hier nur in ihrer rudimentären Form in der frühkindlichen Sozialisation skizziert wurden, bedürfen ebenso unverzichtbar eines sozial-kommunikativen Feldes wie die von Mead analysierten kognitiven Prozesse des "role taking", des "generalized other" und des daraus hervorgehenden Selbstbewußtseins. Menschliche Selbstregulation ist prinzipiell ein soziogenetischer, im interaktiven Geschehen wieder und wieder herzustellender Prozeß. Diese Grundtatsache wird weiter verdeutlicht, wenn wir eine dritte, motivational außerordentlich bedeutsame Erfahrung im Bereich der Selbstregulation betrachten: die *Selbsteinbindung.*

Bereits die der vergleichenden Ethologie entstammende Erkenntnis, daß der Mensch als "sekundärer Nesthocker" (Portmann, 1951) in umfaßender Weise der Pflege, Hilfe und Anleitung durch andere bedarf, verweist auf die enge Verknüpfung von Selbstbewahrung und Selbsteinbindung (in die Primärgruppe signifikanter Anderer) in der Ontogenese menschlichen Sozialverhaltens. Bindungs- und Trennungserfahrungen gehören zu den fundamentalsten frühkindlichen Erlebnissen schlechthin, so daß sie mit hoher Wahrscheinlichkeit auch beim Aufbau interaktiv stabilisierter Handlungsprogramme im Dienste der Selbstregulation wirksam sind. Diese Wirksamkeit können wir genauer beschreiben als Sicherung der Kontinuität erstrebter und erfahrener Zuwendung durch signifikante Andere (Kontinuität als Erfahrung der Konstanz von Bezugspersonen und als Erfahrung der Regelmäßigkeit relevanter Reiz-Reaktions-Muster).

Die frühkindlichen Leistungen der Selbsteinbindung erfolgen durch Verstärkung der affektiven Beziehung zwischen signifikanten Anderen, in erster Linie der Mutter, und dem Säugling. Vermutlich gehen ihre frühesten Vorformen auf unbewußte prä- und postnatale Bindungserfahrungen zwischen Mutter und Kind zurück ("bonding", vgl. Henry & Stephens, 1977). Später wird die Sicherung der Kontinuität des Austauschs mit signifikanten Anderen ein explizites Handlungsziel, das beispielsweise durch Erwartungserfüllung, normenkonformes und prosoziales Verhalten realisiert wird.

Selbstwirksamkeit, Selbstbewertung und *Selbsteinbindung* stellen somit *drei Modi höher entwickelter Selbstregulation* in einem sozial-kommunikativen Feld dar, die motivational und affektiv stark besetzt sind. Die im interaktiven Feld mit signifikanten Anderen erzeugten affektiven Energien wirken sich positiv auf die Stabilisierung der Intentionalität kindlicher Eigenproduktion, auf die Qualität der dabei erfahrenen Rückmeldung und auf die Sicherung der Beziehungskontinuität aus. Mit diesen drei soziogenetischen Formen höher entwickelter Selbstregulation haben wir die von Georg Herbert Mead inaugurierte, auf kognitive Prozesse begrenzte theoretische Perspektive in den Bereich der für menschliches Wohlbefinden und menschliche Gesundheit wichtigen motivationalen und emotionalen Prozesse hinein verlängert. In den folgenden beiden Abschnitten versuchen wir zu zeigen, welche Bedeutung diese Ausweitung für ein sozio-psycho-somatisches Verständnis menschlicher Gesundheit im Erwachsenenleben besitzt.

3.2.2 Sozio-emotionale Motivationen und Selbstregulation

In der primären Sozialisation einer Person werden die konstitutiven Grundlagen für spätere Lernprozesse geschaffen. In dieser Einschätzung besteht zwischen verschiedenen Richtungen der Sozialisationsforschung Einigkeit, auch wenn sich die einzelnen Entwicklungstheorien hinsichtlich des Ausmaßes, der Inhalte und der Stabilität, welche von frühkindlich erworbenem Verhalten auf den späteren Lebenslauf ausgehen, unterscheiden. Daher können wir auch für die im letzten Abschnitt herausgearbeiteten soziogenetischen Formen der Selbstregulation annehmen, daß sie ihre Bedeutung für das motivationale und affektive Geschehen in späteren Stadien des Lebenslaufes bewahren. Allerdings ändert sich die Struktur des sozial-kommunikativen Feldes, welches der Intentionalität der Eigenproduktion Ziel und Richtung vorgibt (Ausmaß und

Qualität von Selbstwirksamkeitserfahrungen), welches Rückmeldungen über diese Eigenproduktion leistet (Ausmaß und Qualität von Selbstbewertungserfahrungen) und welches Chancen der Kontinuitätssicherung selbstregulativer Prozesse gewährt (Ausmaß und Qualität von Erfahrungen der Selbsteinbindung). Wichtig ist hierbei der Gesichtspunkt des lebenslangen "Aufeinanderangewiesenseins" von Selbstregulation und sozial-kommunikativem Feld. Beide bilden eine Art "Funktionskreis" (von Uexküll, 1920), zwischen beiden entwickeln sich Systemeigenschaften, die es ermöglichen, Auf- und Abwärtseffekte zwischen der einzelnen Person und ihrer mikrosozialen Umwelt zu untersuchen.

Zur genaueren Charakterisierung dieses Aufeinanderangewiesenseins oder, in der Sprache der Systemtheorie, der Anschlußfähigkeit an den Grenzen der beiden Systeme "Person" und "Umwelt", ist es hilfreich, zusätzlich zu den bisherigen zwei neue, komplementäre Termini zu verwenden, die Begriffe "sozio-emotionale Motivation" und "Chancenstruktur des sozial-kommunikativen Feldes".

Mit dem Begriff *"sozio-emotionale Motivation"* bezeichnen wir die von einer Person ausgehenden Bestrebungen, an einem sozial-kommunikativen Feld zum Zweck der Selbstregulation teilzuhaben, mit ihm verbunden zu sein. Sozio-emotionale Motivationen stellen gewissermaßen die *Bindungsenergie* der Person an mikrosoziale Umwelten sicher. Mit Hilfe sozio-emotionaler Motivationen ist es der einzelnen Person möglich, den Prototyp des sozial-kommunikativen Feldes, die Familie, zu "transzendieren" – dies geschieht in der Regel während der Adoleszenz – und weitere Felder in der gesellschaftlichen Wirklichkeit aufzusuchen und zu erschließen, die den selbstregulatorischen Erfordernissen besser gerecht zu werden vermögen.

In modernen Gesellschaften sind, nebenbei bemerkt, solche Transzendierungsprozesse im Vergleich zu traditionalen Gesellschaften bekanntlich sowohl riskant als auch befreiend ("individuationsfördernd"), da es keine fest vorgezeichneten Statuskarrieren bezüglich selbstregulatorischer Bestrebungen in den Bereichen Beruf, Familiengründung, Existenzsicherung etc. gibt.

Stellen sozio-emotionale Motivationen gewissermaßen die Bindungsenergie von seiten des Individuums sicher, mit mikrosozialen Umwelten in einen dauerhaften Austausch zu treten, so bietet die *gesellschaftliche "Chancenstruktur"* andererseits die notwendigen Stellen, Lokalisationen, *Positionen* an, über deren Besetzung selbstregulatorische Prozesse ausgetragen, realisiert, "externalisiert" werden können. Die beiden Begriffe bezeichnen also zwei komplementäre Phänomene an der Systemgrenze "Person" – "soziale Umwelt".

Wie gut allerdings die Nachfrage nach solchen Externalisierungsmöglichkeiten des Selbst, die mit jeder Adoleszenten-Generation von neuem geschaffen wird, mit dem

Angebot an Positionen, welches ein soziales System zur Verfügung hat, übereinstimmt, ist eine der zentralen Fragen der Legitimität und des Bestandes gesellschaftlicher Ordnungen. So kann die Dynamik sozialer Anomie im Durkheim'schen Sinn (Durkheim, 1897) erst im Bezugssystem einer nicht gelingenden Verbindung zwischen sozio-emotionalen Motivationen des einzelnen und gesellschaftlicher Chancenstruktur angemessen interpretiert werden.

George Herbert Mead hat seine Analysen im wesentlichen auf den familialen Kontext signifikanter Anderer in der primären Sozialisation konzentriert. Mit der Frage der Anschlußfähigkeit des sozialisierten Individuums an die den familialen Kontext transzendierenden gesellschaftlichen Strukturen hat er sich nicht befaßt. Wir verdanken jedoch einem anderen klassischen Vertreter der sozialwissenschaftlichen Theoriebildung, dem Soziologen Georg Simmel, einen wichtigen Beitrag zur Klärung dieser Frage. In seinem Exkurs über die Frage: "Wie ist Gesellschaft möglich?" analysiert Simmel (1908) das Problem der Anschlußfähigkeit des Individuums an gesellschaftliche Strukturen in folgender Weise: Gesellschaft wird von ihm als eine bestimmte Ordnung von "Positionen" interpretiert, als eine "Prädeterminiertheit von Leistungen, die, von ihren jeweiligen Trägern abgelöst, einen ideellen Zusammenhang ergeben; innerhalb dieser findet jeder neu Eintretende einen unzweideutig bestimmten Platz, der gleichsam auf ihn gewartet hat und zu dem seine Energien harmonisch sein müssen" (Simmel, 1908, S. 29). Und weiter:" Die phänomenologische Struktur (der Gesellschaft) bleibt eine Ordnung von Elementen, deren jedes einen individuell bestimmten Platz einnimmt, eine Koordination von objektiv und in ihrer sozialen Bedeutung sinnvollen Funktionen und Funktionszentren. Das Leben der Gesellschaft verläuft so, als ob jedes Element für seine Stelle in diesem Ganzen vorherbestimmt wäre" (a.a.O.). Vergesellschaftet zu sein bedeutet für Simmel daher, "daß jedes Individuum durch seine Qualität von sich aus auf eine bestimmte Stelle innerhalb seines sozialen Milieus hingewiesen ist, daß diese ihm ideell zugehörige Stelle auch wirklich in dem sozialen Ganzen vorhanden ist" (a.a.O.).

Dieses von Simmel mit dem Begriff des "Allgemeinheitswerts der Individualität" bezeichnete "soziologische Apriori" kann nun wie folgt in unsere bisherige Argumentation aufgenommen werden: sozio-emotionale Motivationen können nur in dem Maße durch individuelle Bindungsenergien realisiert, externalisiert werden, als das Individuum einen *sozialen Status* – Simmels "Position", "Stelle" – erwerben und besetzen kann, der in der Lage ist, Realisierungschancen für Bedürfnisse der Selbstwirksamkeit, der Selbstbewertung und der Selbsteinbindung zu eröffnen. Damit bündeln sich in dem zentralen soziologischen Konstrukt des sozialen Status drei entscheidende Aspekte der *Verknüpfung von gesellschaftlicher Chancenstruktur* und *sozio-emotionalen Mo-*

tivationslagen von Individuen: die Aspekte der *Leistung*, der *Belohnung* und der *Zugehörigkeit*. Indem die Gesellschaft dem Individuum einen sozialen Status zuweist, ermöglicht sie ihm – und erwartet zugleich von ihm – Leistungen, welche die sozio-emotionale Motivation der Selbstwirksamkeit aktivieren. Mit der Statuszuweisung verpflichtet sie sich zugleich, Rückmeldungen über diese Leistungen in Form gewährter oder versagter Belohnungen zu geben und damit auf die sozio-emotionale Motivation der Selbstbewertung zu reagieren. Den kontinuitätssichernden Rahmen für Leistungs- und Belohnungserfahrungen stellt die Gesellschaft durch die Vergabe von Mitgliedschaftsrollen sicher. Damit entspricht sie der sozio-emotionalen Motivation der Selbsteinbindung oder Zugehörigkeit.

Mit dieser *Korrespondenz* von *statusgebundenen Optionen* – Leistungs-, Belohnungs-, Zugehörigkeitsoptionen – und von *sozio-emotionalen Motivationslagen* – Selbstwirksamkeit, Selbstbewertung, Selbsteinbindung – ist ein *kategorialer Rahmen* geschaffen, der uns erlaubt, die Dynamik des Austausches zwischen Individuum und Gesellschaft, die Auf- und Abwärtseffekte zwischen den Systemebenen genauer zu analysieren. Dies ist wichtig, weil unser zentrales Postulat lautet, daß von Erfahrungen *gelungener status-vermittelter Selbstregulation* starke *positive Emotionen* ausgehen, wie andererseits fehlende oder *mißlungene status-vermittelte* Selbstregulationen starke *negative Emotionen* auslösen. Affektiv gebahnte Prozesse der Gesundheitsförderung bzw. der Krankheitsempfänglichkeit werden, mit andern Worten, durch das Zusammenspiel von sozio-emotionalen Motivationen und gesellschaftlicher Chancenstruktur moduliert.

Mit diesen Ausführungen haben wir den *zentralen Punkt* unserer Argumentation erreicht. Um jedoch ihren heuristischen Ertrag für eine gesundheitspsychologische und -soziologische Analyse sichtbar zu machen, ist es notwendig, an dieser Stelle eine weitere Unterscheidung einzuführen, die Unterscheidung zwischen *struktureller* und *funktionaler Korrespondenz*. Strukturelle Korrespondenz bedeutet, daß zwischen sozio-emotionalen Motivationen einerseits und der Chancenstruktur des sozial-kommunikativen Feldes andererseits überhaupt eine status-vermittelte Verbindung besteht. Sozial Ausgegrenzte, Isolierte, Arbeitslose, Nichtseßhafte, und Individuen, die den Rang einer von Goffman (1963) so genannten "Nullperson" einnehmen – sie alle leiden unter fehlender Strukturkorrespondenz. Funktionale Korrespondenz bezeichnet demgegenüber die *Balance* zwischen mindestens zwei oder allen drei erwähnten sozio-emotionalen Motivationen in ihrer Beziehung zu einem eingenommenen, d.h. in der gesellschaftlichen Chancenstruktur verfügbaren und erworbenen sozialen Status. Am Beispiel des Erwerbsstatus läßt sich genauer charakterisieren, wie fehlende funktionale Korrespondenz zu Distress führen kann. Die prototypische Form funktionaler Diskordanz zwischen sozio-emotionalen Motivationen und entsprechenden Optionen des Erwerbsstatus besteht in einem Ungleichgewicht zwischen günstigen Leistungen der Selbstwirksamkeit in Form hoher beruflicher Verausgabung und ungünstigen Erfahrungen der Selbstbewertung in Form niedriger, der Leistung nicht angemessenen Belohnungen. Im folgenden werden wir diesen Prototyp funktionaler Diskordanz in den Mittelpunkt unserer theoretischen Konzeption stellen (*Modell beruflicher Gratifikationskrisen*). Damit soll nicht ausgeschlossen werden, daß andere Formen von Diskordanz ebenfalls das Distresserleben beeinflussen, jedoch geht es uns aus theoretischen Überlegungen (s.u.) um die konsequente Überprüfung einer spezifischen Konstellation funktionaler Diskordanz im Erwerbsleben. In einem weiteren Stadium der theoretischen und empirischen Arbeit ist denkbar, aus den genannten Bedingungen eine allgemeinere salutogenetische Theorie abzuleiten, deren zentrale Hypothese darin besteht, affektiv gebahnte Prozesse der Gesunderhaltung und Gesundheitsförderung als Resultat von Erfahrungen eines abgestimmten Ineinandergreifens von Struktur- und Funktionskorrespondenz zwischen der Trias sozio-emotionaler Motivationen und den status-vermittelten Optionen der Leistung, der Belohnung und der Zugehörigkeit zu verstehen. In *Abbildung 3* ist der Kern dieser zentralen Argumentation nochmals anschaulich zusammengefaßt.

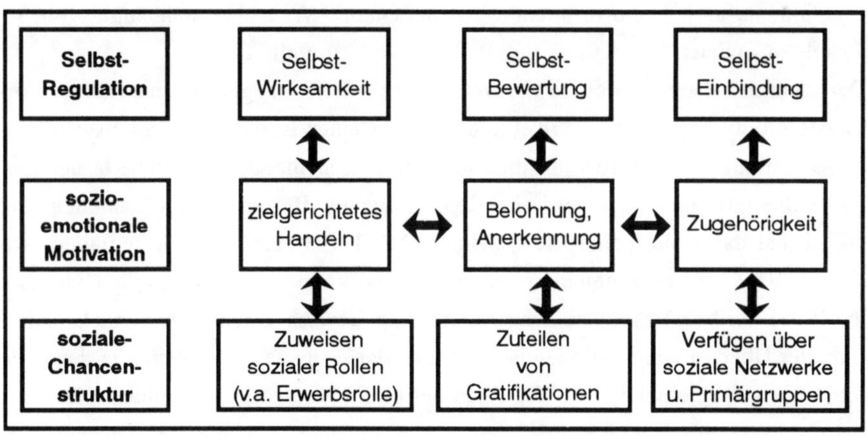

Abbildung 3. *Der Zusammenhang zwischen Selbstregulation, sozio-emotionaler Motivation und sozialer Chancenstruktur*

Wir haben es bisher versäumt, unser Konzept der sozio-emotionalen Motivationen im Lichte vorherrschender Termini der Motivationspsychologie zu diskutieren. Dies schien vertretbar, da die hier insgesamt eingenommene analytische Perspektive nicht, wie dies bei der traditionellen Motivationspsychologie der Fall ist, eine individuenzentrierte, sondern eine transaktionistische ist. Dennoch soll das Verhältnis der hier eingeführten Begrifflichkeit zu wichtigen verwandten Termini der Motivationspsychologie kurz erläutert werden. *"Leistungsmotivation"* (McClelland, 1975) bezeichnet eine zeitlich stabile personale Eigenschaft, Anforderungen auch unter Mobilisierung besonderer Anstrengung zu bewältigen. Bei dieser Definition steht eindeutig das individuell angestrebte Ziel, dessen Erreichung an einem Erwartungswert gemessen wird, im Vordergrund. Die mit den beiden Begriffen "Leistungsmotivation" und "sozio-emotionale Selbstwirksamkeit" bezeichneten Sachverhalte überschneiden sich im beobachtbaren Handeln von Individuen weitgehend, jedoch ist die mit der jeweiligen Motivation verbundene Handlungsabsicht eine andere: während Leistungsmotivation auf instrumentelle Zielerreichung (z.B. Problemlösung) ausgerichtet ist, steht bei der sozio-emotionalen Selbstwirksamkeit die antizipierte soziale Resonanz, mithin die Reziprozitätserwartung von Leistung und Belohnung im sozial-kommunikativen Feld im Mittelpunkt.

Whites früher Begriff der "effectance motivation" (1959) trägt möglicherweise diesem zuletzt genannten Gesichtspunkt eher Rechnung, jedoch ist er wiederum zu weit gefaßt, da er jede Form intendierten personalen Wirkens, unabhängig von der angestrebten sozialen Validierung und Responsivität, umfaßt.

Der zentrale Begriff der *Selbstwirksamkeit* besitzt dagegen eine lange Forschungstradition (vgl. Gecas, 1989) und spielt in einer Reihe wichtiger psychologischer Kognitions- und Motivationstheorien eine entscheidende Rolle. Die bisher fundierteste theoretische und empirische Behandlung im Bereich von Gesundheit und Krankheit hat das Konzept der Selbstwirksamkeit bei Albert Bandura gefunden, insbesondere dank seiner Einbindung in eine sozial-kognitive Lerntheorie (Bandura, 1986, 1992). Selbstwirksamkeit bezeichnet jenen Bereich eigen-initiierten Handelns, der von der Überzeugung getragen ist, daß man dank eigener Fähigkeiten in der Lage ist, über Ereignisse der Umwelt, die einen betreffen, Kontrolle auszuüben. Diese seit Rotter (1966) auch mit dem Begriff "internale Kontrollüberzeugung" bezeichnete kognitive Orientierung ist mit einer Vielzahl psychologisch und sozial günstiger Effekte verbunden, so z.B. mit einer erhöhten Orientierungs- und Erfolgsgewißheit, einer erhöhten Flexibilität und Lernoffenheit, mit positiven sozialen Vergleichsprozessen, mit besseren Chancen der Nutzung sozialer Netzwerke, mit der Fähigkeit zu langandauernden motivationalen Prozessen und schließlich mit einem geringeren Risiko, chronischem emotionalen Distress ausgesetzt zu sein (Bandura 1992).

In Banduras Konzept der Selbstwirksamkeit wird allerdings nicht zwischen den zwei konstitutiven Komponenten von Wirksamkeit unterschieden, auf die bereits Porter und Lawler (1968) hingewiesen haben: *Kompetenzerwartung* und *Ergebniserwartung* (vgl. auch Gecas, 1989). Nur wenn Anforderungen bzw. Lebensumstände im Prinzip kontrollier- und bewältigbar sind, wenn ein bestimmtes Maß an Systemresponsivität gegeben ist, können Kompetenzerwartungen zum Tragen kommen. In der Nichtbeachtung dieser Unterscheidung beziehungsweise in der Überbewertung der Kompetenzorientierung bei gleichzeitiger Blindheit gegenüber den Zwängen, die von sozialen Kontexten ausgehen können, sehen wir die *Ergänzungswürdigkeit* der Banduraschen Konzeption von Selbstwirksamkeit. In unserem eigenen Begriffsgebrauch unterstellen wir folglich, daß die sozio-emotionale Motivation der Selbstwirksamkeit die beiden Elemente der internalen Kompetenzerwartung und der externalen Ergebniserwartung (oder genauer: der externalen Erwartung der Ergebnisermöglichung) enthält. Es erscheint uns sowohl möglich wie auch notwendig, die psychologische Konzeptualisierung von Selbstwirksamkeit um jenen soziologischen Aspekt zu ergänzen, den wir mit dem Begriff der sozialen Chancenstruktur umschrieben haben. In diesem Sinne bietet unser theoretischer Ansatz einen Rahmen für die *Integration* der *gesundheitspsychologischen Selbstwirksamkeitsforschung* mit der *medizinsoziologisch-sozialepidemiologischen Erforschung* sozial ungleich verteilter *Krankheitsrisiken.*

Der Terminus "Selbstwirksamkeit" hat eine reichhaltige theoretische und empirische Behandlung in der Psychologie der letzten Jahrzehnte erfahren. Gleiches läßt sich von verwandten psychologischen Begriffen wie Selbstbestätigung, Selbstbewertung bzw. Selbstwertgefühl oder Selbsteinbindung nicht behaupten. Während der Terminus Selbstbewertung unter motivationalen Gesichtspunkten in der Regel nur mittelbar, über positive Ergebniserwartung in Erwartungs-Nutzen-Modellen, berücksichtigt wird, hat das Motiv der Selbsteinbindung unter dem Begriff "need for affiliation" eine breite, eigenständige wissenschaftliche Erforschung erfahren (Murray, 1972). Auch hier zeigt sich jedoch bei genauerem Hinsehen, daß das uns interessierende sozio-emotionale Motiv nicht im Mittelpunkt steht: Murray definiert "need for affiliation" als jegliches Bestreben, "sozialen Kontakt zu knüpfen, Freundschaft zu schließen, zu kooperieren und zu lieben", unabhängig von dem Gesichtspunkt der Bedeutung dieser Aktivitäten für die Selbstregulation in einem sozial-kommunikativen Feld. Wir halten es daher für angebracht, mit den von uns gewählten Termini diese Differenz der analytischen Perspektive herauszustellen.

3.2.3 Selbstregulation und soziale Statuskontrolle: zur Distress-Wirkung sozialer Krisen

Nach dem bisher Gesagten kommt dem Verfügen über einen sozialen Status ausschlaggebende Bedeutung bei der Vermittlung sozio-emotionaler Motivationen des einzelnen mit der gesellschaftlichen Chancenstruktur zu. Die Möglichkeit, einen erwünschten sozialen Status zu erwerben und ihn solange, wie gewünscht, zu besetzen, ist sozialstrukturell ungleich verteilt. Erwünschte soziale Statuslagen bilden ein knappes Gut, und ihre Verteilung ist zugleich Ausdruck gesellschaftlicher Macht- und Einflußverhältnisse. Wir nennen "Statuskontrolle" die Chance einer Person, einen angestrebten sozialen Status einzunehmen und gegebenenfalls gegen Konkurrenz zu verteidigen. *Hohe Statuskontrolle* ist daher eine *strukturelle Voraussetzung* für das langfristige Wirksamwerden sozio-emotionaler Motivationen. Mit geringer Statuskontrolle geht andererseits die Gefahr einher, sozio-emotionale Motivationen nicht kontinuierlich realisieren zu können und damit relevante Unterbrechungserfahrungen bei der Selbstregulation in Kauf nehmen zu müssen.

An dieser Stelle knüpfen wir an die im Einleitungskapitel vorweg gegebene Definition sozialer Krisen wieder an, die jetzt in ihrer ganzen Tragweite sichtbar wird. Wir sagten (und ergänzen jetzt in Klammern): *Soziale Krisen* entfalten ihre emotionsintensivierende Wirkung auf die von ihnen betroffenen Individuen stets über Prozesse der Blockierung von Handlungschancen (damit der Möglichkeit von Selbstwirksamkeitserfahrungen), des Vorenthaltens angemessener Belohnungen (damit der Möglichkeit von Selbstbewertungserfahrungen), des Entzugs sozialer Positionen und des Ausschlusses von signifikanten gesellschaftlichen Gruppen (damit der Möglichkeit von Selbsteinbindungserfahrungen). Soziale Krisen sind umso wahrscheinlicher, je geringer die Chancen sozialer Statuskontrolle einer Person oder einer Gruppe von Personen sind.

Als wichtige Beispiele sozialer Krisen im mittleren Erwachsenenalter nannten wir zu Beginn Arbeitslosigkeit, sozialen Abstieg, unfreiwillige Mobilität oder soziale Isolation – in erster Linie also Phänomene, die eng mit dem sozialen Status einer Person im Erwerbsleben verknüpft sind. Im folgenden interessiert uns daher vorrangig das Problem begrenzter beruflicher Statuskontrolle. Wir behaupten damit nicht, daß andere soziale Statuslagen im Erwachsenenalter im Hinblick auf ihr Potential sozio-emotionaler Selbstregulation nicht von ähnlicher Bedeutung sein können, noch begrenzen wir den Geltungsbereich der hier entwickelten theoretischen Konzeption auf das Erwerbsleben (vgl. dazu Kap. 9). Vielmehr ist es unser Anliegen, den theoretischen Ansatz exemplarisch so zuzuspitzen und zu präzisieren, daß er testbar und in seinem heuristischen Ertrag beurteilbar wird.

Wie wirkt sich begrenzte berufliche Statuskontrolle auf das *Distress-Geschehen* aus? Zunächst halten wir fest, daß mit dem beruflichen Status *Leistungschancen*, *Belohnungserwartungen* und *Mitgliedschaftsoptionen* verbunden sind. Positive Erfahrungen von Selbstwirksamkeit im Leistungskontext hoher beruflicher Statuskontrolle gehen einher mit Kompetenzgefühlen ("ich kann etwas", evtl. "ich kann etwas, was als wichtig erachtet wird, besonders gut", "ich werde gebraucht, weil ich gut bin" etc.). Kompetenz- und Erfolgsgefühle sind häufig mit einem Gefühl der Genugtuung, des (Berufs)-Stolzes verbunden. Sie beflügeln zu weiteren, eventuell sogar besseren Leistungen, sie erhöhen die Lernbereitschaft, das Engagement. Selten führen sie zu elativen Stimmungen des Glücks, des Triumphs, der unangefochtenen Meisterschaft (sog. "flow"-Gefühle, vgl. Csikszentmihalyi, 1975). Demgegenüber wirkt sich die Begrenzung von Selbstwirksamkeitserfahrungen in prekären beruflichen Leistungskontexten, d.h. bei niedriger beruflicher Statuskontrolle, beispielsweise durch berufliche Unterforderung, Monotonie oder hochgradige Arbeitsteilung, negativ auf diese Stimmungen aus. Chronische Distresserfahrungen sind hier wahrscheinlich. Besonders dramatisch sind solche Distresserfahrungen im Fall der Blockierung und unerwarteten Terminierung von Leistungschancen infolge von Arbeitslosigkeit. Arbeitslosigkeit stellt in der Regel die tiefgreifendste, bedrohlichste Unterbrechungserfahrung berufsstatusbezogener selbstregulatorischer Prozesse dar, da sie nicht nur den Leistungs-, sondern ebenso den Belohnungs- und Zugehörigkeitsaspekt tangiert.

Belohnungen erfolgen im beruflichen Kontext für die überwiegende Mehrheit der Erwerbstätigen leistungsbezogen. Für erbrachte Leistung erwartbar bzw. angemessen belohnt zu werden oder, was seltener vorkommt, unerwartet hohe Gratifikationen zu erhalten, ist eine für das Selbstwertgefühl wichtige Erfahrung ("ich bin etwas wert", "ich bin gefragt", "ich werde geschätzt" etc.). Hohe Statuskontrolle bedeutet hier, eine der Leistung angemessene Belohnung erzielen zu können und damit mit hoher Wahrscheinlichkeit kontinuierlich affirmative Selbstbewertungen zu erleben. Niedrige Statuskontrolle bedeutet demgegenüber, wenig Einfluß auf die Leistungs-Belohnungs-Relation ausüben zu können, beispielsweise, indem Tätigkeiten mit unangemessen niedriger Belohnung verrichtet werden müssen, oder aber Tätigkeiten, deren Belohnung mit besonders hohen Verausgabungszwängen verbunden ist. Im folgenden Abschnitt werden wir diese u.E. für chronifizierte Distresserfahrungen besonders bedeutsame Konstellation *beruflicher Gratifikationskrisen* ("hohe Verausgabung – niedrige Belohnung") ausführlich darstellen. Hier genügt der Hinweis, daß berufliche Gratifikationskrisen mit einem breiten Spektrum besonders intensiv und langanhaltend wirkender *negativer Emotionen* (z.B. Verärgerung, Irritierung, Enttäuschung, Wut) verbunden sind.

Schließlich können Mitgliedschaftsrollen im beruflichen Kontext hoher Statuskontrolle leichter gesichert werden. Inhaber hoher Positionen erwerben häufig besondere Rechte der Arbeitsplatzsicherheit bzw. Beschäftigungskontinuität, verfügen über Chancen freiwilligen Wechsels von Mitgliedschaftsrollen. Auch fallen ihnen aufgrund ihres Status besondere Vorrechte innerhalb ihres Betriebes oder ihrer Organisation zu (Zugehörigkeit zu Gruppen mit begrenzten Zugangschancen, zu informellen Gruppen). Dies alles sind Erfahrungen, welche positiv auf Selbsteinbindungs- und Zugehörigkeitsgefühle wirken (viele Maßnahmen der "Unternehmenskultur" zielen auf eine Stärkung dieses selbstregulatorischen Aspektes ab!).

Niedrige berufliche Statuskontrolle bedeutet dagegen in der Regel, über unsichere Mitgliedschaft zu verfügen (z.B. als Randbelegschaft, als von Rationalisierungsmaßnahmen besonders betroffene Berufsgruppe), geringe Chancen langfristiger Beschäftigung oder alternativer Arbeitsplatzangebote zu besitzen, schließlich auch, innerhalb des Betriebes geringe Einflußmöglichkeiten auf die Gestaltung sozialer Beziehungen am Arbeitsplatz zu besitzen. Positive Bindungserfahrungen sind damit begrenzt; im Gegenteil sind auch hier ausgeprägte Distresserfahrungen zu erwarten.

Wir fassen zusammen: motivational und affektiv bedeutsame selbstregulatorische Prozesse im Erwachsenenleben bedürfen einer Vermittlung über den Erwerb und die Besetzung sozialer Positionen bzw. Statuslagen. Zentrale Bedeutung kommt dabei dem beruflichen Status zu, da er die den sozio-emotionalen Motivationen der Selbstwirksamkeit, der Selbstbewertung und der Selbsteinbindung korrespondierenden Leistungs-, Belohnungs- und Zugehörigkeitsoptionen gewährt. Hohe berufliche Statuskontrolle geht daher mit erfolgreicher Selbstregulation und entsprechend positiven Emotionen einher, während niedrige berufliche Statuskontrolle vermehrt zu sozialen Krisen, d.h. zu gestörter Selbstregulation mit den Folgen ausgeprägter negativer Emotionen und chronischer Distresserfahrungen führt. Soziale Krisen sind dann besonders ausgeprägt, wenn sowohl Struktur- wie auch Funktions-Korrespondenz zwischen sozio-emotionalen Motivationen und (berufs)statusbezogenen Optionen gefährdet sind. Im folgenden Abschnitt soll dieser Zusammenhang anhand des Modells beruflicher Gratifikationskrisen mit besonderem Bezug zu Herz-Kreislauf-Risiken herausgearbeitet werden.

3.3 Das Modell beruflicher Gratifikationskrisen

Aus den bisherigen Ausführungen können wir nun die theoretischen Kernaussagen zum Zusammenhang zwischen sozialen Krisen im Erwerbsleben und herz-kreislaufwirksamen chronischen Distress-Erfahrungen herleiten.

1. Drei zentrale Erfahrungsmodi gelingender, mit positiven Emotionen verbundener Selbstregulation, Selbstwirksamkeit ("Kompetenzgefühl"), Selbstbewertung ("Selbstwertgefühl") und Selbsteinbindung ("Zugehörigkeitsgefühl") sind an das Verfügen über einen sozialen Status gebunden, der Leistungs-, Belohnungs- und Mitgliedschaftsoptionen gewährt (Statuskontrolle).

2. Wichtige soziale Statuslagen stellen ein knappes Gut dar; daher sind die Chancen hoher Statuskontrolle, welche kontinuierlich positive Selbstregulation ermöglichen, sozial ungleich verteilt.

3. Im mittleren Erwachsenenalter kommt dem Erwerbsstatus eine besondere Bedeutung bezüglich der für die Selbstregulation wichtigen Aspekte der Leistung, Belohnung und Mitgliedschaft zu. Berufliche Statuskontrolle wird hier mit hoher Wahrscheinlichkeit zu einer Schlüsselkategorie emotional befriedigender selbstregulatorischer Prozesse.

4. Niedrige bzw. gänzlich bedrohte berufliche Statuskontrolle gefährdet gelingende Selbstregulation, indem Handlungschancen blockiert, angemessene Belohnungen vorenthalten und Mitgliedschaften aufgekündigt werden (Erfahrungen sozialer Krisen).

5. Aufgrund der zentralen Wertigkeit beruflicher Statuskontrolle gehen von erfahrenen sozialen Krisen im Erwerbsleben mit hoher Wahrscheinlichkeit langanhaltende, intensive negative Emotionen und damit assoziierte Distress-Erfahrungen aus.

6. Eine weit verbreitete, chronifizierte Form niedriger beruflicher Statuskontrolle liegt vor, wenn ein Mißverhältnis zwischen (hoher) erbrachter Arbeitsleistung und (vergleichsweise niedriger) erhaltener Belohnung vorliegt, d.h., wenn eine gesellschaftlich zentrale Reziprozitätserwartung enttäuscht wird. Diese Form chronifizierter sozialer Krisen nennen wir berufliche Gratifikationskrisen. Die herz-kreislaufspezifische Wirkung von chronischem Distress ergibt sich hier aus dem Zusammenwirken von exzessiver sympatho-adrenerger, kataboler Stimulation bei fehlender Kompensation durch parasympathisch-anabole Reaktionen (vgl. Kap. 2).

7. Die Zuteilung beruflicher Gratifikationen erfolgt über drei "Transmittersysteme": 1. Geld, 2. berufliche Anerkennung, 3. beruflicher Aufstieg (bzw. Erhöhung beruflicher Statuskontrolle). Ungerechte Bezahlung, ausbleibende Anerkennung und blockierter Aufstieg (bzw. im Gegenteil erzwungener Abstieg oder erhöhte Arbeits-

platzunsicherheit) bei hoher Verausgabung stellen somit Formen chronifizierter beruflicher Gratifikationskrisen mit hohem Distress-Gehalt dar.

8. Hohe berufliche Verausgabung kann zurückgeführt werden:

a) auf ein äußerlich vorgegebenes, arbeitsplatzspezifisches Anforderungsprofil ("ex-(trinsische Verausgabung"),

b) auf eine besonders stark ausgeprägte Leistungsbereitschaft der arbeitenden Person ("intrinsische Verausgabung"). Unter beiden Bedingungen sind bei Ausbleiben angemessener Belohnungen chronische Distress-Erfahrungen zu erwarten.

9. Nach dem Erwartungswert-Nutzen-Theorem ist anzunehmen, daß bei Ausbleiben erwarteter Belohnungen die Verausgabungskosten gesenkt und damit Gratifikationskrisen vermieden werden. Unter den folgenden Bedingungen ist dies jedoch nicht zu erwarten:

a) fehlende Arbeitsplatz-Alternativen bzw. mit hohen Kosten verbundene, unsichere Belohnungserwartung (z.B. Arbeitsplatzgarantie infolge von Betriebstreue, in Aussicht gestellte Beförderung);

b) Vorliegen einer intrinsischen Verausgabungsbereitschaft, die nicht in das Kosten-Nutzen-Kalkül einbezogen wird (z.B. nicht-bewußte, nicht-thematisierte Leistungsbereitschaft, unrealistische Anforderungsbewertung, Eigennutzen der Verausgabung (s.u. Konstrukt "übersteigerte berufliche Kontrollbestrebungen").

10. Erwerbstätige im mittleren Erwachsenenalter, welche chronifizierte berufliche Gratifikationskrisen erleben, sind, ceteris paribus, in erhöhtem Maße von Herz-Kreislauf-Risiken bzw. vorzeitigen klinischen Manifestationen von Herz-Kreislauf-Erkrankungen betroffen.

Das Modell beruflicher Gratifikationskrisen ist in *Abbildung 4* zur Veranschaulichung graphisch dargestellt. Wir benutzen hierbei den anspruchsvolleren Terminus "Modell" (gegenüber "theoretischem Konzept"), weil folgende differenzierte Vorhersagen aus den Modell-Annahmen resultieren:

1. Nur das *gemeinsame Auftreten* von Bedingungen hoher Verausgabung *und* niedriger Belohnung ist prädiktiv für Herz-Kreislauf-Risiken. Das Vorliegen lediglich einer der beiden Modell-Komponenten reicht nicht aus, um die postulierte Distress-Intensität zu erzeugen.

2. Berufliche Gratifikationskrisen müssen eine bestimmte *Intensität* aufweisen, um nachhaltige Wirkungen auf das Herz-Kreislauf-System ausüben zu können. Nur wenn Anhaltspunkte (aus der Messung) dafür vorliegen, daß das Ungleichgewicht zwischen Verausgabung und Belohnung mit einer schwerwiegenden Enttäuschung oder Verärgerung einhergeht, ist diese Intensität gegeben.

3. Je länger die Erfahrung beruflicher Gratifikationskrisen dauert (*Expositionszeit*), desto höher ist, ceteris paribus, die Wahrscheinlichkeit, daß Herz-Kreislauf-Risiken auftreten.

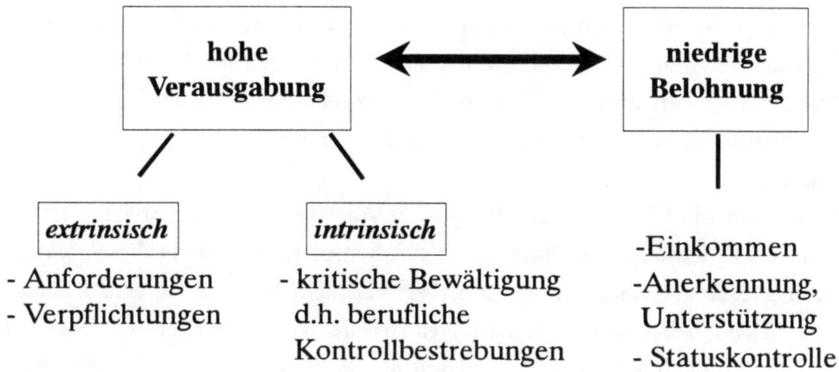

Abbildung 4. *Das Modell beruflicher Gratifikationskrisen*

Diese hier in äußerster Verdichtung zusammengefaßten theoretischen Kernaussagen sollen nachfolgend unter drei Aspekten erläutert werden. Erstens begründen wir, soweit nach dem bisher Gesagten noch notwendig, den Stellenwert der drei genannten Belohnungssysteme im Erwerbsleben. Zweitens führen wir das Konstrukt "berufliche Kontrollbestrebungen" als eine u.E. wesentliche Bedingung hoher intrinsischer Leistungsbereitschaft (auch unter Bedingungen niedriger Belohnung) ein. Drittens erläutern wir die Intensität und Chronizität von Distress-Erfahrungen infolge beruflicher Gratifikationskrisen, wobei wir uns in gebotener Kürze auch kritisch mit der kognitiven Emotionstheorie und dem Erwartungswert-Nutzen-Theorem auseinandersetzen. Eine kurze Zusammenfassung schlägt schließlich die Brücke zu den in den vorangegangenen Abschnitten behandelten theoretischen Konzepten.

3.3.1 Die drei "Transmittersysteme" beruflicher Gratifikationen

Geld, Achtung und Status wurden als die drei zentralen "Transmittersysteme" beruflicher Gratifikationen herausgestellt. Dies ergibt zumindest eine Bestandsaufnahme der in entwickelten Industriegesellschaften vorherrschenden Belohnungsformen. Allerdings besteht, wie wir gesehen haben, eine hierarchische Beziehung zwischen diesen

Systemen: Geld und Achtung sind eng an das Ausmaß beruflicher Statuskontrolle gebunden. Oder anders gewendet: berufliche Gratifikationen sind im Kern erwerbsstatus-vermittelte Belohnungen. Es ist wichtig, diesen Gesichtspunkt hier nochmals zu betonen, da wir mit ihm einen entscheidenden Unterschied gegenüber anderen, in der auf das Erwerbsleben zentrierten Streßforschung untersuchten Kontrolldimensionen begründen: während in dem in der Forschung zur Zeit vorherrschenden Konzept des "job strain" die Kontrolle über die Arbeitsaufgabe bzw. den Inhalt der Tätigkeit einen zentralen Stellenwert einnimmt (Karasek & Theorell, 1990), stehen bei unserem Ansatz die berufliche Statuskontrolle und die über sie vermittelten Belohnungen im Vordergrund.

Unter dem Einfluß industriesoziologischer Analysen der Arbeitsteilung und ihrer Folgen ist u.E. diese zweite Dimension der Arbeitsplatzkontrolle in der einschlägigen Forschung eher vernachlässigt worden. Wie eng jedoch beide Aspekte miteinander verbunden sind, haben bereits die wichtigen Arbeiten von Doeringer und Piore (1971) sowie von Piore und Sabel (1985) verdeutlicht. Die letztgenannten Autoren schreiben hierzu:

"Wenn in der Industriesoziologie irgendeine Erkenntnis unumstritten ist, dann diese: in jeder uns bekannten Gesellschaft, in der die Arbeitsteilung nicht durch Gewohnheitsrecht geregelt ist, versuchen Arbeiter, die verwandte Tätigkeiten ausüben, Kontrolle über ihren Arbeitsplatz zu gewinnen. Dieser Kampf um Autonomie betrifft alle Aspekte des Produktionsgeschehens: die Frage, wie und von wem Werkzeuge und Maschinen benutzt und eingesetzt werden; die Festlegung von Löhnen und Einkommen; die Einstellungs- und Beförderungsverfahren; die Leistungsstandards und Normen sowie die Strafen für ihre Nichteinhaltung. Das Einkommen der Arbeiter, die Arbeitsplatzsicherheit wie auch das Maß an Autonomie hängen davon ab, wie Arbeitsplätze und Seniorität (Betriebszugehörigkeitsdauer, J.S.) definiert sind. Die Auseinandersetzungen auf Arbeitsplatzebene sind daher Kämpfe um die Klassifizierung von Arbeitsaufgaben und um die Allokationsregeln" (Piore & Sabel, 1985, S. 124f).

Mit diesen Allokationsregeln der Lohn- bzw. Einkommenshöhe, der Beförderungssysteme und der Arbeitsplatzsicherheit haben Piore und Sabel entscheidende Dimensionen beruflicher Gratifikationserfahrungen in den Kontext übergreifender Systeme der Arbeitsplatzkontrolle in der Industriegesellschaft gestellt.

Im Ansatz findet sich eine solche Perspektive bereits in den klassischen Theorien, die sich mit dem Zusammenhang von *Arbeit* und *Kapital* befassen. In den Frühschriften von Karl Marx finden wir ausführliche und leidenschaftliche Analysen der strukturellen Asymmetrie, die im Herrschaftsverhältnis industrieller Produktion zwischen Kapital und Arbeit besteht (Marx, 1962, Orig. 1844). Aus heutiger Sicht ist erstaunlich, wie modern die an Hegels Philosophie orientierte Analyse der Entfremdung der menschlichen Arbeit im Kapitalismus anmutet (vgl. hierzu auch Popitz, 1967) und wie treffsicher Marx die sozialpsychologisch und streßtheoretisch zentralen Sachverhalte niedriger beruflicher Statuskontrolle im Proletariat herausgearbeitet hat. Wir können einige seiner zentralen diesbezüglichen Gedanken in enge Verbindung zu den oben entwickelten Termini stellen, ohne der Marxschen Argumentation dadurch Gewalt antun zu müssen: Die Aneignung des Wertes geleisteter Arbeit durch den Kapitalisten zerstört nach Marx die beiden grundlegenden Funktionen, welche Arbeit für den Menschen besitzt: die Erfahrung "befriedigender Produktivität" (Selbstwirksamkeit!) und die Erfahrung der "Freude", die aus dieser Tätigkeit (der Selbstverwirklichung durch Arbeit) resultiert (Selbstwertgefühl!). Entfremdete Arbeit, so Marx, verhindert eine erfolgreiche "Selbstbestätigung" (Selbstregulation!) und führt im Gegenteil zum Verlust menschlicher Eigenschaften und Fähigkeiten, bis hin zum Verlust menschlicher Gesundheit und menschlichen Lebens (Marx, 1844).

Diese von Karl Marx in den ökonomisch-philosophischen Schriften entwickelten Gedankengänge stellen u. W. wissenschaftshistorisch den ersten Versuch dar, motivations- und gesundheitspsychologische Sachverhalte mit einer Analyse der sozioökonomischen Struktur der Erwerbsarbeit in Verbindung zu setzen. Leider wurde dieser fruchtbare Ansatz unter der Vorherrschaft der heute weitgehend kritisch betrachteten politisch-ökonomischen Theorie des Kapitalismus wenig beachtet und auch mit dem sozialpsychologischen Entfremdungskonzept (Seeman, 1957, vgl. Mirowsky & Ross, 1986) nicht angemessen weiterentwickelt.

Die Marxsche Theorie des Arbeitslohnes und des Mehrwertes, die aus seiner Analyse entfremdeter Arbeit im frühindustriellen Kapitalismus resultiert, ist allgemein bekannt und bedarf hier keiner weiteren Analyse. Weniger bekannt ist jedoch die nur vier Jahre später veröffentlichte ökonomische Theorie monetärer Gratifikationskrisen durch John Stuart Mill (1848). Mill setzt sich in einem Kapitel seiner "Prinzipien der politischen Ökonomie" kritisch mit der von Adam Smith stammenden Theorie kompensierender Lohndifferentiale auseinander, die im Kern besagt, daß Löhne umso höher seien, je schwieriger, belastungsreicher die geleistete Arbeit ist. Nach Mill trifft dies keineswegs zu. Seine Argumentation lautet (im Original):

"The really exhausting and the really repulsive labours, instead of being better paid than others, are almost invariably paid the worst of all, because performed by those who have no choice...the inequalities of wages are generally in an opposite direction to the equitable principle of compensation erroneously represented by Adam Smith as the general law of the remuneration of labour. The hardships and the earnings, instead of being directly proportional, as in any just arrangements of society they would be, are generally in an inverse ratio to one another" (Mill, 1965 (1848), S. 383).

Mill hat damit, ähnlich wie der junge Marx, eine für unseren theoretischen Ansatz wichtige Erkenntnis formuliert, die Erkenntnis nämlich, daß die drei beruflichen Gratifikationssysteme aufgrund des engen Zusammenhangs zwischen *Profitmaximierung* und *Struktur des Arbeitsmarktes* sich wechselseitig beeinflussen. Wer gering qualifiziert ist, erhält nicht nur bei vergleichsweise schwerer Arbeit niedrigen Lohn, sondern verfügt auch über lediglich geringe Statuskontrolle (z.B.in Form verfügbarer Arbeitsplatzalternativen). Mit niedrigem Lohnniveau, geringe Qualifikation erforderndem Arbeitsplatz und niedriger Statuskontrolle geht typischerweise auch eine Geringschätzung erbrachter Arbeitsleistung und entsprechender Rückmeldungen an den Arbeitenden in Form von Anerkennung und Achtung einher. Hier finden wir den Kern eines *distress-intensivierenden Prozesses*, den die Soziologie heute mit dem Begriff der *relativen Benachteiligung* beschreibt: nicht die Tatsache, daß jemand mit geringer Qualifikation wenig verdient, ist belastend, sondern die Tatsache, daß der Verdienst trotz hoher Anstrengung gering bleibt, und zwar gering im Vergleich zu andern, die sich für gleiche oder höhere Bezahlung weniger anstrengen müssen. Je ungünstiger die kumulativen Effekte zwischen den Belohnungssystemen sind, desto ungünstiger verlaufen die sozialen Vergleichsprozesse, desto intensiver sind die Distress-Wirkungen beruflicher Gratifikationskrisen!

Es ist hier nicht möglich, eine historische oder systematische Darstellung von Lohn- und Arbeitsmarkttheorien, soweit sie für das Modell beruflicher Gratifikationskrisen von Bedeutung sind, zu geben. Die kurzen Hinweise auf Marx und Mill sollen lediglich verdeutlichen, daß die von uns speziell unter dem Aspekt emotionaler (und damit auch physischer) Gesundheit entwickelte theoretische Konzeption eine Verankerung in grundlegenden, klassischen Analysen kapitalistischer Erwerbsarbeit erfahren kann. Auf inhaltlich wichtige Fragen der branchen- und betriebsspezifischen Lohnpolitik, insbesondere auf die Frage der Chancen und Auswirkungen kompensierender Lohndifferentiale werden wir im 2. Teil des Buches eingehen (vgl. dazu Lorenz & Wagner, 1989). Ebensowenig können wir hier die Frage der Kompensation fehlender bzw. nicht angemessener beruflicher Belohnungen durch außerberufliche Formen von Anerkennung und Belohnung behandeln.

3.3.2 Extrinsische und intrinsische Verausgabung: das Konstrukt "berufliche Kontrollbestrebungen"

In unserer Kritik an der von Karasek (1979) entwickelten Konzeption des "job strain" betonten wir die Notwendigkeit, bei der Beurteilung des Belastungscharakters von Arbeitsleistung zwischen den Komponenten der extrinsischen Anforderung und der intrinsischen Verausgabung zu unterscheiden. Diese Notwendigkeit ergibt sich aus einer Reihe von Beobachtungen:

1. Hohen langandauernden, immer wiederkehrenden Anforderungen wird, jedenfalls bei Abwesenheit von äußerem Zwang bzw. von starken Belohnungsreizen, in der Regel nur dann gefolgt, wenn eine intrinsische Leistungsbereitschaft hierzu vorhanden ist. Andernfalls ist mit einer Reduktion der Anstrengung (und damit der Wahrscheinlichkeit fortgesetzter Distress-Erfahrungen) zu rechnen. Will man eine möglichst präzise Abschätzung der individuellen Verausgabung im jeweiligen beruflichen Leistungskontext erreichen, so müssen beide Verausgabungskomponenten berücksichtigt werden (vgl. Abbildung 3).

2. Auch objektiv vergleichsweise niedrige Anforderungen können infolge einer spezifischen intrinsischen Leistungsbereitschaft in der einzelnen Person fortgesetzt hohe Verausgabung induzieren. Beispiele zwanghafter Aufgabenerfüllung bzw. des Überschreitens von Sollvorgaben sind weithin bekannt. Sie lassen sich nicht allein unter persönlichkeitspsychologischen Aspekten interpretieren, sondern stellen oft Strategien angestrebter Erhöhung beruflicher Statuskontrolle dar. Eine Vernachlässigung der Komponente intrinsischer Verausgabung würde in allen diesen Fällen zu einer Unterschätzung der tatsächlichen Verausgabung führen.

3. Arbeitsanforderungen stellen in transaktionistischer Perspektive nicht einfach objektive Gegebenheiten dar, denen Erwerbspersonen ausgesetzt sind. Vielmehr streben Personen einen "fit" zwischen ihren Neigungen, Bestrebungen und dem vorfindbaren Spektrum von Arbeitsanforderungen an (zur theoretischen Konzeption des "person-environment-fit" vgl. Caplan, Cobb, French et al., 1975). Zumindest überall dort, wo ein Mindestmaß an beruflicher Statuskontrolle gegeben ist, ist zu erwarten, daß Personen mit spezifischen Merkmalen intrinsischer Verausgabung aktiv Arbeitsaufgaben so gestalten bzw. Arbeitsplätze so aussuchen, daß sie ihre Leistungs- bzw. Kontrollbestrebungen realisieren können. Die Berücksichtigung dieser eigen-initiierten Komponente von Verausgabungserfahrungen ist zumindest überall dort von Bedeutung, wo infolge von Gratifikationskrisen mit ausgeprägten Distress-Erfahrungen zu rechnen ist.

Um diesem Zusammenwirken extrinsischer und intrinsischer Verausgabung im beruflichen Leistungskontext konzeptuell und empirisch Rechnung tragen zu können, haben wir das Konstrukt *"berufliche Kontrollbestrebungen"* entwickelt (Dittmann et al., 1985 Matschinger et al., 1986, Siegrist et al., 1980, Siegrist & Matschinger, 1989, Weber, 1984). Anhand dieses Konstrukts identifizieren wir ein *kognitiv-motivationales Muster* hoher intrinsischer *Verausgabungsbereitschaft in Leistungssituationen*, das sich in erster Linie durch folgende Merkmale auszeichnet:

- Bedürfnis nach Anerkennung und Angst vor Mißerfolg in Leistungssituationen;
- Wettbewerbsstreben und latente Feindseligkeit;
- Irritierbarkeit bei Störungen und gesteigertes Zeitdruck-Erleben;
- hohe Identifikationsbereitschaft mit beruflichen Aufgaben und Unfähigkeit zur Distanz gegenüber beruflichen Leistungsansprüchen.

Unsere zentrale diesbezügliche Annahme lautet, daß Personen mit hohen beruflichen Kontrollbestrebungen sich fortgesetzt überdurchschnittlich stark verausgaben, und zwar in allen drei oben genannten Situationen des "fit" bzw. "misfit" von Anforderung und Anstrengung. Ein solches exzessives, undosiertes Kontrollstreben verweist zum einen auf eine stark ausgeprägte, in der Regel unbewußt operierende motivationale Kraft, zum andern auf ein spezifisches kognitives Muster der Einschätzung von Anforderungssituationen und eigenen Bewältigungsressourcen. In unserem Konstrukt haben wir diese beiden Aspekte, den motivationalen und den kognitiven, hypothetisch miteinander verknüpft, indem wir sagen, daß gesteigerte Kontrollbedürfnisse in einem Kontext sozialer Sichtbarkeit, wie sie unter spezifischen Bedingungen in der primären und sekundären Sozialisation erworben worden sind (s.u.), zu einer unrealistischen Einschätzung von Anforderungs- und Bewältigungsmöglichkeiten führen. Die zu erbringenden Leistungen und die Valenz der daraus resultierenden Ergebnisse werden typischerweise überschätzt oder unterschätzt. Eine Überschätzung des Anforderungsprofils einer erwarteten Leistung ist funktional in dem Sinne, daß hohen, überschießenden Verausgabungsbestrebungen keine engen Grenzen gesetzt sind. Eine Unterschätzung der Anforderung und, damit einhergehend, eine Überschätzung des eigenen Bewältigungsvermögens, ist funktional in dem Sinne, daß Personen sich damit leicht in die Lage versetzen, zusätzliche Verpflichtungen zu übernehmen, Mehrarbeit anzunehmen, mit andern Worten, ihre Leistungs- und Kontrollareale auszubauen (z.B. durch kumulierte Belastungen beruflicher und außerberuflicher Verpflichtungen).

Da diese kognitiven Strategien einer nicht-thematisierten Motivation dienen, ist zu erwarten, daß sie relativ stereotyp, ohne flexible Korrektur, eingesetzt werden. Dies bedeutet auch, daß ungünstige Kosten-Nutzen-Kalküle, beispielsweise unter Bedingungen verringerter beruflicher Statuskontrolle und erhöhter beruflicher Gratifikationskrisen, nicht rechtzeitig erkannt werden, daß Enttäuschungen nicht eingestanden, Anzeichen übersteigerter Anstrengung und Erschöpfung nicht angemessen wahrgenommen werden. Langfristig führen beide kognitiven Strategien dazu, daß das Bewältigungsrepertoire einer Person frühzeitig erschöpft und ihre Regenerationsmöglichkeit eingeschränkt ist.

Erhöhte Kontrollbestrebungen werden im beruflichen Leben häufig belohnt, und sie sind geeignet, Erfolgs- und Selbstwirksamkeitsgefühle zu vermitteln. In dieser Perspektive stellen sie somit nicht eine individualpathologische Eigenschaft, sondern vielmehr ein Muster übersteigerter Anpassung an soziale Normen der Leistungsgesellschaft dar. Ihr gesundheitsschädigendes, distress-vermehrendes Potential ergibt sich aus den dem kognitiv-motivationalen Komplex inhärenten fehlenden Rückmeldungs- und Korrekturchancen angesichts undosierter, distanzloser Verausgabung. Dieses Potential erhöht sich, wie wir zeigen werden, unter Bedingungen verminderter beruflicher Statuskontrolle und vermehrter Gratifikationskrisen in gefährlicher Weise.

In der folgenden *Abbildung 5* wird in idealtypischer Weise veranschaulicht, wie erhöhte Kontrollbestrebungen zu einer distress-verstärkenden Verausgabungskrise führen können. Auf der Ordinate ist das Ausmaß der mit Verausgabung einhergehenden Aktivierung des autonomen Nervensystems (ANS) und auf der Abszisse der Zeitverlauf aufgetragen. Die *"Verausgabungskarriere"* ist hierbei in vier zeitliche Abschnitte eingeteilt. Diese Abschnitte bedeuten im einzelnen:

A: Ausbildung der Kontrollbestrebungen in der primären und sekundären Sozialisation;

B: Verausgabung in beruflichen Kontexten ohne eingeschränkte Statuskontrolle/ Gratifikation;

C: Verausgabung in beruflichen Kontexten mit eingeschränkter Statuskontrolle/ Gratifikation;

D: Aufgabe von Verausgabung infolge ausgeprägter Erschöpfung.

Der Überschuß an geleisteter Verausgabung einer Person mit hohen Kontrollbestrebungen (obere Linie) im Vergleich zu einer Person mit niedrigen Kontrollbestrebungen (untere Linie), wird besonders in der kritischen Phase C deutlich, dann also, wenn berufsgratifikatorische Krisenerfahrungen nicht durch eine Senkung intrinsischer Verausgabung beantwortet werden (können). Hier ist anzunehmen, daß die im 2. Kapitel ausführlich besprochenen chronischen Distress-Erfahrungen mit besonderer Intensität zum Tragen kommen.

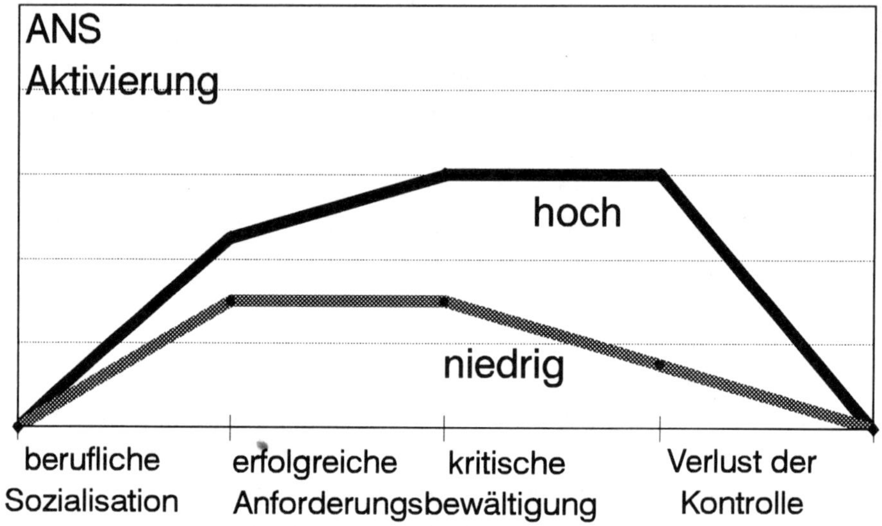

Abbildung 5. *Idealtypische Darstellung von Stadien einer "Verausgabungskarriere" beruflicher Anforderungen bei Personen mit hohen bzw. niedrigen Kontrollbestrebungen*

Wie kann man die dysfunktional erscheinende Stabilität und Rigidität dieses kognitiv-motivationalen Musters hoher Verausgabung erklären? Aus entwicklungs- und sozialpsychologischer Sicht scheinen uns drei Hypothesen plausibel zu sein, die sich wechselseitig nicht ausschließen:

1. hohe Kontrollbestrebungen sind das Ergebnis von Modell-Lernen in der primären Sozialisation (möglicherweise auch das Ergebnis genetischer Einflüsse);

2. hohe Kontrollbestrebungen stellen einen Kompensationsversuch erfahrener oder befürchteter Beeinträchtigung des Selbstwertgefühls in vulnerablen Phasen der primären Sozialisation dar. Sie erfolgen nach dem Muster "Liebe durch Leistung";

3. hohe Kontrollbestrebungen bilden sich als – zunächst erfolgversprechende – Bewältigungstechnik in Kontexten starker beruflicher Beanspruchung während der sekundären Sozialisation (z.B. Lehre) aus und werden aufgrund positiver Verstärkung habitualisiert.

In allen drei Fällen ist es wahrscheinlich, daß dieses Einstellungs- und Verhaltensmuster "automatisiert" wird und sich einer bewußtseinspflichtigen Thematisierung im alltäglichen Leistungsverhalten weitgehend entzieht. Wie bereits betont, müssen diese Hypothesen zur Zeit als ungeprüfte Annahmen gelten, denen lediglich eine gewisse

Plausibilität zukommt. Wichtig scheint uns zu sein, daß das Konstrukt "berufliche Kontrollbestrebungen" in der Lage ist, fortgesetzte, dysfunktional erscheinende Verausgabungsleistungen auch in prekären beruflichen Kontexten zu erklären und damit eine individuelle Distress-Anfälligkeit auch bei objektiv vergleichbarem beruflichem Anforderungsprofil differentiell zu diagnostizieren.

Während wir im 4. Kapitel ausführlich auf die Operationalisierung des Konstrukts "berufliche Kontrollbestrebungen" eingehen, soll jetzt abschließend die Frage beantwortet werden, wodurch und in welcher Weise es sich von einer Reihe anderer psychologischer Konstrukte unterscheidet, die in den vergangenen Jahrzehnten in der Herz-Kreislauf-Forschung untersucht worden sind. Nur wenn es gelingt, die Spezifität des Konstruktes allen bekannten, bisher getesteten Konzepten gegenüber zu begründen, erscheint seine weitere Verwendung legitim.

Typ A Verhalten (Rosenman & Friedman 1958):

Das von uns entwickelte Konstrukt verleugnet keineswegs seine Verwandtschaft mit dem historisch bahnbrechenden, umfangreich untersuchten und breitgefächerten Konzept des Typ A Verhaltens (vgl. auch Dembroski et al. 1983, Schmidt et al. 1986). An anderer Stelle hat unsere Arbeitsgruppe eine ausführliche, kritische Auseinandersetzung mit der Typ-A-Forschung vorgenommen, der wir im übrigen entscheidende Impulse verdanken, und es wurde dargelegt, in welchen Punkten unser Konstrukt vom globalen Typ-A Konzept abweicht bzw. es zu präzisieren und theoretisch zu fundieren sucht (Dittmann & Matschinger, 1982, Matschinger et al., 1986, Siegrist et al., 1980). Wichtig waren bei dieser Fokussierung die theoretischen Überlegungen und experimentellen Ergebnisse von David Glass (1977), der u. W. als erster eine explizite Verbindung zwischen den Begriffen Typ-A-Verhalten und Kontrollbedürfnis herausgearbeitet hat.

Es wird heute allgemein anerkannt, daß das Typ-A Konzept zu heterogen und zu wenig spezifisch ist, um erfolgreiche Prädiktion leisten zu können, daß es ein deskriptives Syndrom und nicht ein theoretisch fundiertes Konstrukt darstellt und daß auf der meßtechnischen Ebene zahlreiche Probleme der Identifizierung (Klassifizierung), Bewertung, Indexbildung, Reliabilität, Änderungssensitivität sowie des sozio-kulturell eingegrenzten Geltungsbereichs bestehen. Vom globalen Typ-A-Konzept unterscheidet sich unser Konstrukt in erster Linie durch Fokussierung auf einen spezifischen kognitiv-motivationalen Komplex mit den oben ausgeführten Eigenschaften sowie durch seine Einbeziehung in ein dynamisches Modell einer "Verausgabungskarriere".

Auf verwandte psychologische Untersuchungsansätze in der klinischen, experimentellen und epidemiologischen Herz-Kreislauf-Forschung wie beispielsweise das Konzept der "Selbst-Involvierung" (Scherwitz et al., 1983) oder das Konzept des "kompensatorischen Leistungsverhaltens" (Langosch, 1989) sei hier nur hingewiesen. Als folgenreicher für die weitere Forschungsentwicklung erwies sich die Spezifizierung einer Komponente des Typ-A Verhaltens, die sich in einer Reihe sekundäranalytischer Auswertungen von Datensätzen zum Zusammenhang zwischen Typ A-Verhalten und koronarem Risiko als besonders erklärungsstark erwies: die Komponente "latente Feindseligkeit" (Williams et al., 1980, Williams & Williams, 1993). Daher wollen wir nach der Beziehung zwischen diesem wichtigen psychologischen Merkmal und dem Konstrukt "Kontrollbestrebungen" fragen.

Feindseligkeit und Ärger (Williams et al., 1980):

Latente Feindseligkeit stellt eine Komponente des Typ A-Verhaltens dar, die in erster Linie im Streß-Interview über bestimmte Sprech-Merkmale (Lautstärke, gereizter Ton etc.) identifiziert worden ist. Es ist wichtig, darauf hinzuweisen, daß der Begriffsumfang von "Feindseligkeit" recht weit ist und daß verschiedene verwandte Phänomene unter diesen Begriff subsumiert worden sind, die aus Gründen konzeptueller Klarheit wie folgt unterschieden werden sollten (vgl. Smith, 1992):

Aggression: Der Begriff bezeichnet overtes konfliktreiches Verhalten in interpersonellen Beziehungen;

Ärger: Der Begriff definiert erstens eine bestimmte Qualität negativer Emotionen, die zwischen Irritierung und Wut oszillieren kann. Zweitens bezeichnet er eine überdauernde psychische Gestimmtheit bestimmter Personen, deren Affektäußerungen überwiegend durch chronische Verärgerung, Mißmut u.ä. gekennzeichnet sind;

Feindseligkeit: mit dem Begriff wird ein Muster negativ getönter Einstellungen und Haltungen Mitmenschen gegenüber bezeichnet, das sich durch Mißtrauen und Zynismus charakterisieren läßt.

Obwohl auf der Meßebene häufig Ärger- und Aggressionssymptome erfaßt werden, gilt doch das Einstellungsmuster der Feindseligkeit als Kern einer koronargefährdenden psychischen Disposition (de Costa, 1986, Smith, 1992, Williams et al., 1993).

Im Konstrukt "berufliche Kontrollbestrebungen" bilden Testaussagen, welche Rivalität in Leistungssituationen und Unabhängigkeitsstreben (unkooperatives Verhalten) messen, eine eigene Subskala (s.u. Kapitel 4). Damit wird zumindest ein im Arbeitsleben wichtiger Aspekt von Feindseligkeit erfaßt, obwohl unser Konstrukt einerseits inhaltlich breiter und andererseits konzeptuell enger, auf das erwähnte kognitiv-motivationale Muster zugeschnitten, ist. Außerdem unterscheidet sich unser Konstrukt von demjenigen der Feindseligkeit dadurch, daß letzteres ein statisches Konzept darstellt, während Kontrollbestrebungen im Bezugssystem einer Verausgabungskarriere dynamisch modelliert werden können. Angesichts der inhaltlichen Berührungen zwischen beiden Konzepten wird es zukünftigen Forschungen in diesem Bereich vorbehalten sein, die Überschneidungen weiter zu klären und den jeweiligen Erklärungsgehalt vergleichend zu analysieren.

Vitale Erschöpfung (Appels, 1980):

Neben Typ A-Verhalten und Feindseligkeit als dessen spezifizierter Subkomponente spielt das Syndrom vitaler Erschöpfung im Zusammenhang unserer Argumentation eine besonders wichtige Rolle. Adrian Appels definiert vitale Erschöpfung als einen Zustand, der durch Gefühle exzessiver Müdigkeit und Energielosigkeit, durch erhöhte Irritierbarkeit und "Dünnhäutigkeit" sowie durch Demoralisierung gekennzeichnet ist. In einer sehr informativen neuen Übersichtsarbeit zeigen Appels et al., (1994), wie sich das von ihm anhand des Maastricht-Fragebogens gemessene Konstrukt von psychiatrischen Kennzeichnungen einer Prä-Infarkt-Depression (Crisp et al., 1984, Haines et al., 1987) ebenso wie von psychoanalytischen Konzepten verstärkter Abwehrmechanismen (Hahn, 1971) unterscheidet. Das Konzept ist auch empirisch besser verankert als die erwähnten bisherigen Ansätze im Bereich Depression und Erschöpfung. So wurde von Appels und Mitarbeitern gezeigt, daß hohe Faktor-Skalenwerte bei "vitaler Erschöpfung" zukünftige tödliche und nicht-tödliche Infarktereignisse prädizieren (Appels et al., 1989) und daß das Reokklusionsrisiko nach Dilatation von Koronargefäßen bei Koronarpatienten mit hoher vitaler Erschöpfung erhöht ist (Kop, 1994; zusammenfassend auch Appels et al., 1994).

Zwischen dem Konzept vitaler Erschöpfung und dem Konstrukt beruflicher Kontrollbestrebungen besteht in zweifacher Hinsicht eine enge Verbindung: erstens definieren Testaussagen zweier Skalen unseres Konstruktes (Hetze und Zeitdruck, Irritierbarkeit bei Störungen; berufliche Distanzierungsunfähigkeit) inhaltliche Bereiche, die sich mit dem Aspekt erhöhter Irritierbarkeit im Sinne Appels überschneiden (s.u. Kap. 4). Zweitens, und dies scheint uns wichtiger, kann man vitale Erschöpfung im Bezugssystem einer Verausgabungskarriere (s.o. Abbildung 5) als ein "Endstadium" (Phase D) betrachten, während das von uns gemessene Konstrukt beruflicher Kontrollbestrebungen – und insbesondere dessen latenter Faktor "berufliche Distanzierungsunfähigkeit" (s.u.) – innerhalb dieser Verausgabungskarriere die noch von Aktivität bestimmte, wenn auch bereits mit negativen Emotionen und kritischen Erfahrungen assoziierte Phase (C) intrinsischer Verausgabungsneigungen kennzeichnet. Während "vitale Erschöpfung" ein Zustands- ("state")-konzept darstellt, fassen wir "berufliche Kontrollbestrebungen" als ein personales ("trait") Merkmal einer besonderen Form von Leistungsverhalten auf, das allerdings im Gegensatz zu Persönlichkeitsmerkmalen nicht durch transsituationale Stabilität gekennzeichnet ist, sondern einem dynamischen Wandel (im Sinne einer "Bewältigungskarriere") unterliegt. Hohe vitale Erschöpfung kann – und ist vermutlich häufig – der Endpunkt einer Verausgabungskarriere sein, zu der hoch kontrollambitionierte Personen häufiger als andere prädisponiert sind. Insofern sind bei der Erklärung oder Vorhersage koronarer Risiken durch die beiden Konzepte Überschneidungen zu erwarten. Zukünftigen Forschungen wird es aufgegeben sein, die Verwandtschaft zwischen den Konzepten "vitale Erschöpfung" und "berufliche Kontrollbestrebungen", ebenso ihre möglichen Beziehungen zum "burn out"-Syndrom (Maslach & Schaufeli, 1993) zu analysieren. Ferner wird es notwendig sein, die Zusammenhänge zwischen dem Konzept "vitaler Erschöpfung" und der Theorie gelernter Hilflosigkeit und der mit ihr assoziierten Depressionsneigung weiter zu klären (Seligman, 1975).

3.3.3 Intensität und Chronizität von Distress-Erfahrungen infolge beruflicher Gratifikationskrisen

In jeder pathophysiologisch relevanten Streßtheorie kommt es darauf an, zu erklären, wie es möglich ist, daß Distress-Erfahrungen so intensiv und langandauernd bzw. wiederkehrend generiert werden, daß sie die Integrität psychischer und somatischer Funktionsabläufe nachhaltig und zum Teil irreversibel zu schädigen vermögen. Im 2. Kapitel haben wir ausgeführt, daß in diesem Zusammenhang Stressoren von Bedeutung sind, welche signifikante Unterbrechungserfahrungen und eine damit einhergehende langanhaltende Bedrohung zu evozieren vermögen. Hier gehen wir nun der Frage nach, inwieweit berufliche Gratifikationskrisen diese Bedingungen erfüllen. Bei der Beantwortung dieser Frage verknüpfen wir Argumentationslinien aus zwei auf den ersten Blick disparat erscheinenden Wissenschaftsgebieten: der phänomenologischen Wissenssoziologie und der neurowissenschaftlichen Emotionsforschung.

Wir haben gezeigt, daß Statuskontrolle die zentrale streßtheoretische Dimension unseres analytischen Ansatzes bezeichnet. Soziale Krisen sind Unterbrechungserfahrungen der status-vermittelten Selbstregulation. Bedingungen, welche die Kontrolle eines zentralen sozialen Status, wie ihn aus erwähnten Gründen der berufliche Status darstellt, bedrohen, besitzen damit eine besonders hohe Wahrscheinlichkeit, langandauernde Distress-Erfahrungen zu generieren. Denn es sind diese Bedingungen (befürchteter Arbeitsplatzverlust, erwarteter sozialer Abstieg, wahrgenommene blokkierte berufliche Aufstiegsmobilität, erfahrene relative Benachteiligung etc.), welche dem Individuum einerseits die begrenzten alternativen Handlungsmöglichkeiten verdeutlichen (z.B. angesichts ausgeprägter Arbeitsmarktsegmentierung, fehlender Arbeitsplatzangebote, fortgeschrittenen Alters, begrenzter Leistungsfähigkeit etc.), welche andererseits jedoch in jedem individuellen Relevanzsystem mit hoher Wahrscheinlichkeit einen zentralen Stellenwert einnehmen.

Der phänomenologische Soziologe Alfred Schütz hat gezeigt, wie der für das Alltagsleben konstitutive Wissensvorrat nach dem *Prinzip der Relevanz* geschichtet ist und wie in der alltäglichen Erfahrungswelt nicht-thematisierte Sachverhalte zum Zweck der Reduktion kognitiver Komplexität und der Routinebildung in einem vorbewußten Bereich sedimentiert werden (Schütz, 1964). Anstelle expliziter Vergegenwärtigungen der den Erfahrungshaushalt strukturierenden Bedeutungshierarchie setzen Personen implizite Verfahrensregeln wie "ich kann immer wieder" oder "und so weiter" ein, die den "natürlichen" Erfahrungsstrom in seiner Eigendynamik gewähren lassen (Schütz, 1964, 1971). Erst wenn eine *Krisenerfahrung* den Fluß "natürlicher" Einstellungen unterbricht, wird das Relevanzsystem für das Individuum thematisier- bzw. problematisierbar. Krisen ergeben sich nach Alfred Schütz letztlich stets aus der Zeitlichkeit, welche der gesamten menschlichen Intentionalität zugrundeliegt. Die von Schütz so genannte "Fundamentalangst" der eigenen Vergänglichkeit bildet den Kerngehalt von Krisenerfahrungen (Schütz, 1964). Aber neben der bedrohten physischen Integrität ist es die *bedrohte soziale Integrität*, welche in besonderer Weise Krisen generiert: sind soziale Statuslagen, welche für die Selbstregulation instrumentell sind, gefährdet, so zerbrechen in der Regel auch die zeitlichen Kontinuitätsmuster und die mit ihnen gegebenen normativen Orientierungen (die erste berühmte soziologische Untersuchung der Arbeitslosigkeit (Jahoda et al., 1933) hat genau dies gezeigt: der Zusammenbruch der gewohnten Zeitstruktur steht am Beginn des Krisenerlebens). In Schützscher Terminologie können wir somit sagen, daß berufliche Gratifikationskrisen zu Thematisierungen des kognitiven Relevanzsystems führen, d.h. zu einer nachhaltig als Bedrohung erlebten *Unterbrechungserfahrung* der zumindest auf das Erwerbsleben bezogenen biographischen Kontinuität.

Was bedeuten diese Ausführungen nun in streßtheoretischer Sicht? Zur Beantwortung dieser Frage müssen wir das Bezugssystem wechseln und uns neueren Einsichten der neurowissenschaftlichen Emotionsforschung zuwenden. Es spricht vieles dafür, daß im menschlichen Gehirn eine vertikale Struktur der Informationsverarbeitung besteht, welche die vom Thalamus auf bestimmte neokortikale Felder projizierten Sinnesreize und deren Vernetzung mit Assoziationsfeldern im präfrontalen Cortex ("Konzeptbildung und -speicherung") ebenso umfaßt wie das limbische System, den Hypothalamus und Kerngebiete des Stammhirns (v.a. die an der Aufmerksamkeitsregulation beteiligte formatio reticularis; vgl. Changeux, 1984, Seitelberger, 1988). Neuronale Bahnen in der Großhirnrinde, welche Konzepte mit hoher Relevanz speichern, sind in besonders starkem Maße mit den *limbischen Strukturen* verbunden. In diesen Strukturen vollzieht sich nämlich der Vergleich neu eingehender Information mit dem vorhandenen Wissensvorrat, und in ihnen werden emotionale Zustände sowie motorische, viszerale und kardiovaskuläre Antworten auf das Ergebnis dieser Bewertung programmiert.

Die kritische Region für eine emotionale Bewertung eingehender Information ist nach heutigem Wissen die *Amygdala* (LeDoux, 1987). Interessanterweise erhält die Amygdala wesentlichen Input aus spezifischen Rindenfeldern im *orbitofrontalen Kortex*, in welchem belohnungssensitive neuronale Zellverbände identifiziert worden sind. Diese Zellverbände feuern differentielle Impulse je nachdem, ob Belohnungserwartungen erfüllt oder enttäuscht worden sind. Wir können als *Hypothese* formulieren, daß berufliche Gratifikationskrisen ihre Distress-Wirkung über eine nachhaltige Aktivierung neuronaler Felder in jenen orbitofrontalen Gehirnregionen auslösen, die auf *Abweichungen von Belohnungserwartungen* – und damit Unterbrechungserfahrungen – angesichts einer nach Relevanzkriterien geschichteten, sprachlich repräsentierten Konzepthierarchie reagieren. Die ins amygdaloide Zentrum weitergeleiteten Impulse werden sodann mit emotionalen Bewertungen versehen und über den Hypothalamus und extrahypothalamische Strukturen in Signale an das autonome Nervensystem weitergegeben. Mit andern Worten: es ist der Verbindung *gratifikationssensitiver neuronaler Strukturen* in jenen Bereichen der Großhirnrinde, welche für die Bildung und Speicherung sprachlich repräsentierter Konzepte zuständig sind, mit der für emotionale "Färbung" und autonome Aktivierung ausschlaggebenden Amygdala zuzuschreiben, daß sensorische und symbolische Informationen, die als Gratifikationskrisen bewertet werden, direkte Auswirkungen auf zentralnervös modulierte sympatho-adrenerge und hypothalamisch-adrenokortikale Aktivierungen besitzen.

Sicherlich ist die in dieser Hypothese zum Ausdruck kommende "konnektionistische Doktrin" zentralnervöser Informationsverarbeitung kein angemessener Zugang zum Verständnis der Arbeitsweise des menschlichen Gehirns. Sie soll lediglich zeigen, wie eine funktional aufeinander bezogene *"Parallelprozessierung"* von symbolischer (kognitiv/affektiver) und neuronaler Information im Sinne unseres theoretischen Modells zu denken wäre. Neue Konzepte der zentralnervösen Informationsverarbeitung, wie sie etwa in der brillianten Darstellung von Dennett (1991) resümiert werden, gehen davon aus, daß Informationsverarbeitung im menschlichen Gehirn nach den Prinzipien der Redundanz, der multiplen parallelen Schaltung und des teilautonomen Prozessierens erfolgt (vgl. auch Weiner, 1992). Diese zuletzt genannte Vorstellung erscheint uns von besonderem Interesse zu sein bezüglich einer weiteren Klärung der Frage, wie wir uns die Chronifizierung von Distress-Erfahrungen vorzustellen haben.

Da offensichtlich längst nicht die gesamte, vom Gehirn aufgenommene Informationsmenge neokortikal, und damit bewußtseinspflichtig, verarbeitet wird – man schätzt heute, daß pro Sekunde etwa 10^9 bits im Gehirn eintreffen, jedoch lediglich ca. 10^2 bits ins Bewußtsein gelangen (Seitelberger, 1988) – spricht vieles dafür, daß das *teillautonome Prozessieren von Information* eine wichtige Rolle spielt, und zwar selbst in Bereichen, die mit der im Prinzip hierarchisch strukturierten Informationsverarbeitung von Stressor-Information befaßt sind. So hat beispielsweise der Neurowissenschafter Joseph LeDoux einen eigenständigen, teil-autonomen Pfad der Verarbeitung affektiver Information nachgewiesen, der unter Umgehung höherer, bewußtseinspflichtiger neokortikaler Strukturen auf direktem Weg vom thalamischen Gebiet zu den limbischen Strukturen führt (1987).

Auch wenn die Bedeutung eines solchen direkten, unbewußt verlaufenden Pfades der affektiven Informationsverarbeitung begrenzt sein mag – LeDoux nimmt an, daß er in evolutionärer Perspektive vor allem der blitzschnellen Reaktionsvorbereitung diente – so ist doch bedeutsam, daß Distress-Erfahrungen nicht in ihrer Gesamtheit über den bisher ausschließlich beachteten neokortikal-limbischen Informationsverarbeitungspfad prozessiert werden, sondern teilweise (und zusätzlich?) über einen "direkten", teil-autonomen Pfad. Diese Sichtweise hat immerhin zu einer Grundsatzdebatte im Gebiet der kognitionspsychologischen Emotionstheorie geführt (LeDoux, 1989, Lazarus, 1991).

In Anlehnung an diese neueren Konzepte multipler paralleler und teilautonomer Informationsverarbeitung im Zentralnervensystem gehen wir von der Hypothese aus, daß eine Chronifizierung von Distresserfahrungen infolge beruflicher Gratifikationskrisen im alltäglichen Erwerbsleben teilweise dem Umstand zu verdanken ist, daß entsprechende sensorische und symbolische Erfahrungen unterhalb der bewußtseinspflichtigen Wahrnehmungsschwelle ins limbische System eingespeist werden und dort autonome Aktivierungen auslösen. Dies gilt vor allem für jene gratifikationskritischen Erfahrungen, die nicht als diskrete, neuartige Ereignisse den Bewußtseinsstrom unterbrechen, sondern die Teil eines alltäglichen Erfahrungskontextes der Erwerbsarbeit bilden (sog. undramatische Formen erfahrener relativer Benachteiligung). Im Rahmen unserer empirischen Forschungsarbeiten bei beruflich belasteten Kollektiven haben wir beispielsweise wiederholt die Erfahrung gemacht, daß die Betroffenen zwar ihre negative emotionale Gestimmtheit im Kontext des belastenden Berufsalltags verbalisieren konnten, häufig jedoch Schwierigkeiten hatten, explizit eine Zuordnung negativer Emotionen zu spezifischen Stressoren vorzunehmen (vgl. Kap. 4).

Aber selbst bewußtseinspflichtige gratifikationskritische Erfahrungen können eine Chronifizierung von Distress-Reaktionen bewirken. Zum einen ist denkbar, daß traumatisierende Erlebnisse wie berufliche Kränkungen, Schockerlebnisse, langfristig wirksame Bedrohungen u.ä. zu einer kognitiven *"Kontrollpräzedenz"* (Gaillard & Wijnties, 1993) mit permanenter, auch unerwünschter gedanklicher Präsenz führen, die als nicht bewältigbare emotionale Belastung erlebt wird. Zum andern können gratifikationkritische Erfahrungen mit fortgesetzter Distress-Wirkung, trotz ihres emotional ungünstigen Ertrages, aus strategischen Gründen in Kauf genommen, erlitten werden. Dieser Punkt scheint uns besonders bedeutsam, auch wenn – oder gerade weil – er im Widerspruch zu einem führenden Paradigma der Verhaltenswissenschaften im allgemeinen und der Streßforschung im besonderen steht: zum motivationspsychologischen Erwartungswert-Nutzen-Theorem.

Nach dem *Erwartungswert-Nutzen-Theorem* handeln Menschen so, daß sie eine für sie selbst möglichst günstige Bilanz zwischen Aufwand und Ertrag erzielen können. Sie verfolgen Handlungsstrategien auf der Grundlage einer rationalen Wahl, die es ihnen ermöglicht, mit den vergleichsweise geringsten Kosten den optimalen Nutzen zu erreichen. Nach diesem Theorem ist zu erwarten, daß Situationen, die mit hohen Kosten, jedoch geringen Belohnungen einhergehen, nach Möglichkeit gemieden werden. Ferner sagt dieses Theorem voraus, daß dort, wo solche Situationen nicht gemieden werden können, Strategien der Kostenminderung eingesetzt werden, so z.B. eine Herabsetzung des Erwartungswertes, eine Abschwächung der geforderten Verausgabung oder eine emotionale Distanzierung (vgl. Schönpflug et al., 1989). Wieso, so fragen wir, soll unter bestimmten Bedingungen der Erfahrung beruflicher Gratifikationskrisen das Erwartungswert-Nutzen-Theorem nicht gelten?

In Aussage 9 der zusammenfassenden Darstellung unserer theoretischen Konzeption haben wir drei Bedingungen genannt, unter denen die Vorhersage des Erwartungswert-Nutzen-Theorems nicht zutreffen dürfte. Erstens können soziale Zwänge vorliegen, die eine kostengünstige Wahl nicht zulassen. Dies gilt beispielsweise, wie wir im 2. Teil sehen werden, für bestimmte gering qualifizierte und wenig mobile Gruppen von Beschäftigten: die Kosten, die mit dem Akzeptieren von Gratifikationskrisen am Arbeitsplatz verbunden sind, erscheinen geringer als die möglichen Folgekosten reduzierter Verausgabung am Arbeitsplatz (z.B. die erhöhte Gefahr, bei Leistungsminderung entlassen oder bezüglich Lohn und Tätigkeit herabgestuft zu werden). Zweitens können berufsbiographisch-strategische Erwägungen dazu führen, Gratifikationskrisen über einen längeren Zeitraum in Kauf zu nehmen, dann nämlich, wenn eine realistische Chance besteht, mit diesem Kapital an "Vorleistungen" eines Tages im Wettbewerb um knappe Positionen beruflichen Aufstiegs, beruflicher Beförderung, Auszeichnung etc. eine sichere Option zu besitzen. Diese Strategie ist zwar riskant und vermutlich in höheren sozio-ökonomischen Statusgruppen weiter verbreitet als in niedrigen, aber nichts spricht dagegen, daß sie bewußt und langfristig gewählt werden kann, obwohl ein Nutzen im Vergleich zur erbrachten Anstrengung nicht konkret bilanziert werden kann. Drittens können intrinsische Leistungsmotivationen bei bestimmten Erwerbspersonen vorliegen, die dazu führen, daß Verausgabungen nicht in das Kosten-Nutzen-Kalkül einbezogen werden. Mit dem Konzept "berufliche Kontrollbestrebungen" haben wir eine solche intrinsische Leistungsmotivation analytisch abgegrenzt und beschrieben. Wir haben auch auf mögliche psychodynamische Motive und wahrnehmungspsychologische Prozesse hingewiesen, die erklären helfen, warum gegebenenfalls eine ungünstige Kosten-Nutzen-Relation über einen längeren Zeitraum hinweg aufrechterhalten werden kann.

Zusammenfassend halten wir fest, daß es sowohl Bedingungen sozio-ökonomischer Zwänge wie auch personaler Strategien bzw. Dispositionen (z.B. übersteigerte berufliche Kontrollbestrebungen) gibt, welche bedeutsame, zeitlich langfristig wirksame und damit für das Distress-Geschehen entscheidende *Verausgabungsleistungen* auch bei *Abwesenheit* erfahr- oder erwartbarer *Belohnungen* erwarten lassen. Im Gegensatz zum Erwartungswert-Nutzen-Theorem gehen wir davon aus, daß unter den genannten Bedingungen *keine* Reduktion der Intensität von Distress-Erfahrungen erfolgt, sondern daß vielmehr, ceteris paribus, eine *erhöhte Herz-Kreislauf-Gefährdung* zu erwarten ist (vgl. Kap. 6 - 9).

3.4 Zusammenfassung

In diesem theoretisch zentralen Kapitel haben wir zunächst gezeigt, wie mit den Entwicklungstendenzen der Erwerbsarbeit in ökonomisch fortgeschrittenen Gesellschaften neue Belastungserfahrungen in den Vordergrund treten: psychomentale und sozioemotionale Belastungen, die sowohl mit den spezifischen Arbeitsprofilen im industriellen (Neo-Industrialisierung!) und im Dienstleistungssektor als auch mit den berufsbiographischen Veränderungen (Erosion des Vollzeitarbeitsverhältnisses, Fragmentierung stabiler Berufsbiographien, Arbeitslosigkeitsrisiken) zusammenhängen. Ausführlich wurden sodann theoretische Konzepte und empirische Befunde zu drei Bereichen psychomentaler und sozio-emotionaler Belastungserfahrungen im Arbeitsalltag vorgestellt und diskutiert: zu dem Bereich "Arbeitsorganisation und Arbeitsinhalt", zu dem Bereich "soziale, interpersonelle Beziehungen im Arbeitsleben" und zu dem Bereich "berufliche Mobilitätsereignisse bzw. berufliche Statuskontrolle".

Am ausführlichsten wurde bisher der erste Bereich untersucht. Hier hat vor allem das einflußreiche Modell des "job strain" die Forschungsaktivitäten der letzten Jahre bestimmt, deren eindrucksvolle Bilanz ebenso kurz dargestellt wurde, wie andererseits die offenen Punkte des theoretischen Ansatzes herausgearbeitet wurden. In diesem Zusammenhang sind zwei Ergänzungen von Bedeutung: zum einen die Erweiterung des zwei-dimensionalen zu einem drei-dimensionalen Belastungsmodell unter Berücksichtigung der Dimension "soziale Unterstützung", zum andern die Einbeziehung berufsbiographischer Verläufe von Erwerbspersonen an spezifischen Arbeitsplätzen.

Obwohl die Dimension sozialer Beziehungen am Arbeitsplatz in streßtheoretischer Sicht von großer Bedeutung ist (z.B. sozio-emotionaler Rückhalt als Schutzfaktor angesichts von Arbeitsbelastungen), sind die theoretischen Konzepte und empirischen Ergebnisse der einschlägigen Forschungsrichtung bisher nicht so überzeugend ausgefallen wie bei dem "job strain"-Modell. Die Darstellung dieses Bereiches hat daher mehr Fragen aufgeworfen als Antworten gegeben.

Ähnliches gilt für den Bereich beruflicher Mobilitätsereignisse und erhöhter Arbeitsplatzunsicherheit. Trotz eindrucksvoller Einzelstudien ist es hier bisher nicht gelungen, eine einheitliche theoretische Basis zu schaffen, die in der Lage wäre, die disparaten empirischen Befunde überzeugend zu integrieren.

Mit diesem Anspruch haben wir in den Abschnitten 3.2 und 3.3 versucht, konstitutive Belastungen des Erwerbslebens in entwickelten Industriegesellschaften (Schwerpunkt: begrenzte berufliche Statuskontrolle) im Rahmen einer allgemeinen Theorie der Beziehungen zwischen individuellen Bedürfnissen der Selbstregulation (Selbstwirksamkeit, Selbstbewertung, Selbsteinbindung) und der darauf bezogenen sozialen Chancenstruktur (Leistungs-, Belohnungs- und Zugehörigkeitsoptionen des beruflichen Status) zu analysieren. Soziale Krisen wurden von uns als Ergebnis fehlender struktureller und funktionaler Korrespondenz zwischen den genannten "sozio-emotionalen Motivationen" und der "Chancenstruktur des sozial-kommunikativen Feldes" im Erwerbsleben interpretiert, und es wurde die spezifische Intensität und Chronizität von mit sozialen Krisen assoziierten Distresserfahrungen erläutert.

Eine spezifische Form sozialer Krisen im Erwerbsleben, die mit einem erhöhten distress-vermittelten kardiovaskulären Risiko einhergeht, wurde sodann anhand des Modells beruflicher Gratifikationskrisen identifiziert. Dieses Modell wurde in seinen

Kernaussagen dargestellt, graphisch veranschaulicht und anhand vertiefender Analysen in seinen allgemeineren Implikationen verdeutlicht. Da das Modell die – bewußte oder unbewußte – Aufrechterhaltung einer ungünstigen Kosten-Ertrags-Relation postuliert, war eine kritische Auseinandersetzung mit dem Geltungsbereich des einflußreichen motivationspsychologischen Erwartungswert-Nutzen-Theorems erforderlich. Sie konnte allerdings erst auf dem Hintergrund unserer Darlegungen zu den unterstellten Modalitäten neuronalen Prozessierens stressor-relevanter Information erfolgen.

Das Modell beruflicher Gratifikationskrisen bietet ebenso wie das "job strain"-Modell eine Erklärung des ausführlich dargestellten sozialen Schichtgradienten kardiovaskulärer Morbidität an, soweit dieser auf distress-vermittelte Arbeitsbelastungen im frühen und mittleren Erwachsenenalter zurückgeführt werden kann. Im Gegensatz zum "job strain"-Modell berücksichtigt es jedoch neben situationsbezogenen auch personenbezogene Merkmale (durch Einführung des ein personales Bewältigungsmuster erfassenden Konzeptes "berufliche Kontrollbestrebungen"), und es orientiert sich in streßtheoretischer Sicht am Gesichtspunkt langfristig wirksamer Bedrohlichkeit gratifikationskritischer Erfahrungen.

Nach dieser theoretischen Explikation wird im folgenden Kapitel die Messung des Modells bzw. seiner Komponenten dargestellt, bevor im 2. Teil eine detaillierte Übersicht über die wesentlichen, hierzu bisher erzielten empirischen Ergebnisse aus drei größeren Studien gegeben wird. Der dritte Teil behandelt sodann abschließend die praktischen Implikationen, die sich aus diesem Forschungsansatz ergeben.

4 Messung des Modells

4.1 Begründung des methodischen Ansatzes

In den Sozialwissenschaften gibt es eine ausführliche Diskussion über Chancen und Grenzen des Messens (z.B. Cicourel, 1974, Duncan, 1984). Versteht man in allgemeiner Konvention unter Messen den Vorgang einer systematischen Zuordnung von Zahlen zu Eigenschaften von Objekten, so werden die Schwierigkeiten dieses Vorhabens bereits deutlich: viele sozialwissenschaftlich relevante Phänomene sind nicht als manifeste, intersubjektiv konsensfähig beobachtbare Objekte oder Eigenschaften vorgegeben, sondern sie lassen sich nur indirekt beobachten, und zwar über sog. Konstrukte. *Konstrukte* stellen Attribute dar, welche einer Abbildung in Zahlenrelationen nicht direkt zugänglich sind, sondern lediglich über die Messung der sie repräsentierenden Indikatoren. Viele soziologische (soziale Schicht, sozialer Rückhalt, relative Benachteiligung etc.) wie auch psychologische (z.B. Intelligenz, Leistungsmotivation, Selbstwirksamkeit) Basiskategorien stellen Konstrukte dar, die lediglich über Indikatoren erfaßbar sind. Konstrukte akzentuieren, fokussieren bestimmte, analytisch interessant erscheinende Aspekte der Wirklichkeit, die sich der "naiven", unreflektierten Alltagserfahrung verschließen. Es ist der spezifische Vorteil der wissenschaftlichen Arbeitsweise, anhand einer gewählten bzw. neu entwickelten heuristisch-analytischen Perspektive Ausschnitte der – im Falle der Sozialwissenschaften – personalen und sozialen Wirklichkeit durch konstruierte Ordnungen (neue begriffliche Akzentsetzungen und Unterscheidungen; Klassifizierungen; Herstellung von Beziehungen zwischen Aussageelementen etc.) auf neuartige Weise sichtbar, versteh- und erklärbar zu machen.

Die Gültigkeit einer über *Indikatoren* vermittelten Messung hängt zum einen von der Relevanz des theoretisch postulierten Konstruktes ab, zum andern von der Güte der Wahl der Indikatoren. Innerhalb des Bezugssystems der empirischen Sozialforschung läßt sich die Erfüllung dieser beiden Bedingungen nicht streng prüfen, jedoch kann man empirische Sozialforschung als einen *iterativen Prozeß* verstehen, bei dem

Unzulänglichkeiten bei der Definition von Konstrukten und bei der Festlegung von Korrespondenzregeln zwischen Konstrukten und Indikatoren sukzessive minimiert werden.

Bevor wir die von uns gewählten Indikatoren zur Messung beruflicher Gratifikationskrisen darstellen, müssen noch weitere grundlegende Voraussetzungen eines sozialwissenschaftlichen Meßvorganges erläutert werden. Wir sagten: Messen ist die systematische Zuordnung von Zahlen zu Eigenschaften von Objekten (bzw. Ausprägungen von Indikatoren). Mit dieser Definition wird unterstellt, daß die zwischen Zahlen bestehenden Relationen den zwischen den zu messenden Eigenschaften bestehenden Relationen entsprechen. Mit andern Worten: numerische Meßwerte sollen empirische Sachverhalte "abbilden". In allgemeiner Konvention lassen sich hierbei vier Niveaus der Relationen zwischen Zahlen und Eigenschaften (sog. Skalenniveaus) unterscheiden: die Gleichheitsrelation (Nominalskala), die Ordnungsrelation (Ordinalskala), die Relation, die sich als Quotient von Differenzen bestimmen läßt (Ausprägung von Merkmalsdifferenzierungen mit gleichen Abständen; Intervallskala) und die Relation, die sich als Quotient von Zahlen bestimmen läßt (Merkmalsdifferenzierungen mit gleichen Abständen und natürlichem Nullpunkt; Verhältnisskala).

Die Wahl eines angemessenen *Skalenniveaus* ist in den Sozialwissenschaften häufig prekär. Dies gilt nicht für den Fall evident disjunktiver Merkmale (Kategorialdaten, z.B. Geschlecht, Familienstand). Jedoch bei allen Merkmalen, die eine extensive Struktur aufweisen, stellt sich das Problem der angemessenen Festlegung entweder einer Rangfolge der Merkmalsausprägungen (Ordinaldatenniveau) oder aber eines Kontinuums mit gleichen Abständen zwischen den Merkmalsausprägungen (Intervalldatenniveau). Dies ist beispielsweise der Fall bei einem in der empirischen Sozialforschung sehr häufig angewandten Variablentypus, bei sog. *Likert- skalierten Variablen* (Likert, 1932). Hierbei handelt es sich um Aussagen ("Items"), Fragen oder Beobachtungskriterien, denen fest vorgegebene, mehrfach abgestufte Antwortkategorien zugeordnet sind. Die Kategorien sind in auf- oder absteigender Rangfolge sprachlich festgelegt (z.B. "stimme stark zu", "stimme zu", "lehne ab", "lehne stark ab", oder "nie", "selten", "manchmal", "häufig", "immer"). Hier stellt sich das zentrale Problem der Wahl eines angemessenen Skalenniveaus, insbesondere im Fall der Entscheidung für eine Intervall-Skalierung das Problem der angemessenen Wahl *numerischer Scores* (Zahlen) für die nachfolgende statistische Auswertung.

Im allgemeinen entscheiden sich Sozialforscher in solchen Fällen zugunsten einer *Intervallskalierung*. Dies hat erhebliche Vorteile: es lassen sich anspruchsvollere mathematische Operationen und statistische Auswertungsverfahren einsetzen; die "Quantifizierbarkeit" der Messung ist gesteigert, mit ihr unter Umständen auch die teststatistische Charakterisierung der Messung einer latenten Eigenschaft; die inferenzstatistische Mächtigkeit der dem Intervallskalenniveau angemessenen Auswertungsverfahren ist höher etc. Auf der anderen Seite geht eine solche Entscheidung mit erheblichen Fehlerrisiken einher. Die *gravierendste Fehlerquelle* liegt dabei in der unangemessenen Quantifizierung der Antworten. In der Regel wird vom Forscher durch willkürliche Zuordnung einer Folge natürlicher Zahlen zu den vorgegebenen Antwortkategorien eine Gleichabständigkeit (*Äquidistanz*) hergestellt. Die Fehleranfälligkeit bzw. Verzerrung der Messung bleibt dadurch gänzlich ungeprüft. Dies kann deswegen schwerwiegende Folgen haben, weil in den Sozialwissenschaften kein Goldstandard zur Kalibrierung der Antwortkategorien bzw. der mit der Äquidistanz unterstellten Maßeinheiten vorhanden ist. Erst in der jüngeren Sozialforschung sind Verfahrensweisen entwickelt worden, die unter der Bezeichnung der "empirischen Quantifizierung" (Kohlmann, 1993) zusammengefaßt werden und die gestatten, die Angemessenheit bzw. Unangemessenheit einer Äquidistanz-Annahme empirisch zu überprüfen. Zwei spezielle Modelle, die kanonische Korrelationsanalyse und die Assoziationsanalyse, sind hierbei von besonderer Bedeutung. Mit ihrer Hilfe kann zumindest der genannte Aspekt sozialwissenschaftlicher Meßproblematik zufriedenstellend überprüft und kontrolliert werden (vgl. Kohlmann, 1993).

Meßfehler und Unsicherheiten sozialwissenschaftlicher Datenerhebung ergeben sich jedoch auch auf anderen Ebenen (als Übersicht vgl. z.B. Biemer et al., 1991, Blalock, 1982, Kreppner, 1975, Reineke, 1991). Hier soll das wichtigste Problem kurz angesprochen werden: die *Datenerhebung* ist selbst ein *sozialer Prozeß* kommunikativer Interaktion. Dies gilt zumindest für die gebräuchlichsten Meßverfahren des *Interviews* und der systematischen Beobachtung, in gewissem Umfang jedoch auch für die hochstrukturierte, standardisierte schriftliche Befragung. Damit ist die Messung einer Vielzahl nur schwer kontrollierbarer Reaktionen und Einflüsse in einem sozialen Feld ausgesetzt. Selbst in einer als hochgradig standardisiert definierten Situation wie dem Ausfüllen eines schriftlichen Fragebogens unter Anleitung können Erwartungen bezüglich sozialer Erwünschtheit, Stimmungen und situative Einflüsse (z.B. Annahme fehlender Anonymität der Datenauswertung) weitreichende Wirkungen auf das Antwortverhalten ausüben.

Diese prinzipielle Fehleranfälligkeit der Messung muß der Forscher permanent sich vergegenwärtigen. Alle Strategien der "Kontrolle" bzw. Eingrenzung von Meßfehlern sind daher lediglich als Versuche einer approximativen Annäherung an eine faktisch unmögliche fehlerfreie Messung zu verstehen. Sozialwissenschaftliche Messung ist in besonders weitreichendem Maße *kontextabhängige Messung*. Die entscheidende Frage zielt hierbei auf die Bestimmbarkeit der Einflußquellen auf eine Verzerrung von

Meßergebnissen und auf die Verringerung der Unsicherheit bezüglich der Validität einer approximativen Messung.

Bei der Behandlung dieser Frage unterscheiden sich die beiden unterschiedlichen methodologischen Orientierungen der empirischen Sozialforschung grundlegend: die hermeneutisch-typologisierend verfahrende und die empirisch-nomologisch verfahrende Methodologie. Diesen beiden Traditionen sind zwei methodische Vorgehensweisen zugeordnet, die abgekürzt als "*qualitative*" und als "*quantitative*" Methoden der Sozialforschung bezeichnet werden. Jede dieser Traditionen hat ihre spezifischen Vor- und Nachteile, ihre Indikationen und Kontraindikationen (vgl. z.B. Strauss 1991). Während zentrale Erfordernisse wissenschaftlicher Vorgehensweise in beiden Ansätzen in gleicher Weise erfüllt werden müssen (z.B. Objektivität und intersubjektive Überprüfbarkeit, Kontrolle von Fehlereinflüssen, Gültigkeit und Zuverlässigkeit der Messung), unterscheiden sie sich doch in dem Verständnis dessen, was als Meßvorgang beschrieben worden ist. Das hermeneutisch-qualitative Verfahren legt Messen als Prozeß einer sinnverstehenden Rekonstruktion eines Gesamts von (im Idealfall nicht-reaktiv gewonnenen) je individuell dokumentierten sprachlichen Äusserungen durch den Forscher aus. Demgegenüber wird Messen in der empirisch-nomologisch, quantitativ verfahrenden Forschung als eine vom Forscher vorgängig, als "Prä-Konstruktion" festgelegte Operation verstanden, mit der die untersuchte Person im Prozeß der Datenerhebung konfrontiert wird.

Es scheint wichtig, festzuhalten, daß diese *unterschiedlichen Orientierungen* unabhängig von der gewählten sozialwissenschaftlichen Theorietradition, in welche ein bestimmtes empirisches Forschungsvorhaben eingebunden ist, bestehen bleiben. So ist denkbar, daß qualitative wie auch quantitative Verfahren in einer am methodologischen Individualismus orientierten Theorie ebenso wie in einer systemtheoretisch ausgerichteten Forschungsarbeit zum Einsatz gelangen. Andererseits muß betont werden, daß die beiden methodischen Ansätze in der Geschichte eines Forschungsprozesses sich durchaus sinnvoll *ergänzen* können: in Frühphasen eines Forschungsprozesses, in denen über den zu untersuchenden Gegenstand noch wenig bekannt ist bzw. in denen Hypothesen über Zusammenhänge zwischen untersuchten Merkmalen erst generiert werden sollen, sind qualitative Methoden in der Regel eher angebracht als quantitative, während in späteren Untersuchungsphasen der Grenznutzen qualitativer Verfahren, die häufig deutlich zeit- und arbeitsaufwendiger sind, sinkt.

In der hier dargestellten Forschungsarbeit haben wir uns aus den nachfolgend genannten Gründen bewußt für die *empirisch-nomologische Methodologie* und, damit einhergehend, die Meßmethoden der *quantitativen Sozialforschung* entschieden.

1. Es geht uns darum, *Hypothesen* empirisch *zu überprüfen*, die aus einem expliziten theoretischen Modell hergeleitet sind. Dies bedeutet, daß wir als Forscher die Meßoperationen (d.h. Indikatoren der theoretischen Konstrukte) selbst vornehmen und den untersuchten Personengruppen zur Beantwortung vorlegen. Ein solches Verfahren ist selbstverständlich nur dann zu rechtfertigen, wenn ein reichhaltiges Vorwissen über den interessierenden Ausschnitt aus der sozialen bzw. personalen Wirklichkeit besteht und damit Gewähr für eine ausreichende Konstruktvalidität der gewählten Indikatoren gegeben ist.

2. Wissenschaftliche Arbeit zielt auf einen Prozeß *kumulativen Erkenntnisgewinns* ab. Dies bedeutet, daß erzielte Ergebnisse anhand gleicher Methoden und Datenauswertungsverfahren erneut überprüft und gegebenenfalls bestätigt, modifiziert oder verworfen werden können. Meßoperationen der quantitativen Sozialforschung haben in aller Regel den Vorteil, daß sie hochgradig standardisiert und somit gut replizierbar sind und daß genaue Anweisungen bezüglich der Auswertung der mittels Indikatoren erhobenen Daten bestehen.

3. Sozialepidemiologische Studien an *großen Kollektiven* erfordern die Einbeziehung forschungsökonomischer Gesichtspunkte in die methodische Arbeit. Standardisierte quantitative Erhebungsmethoden wie beispielsweise das strukturierte Interview bieten den Vorteil überschaubarer zeitlicher Belastung für die Befragten, ebenso wie den Vorteil erhöhter Kontrollierbarkeit des Datenerhebungsprozesses (z.B. durch systematische Schulung von Interviewer-Personal).

In Anbetracht der zahlreichen Unsicherheiten und Einschränkungen sozialwissenschaftlichen Messens haben wir dem methodischen Prinzip der *Triangulation* von Daten einen besonderen Stellenwert eingeräumt. Dieses Prinzip bedeutet, daß Daten unterschiedlicher Herkunft und Qualität miteinander verknüpft werden, um die Zuverlässigkeit und Gültigkeit empirischer Aussagen zu erhöhen. In unseren in Betrieben durchgeführten Forschungen gibt es in der Regel zwei sozialwissenschaftliche Datenquellen: die befragte Person (Arbeiter, Angestellte etc.) und eine externe Informationsquelle (z.B. Sicherheitsingenieur, beobachtender Sozialwissenschafter im Betrieb). Die Kombination beider Datenquellen vermag der untersuchten Realität insofern besser gerecht zu werden als die Konzentration auf eine einzige Quelle, als einerseits subjektive Angaben auf ihre Gültigkeit überprüft werden können, andererseits jedoch auch die Vielschichtigkeit subjektiver Situationsdefinitionen abgebildet werden kann.

Triangulation bedeutet in unserem Untersuchungsansatz darüber hinaus, daß wir zwei Informationsqualitäten der im Interview bzw. in der schriftlichen Befragung erhobenen Daten miteinander kombinieren können: zum einen *deskriptive* Informationen (Antworten auf sog. Faktfragen, die häufig als abgekürzte, summarische Information über Wirklichkeitsbereiche benutzt werden, die sich im Hier-und-Jetzt-Bezug einer Untersuchungssituation nicht angemessen überprüfen und explorieren lassen), zum andern *Einstellungen* ("Attitüden"), subjektive *Einschätzungen* und *Befindlichkeiten* des je einzelnen Befragten. Konsonanzen und Diskrepanzen bei der Analyse von Daten auf den drei Ebenen (*Kontextinformation, deskriptive Information, evaluative Information*) geben uns mehr Anhaltspunkte bezüglich einer Bewertung des Geltungsbereichs von Konstrukten und der Gültigkeit von Meßergebnissen, als dies bei der Konzentration auf eine einzige Informationsqualität möglich wäre.

Nach diesen grundsätzlichen Ausführungen zu der Problematik sozialwissenschaftlichen Messens sollen im folgenden die einzelnen Indikatorbereiche zur Erfassung des Konstruktes "berufliche Gratifikationskrisen" bzw. seiner Teilkonstrukte dargestellt werden.

4.2 Messung intrinsischer Verausgabung

Im 3. Kapitel haben wir das Konzept "*berufliche Kontrollbestrebungen*" als eine psychische Risikodisposition gesteigerter Verausgabung in Leistungssituationen eingeführt und erläutert. Wir haben gezeigt, wie damit einerseits eine Präzisierung des unspezifischen und heterogenen Konzeptes des Typ A-Verhaltensmusters erfolgen, andererseits eine theoretische Fundierung des intrinsischen Verausgabungsgeschehens durch die Verbindung motivations- und kognitionspsychologischer Theorieansätze geleistet werden sollte. Die *Operationalisierung* eines *Konstruktes* "berufliche Kontrollbestrebungen" innerhalb unserer Forschungsaktivitäten verlief in *zwei Etappen* und umfasste eine mehrjährige Forschungsarbeit. In einer ersten, als *exploratorisch* zu bezeichnenden Etappe wurde das Konzept noch in enger Anlehnung an die traditionelle Typ A-Forschung operationalisiert. Eine theoretisch begründete Dimensionierung war hier ebenso wenig geleistet wie eine umfassende teststatistische Überprüfung. In seiner ersten Fassung enthielt das Meßverfahren 14 dichotome Items zu drei Bereichen von Kontrollbestrebungen: dem Bereich Arbeit und Leistung, dem Bereich sozialer Kontakte und dem Bereich blockierter Kontrollerfahrungen (Siegrist et al., 1980).

In einer umfangreichen *Fall-Kontrollstudie* an 380 männlichen Patienten, die einen ersten akuten *Herzinfarkt* überlebt hatten und in eine stationäre Anschlußheilbehandlung an einer großen Herz-Kreislauf-Klinik aufgenommen wurden, sowie an einer gesunden *Kontrollgruppe* von 190 Probanden wurde die Bedeutung psychosozialer Belastungskonstellationen für das frühzeitige Infarktgeschehen untersucht (Siegrist et al., 1980). In diesem Zusammenhang wurde u.a. das Meßverfahren "Kontrollbestrebungen" appliziert. Auf der Basis von Daten der Zufallshälfte der Infarktgruppe und der 190 Kontrollprobanden wurden klassische teststatistische Analysen der 14 Items durchgeführt (Schwierigkeit, Streuung, Trennschärfe, Homogenität, Selektionskennwert, Reliabilität). Ferner wurden interne Konsistenz, Test-Retest-Reliabilität und Faktorstruktur der Skalen untersucht. Dabei zeigten sich einerseits relativ befriedigende Itemkennwerte, andererseits jedoch wenig überzeugende Faktorlösungen. Auch brachte die inhaltliche Analyse nur teilweise erfolgreiche Ergebnisse: im Vergleich der Subskalenmittelwerte zwischen Infarkt- und Kontrollgruppe vermochte nur die erste Skala (Arbeit, Leistung (6 Items)) signifikant im Sinne der Hypothese zu differenzieren (Einzelheiten s. Siegrist et al. 1980).

Eine grundlegende *theoretische Präzisierung* und Ausdifferenzierung des Konstruktes und die Entwicklung und Testung eines umfangreichen Itempools kennzeichneten daher die in den Jahren 1979 bis 1982 realisierte *Neuentwicklung*. Dabei gingen wir von folgenden Postulaten aus:

1. stringente Verbindung von *theoretischer Dimensionierung* des Konstruktes und dessen Operationalisierung;

2. Präzisierung der theoretisch bestimmten Dimensionen durch explizite operationelle Erfassung der drei Aspekte Verhalten, Kognition und Emotion und durch Fokussierung des Erfahrungsfeldes auf den Bereich *alltäglicher Erwerbsarbeit*;

3. Berücksichtigung des Konzeptes einer "*Verausgabungskarriere*" im Verlauf der Berufsbiographie der einzelnen Person, d.h. Unterscheidung von Verausgabung unter Bedingungen erfolgreicher Anforderungsbewältigung (und Statuskontrolle) von Verausgabung unter Bedingungen prekärer Anforderungsbewältigung (und Statuskontrolle);

4. Anwendung von Verfahren der *probabilistischen Testtheorie* sowie von linearen Strukturgleichungsmodellen (z.B. für konfirmatorische Faktorenanalysen).

Die *theoretische Begründung* und die *teststatistische Charakterisierung* des neuen Befragungsinstrumentes zur Messung beruflicher Kontrollbestrebungen (44 Items) ist in einem umfangreichen, leider unveröffentlicht gebliebenen *Abschlußbericht* an die Deutsche Forschungsgemeinschaft von den damaligen Projektmitarbeitern Klaus H. Dittmann und Herbert Matschinger dargestellt worden (Dittmann & Matschinger 1982). Diesen beiden Wissenschaftern kommt das Verdienst zu, grundlegende Beiträge zu der geschilderten Neuentwicklung des Meßverfahrens geleistet zu haben. Es kann im Rahmen dieser zusammenfassenden Darstellung der Forschungsarbeit nicht auf Einzelheiten der teststatistischen Entwicklung und Analyse eingegangen werden.

Allerdings sollen die entscheidenden Ergebnisse und Kennwerte in Form eines *Überblicks* dargestellt werden (vgl. auch Dittmann et al., 1985, Siegrist et al., 1987).

Entsprechend den ersten drei Postulaten wurde von unserer Forschungsgruppe ein Itempool von ca. 600 Items zusammengestellt. In diesen Pool flossen zwar auch einige bereits getestete Items aus Instrumenten, die in der psychologischen Herz-Kreislauf-Forschung damals verwendet wurden sowie die diskriminierenden Items aus unserem Vorläufer-Instrument. Die überwiegende Mehrheit der Items wurde jedoch von uns neu entwickelt, indem wir zunächst 17 Aspekte einer theoriegeleiteten Phänomenologie beruflicher Kontrollbestrebungen unterschieden (1. Verausgabung, 2. Arbeitslust, 3. Beharrlichkeit, 4. Aufopferung, Distanzierungsunfähigkeit, 5. Schnelligkeit, Hetze, Zeitdruck, 6. Genauigkeit, Gewissenhaftigkeit, Ordnung, Perfektionsstreben, 7. Planung, 8. Verhalten und Befinden unter Anspannung, 9. Ungeduld, 10. Verantwortungsgefühl, 11. Irritierbarkeit bei Störungen; 12. Selbständigkeit, Unabhängigkeit, 13. Mißtrauen, Feindseligkeit gegen andere, 14. kompetitiver Stil, 15. Entspannungsverhalten nach erbrachter Leistung, 16. Bearbeitung von Kritik, 17. Ehrgeiz). Aus dem Pool der 600 Items wurden von uns jene ca.220 Items ausgewählt, welche sich am besten den genannten Aspekten zuordnen liessen. Vier Mitarbeiter schätzten sodann unabhängig voneinander die Zugehörigkeit der Items zu den genannten Dimensionen ein, und es wurden anschließend Übereinstimmungsmaße berechnet. Als Maß für den Mangel an Präzision wurde der Quotient aus beobachteter Varianz und maximal möglicher Varianz bestimmt. Die 100 Items mit den höchsten Übereinstimmungswerten wurden ermittelt und anschließend im Rahmen einer Fall-Kontrollstudie an 80 Herzinfarktpatienten und 113 herz-kreislauf-gesunden Probanden appliziert. Als weitere Konsequenz der Testkonstruktion wurden Dimensionen mit stark überlappendem inhaltlichem Geltungsbereich zusammengefaßt, so daß aus den ursprünglich 17 definierten Aspekten *sechs zentrale Dimensionen* übrigblieben:

1. Bedürfnis nach Anerkennung, Angst vor Kritik, Verarbeitung von Erfolg und Mißerfolg (16 und 17);
2. Wettbewerbshaltung, latente Feindseligkeit, Unabhängigkeitsstreben in Leistungssituationen (1, 12 und 14);
3. Verausgabungsbereitschaft, Verdrängung von Entspannungsbedürfnissen (1, 2);
4. Genauigkeit, Gewissenhaftigkeit, Perfektionsstreben, Planungsbedürfnis (3, 6 und 7);
5. Hetze, Zeitdruck, Ungeduld, Irritierbarkeit bei Störungen (5, 8, 9 und 11);
6. Berufliche Distanzierungsunfähigkeit, Verantwortungsbewußtsein, hohe Identifikation mit vorgegebenen und selbstgesetzten Zielen (4, 10 und 15).

Nachdem für den genannten Itempool entsprechend diesen 6 Subskalen *klassische Itemanalysen* durchgeführt worden waren, kam es zum Ausschluß einer Reihe von Items mit unbefriedigenden teststatistischen Kennwerten. Ziel dieses Verfahrens war es, Items so auszuwählen, daß sie bei möglichst großer Trennschärfe über den gesamten Schwierigkeitsbereich streuen (zu den Ergebnissen im einzelnen s. Dittmann & Matschinger, 1982, S.205-220).

Mit der verbleibenden Zahl von Items, die alle dichotom ("stimmt", "stimmt nicht") zu beantworten waren, wurden *probabilistische* teststatistische *Analysen* durchgeführt, wobei das *dichotome logistische Modell* von Rasch (Rasch, 1960) zur Anwendung gelangte. Danach wurde jede der 6 Subskalen des Konstruktes mittels des dichotomen logistischen Modells skaliert, d.h. es wurden die Item- und Personenparameter jeder Dimension anhand eines Modellgeltungstests nach Infarkt- und Kontrollgruppe berechnet (zu den Ergebnissen im einzelnen s. Dittmann & Matschinger, 1982, S. 232-238). Das endgültige Instrument enthielt auf diese Weise 44 Items.

Ziel einer weiteren teststatistischen Untersuchung war es, das an einer ersten Stichprobe entwickelte Instrument an einer zweiten Stichprobe zu überprüfen. Diesmal wurden 111 männliche Herzinfarktpatienten befragt. Die Datenanalyse zeigte, daß bis auf eine Subskala, die einem entsprechenden Modellgeltungstest nicht unterzogen werden konnte, gute Übereinstimmung bezüglich der Rasch-Skalierung bestand. Nach der Prüfung der *Eindimensionalität jeder Subskala* wurde schließlich die *latente Faktor-Struktur* des Konstruktes "berufliche Kontrollbestrebungen" geprüft. Hierzu wurde das *lineare Strukturgleichungsmodell* (LISREL) nach Jöreskog und Sörbom (1979) verwendet. Dieses Modell stellt eine Verallgemeinerung und Erweiterung der üblichen linearen Strukturmodelle in Form von Pfadanalysen bzw. multiplen Regressionsanalysen dar. Mithilfe dieses allgemeinen linearen Modells lassen sich Modelle überprüfen, die auf der exogenen Seite auf die Faktorenstruktur bezogene Hypothesen konfirmatorisch testen. Zwei solche alternativen Hypothesen wurden im Rahmen der Testentwicklung überprüft:

1. Der sechsdimensionale Eigenschaftsraum des Konstrukts "Kontrollbestrebungen" läßt sich auf einer einzigen latenten Dimension zweiter Ordnung, d.h. auf einem einzigen latenten Faktor abbilden.

2. Der sechsdimensionale Eigenschaftsraum des Konstrukts "Kontrollbestrebungen" läßt sich in zwei Dimensionen zweiter Ordnung, d.h. in zwei latente Faktoren untergliedern. Diese Faktoren bilden unterschiedliche Gegebenheiten der bei der Testkonstruktion unterstellten "Bewältigungskarriere" ab.

Hypothese 1 mußte empirisch verworfen werden, da die entsprechenden Modellspezifikationen nicht den Daten entsprachen. Dagegen passte ein *zweifaktorielles Modell*, bei dem die Skalen "Verausgabungsbereitschaft" (Skala 3) und "Genauigkeit, Gewissenhaftigkeit" (Skala 4) einen eigenen Faktor bildeten, während die restlichen vier Skalen auf einem zweiten latenten Faktor luden, gut auf die Datenstruktur. Bei dieser Modellspezifikation wurde allerdings nicht angenommen, daß die beiden Dimensionen orthogonal zueinander stehen, da sie dem gleichen Konstrukt zugeordnet und auch nicht als kausal voneinander unabhängig gedacht wurden. Vielmehr wurde unterstellt, daß *mittelstarke Korrelationen* zwischen den beiden latenten Faktoren zu beobachten seien. Für die Modelltestung bedeutete dies, daß die Korrelation der beiden behaupteten Faktoren nicht gleich null gesetzt wurde, sondern der Parameter frei schätzbar blieb. Ferner wurde als weitere Restriktion die Korrelation der Fehler in den Meßgleichungen gleich null gesetzt. Dies entspricht der Annahme des klassischen kongenerischen Meßmodells bezüglich eines angenommenen latenten Konstruktes (Jöreskog, 1971; zur weiteren Begründung und zur Modellschätzung vgl. Dittmann & Matschinger, 1982, S.248-255).

Tabelle 1 enthält neben den *Skalenmittelwerten* und Standardabweichungen die varimax-rotierte Faktormatrix nach Rotation mit Kaisernormalisation der Personenparameter der sechs Skalen des Konstrukts Kontrollbestrebungen für zwei Populationen: a) für die Population der ursprünglich 111 männlichen Infarktpatienten im Alter von 30-55 Jahren, die in einer Rehabilitationsklinik untersucht wurden (der vollständige Datensatz ist nur für 97 Probanden vorhanden); b) für eine männliche Industriearbeiterpopulation im Alter von 25-55 Jahren, bei der ein manifestes oder stummes Herzinfarktereignis mit Sicherheit ausgeschlossen werden konnte (N=416; nach Ausschluß fehlender Daten N=368).

Tabelle 1
Mittelwerte und Standardabweichungen der Subskalen des Konstrukts "berufliche Kontrollbestrebungen" sowie varimax-rotierte Faktormatrix in zwei Stichproben (Stichprobe 1:N=111 männliche Infarktpatienten; Stichprobe 2:N=368 Industriearbeiter)

Dimen-	Stichprobe 1			Stichprobe 2		
sionen	M	S	konf. *	M	S	konf. *
1	4.35	1.42	.265	3.60	1.56	.160
2	2.25	1.39	.262	1.72	1.23	.127
3	5.20	1.98	.373	5.06	1.79	.183
4	4.94	1.80	.338	4.86	1.59	.162
5	4.46	1.89	.356	3.13	1.72	.175
6	5.13	2.43	.468	3.51	2.12	.217

	Faktor 1	Faktor 2
Dim. 1	**.548**	.291
Dim. 2	**.619**	.105
Dim. 3	.319	**.680**
Dim. 4	.061	**.755**
Dim. 5	**.817**	.057
Dim. 6	**.704**	.318

	Faktor 1	Faktor 2
Dim. 1	**.439**	.212
Dim. 2	**.290**	- .025
Dim. 3	.071	**.679**
Dim. 4	.072	**.371**
Dim. 5	**.630**	.070
Dim. 6	**.510**	.181

* Konfidenzintervalle für den Mittelwert

Die *konfirmatorisch* geprüfte *zweifaktorielle Struktur* zeigte sich erwartungsgemäß in beiden Datensätzen. In einer ausführlichen theoretischen Darlegung haben wir an anderer Stelle begründet, wie diese zweifaktorielle Struktur substanzwissenschaftlich im Sinne der *Bewältigungskarriere* interpretiert werden kann (Matschinger et al.,1986). Danach bilden die beiden Skalen 3 und 4 einen Zustand positiver, von Erfolgs- und Kontrollgefühlen begleiteter Verausgabung im Kontext beruflicher Leistung ab ("Frühphase" im erwerbsbiographischen Kontinuum einer Verausgabungskarriere), während die übrigen Skalen einen Zustand kritischer Verausgabungserfahrungen erfassen, der sich einerseits durch exzessive, unökonomische Aktivierung, andererseits durch negative Emotionen der Irritierung angesichts begrenzter Erfolgs- und Kontrollgefühle charakterisieren läßt ("Spätphase" in der Verausgabungskarriere). Wir haben diese beiden Faktoren abkürzend "*Verausgabungsbereitschaft*" (Skalen 3 und 4) und "*Distanzierungsunfähigkeit*" (Skalen 1,2,5,6) genannt (vgl. Kap. 3.3.2).

Wenn diese substanzwissenschaftliche Interpretation des zweifaktoriellen Konzeptes valide sein soll, so muß sich auch erweisen, daß Infarktpatienten vorwiegend auf diesem zweiten latenten Faktor höhere Score-Werte als gesunde Probanden aufweisen. Und es muß sich prospektiv nachweisen lassen, daß *hohe Score-Werte* auf den Skalen des latenten Faktors *Distanzierungsunfähigkeit* ein erhöhtes *koronares Erkrankungsrisiko* nach sich ziehen. Im Ergebnisteil werden wir zeigen, daß beide Annahmen durch die bisherigen Daten bestätigt werden können.

Die Einzelheiten dieser außerordentlich sorgfältigen und fundierten Teststatistik finden sich, wie bereits erwähnt, in zwei unveröffentlichten Arbeitsberichten (Dittmann & Matschinger, 1982, Siegrist et al., 1987) sowie in einer veröffentlichten teststatistischen Beschreibung des Fragebogens (Dittmann et al., 1985). Wir können daher auf eine detaillierte Wiedergabe verzichten und *zusammenfassend* die wesentlichen Punkte wiefolgt festhalten:

1. "*Berufliche Kontrollbestrebungen*" definieren eine relativ *zeitinvariante*, zumindest über einen mehrjährigen Beobachtungszeitraum wenig änderungssensitive intrapsychische Form der *Bewältigung* von *Anforderungssituationen*. Dieses Bewältigungsmuster wird anhand von 44 Items auf den Ebenen Verhalten, Emotion und Kognition in typischen beruflichen Leistungssituationen durch Selbstbeurteilung ("stimmt" bzw."stimmt nicht") gemessen. Zur Vermeidung einseitiger Antworttendenzen ist die Richtung der Antworten teilweise umgepolt, d.h. hohe Kontrollbestrebungen liegen vor, wenn "stimmt nicht" angekreuzt wird.

2. Die 44 Items messen sechs Aspekte der mit hohen Kontrollbestrebungen einhergehenden *Verhaltensweisen*, *Kognitionen* und *Emotionen*. Unter Anwendung des dichotomen logistischen Modells werden Personenparameter und Itemschwierigkeiten für jede Subskala geschätzt. Dabei wird vorausgesetzt, daß die Summe aller Lösungen eine erschöpfende Statistik für den Ausprägungsparameter einer Person auf einer Subskala darstellt. Jede Subskala ist in Richtung "hohe Kontrollbestrebungen" gepolt. Mithilfe dieses Modells wird ferner die *Eindimensionalität* der *Subskalen* überprüft und bestätigt.

3. Im Gegensatz zur klassischen Testtheorie gibt es in der probabilistischen Testtheorie strenggenommen *keine stichprobenunabhängigen Testwerte*. Der Vergleich der Testergebnisse aus unterschiedlichen Stichproben bzw. aus gleichen Stichproben zu unterschiedlichen Meßzeitpunkten erlaubt jedoch Hinweise auf die formale Gültigkeit der Indikatoren. Reliabilitätskoeffizienten der Items, produktnormierte Itemparameter, Reliabilitätsprüfungen der Subskalen sowie Stabilitätsprüfungen der Skalen zu

verschiedenen Meßzeitpunkten müssen insgesamt als befriedigend eingeschätzt werden (Dittmann et al., 1985, Siegrist et al., 1987).

4. Die 6 Skalen des Konstruktes lassen sich *zwei latenten Faktoren* zuordnen, die mit den Begriffen "Verausgabungsbereitschaft" und "Distanzierungsunfähigkeit" bezeichnet werden. Eine inhaltliche Interpretation der zweifaktoriellen Lösung, die anhand linearer Strukturgleichungsmodelle an verschiedenen Datensätzen überprüft wurde, bezieht sich auf das Konzept der *Bewältigungskarriere*. Danach ist das *streßtheoretisch* interessante *Spätstadium* einer solchen Verausgabungskarriere durch hohe Score-Werte auf den den latenten Faktor "*Distanzierungsunfähigkeit*" abbildenden Skalen indiziert (Matschinger et al., 1986). Eine Validitätsprüfung muß somit unter dem Aspekt eines Vergleichs der Score-Mittelwerte von Infarkt- versus gesunden Kontrollgruppen bzw. von zukünftig an kardiovaskulären Störungen leidenden Subgruppen versus von diesen Störungen freibleibenden Gruppen erfolgen (s.u. Teil II).

Mit der Entwicklung und Testung des "Fragebogens zur Messung beruflicher Kontrollbestrebungen" ist somit in mehrjähriger intensiver Forschungsarbeit ein *theoretisch innovatives*, methodisch sorgfältig und umfassend *getestetes Befragungsinstrument* zur Verfügung gestellt worden. Es ist nicht nur in zwei der drei unten darzustellenden Studien, sondern darüber hinaus in einer Vielzahl kleinerer und größerer klinischer, experimenteller und epidemiologischer Untersuchungen im In- und Ausland eingesetzt worden. Zur Zeit werden Versionen in englischer, niederländischer, schwedischer und dänischer Sprache getestet.

4.3 Die Messung extrinsischer Verausgabung und beruflicher Gratifikationen

Während der Fragebogen zur Messung beruflicher Kontrollbestrebungen ein standardisiertes, in gleichbleibender Form anwendbares Befragungsinstrument zur Erfassung intrinsischer Verausgabung ist, müssen die in diesem Abschnitt darzustellenden Operationalisierungen in gewissem Umfang *situationsabhängig* variiert werden: die inhaltliche Spezifizierung mancher *Indikatoren extrinsischer Verausgabung* und damit assoziierter Belohnungen muß sich an wichtigen Randbedingungen wie Erwerbsbranche, Betriebsgröße, Art der Beschäftigung, Position oder Beschäftigungsverhältnis orientieren. Die folgende Darstellung konzentriert sich daher auf die früheste, umfassendste und am gründlichsten getestete Operationalisierung der drei im zweiten Teil dargestellten empirischen Studien: die Marburger Prospektive Industriearbeiterstudie

(Studie I, s. Kapitel 5), wobei allerdings relevante Abweichungen und Modifikationen, die in nachfolgenden Studien notwendig wurden, dokumentiert werden.

Der *strukturierte Interviewleitfaden* zur Erfassung psychosozialer Aspekte der Erwerbsarbeit umfaßt insgesamt 80 großenteils geschlossene Fragen *zu folgenden Aspekten*:

1. Soziodemographische Basisinformationen;
2. Arbeitsanforderungen;
3. Lohn, beruflicher Werdegang, innerbetriebliche Mobilität, Arbeitsplatzsicherheit, Zusammenarbeit;
4. Chronische psychosoziale Schwierigkeiten und Schutzfaktoren im außerberuflichen Leben;
5. Gesundheitliche Beschwerden, Gesundheits- und Krankheitsverhalten;
6. Kritische Lebensereignisse in den vergangenen zwei Jahren (erfaßt anhand des Inventars belastender Lebensereignisse, ILE vgl. Siegrist & Geyer 1992 (2. Fassung)).

Im folgenden konzentrieren wir uns auf die Fragenkomplexe 2 und 3 (weiterführende Analysen zu den Komplexen 1, 4 und 6 finden sich bei Siegrist et al., 1987, Klein, 1990, Stock, 1993).

Wie bereits erwähnt, wurden Fragen zur extrinsischen beruflichen Verausgabung, d.h. zu den von außen an die Arbeitenden gestellten Anforderungen auf zwei Ebenen gestellt: auf der *deskriptiven* Ebene von Faktfragen und auf der Ebene *subjektiver Bewertungen.* Die Antworten auf Faktfragen wurden in der Regel auf Nominalskalenniveau erfaßt (dichotome ja/nein- oder polychotome Antwort-Kategorien). Inhaltlich bezogen sich die Fragen auf ausgeübte Tätigkeit, Tätigkeitsdauer, Arbeitszeiten, Schichtarbeit (inklusive Dauer), Akkordarbeit (inklusive Dauer), Überstunden, Sonderschichten, Kurzarbeit sowie Lärmexposition.

Auf der Ebene der subjektiven Evaluation von Arbeitsbelastungen wurden sechs besonders häufig anzutreffende Belastungsbedingungen täglicher Berufsarbeit in Expertengesprächen sowie Arbeitsplatzbeobachtungen vor Beginn der Untersuchung identifiziert: häufiger Zeitdruck; Störungen und Unterbrechungen; Kontrolle des Arbeitsprozesses und -ergebnisses; Konflikte mit Mitarbeitern; Probleme mit Vorgesetzten; Lärm am Arbeitsplatz.

Die Erfassung des subjektiv wahrgenommenen Ausmaßes der Belastung durch Arbeitsplatzgegebenheiten erfolgte mit Hilfe *fünfstufiger Likertskalen*, wobei jeweils die *Häufigkeit* des Auftretens sowie der *Grad der Aufregung* bei erfahrener Belastung erfragt wurden. Die Antworten wurden jeweils so kodiert, daß 1 bezüglich Auftretenshäufigkeit soviel wie "nie" bedeutet und 5 soviel wie "dauernd bzw. sehr häufig".

Bezüglich des Grades der Aufregung bedeutet die Zahl 1 "keine Aufregung", während 5 eine "sehr starke Aufregung" wiedergibt. Die Einschätzungen wurden den Probanden in Form von Kärtchen mit abgestuften Zahlen sowie entsprechenden sprachlichen Ankern vorgegeben.

Wie bereits ausgeführt, kann eine Transformation der Information in intervallskalierte Daten strenggenommen nur erfolgen, wenn anhand der nicht-linearen Hauptkomponentenanalyse die Annahme der Gleichabständigkeit zwischen den Antwortkategorien überprüft worden ist. Wir haben diese Überprüfung im Rahmen diverser, von uns entwickelter Meßverfahren vorgenommen, und im allgemeinen halten sich die empirisch beobachteten Abweichungen in Grenzen (vgl. z.B. Siegrist et al., 1995).

Messen die von uns entwickelten Fragen zu extrinsischer Verausgabung lediglich die *aktuelle Erfahrung* zum Zeitpunkt der Befragung, oder erfassen sie *zeitlich überdauernde Belastungserfahrungen*? Kann von Antworten auf diese Fragen auf eine *spezifische Intensität* der Distress-Wirkung geschlossen werden, wie wir sie im theoretischen Teil postuliert haben? Sind diese Fragen in der Lage, die *unterschiedliche Wertigkeit* einzelner Belastungen in den verschiedenen Erwerbs- bzw. Positionsgruppen, die wir untersucht haben, wiederzugeben? Und was läßt sich schließlich zur Frage der *Validität* der erhaltenen Angaben sagen? Diese Fragen sollen in einer ersten Annäherung wiefolgt beantwortet werden:

1. Am Beispiel der Marburger Prospektiven Industriearbeiterstudie zeigte sich, daß die prozentualen Anteile der Häufigkeitsnennungen zu Arbeitsbelastungen über die drei Meßzeitpunkte hinweg erstaunlich stabil bleiben. Dieses Ergebnis kann zumindest als Hinweis darauf gewertet werden, daß die Antworten in wesentlich stärkerem Maße überdauernde chronische Belastungserfahrungen widerspiegeln als situative Gegebenheiten zum Zeitpunkt der Befragung. Ein ähnliches Bild zeigt sich auch bezüglich der Stärke der Aufregung erfahrener Belastungen.

2. Zwischen Häufigkeit und Intensität subjektiv erlebter Belastungen bestand kein sehr enger Zusammenhang. Nach unseren Operationalisierungsvorstellungen sollte eine subjektiv erfahrene Arbeitsbelastung unabhängig von ihrer Häufigkeit mit "starker" oder "sehr starker" Aufregung bewertet werden, um das Kriterium einer approximativen Messung einer Distress-Erfahrung erfüllen zu können. So zeigten sich zwar bei den Belastungsquellen "Zeitdruck", "Unterbrechungen und Störungen" enge Zusammenhänge zwischen Häufigkeit und Intensität, dagegen bei den Belastungsquellen "Konflikte mit Mitarbeitern" und "Probleme mit Vorgesetzten" geringe Häufigkeiten, jedoch hohe Belastungsintensitäten. Der heuristische Ertrag der von uns getroffenen Festlegung muß sich allerdings in den empirischen Befunden zu Zusammenhängen zwischen Arbeitsbelastungen und Herz-Kreislauf-Risiken erweisen.

3. Die dritte und vierte der oben genannten Fragen hängen eng miteinander zusammen. Lassen sich kontext- bzw. positionsspezifisch differente Muster subjektiv wahrgenommener Arbeitsbelastungen ermitteln, so sagen diese, ceteris paribus, etwas über die Validität der Messung aus. So haben wir beispielsweise überprüft, wie sich die Nennung von Arbeitsbelastungen nach innerbetrieblichen Positionsgruppen unterscheidet. Dabei zeigte sich, daß *Belastungskumulationen* in den *niedrigsten* hierarchischen *Rängen* (angelernte Arbeiter am Band oder an der Maschine) in weitaus stärkerem Umfang auftraten als in der Positionsgruppe der Facharbeiter: Während 84% der angelernten Arbeiter gleichzeitig drei und mehr Belastungen aufwiesen, war dies lediglich bei 55% der Facharbeiter der Fall. 57% der angelernten Arbeiter führten sogar 4 und mehr immer wiederkehrende Belastungen ihres Arbeitsplatzes an. Eine so hohe Kumulation war jedoch nur bei 8% der Facharbeiter zu finden. Diese Ergebnisse weisen darauf hin, daß die von uns im strukturierten Interview thematisierten Tatbestände die *positionsspezifisch* variierende innerbetriebliche *Belastungssituation* in gewissem Umfang tatsächlich abzubilden vermögen.

Ein weiterer Aspekt der Validität betrifft den nach dem Prinzip der *Triangulation* von Information erfolgenden *Vergleich subjektiver* und *kontextueller Angaben*. Ein Beispiel hierzu bildet die Belastungsquelle "*Lärm*". Hier zeigten sich insoweit befriedigende Übereinstimmungen, als objektiv stark lärmbelastete Personen (85 db (A)) sich signifikant häufiger und stärker durch Lärm auch subjektiv gestört fühlten als Personen mit geringerer Lärmexposition (vgl. Peter, 1985). Immerhin 53% unserer Stichprobe waren einer solchen hohen Lärmbelastung ausgesetzt, wobei dies wiederum in stärkerem Maße für Angelernte als für Facharbeiter galt.

Fragen zur Erfassung *beruflicher Gratifikationen* wurden ebenfalls, gemäß dem Prinzip der Triangulation, auf *drei Ebenen* erfaßt:

- auf der Ebene von Betriebsdaten (Angaben zu Lohngruppen);
- auf der Ebene deskriptiver Daten (berufliche Qualifikation, erlernter Beruf, tatsächlich ausgeübter Beruf, innerbetrieblicher Werdegang, Statusinkonsistenz, innerbetrieblicher Aufstieg, Umsetzung, unfreiwillige (Abwärts)mobilität);
- auf der Ebene evaluativer Daten (Arbeitsplatzunsicherheit, Betroffensein durch Rationalisierungsmaßnahmen, Einschätzung des Lohns im sozialen Vergleich, Anerkennung durch Kollegen und Vorgesetzte, Hilfeleistung durch Kollegen und Vorgesetzte).

Der Vorteil des *Triangulationsverfahrens* bezüglich einer Abschätzung der Validität der Interviewdaten soll auch hier an einem – besonders *dramatischen Beispiel* – illustriert werden.

In der Marburger Prospektiven Industriearbeiterstudie wurden, wie in Kap. 5 näher ausgeführt wird, drei Zweigwerke eines metallverarbeitenden Unternehmens in die Untersuchung einbezogen. In dem einen Werk, Werk B, hat sich zwischen dem ersten und zweiten Befragungszeitpunkt eine ausgesprochen drastische Krisensituation ergeben: Infolge einer *Absatzkrise* (ein großer Abnehmer aus dem vorderen Orient war plötzlich ausgefallen) wurden umfangreiche *Entlassungen* vorgenommen. Von diesen Entlassungen waren 17.7% unserer Stichprobe im Zeitraum zwischen 1982 und 1985 betroffen. 7% wurden zusätzlich unfreiwillig umgesetzt. In Tabelle 2 sind die Einschätzungen der beruflichen Instabilität durch die befragten Arbeiter, nach den drei Werken getrennt, aufgeführt. Es zeigt sich, daß der Anteil der Befragten, welche befürchteten, arbeitslos zu werden, nach den drei Werken stark variiert, ebenso der Anteil derer, die das Werk, in dem sie beschäftigt sind, als vergleichsweise wenig sicher einschätzen. Auch ist der Anteil derjenigen, die gezwungenermaßen Kurzarbeit machen müssen, im Werk B vom ersten zum zweiten Erhebungszeitpunkt dramatisch angestiegen. Faßt man ferner die berufliche Instabilität messenden Einzelfragen nach faktorenanalytischer Überprüfung (s.u. 4.4) zu einem Index zusammen, so zeigt sich, daß durch hochgradige berufliche Instabilität zum ersten Befragungszeitpunkt nur 6,2% der Industriearbeiter, zum zweiten Befragungszeitpunkt, also nach Manifestwerden der ökonomischen Krise in Werk B, 19,1% der Industriearbeiter von hoher beruflicher Instabilität betroffen sind. Diese hochsignifikante Veränderung ist großenteils auf die Gruppe der Industriearbeiter in Werk B zurückzuführen.

Verdeutlicht diese *Kovariation* zwischen deskriptiven und evaluativen Angaben der Industriearbeiter mit veränderten betrieblich-ökonomischen Kontexten die *Validität* der Messung im Sinne einer postulierten Änderungssensitivität, so zeigen auf der anderen Seite Indikatoren, welche chronisch vorhandene, relativ kontextunabhängige gratifikationskritische Bedingungen messen, wie theoretisch postuliert, keine deutlichen Veränderungen über die Meßzeitpunkte hinweg. Illustriert werden kann dieser Tatbestand am Indikator "blockierte berufliche Aufstiegschancen": Von diesem Tatbestand sind bei der Erstbefragung 67,1% der Industriearbeiter betroffen, bei der Zweitbefragung ein Jahr später 67,8%. War es im Fall der beruflichen Instabilität die erwartete Veränderung zwischen den beiden Meßzeitpunkten, welche für die Validität der Befragungsangaben sprach, so war es in diesem Fall die erwartete Stabilität von Belastungseinschätzungen.

Die Liste solcher Beispiele ließe sich verlängern. Wir haben sie hier lediglich exemplarisch angeführt, um den Beitrag des Triangulationsverfahrens zur Eingrenzung der zahlreichen Unsicherheiten, die mit sozialwissenschaftlichen Meßoperationen gegeben sind, zu verdeutlichen.

Nachdem die Erhebung von Indikatoren extrinsischer beruflicher Verausgabung sowie der drei Ebenen beruflicher Gratifikationser-fahrungen dargestellt worden ist, nachdem exemplarisch Aspekte der Reliabilität, Stabilität und Validität der Messung diskutiert worden sind, wollen wir uns in dem folgenden Abschnitt mit der Frage der *Dimensionalität* dieser Informationen und der *Abbildung* des theoretischen *Modells* beruflicher Gratifikationskrisen über diese Indikatoren befassen.

Tabelle 2
Einschätzung der beruflichen Instabilität nach Werken (in %) (Peter, 1991, S. 169)

Befürchtung arbeitslos zu werden :

	1982 t0 (N = 410)	1983 t1 (N = 303)	1985 t2 (N = 276)	chi^2 t0 > t1	chi^2 t1 > t2
Werk A	11.3	5.4	4.1	3.7	0.3
Werk B	25.4	38.6	19.0	4.3*	6.7**
Werk C	10.0	3.0	4.4	1.9	0.0

Werk ist weniger sicher als andere:

	1982 t0 (N = 410)	1983 t1 (N = 303)	1985 t2 (N = 276)	chi^2 t0 > t1	chi^2 t1 > t2
Werk A	0.5	0.7	3.4	0.3	1.6
Werk B	24.6	43.2	39.7	8.2**	0.2
Werk C	2.2	1.5	4.4	0.1	0.2

Kurzarbeit gemacht :

	1982 t0 (N = 410)	1983 t1 (N = 303)	1985 t2 (N = 276)	chi^2 t0 > t1	chi^2 t1 > t2
Werk A	3.6	0.0	5.5	3.8*	6.4**
Werk B	7.9	84.1	28.6	126.0***	47.5***
Werk C	18.9	62.7	10.3	31.4***	40.1***

* $p \leq .05$; ** $p \leq .01$; *** $p \leq .001$

4.4 Aspekte der Modelltestung

Tabelle 3 enthält eine *Übersicht* über die *Kernfragen* der Messung beruflicher Gratifikationskrisen aus den bisherigen Studien (vor allem Studien I und II; s. Kap. 5). Bis auf einige Items, die infolge mangelnder Antwortstreuung aus allen weiteren Analysen ausgeschlossen wurden, sind in der Tabelle alle relevanten Operationalisierungen zu Aspekten beruflicher Gratifikationskrisen aus den beiden Studien enthalten. Ein Großteil der Fragen ist in beiden Untersuchungen gleichlautend bzw. im Rahmen der aufgabenspezifischen Präzisierungen vergleichbar formuliert worden. Einige Fragen entfielen von der Sache her in der einen der beiden Studien. Einige Fragen wurden in der späteren Studie II zusätzlich konstruiert (z.B. wurden Fragen, welche eine bewußte Thematisierung beruflicher Gratifikationskrisen messen, in verstärktem Maße einbezogen, so z.B. Statusinkongruenz, Statusdiskrepanz). Insgesamt jedoch zeigt sich, daß sämtliche theoretisch postulierten Dimensionen des Modells durch mehrere Indikatoren operationalisiert worden sind und daß zumindest drei der vier theoretischen Ebenen durch Daten aller drei Typen (Kontextinformation, deskriptive Information, evaluative Information) gemessen werden. Einzig die Ebene sozio-emotionaler Gratifikationserfahrungen basiert ausschließlich auf evaluativer Information.

Bei einigen *Zuordnungen* läßt sich streiten, ob sie eher der Gratifikations- oder der Verausgabungsseite zuzuordnen sind. Dies gilt zum Beispiel für die Kontextvariable "Werkszugehörigkeit" der Industriearbeiterstudie. Wie bereits erwähnt, zeigt die Zugehörigkeit zu Werk B ein hohes, konkretes Risiko an, den Arbeitsplatz zu verlieren. Zugleich bedeutet jedoch die Zugehörigkeit zu diesem Betrieb, mit erhöhter Wahrscheinlichkeit einer rationalisierungsbedingten Erhöhung der Arbeitsleistung ausgesetzt zu sein. Ein anderes Beispiel, welches die Schwierigkeit einer exakten Trennung zwischen Verausgabungs- und Belohnungsmessung veranschaulicht, bildet die Variable "Zwang zu Akkord": durch sie wird die Gruppe der langjährig im Akkord beschäftigten Arbeiter definiert, die als verheiratete Familienväter Alleinverdiener sind (prekäre finanzielle Gratifikation) und für die sich zugleich aus diesem finanziellen Zwang die Notwendigkeit ergibt, diese verausgabungsintensive Arbeitsform fortzuführen. Da gemäß unserer Modellannahme jedoch die Ko-Manifestation hoher Verausgabung und niedriger Belohnung entscheidend ist, halten wir es für gut vertretbar, daß ein Teil der Indikatoren Aspekte dieser Konstellation direkt abbildet.

Tabelle 3

Kernfragen zur Messung beruflicher Gratifikationskrisen (ohne intrinsische Verausgabung)

Dimensionen	Datenart deskriptiv	evaluativ	kontextuell
Verausgabung (extrinsisch)	- Schichtarbeit - Akkordarbeit	- Zeitdruck - Störungen - Inkonsistenz - Mehrarbeit - Lärm - Konflikte - Schwere Probleme	- Tätigkeitsgruppen - Abteilungsgröße - Lärm
Gratifikationen			
monetär	- Überstunden - Zwang zur Akkordarbeit - Kurzarbeit	- Statusdiskrepanz (bessere Bezahlung, leichtere Arbeit)	- Lohngruppen - Positionsgruppen
sozio-emotional		- Anerkennung - Hilfeleistung	
Statuskontrolle	- Statusinkonsistenz - Blockierter Aufstieg - Keine Weiterbildungspläne	- Arbeitsplatzunsicherheit - Angst vor Umsetzung - Statusinkongruenz (Ausbildung/Beruf)	- Werkzugehörigkeit - Entlassungen - Umsetzungen

Eine schwierige, das Verhältnis von Theorie und Messung berührende Frage bezieht sich auf den Grad der bewußten, bei den Befragten explizit thematisierten bzw. durch den Wortlaut einzelner Untersuchungsfragen induzierten *Wahrnehmung* des *Ungleichgewichts* zwischen *Verausgabung* und *Belohnung*. Gemäß *der streßtheoretischen Verankerung* des Modells gehen wir davon aus, daß insbesondere unter Bedingungen der Chronifizierung eine solche explizite *Thematisierung* von Diskrepanzen in der alltäglichen Berufserfahrung *nicht* (mehr) *erfolgt* bzw. daß der erlebte Enttäuschungsertrag entsprechender Erfahrungen *nicht bewußtseinspflichtig* registriert wird. In unseren Operationalisierungen haben wir *beiden* Situationen Rechnung getragen:

zum einen – und zum überwiegenden Teil – wurden Fragen gestellt, welche lediglich die berufliche Verausgabungsseite oder die Gratifikationsseite betrafen, ohne die ungünstige Bilanzierung selbst zu thematisieren, zum anderen wurden Fragen einbezogen, welche auf eine Bilanzierung zwischen Verausgabung und Belohnung durch die Befragten selbst, in der Regel unter Zuhilfenahme eines *sozialen Vergleichsprozesses* mit Kollegen, abzielten (Statusinkongruenz, Statusdiskrepanz). Entsprechend den theoretischen Annahmen wurden keine Gewichtungen bezüglich des Ausmaßes der Thematisierung beruflicher Gratifikationskrisen vorgenommen.

Bevor wir uns dem zentralen Problem der Modelltestung, d.h. der Abbildung der Indikatoren bzw. Indikatorbereiche in einem statistischen Modell befassen, soll die Frage der *Dimensionalität* der Einzelindikatoren diskutiert werden. Im Gegensatz zu einem eigenschaftsorientierten Testverfahren, wie es der Fragebogen zu beruflichen Kontrollbestrebungen darstellt, ist es aus zwei Gründen bei den in *Tabelle 4* zusammengestellten Indikatoren zumindest schwierig, mittels des statistischen Verfahrens der Wahl, der *Faktorenanalyse*, eine empirische Prüfung der Dimensionalität, sei es auf explikatorische oder konfirmatorische Weise, vorzunehmen. Zum einen liegen mit den Daten unterschiedliche Skalenniveaus vor (Nominal- und Intervalldatenniveau). Dieses Problem ließe sich zwar durch Transformation formal lösen, jedoch sind zum andern auch die grundlegenden Operationalisierungsverfahren bei den beiden Fragenarten sehr unterschiedlich: *deskriptive Fragen* zielen auf emotional weniger stark belastende, den subjektiven Erlebnis- und Deutungshorizont weniger stark tangierende, zugleich in der Regel größere Zeiträume umfassende Sachverhalte ab. Demgegenüber thematisieren *evaluative Fragen* Erfahrungen mit potentiell subjektiv belastendem Gehalt, der u.U. sogar auf die Interviewsituation als einer sozialen Beziehung ausstrahlen kann (z.B. in Form einer durch die vergegenwärtigte Beschäftigungslage evozierten negativen Stimmung, in Form nichtverbaler Äußerungen der Betroffenheit etc.). Ein weiterer Gesichtspunkt muß berücksichtigt werden: die abgefragten Tatbestände sind sowohl bei deskriptiven wie bei evaluativen Fragen notwendigerweise über die einzelnen Positionsgruppen bzw. Arbeitsplätze hinweg unterschiedlich verteilt. Es gibt somit nicht eine für alle Befragten gleiche Erwartungswahrscheinlichkeit des Zutreffens von Bedingungen, deren Belastungsgehalt im Zentrum des Erkenntnisinteresses steht.

Trotz dieser die Anwendung einer Faktorenanalyse erschwerenden bzw. einschränkenden Bedingungen hat Richard Peter im Rahmen seiner Dissertation anhand der einschlägigen Daten des Interviewleitfadens aus der Industriearbeiterstudie versucht, mittels faktorenanalytischer Auswertungen die theoretisch interessierenden Dimensionen, die den Einzelindikatoren zugrundeliegen sollen, zu explorieren. Das Ergebnis dieser Analyse soll hier kurz vorgestellt werden (zu Einzelheiten s. Peter, 1991, S. 130ff). Es ist wichtig, zu betonen, daß hier nur die engere Gruppe der unmittelbar in der Produktion beschäftigten Industriearbeiter aus Studie I berücksichtigt wurde, da bei dieser Gruppe aufgrund hoher Vergleichbarkeit der Arbeitsanforderungen und der Entlohnungsbedingungen eine relativ hohe Homogenität des Antwortspektrums bezüglich der Häufigkeit des Zutreffens bestimmter Bedingungen zu erwarten war. Die 19 Verausgabungs- oder Belohnungsmerkmale umfassenden Items wurden sämtlich auf Nominaldatenniveau transformiert, und es wurde die standardisierte Korrelationsmatrix berechnet. Drei Items wurden aufgrund zu niedriger Korrelationskoeffizienten (<.25) aus weiteren Analysen ausgeschlossen. Sechs Items konnten sodann in einer exploratorischen Hauptkomponenten-Analyse mit Varimax-Rotation aufgrund zu niedriger Kommunalitäten bzw. aufgrund inkonsistenter Faktorladungen nicht weiter berücksichtigt werden. Die Ergebnisse der mit den 10 verbliebenen Items durchgeführten Faktorenanalyse (Faktormatrix) sind in *Tabelle 4* dargestellt. Da die Mehrzahl der verbliebenen Items den Gratifikationszusammenhang bzw. Aspekte niedriger Belohnungen bei hoher Verausgabung messen, war nicht zu erwarten, daß eine zweifaktorielle Lösung im Sinne eines Verausgabungs- und eines Belohnungsfaktors aus der Analyse resultieren würde.

Tabelle 4
Varimaxrotierte Faktorenmatrix: Dimensionen beruflicher Gratifikationskrisen (N=230 Industriearbeiter) (Peter, 1991, S. 131)

Variable	**Berufliche Instabilität** Faktor 1	**Monetäre Gratifikation** Faktor 2	**Blockierte Aufstiegschancen** Faktor 3
Sicher	**.77**	.07	-.17
Kurzarbeit	**.74**	-.05	.04
Überstunden	**.63**	-.17	.23
Arbeitslosigkeit	**.49**	.29	-.21
Leichtere Arbeit	.10	**.70**	.03
Mehrarbeit	.34	**.63**	.19
Bessere Bezahlung	-.19	**.59**	-.24
Kein Akkordlohn	-.38	**.56**	.16
Weiterbildung	-.13	-.02	**.78**
Berufl. Aufstieg	.06	.08	**.76**
Eigenwert	2.13	1.68	1.43
erklärte Varianz	21.3 %	16.8 %	14.3 %

Anteil erklärter Varianz: 52,4 %

Die *Faktormatrix* zeigt drei inhaltlich interpretierbare Faktoren, welche mit den Bezeichnungen "Berufliche Instabilität", "Monetäre Gratifikation" und "Blockierte Aufstiegschancen" charakterisiert werden. Wie erwartet wurden damit die Gratifikationsaspekte in stärkerem Maße als die Verausgabungsaspekte betont (zur Dimensionalität und Reliabilität s. Peter, 1991 S. 133 ff). Von einer Skalenkonstruktion wurde aus den erwähnten Gründen abgesehen. Gegen eine Zusammenfassung der Einzelindikatoren zu globalen Indizes in den definierten Bereichen beruflicher Belastungserfahrungen spricht ferner die offensichtlich unterschiedliche Bedeutung einzelner Modellkomponenten für das Distress-Erleben der verschiedenen Beschäftigtengruppen. Für Industriearbeiter in den von uns untersuchten metallverarbeitenden Betrieben (Studie I) stellte beispielsweise die Arbeitsplatzunsicherheit als Faktor begrenzter beruflicher Statuskontrolle eine zentrale Bedrohung (gemessen an Auswirkungen auf kardiovaskuläre Risiken) dar, und zwar umso stärker, je niedriger das Qualifikationsniveau war. Demgegenüber wurden monetäre und sozioemotionale Gratifikationskrisen als weniger belastend eingestuft. Industriemeister des von uns untersuchten Großunternehmens (Studie II) verfügten dagegen über eine vergleichsweise hohe Arbeitsplatzsicherheit. Die zentrale Bedrohung bezüglich beruflicher Statuskontrolle ergab sich hier aus der Furcht vor unfreiwilliger Umsetzung (in der Regel bedeutete sie einen sozialen Abstieg, ungünstigere Arbeitsbedingungen, Verzicht auf Gehaltserhöhungen etc.). Hier spielten auch sozioemotionale Belastungserfahrungen (insbesondere Verletzungen von Reziprozitätsnormen der Hilfeleistung) eine wichtige Rolle (siehe unten Kap. 6-8). Solche berufsgruppen- bzw. positionsspezifischen Variationen von Belastungserfahrungen bilden ein weiteres Argument für die von uns mehrheitlich gewählte *Auswertungsstrategie* der Verwendung von *Einzelindikatoren* anstelle globaler Skalen.

Unter Berücksichtigung der drei genannten Datenarten und der jeweiligen Zielgruppe der Untersuchung konnten in der Industriearbeiterstudie (Studie I) *maximal 8 Variablen* (Einzelindikatoren) auf der *extrinsischen Verausgabungsseite* sowie *maximal 15 Variablen* auf der *Gratifikationsseite* in die Analysen einbezogen werden. Dazu kamen gemäß dem theoretischen Modell die *4 Variablen der Subskalen* (bzw. des Summenscores) des latenten Faktors "*berufliche Distanzierungsunfähigkeit*" des Konstrukts berufliche Kontrollbestrebungen.

In der Industriemeisterstudie (Studie II) waren maximal 6 Variablen (Einzelindikatoren) extrinsischer Verausgabung und 13 Variablen beruflicher Gratifikationen für diese Form der Auswertung verfügbar. Zusätzlich wurden auch hier die 4 Variablen bzw. der Summenscore intrinsischer Verausgabung in die Analyse einbezogen.

Ein – teststatistisch allerdings nicht angemessen begründeter – Lösungsversuch des Dilemmas zwischen der vergleichsweise unökonomischen Einzelindikatoren-Analyse und der nur begrenzt anwendbaren Dimensionalitätsanalyse besteht darin, eine *zusammenfassende Maßzahl* als *approximative "Schätzgröße" erfahrener Gratifikationskrisen* pro Proband zu bilden. Eine solche Maßzahl kann in Form eines *Quotienten* zwischen den relevanten Items, welche extrinische Verausgabung messen, und den relevanten Items, welche Gratifikationen messen, ausgedrückt werden. Alternativ läßt sich ein entsprechend gepolter *Summenscore* aus Belastungsnennungen bilden, welche zum einen hohe extrinsische Verausgabung, zum andern niedrige Gratifikation betreffen. Beide "Schätzgrößen" müssten jedoch zusätzlich mit einem Gewichtungsfaktor versehen werden, der sich auf das Ausmaß intrinsischer Verausgabung bezieht. In Kapitel 9 werden Ergebnisse zu psychophysiologischen Messungen dargestellt und diskutiert, die teilweise auf solche "Schätzgrößen" Bezug nehmen.

Abschließend wenden wir uns der Frage nach dem *Verhältnis* von *Messung und theoretischem Modell* zu. Im 3. Kapitel waren drei für eine Modelltestung zentrale Aussagen getroffen worden, die wir jetzt wiefolgt weiter präzisieren können:

1. Herz-kreislauf-relevante Distress-Wirkungen liegen, *ceteris paribus*, mit hoher Wahrscheinlichkeit dann vor, wenn zugleich *Erfahrungen hoher* (extrinsischer oder intrinsischer) *Verausgabung und niedriger Gratifikation* gegeben sind. Auf der Ebene von Einzelindikatoren muß die Erklärungskraft dieser Indikatoren bezüglich der Herz-Kreislauf-Gefährdung bei Vorliegen beider Erfahrungstatbestände in einer Person (hohe Verausgabung und niedrige Belohnung) *substantiell höher* sein als bei Vorliegen lediglich eines Erfahrungstatbestandes (entweder hohe Verausgabung oder niedrige Belohnung).

2. Erfahrungen hoher Verausgabung und niedriger Gratifikation bedürfen, soweit sie anhand evaluativer Daten gemessen werden, einer bestimmten *Belastungsintensität*, um als *Distress-Indikatoren* gelten zu können (bei Likert-skalierten Items erfüllen die Intensitätsstufen "stark" oder "sehr stark" dieses Kriterium, bei Summenscores der Skalen, welche intrinsische Verausgabung messen, erfüllt ein Scorewert, der im *oberen Tertil* liegt, dieses Kriterium).

3. *Chronizität* bzw. Expositionsdauer von *Belastungserfahrungen* unter sich nicht wesentlich verändernden Kontextbedingungen sind (in Längsschnittstudien, die sich über mehrere Jahre erstrecken) lediglich anhand von Indikatoren zu erfassen, welche zu *mindestens zwei Meßzeitpunkten* intraindividuell hohe Stabilität aufweisen.

Alle drei Bestimmungen lassen einen gewissen *Spielraum* der *Modelltestung* zu. So spezifizieren wir beispielsweise das Verhältnis von extrinischer zu intrinsischer Verausgabung nicht *a priori.* Wir halten es für denkbar, daß extrinsische Verausgabung auch bei Probanden ohne stark ausgeprägte Kontrollbestrebungen zu Distresserfahrungen führt und umgekehrt. Ebenso verzichten wir auf eine *a priori* Gewichtung der

Belastungswirkung der drei Gratifikationskomponenten. Damit öffnen wir das Feld der Datenanalyse einer gewissen Vielfalt statistischer Auswertungsverfahren, die uns veranlaßt, lediglich von einer *"schwachen" Modelltestung* zu sprechen. Schwache Modelltestung grenzt sich jedoch von inflationärer Testung durch den *strikten Bezug* auf die *10 Untersuchungshypothesen* (vgl. Kap. 3.3) und durch die Berücksichtigung der drei oben genannten Bestimmungen der *Ko-Manifestation* von Belastungsqualitäten, der *Intensität* sowie der *Chronizität* von Belastungserfahrungen, bei allen gewählten Auswertungsstrategien ab. Je nach Datenniveau umfassen die im zweiten Teil vorgestellten statistischen Verfahren Varianzanalysen, logistische Regressionsanalysen sowie lineare Sturkturgleichungsmodelle.

Varianzanalysen werden in unserem Falle zur Überprüfung von Hypothesen verwendet, die zum einen intervallskalierte Kriteriumsvariablen, zum andern Meßwiederholungen enthalten. Störvariablen werden dabei als Kovariaten in die Berechnung aufgenommen. Das erste oben genannte Postulat wird in Varianzanalysen durch die Testung von Interaktionseffekten (einer Verausgabungs- und einer Gratifikationsvariablen) auf das Kriterium erfüllt. Allerdings ist die Anwendung von Varianzanalysen aufgrund der restriktiven Annahmen bezüglich der Verteilung der Daten begrenzt.

Breiter ist im vorliegenden Fall das Anwendungsgebiet *der logistischen Regressionsanalyse* (vgl. Efron 1975, Press & Central 1978). Dieses Verfahren ist allerdings nur anzuwenden, wenn die abhängige Variable in Form dichotomer, nominal skalierter Daten vorliegt. Bei der logistischen Regressionsanalyse wird kein linearer Zusammenhang zwischen den Prädiktoren und der abhängigen Variable angenommen; vielmehr wird davon ausgegangen, daß Effekte von Prädiktorvariablen auf die Kriteriumsvariable nicht nur additiv, sondern auch multiplikativ erfolgen können. Das Verfahren trägt dieser Annahme insofern Rechnung, als abhängige und unabhängige Variablen über eine logistisch transformierte Funktion miteinander verknüpft werden. Als weiterer Vorteil des Verfahrens ist zu sehen, daß die unabhängigen Variablen nicht normal verteilt sein müssen und die Kovarianzmatritzen der unabhängigen Variablen in den verschiedenen Kategorien der abhängigen Variablen nicht identisch sein müssen. Zwar ist auch bei logistischen Regressionsanalysen die Testung von Interaktionseffekten dem theoretischen Modell entsprechend wünschenswert und möglich, jedoch setzen entsprechende Berechnungen in der Regel Daten einer umfangreichen Stichprobe zwecks ausreichender Zellbesetzung für die "likelihood"-Schätzungen voraus. Wir werden im Ergebnisteil auf dieses Problem angesichts unserer numerisch begrenzten Stichproben zurückkommen. Eine weniger elegante, approximative Testung des im Modell unterstellten Zusammenhangs zwischen Verausgabung und Gratifikation stellt die *Bildung dreistufiger Prädiktorvariablen* dar, die in logistischen Regressionsmodellen berücksichtigt werden und zwar jeweils nach folgendem Muster:

1. Stufe: bei einem Probanden ist weder ein Indikator hoher Verausgabung, noch ein Indikator niedriger Belohnung vorhanden;
2. Stufe: bei einem Befragten ist entweder ein Indikator hoher Verausgabung oder ein Indikator niedriger Belohnung vorhanden;
3. Stufe: bei einem Befragten ist sowohl ein Indikator hoher Verausgabung als auch ein Indikator niedriger Belohnung vorhanden.

Eine auf solche Weise gebildete dreistufige Variable wird sodann in die logistische Regressionsanalyse aufgenommen, und es wird postuliert, daß die Variablenausprägung (3) im Gegensatz zur Variablenausprägung (2) stets einen hochsignifikanten Beitrag zur Verbesserung der Modellschätzung erbringt (Einzelheiten s.u. Kap. 5 u. 6).

Eine dritte, anspruchsvolle, allerdings restriktionsreiche statistische Testung ist mit der Anwendung *linearer Strukturgleichungsmodelle* gegeben (Jöreskog et al., 1979). Die entsprechenden Auswertungen wurden in unserer Arbeitsgruppe von Herbert Matschinger im Zeitraum von 1982 - 1987 durchgeführt (Dittmann & Matschinger, 1982, Matschinger et al., 1986, Siegrist et al., 1987, Siegrist & Matschinger, 1989). Wie bereits in Abschnitt 4.2 erwähnt, besitzen LISREL-Verfahren u.a. den Vorteil, daß sie eine direkte Testung des "Fits" zwischen theoretisch postuliertem Modell und empirischen Daten ermöglichen. Bezogen auf das Modell "berufliche Gratifikationskrisen" wurden die Modellspezifikationen so vorgenommen, daß ein endogenes Kriterium, in der Regel Höhe des systolischen oder diastolischen Blutdrucks bzw. atherogener Lipidwerte, in Abhängigkeit von Faktoren extrinsischer und intrinsischer Verausgabung (sowie Störvariablen) in einem Modell analysiert wurde, welches in identischer Form für eine durch prekäre Gratifikationen belastete und eine dadurch nicht belastete Gruppe getestet wurde. Die zu testende Hypothese besagte, daß der Modellfit unter der Bedingung eines gratifikationskritischen Kontextes besser und die erklärte Varianz des endogenen Kriteriums höher sein sollte, als unter Bedingungen eines fehlenden gratifikationskritischen Kontexts (s.u. Kap. 6).

Alle drei *Verfahren* haben *Vor- und Nachteile*. Wichtig erscheint uns, insbesondere im Hinblick auf die Gefahr inflationären Testens, festzuhalten, daß mittels der drei Verfahren im Sinne der Modelltestung *konsistente Ergebnisse* erzielt werden können. Diese mit einer "schwachen" Modelltestung einhergehende Gefahr inflationärer Testung haben wir im übrigen durch die Anwendung zweier weiterer Kontrollverfahren eingegrenzt: erstens durch den Nachweis der *Stabilität* der erzielten Effekte (durch Überprüfung von Ergebnissen anhand von Daten aus einem zweiten Befragungszeitpunkt einer Längsschnittstudie (s.u. Kap. 6)), und zweitens durch eine *Re-*

produktion der Ergebnisse anhand gleicher statistischer Auswertungsverfahren in mindestens zwei *unterschiedlichen Stichproben* (s.u. Kap. 6, 7, 9).

4.5 Zusammenfassung

In diesem Kapitel wurde dargestellt, wie das Modell beruflicher Gratifikationskrisen in seinen einzelnen Komponenten gemessen und unter Anwendung statistischer Verfahren getestet wird. Zunächst haben wir unsere Entscheidung zugunsten einer empirisch-nomologischen Methodologie begründet, die uns zur Anwendung von Methoden der quantitativen Sozialforschung, insbesondere des strukturierten Interviews und des schriftlichen Fragebogens bewog. Drei Gründe waren hierfür ausschlaggebend: 1. die Zielsetzung einer hypothesentestenden Studie, 2. der Entwicklungsstand der im Forschungsgebiet bereits vorliegenden Erkenntnisse sowie der Wunsch, durch empirische Forschung zu einem kumulativen Wissensbestand beizutragen, 3. zwingende forschungsökonomische Erwägungen wie begrenztes Zeitbudget für Datenerhebung und -auswertung. Lag der Preis eines solchen Vorgehens, d.h. einer vom Forscher vorgenommenen standardisierten Operationalisierung einerseits in der Einengung und Vorstrukturierung eines potentiell reichhaltigen, individuellen Antwortspektrums, so wurde er andererseits durch erhöhte Vergleichbarkeit der Antworten und durch Verringerung von Fehlerquellen des Messens aufgewogen.

Die Darstellung der Messung des Modells erfolgte in drei Abschnitten. Im ersten Abschnitt wurde das Konstrukt "berufliche Kontrollbestrebungen" als Operationalisierung einer personalen Eigenschaft gesteigerter intrinsischer Verausgabungsbereitschaft im beruflichen Leistungszusammenhang beschrieben. Es wurde ein kurzer Abriß der Entwicklung dieses Testverfahrens, die in unserer Arbeitsgruppe erfolgte, gegeben. Im einzelnen wurde dargelegt, wie die 44 dichotome Items umfassende Version entstanden ist, welche das Konstrukt anhand sechs eindimensionaler Skalen und zweier latenter Faktoren abbildet. Ferner wurde gezeigt, wie Scorewerte dieser beiden latenten Faktoren "Verausgabungsbereitschaft" und "Distanzierungsunfähigkeit" im Bezugssystem einer "Bewältigungskarriere" interpretierbar sind. Mit diesem neuartigen Versuch, die Entwicklungsdynamik personaler Eigenschaften im mittleren Erwachsenenalter abzubilden, haben wir die der konventionellen testpsychologischen Forschung zugrundeliegende Trennung zwischen Eigenschafts- und Zustandsmaßen aufzubrechen versucht. Die empirische Testung des Beitrages hoher Skalenscores beruflicher Distanzierungsunfähigkeit zur Erklärung kardiovaskulärer Risiken ermöglicht somit nicht nur eine wichtige Ergänzung der teststatistischen Charakterisierung des Meßinstrumentes (diskriminante bzw. prädiktive Validität), sondern stellt darüberhinaus eine – längst fällige – Verbindung zwischen eigenschaftspsychologischer und lebenslaufsoziologischer Forschungstradition her.

In einem zweiten Abschnitt wurde dargestellt, wie die Komponenten "extrinsische Verausgabung" und "leistungsbezogene Gratifikation" von uns gemessen wurden. Von zentraler Bedeutung war hierbei die Unterscheidung dreier Datenarten, kontextueller, deskriptiver und evaluativer Daten, sowie das Prinzip der diese Datenarten kombinierenden bzw. kontrastierenden Triangulation. Anhand von Beispielen wurden Aspekte der Validität, Reliabilität, Stabilität und Kontextgebundenheit der unseren Messungen zugrundegelegten Indikatoren diskutiert. In *Tabelle 3* haben wir sodann einen Überblick über die zentralen Indikatoren, getrennt nach den drei Datenarten und den beiden Hauptstudien, gegeben.

Ausführlich sind wir in einem dritten Abschnitt Fragen der Dimensionsprüfung bzw. des Verhältnisses von Einzelindikatoren zu zusammenfassenden Indizes bzw. Skalen (anhand von Faktorenanalysen) nachgegangen. Wir haben auf die in der Sache selbst liegenden Schwierigkeiten und Grenzen einer solchen Verfahrensweise hingewiesen und unsere vorwiegende Strategie der Verwendung von Einzelindikatoren begründet. Sodann wurden die an eine zumindest "schwache" Modelltestung geknüpften Bedingungen spezifiziert, und es wurden die im empirischen Teil der vorliegenden Publikation zur Anwendung gelangenden statistischen Auswertungsverfahren der Varianzanalyse, der logistischen Regressionsanalyse und des linearen Strukturgleichungsmodells auf dem Hintergrund der von uns in Aussicht genommenen Modelltestung erläutert.

Nachdem die theoretischen und methodischen Grundlagen unserer Studien ausführlich dargestellt worden sind, soll der heuristische Ertrag des Modells beruflicher Gratifikationskrisen zur Erklärung von Herz-Kreislauf-Risiken im Erwerbsleben anhand der empirischen Ergebnisse aus drei von uns durchgeführten sozialepidemiologisch-medizinsoziologischen Studien geprüft werden.

Teil II

Ergebnisse

5 Die drei Studien

Zwischen 1981 und 1993 hat unsere Arbeitsgruppe zwei größere empirische Forschungsprojekte selbständig konzipiert und durchgeführt: eine *prospektive Studie* zum Zusammenhang zwischen beruflichen Gratifikationskrisen und Herz-Kreislauf-Risiken bei 416 *männlichen Beschäftigten* in drei Betrieben eines mittelgroßen deutschen Unternehmens der Metallindustrie (*Studie I*) und eine *Querschnittsuntersuchung* zur gleichen Fragestellung bei 179 *Industriemeistern* eines großen deutschen Automobilkonzerns (*Studie II*). Ferner erhielten wir die Möglichkeit, einen Teil unserer Fragen zur Messung von Gratifikationskrisen in eine laufende *prospektive Studie* an 1.169 *Industriearbeitern* in der chinesischen Stadt *Wuhan* einzubeziehen. Diese Studie wurde auf der Grundlage eines Partnerschaftsvertrages zwischen der Universität Heidelberg und der Tongji Medical University Wuhan, unter Leitung von Gotthard Schettler durchgeführt (*Studie III*; Bernhardt et al., 1990). Die nachfolgenden Kapitel enthalten die *wichtigsten Ergebnisse* dieser drei Studien zur Testung unserer zentralen Hypothesen. Über eine vierte Studie, an der unsere Arbeitsgruppe ebenfalls beteiligt war, wird hier nicht berichtet, da die Endauswertungen zu den entsprechenden Fragestellungen noch nicht abgeschlossen sind. Es handelt sich um die sog. Göttinger Risiko-, Inzidenz- und Prävalenz-Studie, eine prospektive Untersuchung zu Herz-Kreislauf-Risiken bei 6.029 männlichen Beschäftigten eines großen Automobilkonzerns, die unter Leitung von Dietrich Seidel durchgeführt wurde (Cremer et al., 1991).

Zusammengenommen gestatten diese Studien eine *Überprüfung* der *zentralen Untersuchungshypothesen*, da alle untersuchten Berufsgruppen dem mittleren Erwachsenenalter zuzurechnen sind und langjährige Erfahrungen kontinuierlicher Erwerbstätigkeit aufweisen. Die Studienpopulationen erfüllen einerseits wesentliche Kriterien der Sample-Homogenität (Geschlecht, Berufstätigkeit, berufliche Stellung bzw. Betriebszugehörigkeit, Bildungsniveau). Dadurch wird eine Hypothesentestung bereits bei vergleichsweise geringer Stichprobengröße möglich. Andererseits erlaubt der Vergleich von Daten aus zwei unterschiedlichen soziokulturellen bzw. sozioökonomischen Milieus (Deutschland und China) in begrenztem Ausmaß Verallgemeinerungen.

Im Zentrum unseres Interesses stehen manuell beschäftigte Industriearbeiter sowie Mitglieder jener sozialen Schicht, deren kardiovaskuläre Krankheitslast und Frühsterblichkeit besonders ausgeprägt und, wie wir gesehen haben, in besonderem Umfang durch Belastungserfahrungen im Erwerbsleben erklärbar sind. Gelingt es hier, spezifische psychosoziale Risikokonstellationen zu identifizieren, so sind die praktischen, gesundheitspolitischen Folgerungen aus diesen wissenschaftlichen Erkenntnissen weitreichend (s.u. Teil III). Zugleich erlaubt die Zusammensetzung der Stichproben in den Studien II und III, Auswirkungen beruflicher Gratifikationskrisen auf die Herz-Kreislauf-Gesundheit bei beruflich höher Qualifizierten zu überprüfen und damit einen wichtigen Aspekt der Problematik schichtenspezifischer Krankheitsverteilung zu beleuchten.

Zwei der drei Studien sind *prospektiv* angelegt, wobei Studie I vier psychosoziale und medizinische Screenings innerhalb eines 6,5-jährigen Beobachtungszeitraums enthielt, während Studie III eine psychosoziale Datenerhebung nur zum zweiten Meßzeitpunkt, fünf Jahre nach der Ersterhebung, gestattete. Das Untersuchungsdesign der Marburger Prospektiven Industriearbeiterstudie (Studie I) ermöglicht damit eine direkte prospektive Testung der zentralen Untersuchungshypothesen, zumindest bezüglich neu auftretender klinischer Ereignisse in diesem Zeitraum. Ferner lassen sich – in begrenztem Umfang – Veränderungen im Bereich kardiovaskulärer Risikofaktoren mit Veränderungen im Bereich psychosozialer Belastungen in Beziehung setzen.

Neben diesen klaren *Vorteilen* des von uns gewählten (Studie I und II) bzw. uns vorgegebenen (Studie III) Untersuchungsdesigns sind auch Nachteile zu nennen, so in erster Linie die Tatsache, daß sich die Ergebnisse ausschließlich auf Männer beziehen, sowie die Tatsache, daß unsere Untersuchungen auf Angehörige des produzierenden Gewerbes, d.h. des sekundären Erwerbssektors beschränkt bleiben und damit Angehörige des immer wichtiger werdenden Dienstleistungssektors ausschließen.

Zwei Argumente bewogen uns, die Studien zunächst auf *Männer* zu begrenzen: erstens, die im Vergleich zu Frauen mehrfach erhöhte Infarktgefährdung bei Männern, zweitens die Konzentration auf Gruppen mit kontinuierlicher Erwerbstätigkeit im produzierenden Gewerbe, Gruppen, die traditionellerweise in weit stärkerem Umfang aus Männern bestehen. Unsere Entscheidung zugunsten von Beschäftigten des sekundären Erwerbssektors, speziell *Arbeitern* der *metallverarbeitenden Industrie*, war ausschließlich wissenschaftlich begründet: in seiner medizinsoziologischen Dissertation, der umfangreiche sekundäranalytische Auswertungen von Daten der Rentenversicherungsträger zugrunde lagen, kam Ulrich Bolm-Audorff (1983) zu dem Ergebnis, daß innerhalb der Arbeiterberufe Metallarbeiter den höchsten Prozentsatz von Herzinfarkt-Rehabilitanden (nur Erstinfarkte) aufwiesen. Auch die von uns durchgeführte umfangreiche Fall-Kontrollstudie an 380 Herzinfarkt-Patienten und 190 Kontrollprobanden zeigte, daß Arbeiter, die von Rationalisierungsmaßnahmen, beruflicher Instabilität sowie von starkem Zeitdruck und Lärm am Arbeitsplatz betroffen waren – Bedingungen, die bei Beschäftigten in metallverarbeitenden Betrieben in besonderem Maße gegeben sind – im Infarktkollektiv signifikant häufiger repräsentiert waren (Siegrist et al., 1980, Weber, 1984).

Nachfolgend beschreiben wir die drei Untersuchungspläne und die untersuchten Kollektive, wobei aufgrund der Bedeutung und der Reichhaltigkeit des Materials Studie I im Vergleich zu den anderen beiden Studien eine wesentlich eingehendere Würdigung erfährt (Abschnitt 5.1 - 5.3). Die Kapitel 6 - 9 enthalten sodann die Darstellung sämtlicher wichtiger Ergebnisse zu den Untersuchungshypothesen. Das Gliederungsprinzip bilden hier die zu erklärenden Variablen (Risikofaktoren, klinische Ereignisse, psychophysiologische Prozesse) und nicht die einzelnen Studien. Der letzte Abschnitt des 9. Kapitels geht kritisch auf die Begrenzungen der bisher vorliegenden Belege ein und stellt weiterführende Befunde und Überlegungen zur Diskussion.

5.1 Studie I: Die Marburger Prospektive Industriearbeiterstudie

5.1.1 Die untersuchten Betriebe

Mit der Wahl eines Kollektivs abhängig beschäftigter Arbeiter der metallverarbeitenden Industrie im mittleren Erwachsenenalter, die langfristig relativ schweren Arbeitsbedingungen ausgesetzt sind (vor allem Lärm, Akkord- und Schichtarbeit), die aufgrund ihres Gratifikationsniveaus und des regionalen Standorts (vorwiegend ländliches Gebiet) geringe Chancen haben, ihren Arbeitsplatz zu wechseln, die im Bundesdurchschnitt, gemessen an ihrem Leistungsprofil, ein ungünstiges Lohnniveau aufweisen (Lorenz et al., 1989) und die aus konjunkturellen und strukturellen Gründen einem erhöhten Risiko der Arbeitslosigkeit ausgesetzt sind, haben wir die uns möglichen, maximal eindeutigen Bedingungen zur Testung des Modells beruflicher Gratifikationskrisen geschaffen. Im Rahmen unserer prospektiven Studie konnten drei Zweigwerke eines metallverarbeitenden Unternehmens mit insgesamt 12 Zweigwerken und über 12.000 Beschäftigten in Nordrhein-Westfalen und Hessen zur Mitarbeit gewonnen werden. Für die Auswahl der drei Zweigwerke waren das Entgegenkommen der Geschäftsleitungen und des betriebsärztlichen Dienstes sowie der Standort ausschlaggebend. Die drei Betriebe können kurz folgendermaßen charakterisiert werden.

Betrieb A: Das metallverarbeitende Unternehmen weist zum Zeitpunkt der Untersuchung etwa 1.800 Beschäftigte, davon ca. 1.400 gewerblich Beschäftigte auf. Schwerpunkte der Produktion bilden Elektrogeräte, vor allem Einbaugeräte für Küchen, Heizgeräte, Heizkessel und Wärmepumpen. Die Produktion erfolgt in Form von Großserienfertigung, die wichtigsten Produktionsgänge umfassen Stanzen, Schweißen, Lackieren bzw. Emaillieren und Montieren. Der Absatz der Produkte geht überwiegend an Kauf- und Versandhäuser. Dem Betrieb assoziiert sind 18 Außenstellen mit zentralen Lagern. Das Werk ist am Rande einer kleineren Kreisstadt mit ländlichem Einzugsgebiet angesiedelt.

Die Arbeitnehmerschaft setzt sich zu 80% aus Deutschen zusammen. Die jährliche Fluktuationsrate liegt weit unter 5%; aufgrund einer regionalen Monopolstellung des Betriebes (größter Arbeitgeber am Ort) und aufgrund starker geographischer Bindung der Beschäftigten (hoher Anteil mit Wohneigentum) bestehen objektiv begrenzte Mobilitätschancen. Je nach Qualifikationsgrad und Tätigkeitsprofil erfolgt die Bezahlung für die Mehrheit in Form von Einzel- oder Gruppenakkord, im übrigen in Form von Zeit- und Prämienlohn.

Betrieb B: Bei diesem in der Größenordnung mit Betrieb A gut vergleichbaren Unternehmen handelt es sich um eine Gießerei, in der Fahrzeug-Gußteile, Rohre und Großstück-Gußteile gefertigt werden. Die Produktion erfolgt in Serien- und Einzelfertigung, wobei die wichtigsten Produktionsschritte Formen, Schmelzen, Gießen, Putzen und mechanisches Bearbeiten umfassen. Die Produkte werden in erster Linie von ausländischen Kunden abgenommen – eine Tatsache, die sich im Verlauf unserer Untersuchung als verhängnisvoll herausstellen sollte. Betrieb B ist ebenfalls größter Arbeitgeber am Ort, einer Kreisstadt mittlerer Größe mit ausgedehntem ländlichen Einzugsgebiet. Bezüglich der Größe der Belegschaft nach Nationalität, Fluktuationsrate und Entlohnungsform ist der Betrieb mit dem vorhergehenden wiederum gut vergleichbar. Auch hier werden überwiegend Gruppen- und Einzelakkordtätigkeiten durchgeführt, das Spektrum der Arbeitsbelastungen entspricht im großen und ganzen demjenigen von Betrieb A.

Betrieb C: Der kleinste der drei untersuchten Betriebe weist ca. 850 Beschäftigte, davon ca. 750 in der Produktion Tätige auf. Wie Betrieb B ist dieses Werk eine Gießerei, die sich allerdings als Zulieferbetrieb der Automobilindustrie auf Gußteile des Maschinenbaus, in erster Linie des Automobilbaus, spezialisiert hat. Trotz dieser ökonomisch problematischen Bindung an ein Automobilunternehmen gilt der Betrieb während der gesamten Untersuchungszeit als vergleichsweise krisensicher. Die Serienfertigung umfaßte auch hier die Produktionsbereiche Formen, Schmelzen, Gießen, Putzen und mechanische Bearbeitung, wobei Einzelakkord-Arbeitsplätze überwiegen. Im Gegensatz zu dem vorhergehenden Betrieb sind hier gut 50% der Beschäftigten Ausländer. Die Monopolstellung des Betriebes im gesamten Einzugsbereich, der hohe Anteil gering qualifizierter, an ihren Wohnort gebundener Arbeitnehmer und der hohe Ausländeranteil gestatten diesem Unternehmen, die Arbeitnehmerschaft mit niedrigem Lohnniveau langfristig an sich zu binden.

Wie *typisch* sind diese drei Zweigwerke eines größeren metallverarbeitenden Unternehmens, das zum Zeitpunkt unserer Untersuchung als Aktiengesellschaft – mit einem beachtlichen Aktienanteil in Händen einer bekannten deutschen Großindustriellenfamilie – firmiert, für die deutsche Metallindustrie der 80er Jahre? Anhand der uns verfügbaren Daten können wir diese Frage folgendermaßen beantworten:

1. Bezüglich der Zusammensetzung der Belegschaft nach *Nationalität* können die untersuchten Betriebe als repräsentativ gelten. Bundesweit betrug der Anteil deutscher männlicher Erwerbstätiger in der metallverarbeitenden Industrie 73,5%. Gleiches gilt im Hinblick auf wichtige, von uns untersuchte *Arbeitsbelastungen*: bundesweit waren zu Beginn der 80er Jahre 24% der Metallarbeiter im Schichtbetrieb tätig (Betriebe A - C: 30%) und es waren 50% in Akkordlohn beschäftigt (in den Betrieben A - C haben 56% der untersuchten Probanden Akkordarbeit in einem Zeitraum von 1 bis über 30 Jahren geleistet). Auch das *Qualifikationsprofil* der von uns untersuchten Unternehmen (64% Facharbeiter, Vorarbeiter oder Meister) entspricht sehr gut jenem in der Metallindustrie im Bundesland Hessen (68%).

2. Weniger gut vergleichbar ist unsere Belegschaft mit dem bundesdeutschen Durchschnitt bezüglich *Betriebszugehörigkeitsdauer*, wenn auch hierzu keine differenzierten Angaben vorliegen. Immerhin zeigen Informationen des Statistischen Bundesamtes, daß nur etwa 20% der männlichen Arbeitnehmer im verarbeitenden Gewerbe eine Betriebszugehörigkeitsdauer von 15 und mehr Jahren aufweisen (Betriebe A - C: über 50%). Auch hinsichtlich des *Lohnniveaus* sind die untersuchten Betriebe nicht repräsentativ. Vergleicht man die Lohngruppenstruktur der drei Betriebe mit derjenigen der gesamten Metallindustrie im Bundesland Hessen, so zeigt sich, daß im Bundesland durchschnittlich 36% der Arbeitnehmerlöhne in die untersten Lohngruppen (2 - 5) entfallen, während es in den von uns untersuchten Betrieben zwischen 52 und 71% sind. Diese deutliche Abweichung erklärt sich, wie bereits erwähnt, in erster Linie durch Standort- und Produktionsfaktoren (zur ausführlichen Analyse vgl. Lorenz et al., 1989).

Zusammenfassend läßt sich sagen, daß die von uns untersuchten Betriebe die Beschäftigungssituation in der deutschen Metallindustrie zu Beginn der 80er Jahre für mittelgroße Unternehmen in ländlichen Regionen recht gut widerspiegeln. Relativ schlecht vergleichbar ist die Arbeitssituation sicherlich mit derjenigen führender Großbetriebe der Branche, in denen in Hinblick auf Qualifikationsprofil der Beschäftigten, Arbeitsorganisation und Belegschaftszusammensetzung, aber auch bezüglich Unternehmerinvestitionen in Arbeitsschutz und Gesundheit wesentlich günstigere Verhältnisse vorherrschen. Im Vergleich zu dem Großunternehmen der Studie II konnten wir uns des Eindrucks nicht erwehren, daß die von uns untersuchten mittelgroßen Unternehmen ihren Beschäftigten besondere Benachteiligungen zumuteten: für umfassende Investitionen, die der Arbeitssicherheit und der Gesundheit der Beschäftigten zugute kommen, schien hier nicht genügend Kapital vorhanden zu sein. Ein quasi-monopolartiges Arbeitsplatzangebot und eine betriebstreue Stammbelegschaft, die im übrigen einen relativ schwachen gewerkschaftlichen Organisationsgrad aufwies (in Betrieb C z.B. knapp 50%) ermöglichten offenbar eine im Rahmen des tarifvertraglich Vereinbarten niedrige Entlohnung in Kombination mit einem großen Angebot prekärer, belastungsreicher, häufig technisch veralteter Arbeitsplätze. So verwundert es kaum, daß auch die betriebsärztlichen Dienste der drei Unternehmen über mangelhafte personelle Ausstattung und begrenzte Räumlichkeiten klagten – Bedingungen, die eine sachgerechte Erfüllung gesetzlicher Vorschriften oft genug erschwerten. Unter diesen Voraussetzungen war eine engagierte betriebliche Gesundheitsvorsorge nicht durchführbar. Das Ausmaß dieser defizitären Situation wurde im Rahmen unserer medizinischen Erstuntersuchungen in besonders eindrucksvollem Maße deutlich (s.u. Kapitel 6 - 8).

5.1.2 Die Stichprobe

Die Stichprobe der Untersuchung (n=416 Probanden zum ersten Befragungszeitpunkt) wurde aus knapp 2.000 männlichen deutschen gewerblich Beschäftigten der drei Zweigwerke nach folgenden *Kriterien* rekrutiert:

1. Altersgruppe 25-55 Jahre;
2. Zugehörigkeit zu einer der 5 Funktionsgruppen, die aufgrund von Arbeitsplatz beobachtungen festgelegt wurden: Facharbeiter in der Fertigung, Facharbeiter im Reparaturbereich, angelernte Arbeiter am Band und an der Maschine, Beschäftigte in Vorgesetztenfunktionen wie Meister, Vorarbeiter und Gruppenführer;
3. Mindestgröße einer Abteilung: 20 Beschäftigte;

4. Vorhandensein relevanter Arbeitsbelastungen (vor allem Lärm, Akkord- und Schichtarbeit);

5. Ausschluß von Probanden mit dokumentiertem Herzinfarkt (EKG-Befund).

Ein *größerer Teil* der diesen Kriterien entsprechenden Arbeitnehmer konnte in unsere Studie *einbezogen* werden: Während die Grundgesamtheit der nach diesen Kriterien definierten Beschäftigten in den drei Betrieben 735 betrug, fielen bestimmte Gruppen von vornherein aus dem weiteren Auswahlprozedere aus. Erstens waren Arbeitnehmer, die im Untersuchungszeitraum in der Spätschicht beschäftigt waren, nur in geringem Maße in der Lage, an unserer Untersuchung teilzunehmen, da diese aus methodischen Gründen stets im Zeitraum zwischen 14.00 und 17.00 Uhr stattfand. Zweitens fehlten Arbeitnehmer mit längeren krankheitsbedingten Fehlzeiten in unserer Erhebung. Schließlich mußten die acht Arbeitnehmer, welche ursprünglich an der Studie teilnehmen wollten, aufgrund eines im EKG dokumentierten Herzinfarktes ausgeschlossen werden.

Die Teilnahme an der Studie war *freiwillig*. Die Beschäftigten wurden von dem Untersuchungsteam direkt angesprochen, wobei die Meister eine wesentliche Rolle bei der Motivation zur Teilnahme spielten. Auf diese Weise konnten schließlich 416 Beschäftigte (57% der nach den Kriterien definierten Grundgesamtheit) zur Mitarbeit gewonnen werden. Ein Vergleich des Qualifikationsprofils unserer Stichprobe mit der Gesamtgruppe zeigt, daß die gering Qualifizierten (Angelernte an Band oder Maschine) leicht unterrepräsentiert waren, daß ansonsten gute Vergleichbarkeit gegeben war.

Eine wichtige Frage betrifft den *Stichprobenschwund* im Verlauf der Längsschnitterhebung. Insgesamt fanden vier Erhebungswellen statt, die Eingangsuntersuchung (T0), die im Frühjahr 1982 stattfand, eine zweite Erhebung (T1) im Frühjahr 1983, ein drittes Screening nach weiteren zwei Jahren (T2, Frühjahr 1985) und schließlich die Abschlußuntersuchung nach 6,5 Jahren (Herbst 1988, T3). Der Stichprobenschwund vom ersten auf den zweiten Erhebungszeitpunkt betrug 14% (356 von 416 Probanden), vom zweiten auf den dritten Erhebungszeitpunkt weitere 11%, d.h. insgesamt 25% (310 von 416 Probanden). Daten bezüglich klinischer Endpunkte (4. Meßzeitpunkt) lagen über insgesamt 356 Probanden vor (86% der initialen Stichprobe).

Bei diesem beachtlichen Stichprobenschwund muß man in Rechnung stellen, daß beispielsweise im Zeitraum zwischen 2. und 3. Erhebung etwa 40% der Ausfälle allein auf betriebsbedingte Entlassungen, Frühpensionierungen und Betriebswechsel zurückzuführen waren. Weitere 15% entfielen auf längere krankheitsbedingte Fehlzeiten, Unfälle sowie Todesfälle (4 Beschäftigte starben zwischen 1983 und 1985); 35% (n=38) entfielen allerdings auf Verweigerungen einer weiteren Mitarbeit. Wieweit werden die Ergebnisse der Studie durch diesen Stichprobenschwund verzerrt?

Zur Klärung dieser Frage wurden umfangreiche *Kontrollrechnungen* durchgeführt. Von insgesamt 34 geprüften Variablen zeigten lediglich zwei einen signifikanten Einfluß auf die Stichprobenzusammensetzung im Vergleich der ersten drei Meßzeiten: die Höhe des systolischen Blutdrucks und die Arbeitsplatzunsicherheit. Probanden mit hohen systolischen Blutdruckwerten zum ersten Meßzeitpunkt blieben überdurchschnittlich häufig den weiteren Untersuchungen fern. So ist beispielsweise der durchschnittliche systolische Blutdruckwert der Gruppe, die zum ersten Screening erscheint, mit 147,9 mmHg gegenüber der Gesamtgruppe zum dritten Meßzeitpunkt (141,5 mmHg) signifikant erhöht. Und Probanden, die zum zweiten Erhebungszeitpunkt befürchten, ihren Arbeitsplatz zu verlieren, bleiben der dritten Erhebung besonders häufig fern. So ist der Anteil derer, die befürchten, ihren Arbeitsplatz zu verlieren, bei den Arbeitern, die nur die erste und zweite Erhebung mitmachen, mit 18,2% mehr als dreimal so hoch wie jener der Arbeiter, die an allen drei Erhebungen teilnehmen.

Beide Befunde deuten darauf hin, daß die nachfolgend referierten Ergebnisse die Effekte eher unter- als überschätzen: hohe Blutdruckwerte stellen einen der drei zentralen kardiovaskulären Risikofaktoren dar. Bezüglich der Inzidenz klinischer Ereignisse ist somit nach Wegfall eines Teiles der Probanden mit initial hohen Blutdruckwerten mit eher konservativen Schätzungen zu rechnen. Hoher Arbeitsplatzunsicherheit kommt zentrale Bedeutung im Modell beruflicher Gratifikationskrisen zu. Der Wegfall eines Teils der Arbeitnehmer, die durch diese Bedingung starken Distresserfahrungen ausgesetzt sind, verringert damit die Chancen einer angemessenen Modelltestung. Soll berufliche Statusbedrohung dennoch kardiovaskuläre Risiken erklären, so werden die Effekte eher unter- als überschätzt. Ansonsten kann jedoch davon ausgegangen werden, daß die verbleibende Stichprobe die initiale Untersuchungspopulation verzerrungsfrei widerspiegelt.

5.1.3 Das Untersuchungsdesign

In *Tabelle 5* ist das Untersuchungsdesign von Studie I in den Grundzügen dargestellt. Danach sind *vier Erhebungswellen* mit z.T. unterschiedlich intensiven medizinischen und psychosoziologischen Messungen durchgeführt worden. Während die Mehrzahl der Parameter über die Meßzeitpunkte in identischer Weise erhoben wurde, ergaben sich aus technischen und finanziellen Gründen auch Abweichungen: So war es uns leider nicht möglich, Lipidbestimmungen bereits zum ersten und wiederum zum vierten Erhebungszeitpunkt durchzuführen. Ferner mußte aus ethischen Gründen auf die

Durchführung eines Belastungs-EKGs anläßlich der Abschlußuntersuchung verzichtet werden. Finanzielle Mittel zur Erhebung wünschenswerter weiterer biomedizinischer Daten (vor allem zur Bestimmung der Blutgerinnungsneigung bzw. zur Ausweitung von an Subgruppen durchgeführten klinischen Untersuchungen) waren nicht vorhanden. Auch konnte die Einbeziehung eines lange geplanten standardisierten psychomentalen Belastungstests in die Längsschnittstudie aufgrund notwendiger Entwicklungsarbeiten erst zum dritten Erhebungszeitpunkt realisiert werden. Vergegenwärtigt man sich jedoch den außerordentlich hohen Arbeitsaufwand einerseits und den reichhaltigen Datenfundus andererseits, welcher mit diesem Untersuchungsplan gegeben war, so lassen sich diese Begrenzungen in Kauf nehmen.

Über Einzelheiten der Datenerhebung und -aufbereitung im Bereich biomedizinischer Messungen wird an den entsprechenden Stellen in den nachfolgenden Kapiteln 6 und 8 eingegangen, auf die psychophysiologische Experimentalsituation in Kapitel 9. Die Erfassung psychosoziologischer Merkmale wurde, soweit diese das Modell beruflicher Gratifikationskrisen betreffen, bereits ausführlich in Kapitel 4 erörtert, während Interviewinformationen, die sich auf verhaltensbezogene Risikofaktoren und auf die Krankheitsanamnese beziehen, in Kapitel 7 erörtert werden. An dieser Stelle sollen jedoch kurz zwei *zusätzliche klinische Erhebungen* beschrieben werden, die zum Zeitpunkt T1 bzw. T2 an Subgruppen unseres Kollektivs durchgeführt werden konnten. Beide Zusatzerhebungen ergaben sich aus Kooperationsangeboten von Leitern bzw. Mitarbeitern des Zentrums für Innere Medizin des Universitätsklinikums Marburg (s. Danksagung).

Die erste Kooperation betraf die Objektivierung der Schlafapnoe-Symptomatik anhand eines neu entwickelten ambulanten Registrierverfahrens. Bei 32 Probanden, deren Interviewangaben zum Zeitpunkt T1 auf chronifizierte, starke Durchschlafstörungen schließen ließen, wurden in enger Zusammenarbeit mit dem Schlafapnoeforscher Jörg Hermann Peter ambulante polysomnographische Messungen durchgeführt: Ein Mehrkanalgerät, das neben EKG-Ableitungen die thorakale und abdominelle Atemaktivität mittels induktiver Plethysmographie sowie die transkutane Sauerstoffspannung registrierte, wurde zum Zweck einer Objektivierung von Schlafapnoezuständen am Ende der Schicht für die Dauer einer Nacht appliziert (Peter et al., 1987). In die letztendliche Auswertung konnten allerdings nur die Daten von 20 Probanden einbezogen werden. Die wichtigsten Ergebnisse dieser interessanten Zusatzerhebung werden in Abschnitt 8.2 kurz dargestellt. Schlafapnoe wurde erst zu Beginn der 80er Jahre in größerem Umfang als eigenständiger kardiovaskulärer Risikofaktor untersucht und anerkannt (vgl. z.B. Guilleminault et al., 1980).

Tabelle 5
Untersuchungsdesign der Studie I

Zeitpunkt	biomedizinische Variablen	psychosoziologische Variablen
T0 (1982)	EKG Blutdruck Körpergewicht Anamnese	Strukt. Interview Psychometr. Fragebogen Beobachtungsdaten
T1 (1983)	Blutlipide Blutdruck Körpergewicht Anamnese	Strukt. Interview Psychometr. Fragebogen Beobachtungsdaten
T2 (1985)	Blutlipide Blutdruck Körpergewicht Anamnese Belastungstest	Strukt. Interview Psychometr. Fragebogen Beobachtungsdaten
T3 (1988)	EKG Blutdruck Körpergewicht Anamnese	Strukt. Interview (Kurzfassung) Psychometr. Fragebogen Beobachtungsdaten

Die zweite Kooperation betraf echokardiographische Untersuchungen an einer Gruppe von Grenzwert-Hypertonikern, die von dem Kardiologen Wolfgang Motz am Marburger Universitätsklinikum durchgeführt wurden. Insgesamt 42 Probanden, die zum Zeitpunkt T2 grenzwertige Blutdruckwerte aufwiesen und die weder antihypertensiv behandelt noch zum vorhergegangenen Erhebungszeitpunkt normotensiv waren, wurden zu einer echokardiographischen Untersuchung (M-Mode UKG) in das Universitätsklinikum Marburg eingeladen. Ziel dieser Zusatzuntersuchung war die Klärung der Frage, wieweit bereits grenzwertige Blutdruckerhöhungen zu dokumentierbaren Veränderungen des Herzmuskels (Linksherzhypertrophie) führen. Die Ergebnisse dieser wichtigen klinischen Zusatzstudie – die linksventrikuläre Hypertrophie ist ein eigenständiger kardiovaskulärer Risikofaktor (vgl. Kannel et al., 1984) – werden in Abschnitt 7.3 dargestellt.

5.1.4 Soziologische Charakterisierung der untersuchten Industriearbeiter

Der Schwerpunkt dieser Veröffentlichung liegt auf dem Nachweis von Beziehungen zwischen Belastungen des Erwerbslebens und Herz-Kreislauf-Risiken. Dementsprechend bleibt nur begrenzter Raum für eine Schilderung der *sozialbiographischen Situation* der untersuchten Industriearbeiter. Diese Begrenzung ist zwar bedauerlich, jedoch liegen umfangreiche und detaillierte Untersuchungen zur Soziologie und Sozialbiographie von Industriearbeitern in Deutschland in den 70er und 80er Jahren vor (zusammenfassend z.B. Hack, 1994). Die folgende Darstellung beschränkt sich auf jene Aspekte, welche die *Besonderheiten* dieser *ländlichen Industriearbeiterschaft* verdeutlichen und welche zugleich für das Verständnis der in den nachfolgenden Kapiteln dargestellten Ergebnisse unerläßlich sind.

Unser erster Eindruck bei der Begegnung mit diesen Arbeitern war der einer *vorschnell gealterten Gruppe*. Teilweise gleichen Jahrgangs wie wir, erschienen uns diese Menschen verbraucht, gezeichnet von einem anstrengenden, einseitigen und einengenden Leben, und dies in einer Phase des Lebenslaufs, die man gerne mit Wendungen wie "in voller Blüte", "im Vollbesitz der Kräfte", "in den besten Jahren" etc. umschreibt. Spuren raschen Alterns zeigten sich in den schwerfälligen Bewegungen, in faltenreichen, zugleich im Ausdruck starren Gesicht, in vielen sichtbaren kleinen und größeren Verwundungen des Körpers, vor allem aber in jener lähmend resignativen Haltung, welche im Blick, in den Gesten, im Tonfall anzeigt, daß man vom Leben nichts Großes, Überraschendes, Ungewohntes mehr erwartet. Schade, daß es uns nicht möglich war, psychosoziologische und biologische Indikatoren vorschnellen Alterns zur Hand zu haben, um diesen auffälligen Prozeß zu dokumentieren und besser zu verstehen. Schade auch, daß es bisher nicht möglich ist, die, wie wir vermuten, gemeinsamen Effekte intensiver chronischer Distresserfahrungen auf vorschnelles Altern des Organismus im allgemeinen und auf Schädigungen des Herz-Kreislauf-Systems im besonderen angemessen zu untersuchen (zum psychologischen Profil erfolgreichen Alterns s. Baltes, 1993).

Wie sieht der typische, von uns untersuchte Industriearbeiter hinsichtlich seiner sozialbiographischen Situation aus? Er ist im Durchschnitt 41 Jahre alt (25-55 Jahre; 40,8 ± 9,6), ist verheiratet und hat 1-2 Kinder. In mehr als der Hälfte der Fälle ist er

Alleinverdiener, nur ein knappes Fünftel der Ehefrauen ist ganztägig berufstätig. Jeder zweite Arbeiter lebt in der Gemeinde, in der er geboren wurde. Insgesamt 3/4 wohnen seit mehr als 20 Jahren an ein und demselben Ort, in der Regel einer Stadt oder Gemeinde mit weniger als 10.000 Einwohnern. 70% der Arbeiter leben in ihrem eigenen Haus. Dies ist bemerkenswert, liegt doch im Bundesdurchschnitt der Prozentsatz hausbesitzender Arbeiterhaushalte nicht höher als 40%. Immerhin ein Fünftel der Befragten sind Zugezogene, zumeist als Mitglieder deutscher Minderheiten aus osteuropäischen Ländern ausgewandert.

Die von uns untersuchte Arbeitergeneration ist von der Demokratisierung der Bildung kaum betroffen: lediglich 11% der Befragten und 13% ihrer Ehefrauen erreichten mehr als einen Volksschulabschluß. Allerdings haben 3/4 eine Lehre abgeschlossen. Entsprechend dem stabilen ländlichen Milieu der Arbeiter zeigen sich Phänomene ausgeprägter sozialer Isolation selten: nur 17% geben an, nie oder selten im privaten Bereich andere Leute zu treffen, 19% sagen, keine Freunde zu besitzen. Das Vereinsleben spielt, wie erwartet, auf dem Lande eine große Rolle: 80% sind Mitglieder in einem Verein oder einer anderen freiwilligen Organisation und nehmen regelmäßig an deren Aktivitäten teil.

Die Kehrseite ausgeprägten sozialen Rückhalts ist das Eingebundensein in ein System reziproker Hilfeleistungen und sozialer Kontrollmaßnahmen. Jeder zweite Befragte geht, wenn er von der Arbeit nach Hause kommt, regelmäßigen Pflichten nach: Hilfe beim Hausbau und Reparaturen sowie Nebenerwerbslandwirtschaft sind die wichtigsten Aufgaben.

Dennoch wird man sagen können, daß das *soziale Umfeld* im außerberuflichen Bereich auf diese Arbeiterschaft insgesamt vergleichsweise entlastend, *schützend* wirkt. Jedenfalls war es uns nicht möglich, empirisch genügend Variation in den belastenden und entlastenden Bedingungen außerberuflichen Lebens zu finden, um differenziertere Modelle der kumulativen beruflichen und nicht-beruflichen Belastungen oder der "Puffereffekte" außerberuflichen sozialen Rückhalts auf die untersuchten Kriterien der Herz-Kreislauf-Gesundheit testen zu können. Dies ist, so vermuten wir, ein Spezifikum unserer ländlichen, traditionell verwurzelten Industriearbeiterschaft und verdeutlicht erneut die Grenzen der Verallgemeinerbarkeit unserer Befunde z.B. auf Industriearbeiter in urbanen Zentren. Gilt das Gesagte für die untersuchte Gruppe im allgemeinen, so konnten wir anhand der strukturierten Interviews dennoch eine Subgruppe von Arbeitern identifizieren, welche durch kritische Lebensereignisse wie Scheidung, Tod einer nahestehenden Person, aber auch durch chronische familiäre und persönliche Schwierigkeiten in ihren Möglichkeiten der Belastungsbewältigung stark eingeschränkt waren (ausführlich zum Thema sozialen Rückhalts bei der untersuchten Industriearbeiterpopulation siehe K. Siegrist, 1986).

In deutlichem Kontrast zu der durchschnittlich als belastungsarm einzustufenden außerberuflichen Situation steht das Erwerbsleben der untersuchten Industriearbeiter. In ihrem jetztigen Beruf sind 47% als Facharbeiter, 25% als Angelernte und 18% als Vorarbeiter oder Meister tätig. 10% üben als abhängig Beschäftigte unterschiedliche Funktionen als Fahrer, Monteure, Elektriker etc. aus. Auf die geringe berufliche Mobilität und, damit einhergehend, die hohe Betriebstreue wurde bereits hingewiesen. Allerdings stellten wir fest, daß eine Gruppe von 15-20% Beschäftigten unfreiwillige berufliche Wechsel, in der Regel intragenerative Abwärtsmobilität, in Kauf nehmen mußten. In dieser Gruppe *statusinkonsistenter Arbeiter* waren nicht wenige ehemalige Selbständige enthalten, die in einer ökonomischen Zwangssituation Zuflucht zu einer angelernten Tätigkeit in der Fabrik suchen mußten.

Von zentraler Bedeutung für die Abschätzung *beruflicher Verausgabungszwänge* sind die folgenden Informationen:

- 56% der Arbeiter haben in ihrem bisherigen Berufsleben über Jahre hinweg Erfahrungen mit *Akkordarbeit* gemacht, jeder dritte weist eine mehr als 10-jährige Akkordarbeitsbilanz auf.
- 34% waren längere Zeit in *Nachtschicht* beschäftigt, immerhin jeder fünfte länger als 10 Jahre.
- 53% gaben an, an ihrem gegenwärtigen bzw. letzten Arbeitsplatz einer starken, kontinuierlichen Lärmbeschallung von mind. 85 dB (A) ausgesetzt (gewesen) zu sein. Auch hier waren 30% mehr als 10 Jahre lang von starkem *Lärm am Arbeitsplatz* betroffen. Dabei gilt, je niedriger die berufliche Position, desto länger, nach Kontrolle des Alters, die Expositionsdauer. Und vor allem: je niedriger die berufliche Position, desto höher die Wahrscheinlichkeit einer Kumulation belastender Bedingungen am Arbeitsplatz (s. Kap.4).

Auf diesem Hintergrund ist gut nachvollziehbar, daß vier von fünf Arbeitern, die Akkordarbeit leisten, einen Arbeitplatz mit Zeitlohn vorziehen würden. Allein die drastische Lohneinbuße hält sie von einem solchen Schritt ab. Auf die inhaltliche Bedeutung der Variable "ökonomischer Zwang zu Akkordarbeit" im Zusammenhang mit kardiovaskulären Risiken gehen wir in Kap. 6 ein (vgl. auch Kap. 4).

Gratifikationskritische Erfahrungen beziehen sich zwar auch auf den Lohn: jeder dritte Befragte leidet darunter, daß seine eigene Arbeitsleistung schlecht bezahlt wird, und jeder vierte sagt, daß er Kollegen kenne, die bei vergleichbarer Arbeit besser bezahlt würden. Vor allem aber ist es die Erfahrung *glückloser Statusinvestitionen*, die Erfahrung des Eingeschlossenseins in eine, trotz aller Anstrengungen unveränderbare, den Aufstieg und den Ausstieg gleichermaßen ausschließende, jedoch keine Sicherheit gewährende berufliche Situation, die belastend wirkt. 77% sehen keine Möglichkeit, ihre berufliche Position langfristig zu verbessern. 30% haben früher Pläne zur weiteren beruflichen Qualifikation verfolgt, sie jedoch als unrealistisch einschätzen und aufgeben müssen. 50% haben sich ihren eigenen Angaben zufolge nie in einer Situation befunden, in der sie berufliche Zukunftspläne gemacht, geschweige denn verfolgt hätten. Umso belastender wirkt in dieser eingleisigen, zugleich belastungsreichen und chancenarmen Situation die Aussicht auf Gefährdung des angestammten Arbeitsplatzes. Man muß sich vergegenwärtigen, daß diese Befürchtung auf dem Hintergrund einer stabilen sozialen Verankerung in Familie und Gemeinde, auf dem Hintergrund einer traditionellen Geschlechtsrollen-Definition und, damit einhergehend, einer zentralen Bedeutung der Berufstätigkeit für das Erleben von sozialer Identität und von sicherem Selbstwertgefühl des Mannes, existentiell bedrohlich wirkt. Bei der Ersterhebung haben durchschnittlich 16% (im krisenträchtigen Betrieb B sogar 24%) angegeben, unter der Befürchtung zu leiden, arbeitslos zu werden. Von Kurzarbeit waren zu diesem Zeitpunkt in Betrieb B 61%, in Betrieb C 24% betroffen.

Zusammenfassend können wir festhalten, daß, im Gegensatz zur stabilen, eher belastungsarmen außerberuflichen Situation, die von uns untersuchte Industriearbeitergruppe durchschnittlich starken beruflichen Gratifikationskrisen ausgesetzt war. Damit stellt sich die Frage, in welchem Ausmaß diese chronifizierten *Erfahrungen sozialer Krisen* die *Gesundheit* der Arbeiter *beeinträchtigt* haben.

5.2 Studie II: Die Industriemeisterstudie

5.2.1 Stichprobe und Untersuchungsdesign

Im Vergleich zu der aufwendigen, langfristig angelegten Studie I nimmt sich diese Studie eher bescheiden aus. Ihre Planung und Durchführung schließt dennoch stringent an die vorangehende Studie an, und zwar in zweifacher Weise: erstens ging es uns darum zu prüfen, ob sich die *Befunde* der Industriearbeiterstudie, soweit kardiovaskuläre Risiken durch Komponenten des Modells beruflicher Gratifikationskrisen erklärt werden können, in einer unabhängigen zweiten Stichprobe *replizieren* und ausweiten lassen. Dabei ist die Frage von besonderem Interesse, ob dies auch für eine *sozioökonomisch* etwas *höher gestellte*, zugleich bezüglich des Tätigkeitsprofils wesentlich homogenere *Gruppe* gilt. Zweitens wurde hier die Frage nach möglichen Bindegliedern zwischen chronischen Distresserfahrungen und der Entwicklung kardiovaskulärer Risiken weiter analysiert, indem in einer *experimentellen psychomentalen Situation* nicht nur kardiovaskuläre, sondern auch hormonelle Parameter in die Untersuchung einbezogen wurden. Beide Fragestellungen liessen sich im Rahmen einer Querschnittsstudie überprüfen.

Die Initiative zur Wahl der Untersuchungspopulation ging von Ärzten der Abteilung Gesundheitsschutz eines Großunternehmens der deutschen Automobilindustrie aus. Diesen Ärzten war aufgefallen, daß eine Gruppe von *Industriemeistern* im Betrieb besonders häufig unter verschiedenartigen *gesundheitlichen Belastungen* litt. Es lag daher die Vermutung nahe, daß spezifische Arbeitsbelastungen am Zustandekommen dieser gesundheitlichen Beeinträchtigungen beteiligt sein könnten. Zur Klärung dieser Vermutung wurden wir eingeladen, eine entsprechende wissenschaftliche Studie durchzuführen.

Diese Gruppe der Industriemeister nahm eine *prekäre innerbetriebliche* Stellung ein: sie waren als stellvertretende Meister in großen Abteilungen den eigentlichen Meistern unterstellt, d.h. in ihrem Entscheidungsspielraum begrenzt, zugleich mußten sie faktisch die meiste Arbeit erledigen. "Vizemeister" waren eine Gehaltsstufe niedriger eingestuft als Meister, und dies, obwohl Meister häufig keine höhere berufliche Qualifikation als ihre Stellvertreter aufwiesen. Diese Situation erschien uns, so bedauerlich sie war, geeignet, das Modell beruflicher Gratifikationskrisen zu prüfen und, im positiven Fall, die Vizemeister in ihren Bemühungen um eine Verbesserung ihrer innerbetrieblichen Position zu unterstützen (s.u. Teil III).

Aus herz-kreislauf-epidemiologischen Erwägungen begrenzten wir unsere Untersuchung auf die Gruppe der 40-55-jährigen "Vizemeister" (im folgenden Industriemeister genannt). Da unsere Untersuchung in enger Kooperation mit einer im Betrieb zeitgleich durchgeführten Vorsorge-Untersuchung dieser Alters- und Beschäftigtengruppe durchgeführt werden konnte, ergab sich in dem vorgegebenen Zeitraum von August bis Oktober 1991 eine beinahe vollständige Erfaßung des in diesem Zeitraum verfügbaren Kollektivs: von 189 Industriemeistern konnten 179 für unsere Zusatzuntersuchung gewonnen werden. 6 Beschäftigte verweigerten die Teilnahme und 4 waren dauerhaft erkrankt. Die Stichprobe umfaßt 70% aller stellvertretenden Industriemeister des Unternehmens dieser Altersgruppe (n=274). Es liegen uns keinerlei Hinweise auf Verzerrungen unseres Kollektivs durch Stichprobenselektion vor. Das Untersuchungsdesign der Querschnittstudie bestand in einer Kombination von Daten, die aus einer in enger zeitlicher Abstimmung mit unserer Erhebung vom betriebsärztlichen Dienst durchgeführten Herz-Kreislauf-Vorsorgeuntersuchung gewonnen wurden, mit

Befragungsdaten, die von uns anhand eines strukturierten, standardisierten Interviewleitfadens sowie anhand schriftlicher Fragebogen erhoben worden. Ergänzend konnten auch hier, gemäß dem methodischen Prinzip der Triangulation, Betriebsdaten einbezogen werden.

Die *betriebsärztliche Vorsorgeuntersuchung* umfaßte die nach dem Protokoll der Göttinger Risiko-, Inzidenz- und Prävalenz-Studie (Cremer et al., 1991) erhobenen Parameter Ruhe-EKG, Körpergewicht und -größe, Blutdruck, Gesamtcholesterin, Triglyzeride, LDL- und HDL-Cholesterin, Fibrinogen, Harnsäure, Blutzucker, sowie weitere übliche Laborparameter. Die klinisch-chemischen Parameter wurden wiederum extern – und bezüglich der psychosoziologischen Parameter selbstverständlich blind – vom Institut für Klinische Chemie der Ludwig-Maximilians-Universität München ausgewertet.

Die *psychosoziologische Datenerhebung* umfaßte die Fragenkomplexe zur Messung beruflicher Gratifikationskrisen (s.o.), soziodemographische und berufsbiographische Daten sowie verhaltensbezogene Risikofaktoren. Betriebsdaten konnten zu den folgenden Tatbeständen erhoben werden: Lohngruppe, Prämiensystem und Zusatzverdienstmöglichkeiten, Abteilungsgröße und -organisation, innerbetriebliche Umstrukturierungen (vor allem vollzogene und geplante Umsetzungen der betroffenen Industriemeister); Fehlzeiten (Anzahl, Dauer, Grund für Arbeitsunfähigkeit).

Aus den 179 Teilnehmern wurden sodann 68 Probanden für die Teilnahme an einem unmittelbar im Anschluß an die Befragung durchgeführten psychomentalen Belastungstest ausgewählt, dessen Ziel es war, die kardiovaskuläre und hormonelle Aktivierung unter experimentell induziertem Zeit- und Entscheidungsdruck in Abhängigkeit vom Ausmaß erlebter beruflicher Gratifikationskrisen zu untersuchen. Über Methodik und Ergebnisse dieser experimentellen Studie wird, in Ergänzung und Vertiefung zu einem entsprechenen Vorgehen bei Studie I, in Kap. 9 ausführlich berichtet.

Auf verschiedene Aspekte der Validität und Reliabilität der von uns erhobenen Daten soll hier nicht ausführlich eingegangen werden. Der Vergleich von Betriebsdaten und subjektiven Angaben zeigte, wie bereits bei Studie I, dort, wo er möglich war, eine befriedigende Übereinstimmung. So gaben z.B. in der Abteilung Instandhaltung und Qualitätssicherung, die zum Zeitpunkt unserer Erhebung deutlich verkleinert werden sollte, mehr als dreimal so viele Meister im Vergleich zu den übrigen an, von Rationalisierungsmaßnahmen im Betrieb persönlich stark oder sehr stark betroffen zu sein. Und die subjektive Arbeitsbelastung war bei Meistern, die in sehr großen Abteilungen eingesetzt waren, deutlich höher als bei den übrigen Untersuchten.

5.2.2 Soziologische Charakterisierung der Industriemeister

Die untersuchte Gruppe war im Mittel 48,5 ± 4,5 Jahre alt. Auch hier gilt, ähnlich wie in Studie I, daß der überwiegende Teil (95%) verheiratet ist und 1–2 Kinder hat. Das *berufliche Qualifikationsniveau* ist, entsprechend der gewählten Zielgruppe, *höher* als in Studie I: praktisch alle Industriemeister verfügen über eine abgeschlossene Lehre, 1/5 zusätzlich über eine vor der Industrie- und Handelskammer abgelegte Meisterprüfung. Die Bindung an den Betrieb ist auch hier ausgesprochen stark: im Durchschnitt ist die Gruppe seit 25 Jahren, d.h.den weitaus größten Teil ihres bisherigen Berufslebens, in dem Unternehmen beschäftigt. Die stellvertretende Meisterposition stellt für die meisten Befragten das *Endstadium* einer innerbetrieblichen *Karriere* dar. Im Mittel wird diese Position seit 9 Jahren ausgeübt. Obwohl das Unternehmen im Einzugsbereich einer Großstadt liegt, ist die berufliche Mobilität im untersuchten Kollektiv gering. Dies läßt sich z.B. mit dem hohen Niveau sozialer Absicherung, guten innerbetrieblichen Qualifizierungsmöglichkeiten und attraktiven Zusatzleistungen dieses führenden Großunternehmens erklären. Im Gegensatz zu den in Studie I untersuchten Metallbetrieben besteht hier für Beschäftigte, welche dieses Qualifikationsprofil und diese Betriebszugehörigkeitsdauer aufweisen, eine *Arbeitsplatzgarantie*, die derjenigen des öffentlichen Dienstes vergleichbar ist. Die Bedrohung beruflicher Statuskontrolle bezieht sich somit in Studie II nicht so sehr auf den Verlust des Arbeitsplatzes, sondern vielmehr auf das *Risiko unfreiwilliger* innerbetrieblicher *Umsetzung* und damit verbundener Nachteile bezüglich Qualität der Tätigkeit, Ansehen und Bezahlung.

Das typische *Tätigkeitsprofil* von Industriemeistern ist aus vielen industriesoziologischen Untersuchungen bekannt. Es handelt sich um eine in aller Regel hoch belastete Berufsgruppe, deren Belastungen sich aus der betrieblichen Zwischenposition, speziell aus Konflikten der mittleren und unteren Managementebene im Spannungsfeld zwischen Produktion, Lagerhaltung, Vertrieb und Reparatur ergeben. Typisch und praktisch täglich wiederkehrend sind Probleme der Koordination, der Unterbrechungen und Störungen im Arbeitsablauf, die akut gemeistert werden müssen, sowie Probleme der Bewältigung von Zeitdruck durch unregelmäßigen Arbeitsanfall sowie Personalfluktuation. Interpersonelle *Konflikte* ergeben sich für stellvertretende Meister nach zwei Seiten hin: zum einen zu den ihnen formal vorgesetzten Meistern, zu denen jedoch keine klare Kompetenzabgrenzung besteht, zum anderen zu den unterstellten Arbeitern, welche Anweisungen unterschiedlich gut befolgen.

So verwundert es kaum, daß 2/3 der Befragten in starkem oder sehr starkem Maße unter Zeitdruck am Arbeitsplatz leiden, jeweils 50% angeben, häufigen Störungen und

Unterbrechungen sowie inkonsistenten Anforderungen in belastender Weise ausgesetzt zu sein. Schwer wiegen Erfahrungen *mangelnder Hilfeleistungen* durch Vorgesetzte (bei 45% der Befragten) bzw. durch unterstellte Mitarbeiter (32%) sowie der Mangel an Anerkennung von seiten der Mitarbeiter (25%). Wie zu erwarten, spielen im Belastungsprofil dieser Gruppe sodann *ungünstige soziale Vergleichsprozesse* eine wichtige Rolle: die als unangemessen empfundene Bezahlung im Hinblick auf den geleisteten beruflichen Einsatz (bei 62%) oder im Hinblick auf die reichhaltige berufliche Erfahrung, die man in diese Tätigkeit mitbringt (54%). Jeder zehnte Industriemeister fühlt sich schließlich persönlich durch geplante innerbetriebliche Umsetzungsmaßnahmen in seinem Status bedroht.

Auch wenn im Vergleich zur Industriearbeiterpopulation der Studie I insgesamt von einer deutlich geringeren beruflichen Belastungssituation der Industriemeister gesprochen werden muß, lohnt es sich doch, zu untersuchen, wie weit die durch *gratifikationskritische* Erfahrungen besonders betroffenen Industriemeister entsprechend unserer Hypothese erhöhten kardiovaskulären Risiken ausgesetzt sind.

5.3 Studie III: Chinesische Industriearbeiter

China ist ein demographisch und sozioökonomisch sehr wichtiges *Schwellenland*, in dem in der jüngeren Vergangenheit ein Anstieg kardiovaskulärer Morbidität, insbesondere in städtischen Regionen, dokumentiert worden ist. Es lag daher nahe, einem Kooperationsangebot der von Gotthard Schettler in Heidelberg geleiteten Arbeitsgruppe zu folgen und zu prüfen, wieweit Einflüße sozioökonomischer Statuslagen im allgemeinen und beruflicher Gratifikationskrisen im besonderen auf die Ausprägung bzw. Entwicklung kardiovaskulärer Risikofaktoren nachweisbar sind. Naturgemäß sind *interkulturelle Studien* zum Einfluß psychosoziologischer Faktoren auf Gesundheit und Krankheit vor große Schwierigkeiten gestellt. So stellt sich die Frage, wieweit Wertvorstellungen, soziale Normen und Orientierungsmuster, die in unserem Kulturkreis als streßtheoretisch bedeutsam betrachtet werden, dies in gleicher oder ähnlicher Weise in einem so entfernten Kulturkreis wie dem chinesischen sind. Und es ergibt sich das Problem der angemessenen Erfaßung soziokulturell differentieller individueller und kollektiver Bewältigungsformen angesichts wirksamer Belastungserfahrungen.

Es war uns nicht möglich, diese grundlegenden Fragen im Rahmen dieser Studie in befriedigender Weise zu klären. Immerhin standen uns bei der Konzeptualisierung des Fragebogens bzw. Interviewleitfadens ein zweisprachiger chinesischer Experte im Gebiet der Epidemiologie und ein deutscher Arzt, der anläßlich der Erstuntersuchung monatelang Erhebungen in den Industriebetrieben in Wuhan durchgeführt hatte, zur Seite. Wie sich herausstellte, ließen sich nicht alle Indikatorbereiche des Modells beruflicher Gratifikationskrisen berücksichtigen. So erschien es auf Anraten des chinesischen Experten nicht ratsam, den Fragebogen zur Messung beruflicher Kontrollbestrebungen ins chinesische zu übersetzen, weil den in den Items operationalisierten Sachverhalten nur wenige Alltagserfahrungen entsprachen. Auch konnte die Thematik der Arbeitsplatzsicherheit in einem sozialistisch planwirtschaftlichen Produktionssystem nicht berücksichtigt werden.

Als interessant und folgenreich für unsere Untersuchung stellte sich die Tatsache heraus, daß im Zeitraum zwischen Erst- und Zweiterhebung, d.h. zwischen 1983 und 1988, in einem Teil der Betriebe bzw. bei einem Teil der Arbeiter Zeitlohn, d.h. ein individuelles monetäres Anreizsystem, eingeführt wurde. Dies brachte eine deutliche Steigerung der Arbeitsbelastung, verbunden mit einem Anstieg des Einkommens, mit sich. Dennoch war diese neuartige Situation für die betroffenen Arbeiter nicht unproblematisch, denn es war durchaus offen, wie lange ein solches "Experiment" dauern bzw. was ihm folgen würde. Aufgrund der uns beschriebenen Situation haben wir diese Gruppe daher als potentiell durch Gratifikationskrisen belastet definiert.

Das Bewußtsein eines allgemeinen politischen Wandels im Zeitraum zwischen 1983 und 1988 versuchten wir bei den Industriearbeitern anhand verschiedener Fragen in aller Behutsamkeit zu erkunden. Diese Fragen wurden jedoch nicht so beantwortet, daß sie auswertbar gewesen wären. Dabei muß offenbleiben, ob dies an den gewählten Formulierungen, an dem Befragungskontext oder an der mangelnden Bereitschaft zur Artikulation dieses Bewußtseins lag.

1983 wurde im Rahmen eines Partnerschaftsvertrages zwischen den Universitäten Heidelberg und Wuhan eine *prospektive Untersuchung* zur Prävalenz *kardiovaskulärer Risiken und* zur Inzidenz kardiovaskulärer *Ereignisse* bei der männlichen Belegschaft (Alter 40 - 59 Jahre) in sieben Unternehmen der *Metallindustrie* in Wuhan begonnen. An der Ersterhebung nahmen 2.045 Personen teil (76% der entsprechenden Altersgruppe aller sieben Betriebe). Die Teilnahme umfaßte alle Positionsgruppen innerhalb der Betriebe, jedoch bestand der überwiegende Anteil aus manuell beschäftigten Industriearbeitern.

1988 wurde eine zweite Erhebungswelle durchgeführt, bei der, wie berichtet, eine psychosoziologische Befragung erfolgte. Da medizinische Daten über den ersten und zweiten Meßpunkt, psychosoziologische Daten jedoch lediglich über den zweiten Meßzeitpunkt vorlagen, kann nur von einem bedingt prospektiven Untersuchungsdesign gesprochen werden. Immerhin ist es möglich, Veränderungen kardiovaskulärer Risikofaktoren im Beobachtungszeitraum mit retrospektiv dokumentierten Veränderungen im Bereich beruflicher Belastungsbedingungen in Beziehung zu setzen.

1988 konnten 1.656 der Teilnehmer der Ersterhebung (81%) nachuntersucht werden. 1.169 Männer nahmen an der psychosoziologischen Zusatzbefragung teil (Einzelheiten s. Bernhardt et al., 1990). Sie gliederte sich in zwei Teile: im ersten Teil wurde ein schriftlicher Fragebogen zur Beantwortung standardisierter Fragen, insbesondere zu Arbeitsbelastungen, vorgegeben. Geschulte Experten waren vor Ort, um bei Unklarheiten Hilfestellungen zu leisten und die Datenqualität zu überprüfen. Im zweiten Teil wurden durch geschulte Interviewer Abteilungsleiter und Vertreter von Betriebsverwaltungen zu objektiven Arbeitsplatzmerkmalen, Lohnsystemen, innerbetrieblichen Positionsgruppen etc. befragt. Diese objektiven Daten konnten allerdings nur für 933 der 1.169 Arbeiter erhoben werden, da ein Teil der Befragten zum Zeitpunkt der Zweiterhebung nicht mehr erwerbstätig war.

61% der Befragten waren Facharbeiter, 10% un- oder angelernte Arbeiter, 15% Gruppenleiter (Vorarbeiter, Meister) und 14% Leitungspersonal in verschiedenen Funktionen. Der ganz überwiegende Teil der Befragten war verheiratet, wobei 60% der Ehefrauen voll erwerbstätig waren. Es ist uns leider nicht möglich, eine nähere soziologische Charakterisierung der befragten chinesischen Industriearbeiter zu geben, da die Befragung vom Umfang her äußerst begrenzt bleiben mußte und da wir selbst, im Gegensatz zu den Studien I und II, an der Datenerhebung nicht beteiligt waren.

Nachdem mit diesen Ausführungen die drei Studien in den Grundzügen charakterisiert worden sind, soll abschliessend in der nachstehenden *Tabelle 6* ein knapper vergleichender Überblick über die wesentlichen Merkmale der drei Studien gegeben, deren Ergebnisse in den folgenden Kapiteln dargestellt werden.

Tabelle 6
Die drei Studien im Vergleich

	Studie I	Studie II	Studie III
Untersuchte Gruppe:	deutsche Industriearbeiter	deutsche Industriemeister	chinesische Industriearbeiter
Anzahl (n):	416	179	1.169
Alter:	25-55	40-55	40-59
Studientyp:	Prospektive Studie (6.5 Jahre)	Querschnitt-Studie	bedingt prospektive Studie (5 Jahre)
Anzahl Meßzeitpunkte			
- psychosoziologisch:	4	1	1
- biomedizinisch:	4	1	2
Wichtigste Zielkriterien:	Blutlipide Blutdruck Rauchen klin. Endpunkte kv. Reaktivität	Blutlipide Blutdruck Rauchen Blutgerinnung kv. Reaktivität	Blutlipide Blutdruck Rauchen

6 Berufliche Gratifikationskrisen und Herz-Kreislauf-Risikofaktoren

In diesem Kapitel werden aus allen drei Studien jene Ergebnisse vorgestellt, die sich auf körperliche Risikofaktoren der Herz-Kreislauf-Erkrankungen beziehen, soweit diese über ausgeprägte, langandauernde Aktivierungen des autonomen Nervensystems beeinflußbar sind. Wie im 2. Kapitel ausgeführt, ist dies nach heutigem Kenntnisstand in besonderem Maße beim endogenen Lipidstoffwechsel, bei der Blutdruckregulation sowie bei der Blutgerinnungsneigung der Fall. Im nachfolgenden Kapitel werden sodann Einflüsse auf verhaltensgebundene Risikofaktoren, in erster Linie das Zigarettenrauchen, dargestellt. Außerdem befassen wir uns mit der Erklärung kritischen Krankheitsverhaltens, d.h. der Nichtbefolgung von Behandlungsmaßnahmen zur Bekämpfung des hohen Blutdrucks.

6.1 Die Bestimmung biomedizinischer Parameter

In allen drei Studien wurden *Blutlipide* einheitlich durch ein externes Labor blind bestimmt, und zwar durch das Institut für Klinische Chemie der Universität Göttingen bzw. der Ludwig Maximilians Universität München unter Leitung von Dietrich Seidel. Ausführlich soll das Prozedere der Erhebung anhand der Studie I beschrieben werden.

Die Werksangehörigen kamen in der Regel nach der Frühschicht in den werksärztlichen Dienst und unterschrieben zunächst die Einverständniserklärung zur Untersuchung. Dann wurde ihnen von einer der anwesenden Ärztinnen gut 10 ml venöses Blut zur Bestimmung der Blutfettwerte abgenommen, das umgefüllt in ein Röhrchen 20 Minuten ruhig stehen blieb, damit die Spontangerinnung vollständig ablaufen konnte, bevor es 10 Minuten lang abzentrifugiert wurde. Von dem Überstand wurden je 10 ml in ein mit Glukose vorbehandeltes und in ein unbehandeltes Röhrchen abpipetiert und sofort tiefgefroren. Sämtliche Röhrchen wurden zu einem späteren Zeitpunkt in tiefgefrorenem Zustand in das Zentrallabor übersandt, wo mittels quantitativer Lipoprotein - Elektrophorese die Serumlipidwerte (Cholesterin, Triglyceride), die Werte für ß-Cholesterin, Prä-ß-Cholesterin und α-Cholesterin und für die Apo-Proteine A 1 und B anhand zweier komplementärer Methoden bestimmt wurden:

1. anhand quantitativer Lipoprotein-Elektrophorese (Lipidophor All-In System, Immuno AG, Wien), wodurch ß-, Prä-ß- und α-Lipoproteincholesterin gemessen wurden (entsprechend den LDL-, VLDL- und HDL-Cholesterinwerten (Wieland & Seidel, 1983);

2. anhand kommerziell verfügbarer Präzipitationstechniken zur Quantifizierung von LDL und HDL. Die zuletzt genannte Methode diente lediglich als Kontrollverfahren, da die Elektrophorese als hoch reliables und sensitives Verfahren der Quantifizierung von Lipoproteindichte betrachtet werden kann (Wieland & Seidel, 1983). Diese Methode gestattete überdies die Kontrolle des nahrungsbedingten Chylomikronengehalts im Serum (daher mußten die Probanden zum Zeitpunkt der Erhebung nich vollständig nüchtern sein) und erlaubte, mögliche Verzerrungen infolge unterschiedlicher Aufbewahrungszeiten der Serumsproben zu kontrollieren.

Zusätzlich zu der *Lipoproteinquantifizierung* wurden die beiden Proteinhauptkomponenten von HDL und LDL, Apo A 1 und Apo B anhand kinetischer Nephelometrie erhoben (Weinstock et al., 1981). Entsprechend den pathophysiologischen Aspekten des Lipoproteinstoffwechsels und der Atherogense wurde als approximatives Maß eines atherogenen Lipidprofils ein Quotient aus LDL und HDL gebildet. Dieser Quotient erwies sich als prädiktiv für zukünftige Neumanifestationen der koronaren Herzkrankheit (Castelli et al., 1981) und war auch mit der koronarangiographisch festgestellten Prävalenz von Koronarartherosklerose gut korreliert (Wieland et al., 1980). Wie ausgeführt, war entsprechend der eingesetzten Meßmethodik eine 12-stündige Nüchternperiode in dieser Untersuchung nicht erforderlich. Die Reliabilität und Validität der hier zum Einsatz gelangenden Meßmethoden ist umfassend dokumentiert worden (Wieland & Seidel, 1983).

Die Befundbeurteilung und die Einteilung in die üblichen Hyperlipoproteinämie-Typen erfolgte ebenso wie die Festlegung von *Grenzwerten* für Kategorialdaten durch klinische Experten. Es wurden drei Kategorien von Lipidwerten gebildet: Normalwerte, grenzwertig erhöhte Hyperlipidämiewerte sowie manifest erhöhte (behandlungsbedürftige) Hyperlipidämiewerte. In der Festlegung der nachfolgend definierten Grenzwerte orientierten wir uns an der Publikation von Seidel und Cremer (1983): Normalwerte: LDL < 140 mg/dl; grenzwertig erhöhte Hyperlipidämie: LDL 140 - 180 mg/dl; manifeste Hyperlipidämie: LDL > 180 mg/dl oder LDL/HDL Quotient > 4.0. Während in den Studien I und III Lipidwerte aus zwei Meßzeitpunkten verfügbar sind, liegen aus Studie II lediglich Werte eines einzigen Meßzeitpunktes vor.

Zusätzlich zu den Lipidbestimmungen wurden in allen drei Studien *Körpergewicht* und *Körpergröße* bestimmt. Aus dieser Information wurde sodann der Body-Maß-Index (BMI; kg/m^2) ermittelt.

Blutdruckmessungen erfolgten durch Ärzte bzw. instruierte Medizinstudenten unblutig mittels Sphygmometer nach den Richtlinien der WHO. Nach der vorgeschriebenen Ruhepause wurde die Manschette am linken Arm befestigt. Der diastolische Wert wurde beim Verschwinden des letzten Korotkoff-Geräusches notiert. Die Blutdruckmessung wurde nach dem vorgeschriebenen Zeitabstand wiederholt, in unklaren Fällen, jedoch nicht systematisch, am rechten Arm. Die Probanden saßen immer in gleicher Weise aufrecht mit abgestütztem Arm. Die Meßgeräte waren geeicht und blieben über die gesamte Untersuchungsdauer in gleicher Weise im Einsatz.

Die *Untersuchungen* in Studien I und II fanden für den ganz überwiegenden Teil der Probanden zu einer *gleichbleibenden Tageszeit* statt: in Studie I zwischen 14.00 Uhr und 17.00 Uhr, in Studie II zwischen 8.00 Uhr und 13.00 Uhr. Trotzdem wurde durch Vergleich der einzelnen Untersuchungszeitintervalle der Einfluß tageszeitlicher Schwankungen der Blutdruckwerte statistisch kontrolliert.

Aus epidemiologischen Studien ist bekannt, daß die *erste Erhebungswelle* in der Regel *überhöhte Blutdruckwerte* mit sich bringt. Wir haben daher in Studie I die Messungen des zweiten Screenings, das nach einem Jahr erfolgte, der Bestimmung der Hypertonieprävalenz zugrunde gelegt. Außerdem wurde, in Studie I, zur Abschätzung des möglichen Verzerrungseffektes der Erstmessung, bei einer Gruppe von 75 Arbeitern eine zweite Blutdruckmessung an einem anderen als dem ersten Erhebungstag, zum gleichen Tageszeitpunkt durchgeführt. Diese Daten zeigten allerdings keine wesentliche Differenz zur Erstmessung auf.

Auch hier wurden, zusätzlich zu den kontinuierlichen Werten des systolischen und diastolischen Blutdrucks, *kategoriale Daten* nach den Richtlinien der Weltgesundheitsorganisation gebildet. Danach gelten Probanden mit Werten von systolischem Blutdruck (SBD) $<$ 140 mmHg und oder diastolischem (DBD) $<$ 90 mmHg als normoton, Probanden mit Werten von SBD 140 - 159 mmHg und/oder DBD 90 - 94 mmHg als grenzwertig hyperton und Probanden mit Werten SBD $>$ 160 mmHg und/oder DBD $>$ 95 mmHg als manifest hyperton.

In Studie II konnten zusätzlich zu den bisher genannten biomedizinischen Parametern *Fibrinogenwerte* bestimmt werden. Auch hier erfolgte die Blutabnahme unter standardisierten Bedingungen (in Studie II nach 30-minütiger Ruhepause in sitzender Position zu einer gleichbleibenden Tageszeit, niemals postprandial). Die Plasmafibrinogenwerte wurden im Zentrallabor anhand immunochemischer Methoden unter Verwendung der Nephelometrie bestimmt. Der Variationskoeffizient der Messungen betrug 2,5%.

6.2 Atherogene Blutfettwerte

Tabelle 7 zeigt die *Mittelwerte* und Standardabweichungen der wichtigsten *Blutlipidwerte* im Überblick der *drei Studien*. Daraus wird klar ersichtlich, daß, wie zu erwarten, das Lipidprofil bei den *chinesischen Industriearbeitern* sehr viel *günstiger* aussieht als bei den deutschen Vergleichsgruppen. Im übrigen zeigt sich, daß sich die drei Gruppen besonders deutlich bzgl. der Parameter LDL-Cholesterin bzw. LDL/HDL-Quotient unterscheiden. Danach ist die deutsche Industriearbeitergruppe eindeutig am stärksten gefährdet. Hiernach weisen 27% grenzwertig erhöhte, 30% jedoch manifest erhöhte, klinisch behandlungsbedürftige atherogene Lipidwerte auf. In allen drei Studien wurde ein Einfluß der bekannten Faktoren Übergewicht, Zigarettenrauchen sowie Lebensalter auf die Höhe der Lipidspiegel nachgewiesen, zum Teil ließen sich auch Zusammenhänge mit dem Ausmaß körperlicher Aktivität sowie mit der Ernährung feststellen. In Studie I allerdings war nur eine geringe Variation des Ernährungsverhaltens beobachtbar (identisches tägliches Kantinenessen im Betrieb, ähnlich zubereitete mitgebrachte Zwischenmahlzeiten etc.).

Tabelle 7
Blutlipidwerte der drei Studien im Vergleich (Mittellwerte und Standardabweichung)

	Studie I n=356 (T1)	Studie II n=179	Studie III n=1 169
Gesamcholesterin	235.9 ±38.5	233.3 ±27.2	154.8 ±27.2
LDL-Cholesterin	155.9 ±32.9	141.1 ±37.6	94.3 ±22.8
HDL-Cholesterin	50.4 ±15.2	55.3 ±13.8	49.5 ±12.1
LDL/HDL-Quotient	3.1 ±1.0	2.7 ±1.1	2.0 ±0.7

Läßt sich nun, nach statistischer Kontrolle der dokumentierten Einflußfaktoren, ein Effekt beruflicher Distressbedingungen auf die Höhe der Lipidwerte feststellen? Zur Beantwortung dieser Frage wurden zwei statistische Analyseverfahren eingesetzt: die Varianzanalyse (Studien I und III) und die logistische Regressionsanalyse (Studien I und II). Konzentrieren wir uns zunächst auf die *varianzanalytischen Ergebnisse* der *deutschen Industriearbeiterstudie*. Wie erwähnt, waren hier Lipidwerte aus zwei Meßzeitpunkten verfügbar, sodaß es sich anbot, neben der Ausprägung der Lipidwerte zu einem der beiden Meßzeitpunkte auch die Veränderungen im Zweijahreszeitraum in die Analyse einzubeziehen. Bei den nachfolgend dargestellten Analysen (vgl. *Tabellen 8 bis 11*) handelt es sich um Varianz-/Kovarianzanalysen mit Meßwiederholung, wobei angepaßte Mittelwerte aus beiden Meßreihen sowie Veränderungseffekte überprüft wurden. Die Variablen Körpergewicht, Alter und Zigarettenkonsum wurden als Kovariaten in das Modell einbezogen. Da es sich aufgrund des nicht- experimentellen Designs um nicht balancierte Stichproben handelte, wurde zur Schätzung der Parameter das Programm 2V des BMDP-Analyseprogramms (Dixon et al., 1983) benutzt. Der "Regressionsansatz", der in diesem Programm verwendet wird, scheint uns der am ehesten angemessene Ansatz bei der Schätzung von Haupt- und Interaktionseffekten in nicht-balancierten Studiendesigns zu sein (Weiner, 1971).

Wie in Kapitel 4 ausgeführt, gehen wir nicht davon aus, daß sämtliche Indikatoren hoher Verausgabung und/oder niedriger Belohnung im Berufsleben Erklärungskraft bei der Bestimmung kardiovaskulärer Risiken besitzen. Immer müssen jedoch Bedingungen vorliegen, die sich im Sinne des *gleichzeitigen* Wirksamwerdens von *hoher Verausgabung* und *niedriger Belohnung* interpretieren lassen. Diese Annahme wurde im varianzanalytischen Auswertungsdesign in Form einer *Interaktionshypothese* getestet, wobei eine Variable in stärkerem Maße die Verausgabungskomponente, eine zweite Variable in stärkerem Maße die Belohnungskomponente operationalisieren sollte. Bei den in den *Tabellen 8 bis 11* dargestellten Effekten sind die gratifikationskritischen Gegebenheiten wie folgt definiert worden (vgl. Siegrist et al., 1988; Siegrist & Matschinger, 1989):

Hohe Verausgabung: Analyse A: Zugehörigkeit zu einem Betrieb, der in Folge umfangreicher Entlassungen Rationalisierungen in hohem Ausmaß durchgeführt hat; Analyse B: jahrelange Tätigkeit im Frühschicht- bzw. im Spätschichtbetrieb;

Niedrige Belohnung: Analyse A: konkrete Befürchtung, den Arbeitsplatz zu verlieren; Analyse B: betroffen sein durch rationalisierungsbedingte Mehrarbeit in den vergangenen zwei Jahren (und damit erhöhte Arbeitsplatzunsicherheit).

Tabelle 8
Varianzanalysen mit Meßwiederholung:
Der Einfluß von Rationalisierungsdruck und Arbeitsplatzunsicherheit auf den LDL/HDL-Quotienten (n = 254 männliche Industriearbeiter)

	F	P	b	
Rationalisierungsdruck	3.60	0.059		
Arbeitsplatzunsicherheit	0.12	0.728		
Interaktion Rationalisierungsdruck x Arbeitsplatzunsicherheit	9.38	0.002		
Körpergewicht (Kovariate)	11.07	0.001	0.019	
Alter (Kovariate)	14.38	0.000	0.026	
Zigarettenrauchen (Kovariate)	10.61	0.001	0.019	
Wiederholungsmessung	2.83	0.094		
Interaktion Wiederholung x Rationalisierungsdruck	0.05	0.825		
Interaktion Wiederholung x Arbeitsplatzunsicherheit	0.83	0.362		
Interaktion Wiederholung x Rationalis. x Unsicherheit	0.12	0.724		
Angepaßte Mittelwerte				
Rationalisierungsdruck:	abwesend	abwesend	anwesend	anwesend
Arbeitsplatzunsicherheit:	abwesend	anwesend	abwesend	anwesend
LDL/HDL-Quotienten				
t1 (1983)	3.48	2.74	3.21	3.92
t2 (1985)	3.20	2.58	2.89	3.89
n	182	7	52	13

Im Sinne des Prinzips der Triangulation werden diese Variablenkonstellationen außerdem durch eine Kombination von objektiven Kontextinformationen (Betriebszugehörigkeit, Schichtarbeit) und von subjektiv/evaluativen Informationen (Beurteilung der Arbeitsplatzsicherheit, der Belastung durch Mehrarbeit) charakterisiert. Auch ist wichtig, festzuhalten, daß nur Arbeiter, die zu allen drei für die Analysen verfügbaren Meßzeitpunkten (T_0, T_1, T_2) durch die angegebenen psychosoziologischen Merkmale als belastet galten, in die Gruppe der durch Gratifikationskrisen chronisch Belasteten einbezogen wurden und daß es sich nur bei 2 der insgesamt 32 durch die Analysen A und B identifizierten Hochbelasteten um identische Personen handelte.

Somit repräsentieren die beiden Analysen A und B faktisch zwei unterschiedliche, durch berufliche Gratifikationskrisen chronisch stark belastete Gruppen innerhalb der gesamten Industriearbeitergruppe. Schließlich sollte noch erwähnt werden, daß Probanden mit antihyperlipidämischer Medikation und Probanden mit exzessiv hohen HDL-Cholesterinwerten (> 85 mg/dl) aufgrund vermuteten hohen chronischen Alkoholkonsums aus den Analysen ausgeschlossen wurden.

Die *Tabellen 8 und 9* zeigen für die Kriteriumsvariable LDL/HDL-Cholesterin *signifikante Interaktionseffekte* der beiden gratifikationskritischen Bedingungen der Analysen A und B. Danach weisen Industriearbeiter, die in einem Betrieb mit hoher Rationalisierung arbeiten und die zugleich konkret unter der Bedrohung leiden, ihren Arbeitsplatz zu verlieren, einen signifikant erhöhten durchschnittlichen LDL/HDL-Quotienten während beider Screenings auf. Gleiches gilt für Industriearbeiter, welche jahrelang Schichtarbeit leisten und durch rationalisierungsbedingte Mehrarbeit betroffen sind. Beide Interaktionseffekte ergeben sich nach Kontrolle der großenteils signifikanten Einflüße der Kovariaten sowie nach Kontrolle der Wiederholungseffekte der Messungen (im allgemeinen liegen die Lipidwerte des 2. Meßzeitpunktes deutlich niedriger als jene des 1. Meßzeitpunktes – eine Beobachtung, für die wir keine schlüssige Erklärung besitzen).

Tabelle 9
Varianzanalysen mit Meßwiederholung:
Der Einfluß von Schichtarbeit und Zunahme der Arbeitsbelastung auf den LDL/HDL-Quotienten (n = 244 männliche Industriemeister)

	F	P	b
Schichtarbeit	7.30	0.007	
Zunahme der Arbeitsbelastung	3.52	0.062	
Interaktion			
Schichtarbeit x			
Zunahme Belastung	6.56	0.011	
Körpergewicht (Kovariate)	15.03	0.000	0.021
Alter (Kovariate)	10.01	0.002	0.021
Zigarettenrauchen (Kovariate)	10.00	0.002	0.017
Wiederholungsmessung	25.37	0.000	
Interaktion Wiederholung x			
Schichtarbeit	5.10	0.025	
Interaktion Wiederholung x			
Zunahme der Arbeitsbelastung	0.37	0.543	
Interaktion Wiederholung x			
Schichtarbeit x Zunahme Belast.	0.6	0.810	

Angepaßte Mittelwerte				
Schichtarbeit :	abwesend	abwesend	anwesend	anwesend
Zunahme Belastung:	abwesend	anwesend	abwesend	anwesend
LDL/HDL-Quotienten				
t1 (1983)	3.36	3.23	3.58	4.22
t2 (1985)	3.12	3.04	2.95	3.73
n	117	81	27	19

Aus *Tabelle 10* geht hervor, daß die Effekte bezüglich des Kriteriums LDL/HDL-Quotient am stärksten und am meisten konsistent sind, daß jedoch gut vergleichbare Ergebnisse bezüglich der Einzelkomponenten LDL und HDL bzw. bezüglich der Apoproteinwerte (Apo-B entspricht dem LDL-Cholesterin, Apo-A-1 dem HDL-Cholesterin) nachweisbar sind. Für Gesamtcholesterin konnten in diesen Analysen keine signifikanten Effekte gefunden werden. Alle in *Tabelle 10* nur verkürzt dargestellten Ergebnisse sind im Sinne der Hypothese zu interpretieren: hohe, ein koronares Risiko indizierende Werte ergeben sich stets aus der Interaktion der genannten Belastungsbedingungen.

Tabelle 10
Interaktionseffekte von Verausgabungs- und Gratifikations- Indikatoren auf Lipid-Parameter (Varianzanalytische Ergebnisse zu A und B im Überblick)
(n = 244 männliche Industriemeister)

LDL/HDL Indikator	Instabilität x Arbeitsplatzunsicherheit (n=254)		Schichtarbeit x Zunahme Belastung (n=244)	
	F	P	F	P
LDL/HDL Quotient	9.38	0.002	6.56	0.01
LDL	4.84	0.03	1.34	n.s.
HDL	3.80	0.05	6.74	0.01
Apo B	3.84	0.05	3.58	n.s.
Apo A1	3.25	n.s.	8.97	0.003

Tabelle 11

Varianzanalyse:

Der Einfluß von Schichtarbeit und Zunahme der Arbeitsbelastung auf Apo-A1 Blutfettwerte als Indikator für das Herz-Kreislaufrisiko, mit Körpergewicht, Alter und Zigarettenrauchen als Kovariaten (n = 244 männliche Industriemeister)

	F	P	b
Schichtarbeit	0.07	0.79	
Zunahme der Arbeitsbelastung	6.78	0.01	
Interaktion Schichtarbeit x Zunahme der Belastung	8.97	0.003	
Körpergewicht (Kovariate)	23.67	0.000	-0.69
Alter (Kovariate)	0.29	0.59	0.09
Zigarettenrauchen (Kovariate)	3.51	0.06	0.27

Angepaßte Mittelwerte[a] Apo-A1				
Schichtarbeit	abwesend	abwesend	anwesend	anwesend
Zunahme Arbeitsbelastung:	abwesend	anwesend	abwesend	anwesend
mg/dl	133.80	135.41	145.25	121.73
n	117	81	27	19

a Die Resultate sind Mittelwerte der ersten und zweiten Messung, da die Veränderung mit der Zeit nicht Thema dieser Analyse ist. Aus diesem Grund werden auch die F- und P-Werte für die Wiederholungsmessung nicht angegeben.

Tabelle 11 zeigt ein weiteres Beispiel einer detaillierten Analyse aus der in *Tabelle 10* dargestellten Zusammenfassung. Hier wird der Effekt der gratifikationskritischen Bedingung B auf die Höhe der Apo A-1 Konzentration im Blut nachgewiesen (auf eine Darstellung des hier nicht signifikanten Wiederholungseffekts wird in dieser Tabelle verzichtet). Es ist wichtig, zu betonen, daß in dieser Analyse das Risiko umso höher ist, je niedriger der Apo A-1 -Wert ist (hohes HDL-Cholesterin gilt als protektiver Faktor). Außerdem erscheint uns besonders erwähnenswert, daß das Apo A-1-Gen als einer der gegenwärtig besten genetischen Marker für koronare Herzkrankheit betrachtet wird (Galton, 1987). Unser Nachweis, daß die Ausprägung von Apo A-1-Werten in beachtlichem Ausmaß durch berufliche Belastungsbedingungen erklärt werden kann, verdeutlicht erneut die Notwendigkeit einer multifaktoriellen Analyse des Bedingungsgeflechtes kardiovaskulärer Erkrankungen.

Wenn auch vereinzelt weitere Interaktionseffekte von Variablen, welche Aspekte beruflicher Gratifikationskrisen bei den untersuchten Industriearbeitern messen, gefunden wurden (Siegrist et al., 1987, 1988), so soll jetzt ein zweiter analytischer Ansatz mit Ergebnissen vorgestellt werden, die womöglich in Hinblick auf ihre Reproduzierbarkeit ebenso wie in Hinblick auf ihre gesundheitspolitische Bedeutung von noch größerer Relevanz sind.

Castelli et al. (1983) haben u. W. zum ersten Mal anhand von Beobachtungsdaten aus der bekannten Framingham-Studie nachgewiesen, daß das *gleichzeitige Vorhandensein atherogener Lipidwerte* und *hoher Blutdruckwerte* das nachfolgende Risiko einer Person, einen Herzinfarkt zu erleiden, nicht nur additiv, sondern *multiplikativ erhöht*. Diese Beobachtung konnten wir im Rahmen unserer viel weniger umfangreichen prospektiven Studie I bestätigen (s.u. Kap. 8). In Anbetracht dieser Tatsache haben wir für weitergehende Analysen eine sog. *koronare Hochrisiko-Gruppe* definiert, welche durch das gleichzeitige Vorhandensein der beiden Risikofaktoren "atherogene Blutlipidwerte" und "manifeste Hypertonie" charakterisiert war. Im einzelnen wurde die Gruppe anhand der aus epidemiologischen Studien gewonnenen Grenzwerte wie folgt definiert (vgl. Kannel et al., 1984 und Cremer et al., 1991):

1. Vorliegen von Blutdruckwerten SBD $\geq$ 160 mmHg und oder DBD $\geq$ 95 mmHg;
2. Vorliegen von LDL-Cholesterinwerten $\geq$ 180 mg/dl oder $\geq$ 140 mg/dl bei einem LDL/HDL-Quotienten > 4.0.

Nach diesen Kriterien konnte eine koronare Hochrisikogruppe in Studie I gebildet werden, die 13% der zu T1 untersuchten Männer umfaßte (42 von 310 Probanden mit vollständigen Daten). Diese Gruppe wies, wie zu erwarten war, ein signifikant höheres Körpergewicht auf, auch war sie durchschnittlich etwas älter und enthielt mehr Raucher und mehr körperlich Inaktive. In multivariaten Analysen zeigten allerdings nur noch die Variablen Körpergewicht und Zigarettenrauchen eigenständige signifikante Effekte.

Tabelle 12

Logistische Regressionsanalyse: Bestimmungsgrössen des koronaren Hochrisiko-Status[1] bei Industriearbeitern (N=310)

Variable	Regressions-koeffizient	Multivariate Odds-Ratio	95% CI
Zigarettenrauchen (> 10 Zig./Tag)	0.78* (0.38)	2.18	1.04 - 4.56
Körpergewicht (> 28.8 kg/m^2)	1.42** (0.44)	4.16	1.75 - 9.87
blockierter Aufstieg	1.01* (0.46)	2.74	1.12 - 6.72
chronischer Ärger	1.75* (0.55)	5.76	1.97 - 16.81
Wettbewerbshaltung	1.00** (0.39)	2.71	1.26 - 5.83
Konstante	-4.28***(0.60)	LR-chi^2=212.07	df=304

*** $p \leq .001$; ** $p \leq .01$; * $p \leq .05$

1)Ko-Manifestation von Hypertonie (> 160/95 mmHg) und erhöhtem LDL-Cholesterin (> 180 mg/dl)

In welchem Umfang läßt sich nun, in Ausweitung der in *Tabelle 8 bis 11* dargestellten Befunde, ein Zusammenhang zwischen beruflichen Gratifikationskrisen und koronarem Hochrisikostatus feststellen? Zur Überprüfung dieser Fragestellung wurde in Anbetracht der dichotomen Kriteriumsvariable (koronarer Hochrisikostatus ja/nein) und angesichts der weiter oben beschriebenen Vorteile des Verfahrens die *logistische Regressionsanalyse* eingesetzt. Die Ergebnisse finden sich in *Tabelle 12.* Danach zeigen, nach Kontrolle des Einflußes von "Körpergewicht" und "Rauchen", zwei Variablen, die hohe berufliche Verausgabung messen, und eine Variable, die niedrige berufliche Belohnung erfaßt, eigenständige Effekte auf den koronaren Hochrisikostatus: 1.

eine der vier Subskalen, welche den latenten Faktor "berufliche Distanzierungsunfähigkeit" des Konstrukts "berufliche Kontrollbestrebungen" messen (erhöhte Wettbewerbshaltung, latente Feindseligkeit); 2. eine Variable, welche einen emotionalen Zustand kritischer Verausgabung abbildet (Gefühle chronischer Verärgerung und Irritierung); und 3. eine Variable, welche blockierten beruflichen Aufstieg (als Indikator niedriger Statuskontrolle) erfaßt.

Diese drei Variablen leisten einen signifikanten Beitrag zur Schätzung des koronaren Hochrisikostatus, und die entsprechenden multivariaten odds ratios sind von ihrem Gewicht her denjenigen der etablierten biomedizinischen Faktoren "Körpergewicht" und "Zigarettenrauchen" gut vergleichbar. Allerdings muß festgestellt werden, daß bei diesen Analysen weder zwischen den biomedizinischen und psychosoziologischen Variablen noch innerhalb der psychosoziologischen Variablen Interaktionseffekte, wie sie bei den Varianzanalysen auftraten, beobachtet wurden (zu einer ähnlichen Analyse s.a. Siegrist et al., 1991).

Die Analysen zum koronaren Hochrisikostatus von Industriearbeitern bilden den Schwerpunkt der Dissertation, die Richard Peter zum Thema "Berufliche Belastungen, Belastungsbewältigung und koronares Risiko bei Industriearbeitern" 1991 veröffentlicht hat (Peter, 1991). Die weiteren wichtigsten Ergebnisse dieser Analysen sollen daher hier nur kurz Erwähnung finden.

Erstens hat Richard Peter die in *Tabelle 12* dargestellten *Befunde* für die beruflich besonders *homogene Hauptgruppe* der untersuchten Industriearbeiter, für die 230 ausschließlich in der Produktion (an Einzel- oder Gruppenarbeitsplätzen) Beschäftigten, *repliziert*, wobei er anstelle der beiden Einzelindikatoren zur Messung beruflicher Gratifikationskrisen faktorenanalytisch ermittelte Indikatoren berücksichtigt hat. Mit dieser Homogenisierung der Stichprobe sollte ein möglichst einheitlicher Bezugspunkt für die Beurteilung des Belastungsgehalts der in die Analysen einbezogenen Bedingungen beruflicher Gratifikationskrisen gegeben werden. Außerdem wurde diese homogene Stichprobe um einige Probanden bereinigt, welche trotz medikamentöser Behandlung ihren Blutdruck nicht kontrollieren konnten. Ebenso wurden, wie bei vorhergehenden Analysen, Probanden, die einen auffällig hohen HDL-Cholesterinspiegel aufwiesen (> 85 mg/dl; Verdacht auf chronischen Alkoholabusus) aus der Auswertung ausgeschlossen.

In der dergestalt verringerten, homogeneren Stichprobe wiesen wiederum 13% der Arbeiter einen koronaren Hochrisikostatus im oben definierten Sinne auf. Das in *Tabelle 12* dargestellte Analysemodell ließ sich im wesentlichen replizieren, wobei, wie bereits betont, die Variablen "blockierter Aufstieg" und zusätzlich "berufliche Instabilität" durch faktorenanalytisch ermittelte Skalen differenzierter erfaßt wurden (zu Einzelheiten s. Peter, 1991, S. 139 ff.).

Zweitens wurde von Richard Peter überprüft, inwieweit die beobachteten *Effekte* über die beiden Meßzeitpunkte hinweg *stabil* blieben. Wurden die bisherigen Analysen unter Verwendung psychosoziologischer Informationen aus dem ersten Erhebungszeitpunkt durchgeführt, so zeigte eine Überprüfung anhand von Daten der Zweitbefragung, daß die Effekte der Variablen "blockierte Aufstiegschancen" und "Wettbewerbshaltung" in vollem Umfang erhalten blieben, während die Merkmale "berufliche Instabilität" und "Verärgerung bzw. Irritierung" die Gruppe der Arbeiter mit koronarem Hochrisikostatus von der Restgruppe nun mehr nicht mehr klar zu trennen vermochten. Hierzu muß angemerkt werden, daß die Gruppe der durch berufliche Instabilität Belasteten zwischen dem ersten und zweiten Meßzeitpunkt aufgrund der im Betrieb B erfahrenen ökonomischen Krisensituation, d.h. aufgrund von Entlassungen, stark verringert wurde.

Drittens schließlich wurden von Richard Peter die *kumulativen Effekte* hoher Verausgabung und niedriger Belohnung auf das koronare Hochrisiko unter Verwendung einer dreikategorialen Variable "Gratifikationskrise" untersucht. Zur Bildung dieser zusammengesetzten Variablen wurden faktorenanalytisch ermittelte Ergebnisse herangezogen: "hohe Gratifikationskrisen" (Kategorie 3) wiesen jene Arbeiter auf, die sowohl durch rationalisierungsbedingte Kurzarbeit (mit Verdichtung von Arbeitsanforderungen) als auch durch geringe Arbeitsplatzsicherheit belastet waren (vgl. Peter, 1991, S. 132 ff, S. 150 ff). 31% der Industriearbeiter mit koronarem Hochrisikostatus, aber nur 17,4% der Restgruppe waren durch diese Konstellation belastet. In multivariaten Analysen blieb der Effekt dieser die kumulative Belastung abbildenden Variable in Ergänzung zu den bereits beschriebenen biomedizinischen und psychosoziologischen Effekten erhalten

Lassen sich *Effekte* beruflicher Gratifikationskrisen auf den koronaren Hochrisikostatus an einer *unabhängigen Stichprobe replizieren*? Unter diesem Aspekt wurden die Daten der *Industriemeisterstudie* (Studie II) analysiert. Wie bereits erwähnt, mußten hier teilweise andere Operationalisierungen der Erfassung beruflicher Gratifikationskrisen erfolgen. Auch wurde hier, im Hinblick auf die günstigere Verteilung der Lipidwerte und die entsprechenden Zellbesetzungen bei der statistischen Analyse, das Definitionskriterium "LDL-Cholesterin" bei der Bestimmung der koronaren Hochrisikogruppe leicht nach unten korrigiert (LDL > 160 mg/dl oder LDL/HDL-Quotient > 4.0).

Von den 170 Industriemeistern (mit vollständigen Daten) wiesen 11% einen koronaren Hochrisikostatus im definierten Sinne auf. Wiederum zeigte sich, daß gefährdete

Probanden häufiger übergewichtig waren, daß sie tendenziell älter und tendenziell häufiger Zigarettenraucher waren. Wie *Tabelle 13* zeigt, übten in der multivariaten logistischen Regressionsanalyse zwei Merkmale hoher beruflicher Verausgabung (Zeitdruck, Belastung durch häufig auftretende Probleme) und ein Merkmal niedriger beruflicher Statuskontrolle (befürchteter unfreiwilliger Arbeitsplatzwechsel) starke, eigenständige Effekte auf die Schätzung eines koronaren Hochrisikostatus aus. Wiederum war die Stärke dieser Effekte derjenigen etablierter biomedizinischer Risikofaktoren (hier vor allem Übergewicht) gut vergleichbar bzw. übertraf diese sogar. Die Modellschätzung war hochsignifikant

Tabelle 13

Bestimmungsgrössen des koronaren Hoch-Risiko-Status[1] bei Industriemeistern (N=165)

Variable	Regressions-koeffizient	Multivariate Odds-Ratio	95% CI
Körpergewicht (> 27 kg/m²)	1.09(*) (0.58)	2.96	0.95 - 9.23
Zeitdruck	1.67* (0.80)	5.31	1.10 - 25.57
Probleme	1.53* (0.62)	4.64	1.37 - 15.68
erzwungene Umsetzung	1.37* (0.57)	3.92	1.29 - 11.92
Konstante	-4.86***(0.95)	LR-chi²=89.84	df=160

*** p < .001; * p < .05; (*) p <.10

1) a) SBD > 160 mmHg u./o. DBD > 95 mmHg UND
b) LDL > 160 mg/dl

Ähnliche Effekte ließen sich in Analysen finden, die lediglich das LDL-Cholesterin als abhängige Variable wählten. Für das HDL-Cholesterin wie für das Gesamtcholesterin konnten jedoch in Studie II keine entsprechenden Effekte nachgewiesen werden. Auch konnten Auswertungen zu den Komponenten Apo A-1 und Apo B in diesem Datensatz nicht erfolgen.

Zusammenfassend läßt sich festhalten, daß atherogene Blutlipidspiegel in zwei untersuchten Gruppen erwerbstätiger Männer, bei Industriearbeitern und bei Meistern, eine deutliche Abhängigkeit vom Ausmaß erfahrener beruflicher Gratifikationskrisen aufwiesen und daß dies in besonderem Maße bei Probanden galt, die gleichzeitig an einer manifesten Hypertonie litten (koronarer Hochrisikostatus). Die nachgewiesenen Effekte erwiesen sich als unabhängig von wesentlichen, in der medizinisch-epidemiologischen Risikofaktorenforschung identifizierten Einflußgrößen, und sie erwiesen sich in gewissem Umfang auch als über verschiedene Meßzeitpunkte hinweg stabil. Angesichts der pathophysiologischen Bedeutung erhöhter atherogener Lipide und hoher Blutdruckwerte müssen diese Befunde als nicht nur streßtheoretisch interessant, sondern auch gesundheitspolitisch bedeutsam betrachtet werden.

Mit der kombinierten Betrachtung von Lipid- und Blutdruckwerten haben wir einerseits – und u.W. erstmals – eine wichtige koronare Risikokonstellation in systematischer Weise mit psychosoziologischen Bestimmungsgrößen in Zusammenhang gebracht. Andererseits werden mit einer solchen Zusammenfassung möglicherweise Effekte verdeckt, die sich auf der Ebene der Analyse von Einzelvariablen zeigen, so wie dies im Falle von Lipidparametern bereits nachgewiesen worden ist. Im folgenden Abschnitt wollen wir daher auch für die zweite abhängige Variable "Blutdruck" eigenständige statistische Analysen durchführen. Die Ausführungen am Ende des folgenden Abschnitts werden uns allerdings, bezugnehmend auf Ergebnisse der Studie III, wieder zu einer mehrdimensionalen Betrachtung des Risikoprofils zurückführen.

6.3 Erhöhte Blutdruckwerte

Mit einer Dichotomisierung der abhängigen Variablen, wie sie bei der Verwendung logistischer Regressionsanalysen erfolgt, wird wichtige Information verschenkt. Dieser Nachteil wird zwar durch die verschiedenen Vorteile des Verfahrens aufgewogen, jedoch empfiehlt es sich, neben kategorialen auch intervallskalierte abhängige Variablen in die Analyse einzubeziehen. Neben Varianzanalysen erlauben in besonders strengem Maße *lineare Strukturgleichungsmodelle* den Test eines theoretischen Modells. Diese Verfahren sind allerdings restriktionsreich, basieren auf statistischen Annahmen, welche teilweise kontrovers diskutiert werden und lassen sich überdies nur an Datensätzen mit umfangreichen Stichproben anwenden. Trotz dieser Einschränkungen hat Herbert Matschinger im Rahmen seiner wissenschaftlichen Mitarbeit an Studie I lineare Strukturgleichungsmodelle (im folgenden abgekürzt LISREL-Modelle) berechnet, wobei als abhängige Variable bzw. endogenes Kriterium der systolische Blutdruckwert verwendet wurde. Die wichtigsten Ergebnisse seiner auf die ersten beiden Erhebungszeitpunkte bezogenen Analysen sollen hier kurz dargestellt werden (ausführliche Analysen und Diskussionen finden sich in Matschinger et al., 1986, Siegrist et al., 1987; Siegrist & Matschinger, 1989).

LISREL-Analysen leisten konfirmatorische Schätzungen der Güte eines "fits" zwischen einem explizit spezifiziertem theoretischen Modell und einer empirisch vorgegebenen Datenstruktur. Sie ermöglichen nicht nur eine Berücksichtigung direkter und indirekter Effekte einer größeren Zahl exogener (als Faktoren oder Einzelindikatoren ins Modell aufgenommenen) Variablen auf ein endogenes, in intervallskalierter Form vorliegendes Kriterium, sondern sie gestatten auch die Prüfung asymmetrischer Hypothesen. In asymmetrischen Hypothesen wird behauptet, daß bestimmte, theoretisch postulierte Effekte von exogenen auf endogene Variablen nur in einer Subgruppe, beispielsweise nur bei Vorliegen eines spezifischen, Belastung induzierenden Kontextmerkmals, wirksam werden, während sie in nicht-spezifizierten bzw. nicht-belasteten Gruppen nicht nachweisbar sind. Mit anderen Worten: der Anteil erklärter Varianz der abhängigen Variable, die Güte des Modellfits zwischen postulierten und beobachteten Effekten und die relative Höhe der Beta- und Gamma-Koeffizienten der Modellschätzung nehmen deutlich zu, wenn das Modell für eine spezifisch belastete Subgruppe, im Vergleich zu einer nicht belasteten Gruppe, berechnet wird.

Unter dem Gesichtspunkt einer Testung des Modells beruflicher Gratifikationskrisen anhand von Daten der Industriearbeiterstudie erwiesen sich zwei Kontextmerkmale als besonders interessant für eine *Prüfung asymmetrischer Hypothesen*: 1. das Merkmal "ökonomischer Zwang zur Akkordarbeit" und 2. das Merkmal "innerbetriebliche Position als angelernter Arbeiter". Beide Merkmale definieren eine chronische berufliche Belastungssituation, die durch hohe Verausgabung und begrenzte Belohnung gekennzeichnet ist. Beide Merkmale sind damit geeignet, eine in streßtheoretischer Sicht als homogen zu betrachtende Subgruppe innerhalb der größeren Industriearbeiterschaft zu definieren.

Herbert Matschinger prüfte die Hypothese, daß postulierte Effekte psychosoziologischer Variablen (zwei latente Faktoren des Konstrukts "berufliche Kontrollbestrebungen", Indizes zur Messung von "sozialer Unterstützung" und von "Zeitdruck am Arbeitsplatz" sowie zur Messung von"chronisch-emotionaler Verärgerung/Hoffungslosigkeit") sowie Effekte entsprechender Kontrollvariablen (Körpergewicht, Zigarettenkonsum, Alter) auf die Ausprägung systolischer Blutdruckwerte nur in diesen kontextuell spezifizierten, belasteten Subgruppen, nicht jedoch in der Restgruppe, nachweisbar sind. In Modellrechnungen, welche systolische Blutdruckwerte zum ersten Erhebungszeitpunkt als abhängige Variable enthielten, konnten insgesamt 44% der Varianz der Blutdruckwerte in der Gruppe der Arbeiter erklärt werden, die *ökonomischem Zwang zur Akkordarbeit* ausgesetzt waren, jedoch lediglich 14% in der Restgruppe. Ähnliches zeigte sich in der Gruppe der angelernten Arbeiter: hier erklärte das Modell 54% der Varianz der Blutdruckwerte, in der Restgruppe dagegen lediglich 27%.

In *Abbildung 6* sind die wichtigsten Ergebnisse einer weiteren Modellprüfung dargestellt, in der neben den systolischen Blutdruckwerten zum ersten Zeitpunkt auch deren Veränderungen vom ersten zum zweiten Meßzeitpunkt Gegenstand der Modellschätzung sind. Die zwei latenten Faktoren des Konstrukts Kontrollbestrebungen, soziale Unterstützung am Arbeitsplatz und chronische Verärgerung/Hoffnungslosigkeit bilden die wesentlichen erklärenden Variablen, Körpergewicht und Alter die wesentlichen Kontrollvariablen. Die Analysen werden für die beiden Subgruppen "Zwang zur Akkordarbeit" (75 Arbeiter) und "kein Zwang zur Akkordarbeit" (167 Arbeiter) mit einer identischen Struktur der Effekte und invarianten Meßmodellen durchgeführt.

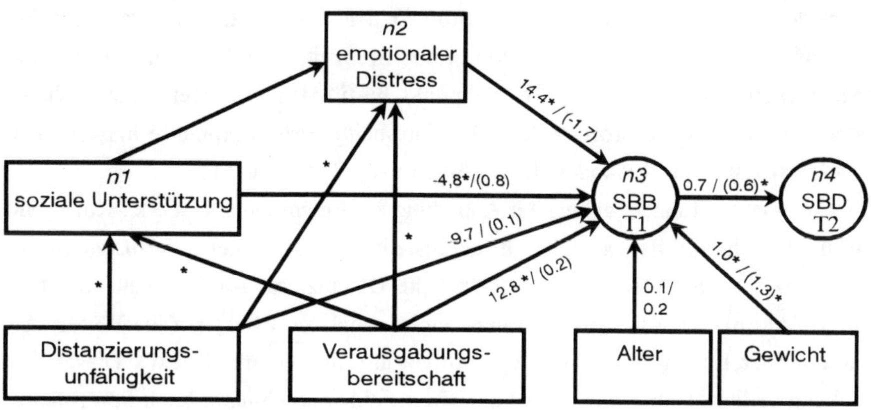

Squared multiple correlation	*n1*	*n2*	*n3*	*n4*		
Gruppe mit Zwang zum Akkord	.35	.66	.42	.71	GFI=.92	RMSR=.48
Gruppe ohne Zwang zum Akkord	.04	.51	.11	.59	df=150	chi2=200.34
					p=.004	

Abbildung 6. *Lineares Strukturgleichungsmodell: Effekte psychosozialer Variablen auf den systolischen Blutdruck zu zwei Meßzeitpunkten (Erläuterungen siehe Text) (nach Siegrist & Matschinger, 1989, S. 74).*

In *Abbildung 6* wird die Struktur der Effekte anhand nicht-standardisierter Beta- und Gamma-Koeffizienten dargestellt, wobei jeweils die oberen Koeffizienten für die belastete Gruppe, die unteren, in Klammern gesetzten Koeffizienten für die nicht belastete Gruppe gelten.

Der *Abbildung 6* kann man entnehmen, daß verschiedene hypostasierte Effekte signifikant und wesentlich stärker in der durch Zwang zu Akkordarbeit charakterisierten Gruppe sind, im Vergleich zur Restgruppe. So geht beispielsweise ein direkter, starker, signifikant positiver Effekt von dem intrinsische Verausgabung messenden Faktor "Verausgabungsbereitschaft" auf die Höhe des Blutdrucks aus: je höher die Verausgabungsbereitschaft in einem gratifikationskritischen Kontext, desto höher der systolische Blutdruck. In der nicht spezifisch belasteten Restgruppe fehlt ein solcher Effekt ($12{,}8^{*}$ vs 0,2). Gleiches gilt für die Variable "chronische Verärgerung /Hoffnungslosigkeit" ($14{,}4^{*}$ vs -1,7). Zusätzlich findet sich ein negativer, d.h. blutdruckmindernder, protektiver Effekt von "sozialer Unterstützung am Arbeitsplatz" auf den systolischen Blutdruck, jedoch wiederum nur in der durch Akkordarbeit belasteten Gruppe (-4.8^{*} vs 0.8).

Das Modell erklärt in der durch einen homogenen Belastungskontext charakterisierten Gruppe 42% der Varianz der Blutdruckwerte zum ersten und 71% zum zweiten Meßzeitpunkt. In der Restgruppe erklärt es lediglich 11% der Varianz zum ersten und 59% der Varianz zum zweiten Meßzeitpunkt. Dies bedeutet, daß psychosoziologische Einflüsse die Blutdruckwerte zum ersten Meßzeitpunkt in spezifizierten Subgruppen stärker als zum zweiten Meßzeitpunkt bestimmen, in erster Linie deshalb, weil die Kovarianz der Blutdruckwerte über die beiden Meßzeitpunkte hinweg sehr groß ist (systematischer Rückgang der Meßwerte von TO nach T1).

Ein interessantes Einzelergebnis der Abbildung 6 verdient einen weiteren Kommentar, weil es sich auf das ausführlich dargestellte Konzept der "*Verausgabungskarriere*" bezieht. Der latente Faktor "berufliche Distanzierungsunfähigkeit" weist in der durch Akkordzwang belasteten Gruppe einen negativen Effekt auf die Blutdruckhöhe auf (in der Restgruppe fehlt wiederum ein interpretierbarer Effekt). Dieses Ergebnis kann vielleicht im Sinne einer kognitiven Fehlwahrnehmung hoch kontrollambitionierter Arbeiter interpretiert werden: in einem noch nicht durch Erschöpfungskrisen gekennzeichneten Stadium der Verausgabung werden Anzeichen beruflicher Enttäuschungen und assoziierte negative Emotionen mißachtet (vgl. Abbildung 5). Nach dieser Interpretation wäre sodann zu erwarten, daß in dem entscheidenden späteren Stadium der Verausgabungskarriere der Leidensdruck so hoch wird, daß die Fehlwahrnehmungen durchbrochen und die kritische Bewältigungssituation realistisch eingeschätzt werden kann. Hier sind sodann positive Effekte des Faktors

"Distanzierungsunfähigkeit" auf das kardiovaskuläre Risiko, insbesondere auf die erwartete Wahrscheinlichkeit manifester klinischer Ereignisse, anzunehmen (s.u. Kap. 8).

Die Ausführungen haben gezeigt, daß anspruchsvollere statistische Auswertungsverfahren wie lineare Strukturgleichungsmodelle eine wesentlich differenziertere und *strengere* ("stärkere") *Modelltestung* als die bisher vorgestellten Analysen ermöglichen. Allerdings lassen sich LISREL-Analysen aufgrund zahlreicher restriktiver Annahmen nur in begrenztem Maße durchführen. So waren beispielsweise bereits aufgrund einer geringeren Streuung der Werte analoge Modellrechnungen mit den endogenen Kriterien "diastolischer Blutdruck", "LDL-Cholesterin" bzw. "LDL/HDL Quotient" nicht gut durchführbar (vgl. Siegrist et al., 1987). Auch bewegen sich diese Analysen von der Stichprobengröße her an der unteren Grenze dessen, was bei der Anwendung des Verfahrens üblicherweise gefordert wird. Weder in Studie II noch in Studie III war es, aus jeweils unterschiedlichen Gründen, möglich, LISREL-Analysen durchzuführen. So kommen wir bei der abschließenden Ergebnisdarstellung wieder auf die beiden bereits bekannten Verfahren zurück: die logistische Regressionsanalyse (Studie II) und die Varianzanalyse (Studie III).

In Abschnitt 6.2 haben wir gezeigt, daß Industriemeister, die gleichzeitig Hypertonie und atherogene Lipidwerte aufweisen, in stärkerem Maße durch Furcht vor erzwungenem Arbeitsplatzwechsel und Gegebenheiten extrinsischer Verausgabung am Arbeitsplatz (Zeitdruck, Probleme) als ihre koronar weniger gefährdeten Kollegen gekennzeichnet sind. Diese Analysen stützten sich auf die zahlenmäßig kleine Hochrisikogruppe von 19 im Vergleich zu 151 Industriemeistern. Prüft man nun in einem weiteren Schritt, wieweit sich diese Zusammenhänge in der wesentlich umfangreicheren Gruppe aller hypertonen Industriemeister (n=51), im Vergleich zu den normotonen (n=119), wiederfinden, so zeigt sich folgendes: 20% der hypertonen Meister, aber nur 7% der normotonen, sind durch eine angedrohte Umsetzung stark belastet; 63% der hypertonen Meister fühlen sich durch häufige Störungen und Unterbrechungen im täglichen Arbeitsprozeß stark oder sehr stark belastet, im Vergleich zu 46% der Meister mit normalen Blutdruckwerten. Ähnliches gilt für Belastungen durch Zeitdruck. In der multivariaten logistischen Regression zeigt sich, nach Kontrolle von Alter und Körpergewicht, ein starker eigenständiger Effekt der Statusbedrohung messenden Variable "Befürchtung unfreiwilliger Umsetzung" auf das *Hypertonierisiko*, ebenso ein – allerdings schwächerer – Effekt der Variable "häufige Unterbrechungen, Störungen". Die numerischen Ergebnisse werden in *Tabelle 14* dargestellt.

In *Studie III*, einer bedingt prospektiven Studie an *chinesischen Industriearbeitern*, konnten Blutdruckwerte zum Zeitpunkt des zweiten Screenings mit den vorhandenen psychosoziologischen Daten in Beziehung gesetzt werden. Darüberhinaus konnte untersucht werden, wieweit relevante, retrospektiv erfaßte Veränderungen psychosozialer Arbeitsbelastungen im Zeitraum zwischen erstem und zweitem Screening Veränderungen der Blutdruckwerte zu erklären vermögen. Die statistischen Auswertungen erfolgten anhand von Varianzanalysen, wobei Mittelwerte für die jeweiligen Subgruppen unter Berücksichtigung der Kovariaten "Alter", "Gewicht", "Zigaretten- und Alkoholkonsum" korrigiert wurden.

Tabelle 14
Der Einfluß beruflicher Gratifikationskrisen auf das Hypertonierisiko. Logistische Regressionsanalyse (n = 170 normotensive und hypertensive männliche Beschäftigte (Industriemeister) im Alter von 40 - 55 Jahren)

	Relatives Risiko (odds ratio) *	95 % Konfidenzintervall
Alter (Jahre) 50 - 55 vs 40 - 49	1.91	0.95 - 3.86
Body Mass Index	1.86	0.91 - 3.75
Belastung durch häufiges Unterbrechen (Verausgabung)	1.98	0.98 - 4.01
Angst vor Versetzung (Belohnung)	3.29	1.17 - 9.27
Konstante - 1.95** LR-cli2 = 190.26 df = 164		

* nach Kontrolle von Zigarettenrauchen, körperlicher Inaktivität, Alkoholkonsum und LDL - Cholesterin

** p < .001

Bezüglich der erhobenen Arbeitsbelastungen zum zweiten Meßzeitpunkt ergaben sich nur wenige und unsystematische Beziehungen zum systolischen *Blutdruck* (zusammenfassend Bernhardt et al., 1990). Ein Tatbestand war jedoch bedeutsam: der Blutdruck stieg im Mittel bei der Gruppe in den vergangenen fünf Jahren signifikant stärker an, als bei den übrigen, die in diesem Zeitraum eine nach Zeitlohn bezahlte Tätigkeit aufgenommen hatte. Wir haben weiter oben darauf hingewiesen, daß diese Gruppe angesichts hoher beruflicher Verausgabung, gepaart mit hoher

Unsicherheit bezüglich Kontinuität des veränderten Arbeitsverhältnisses, vermutlich insgesamt stärkeren chronischen Distress-Erfahrungen ausgesetzt gewesen sein mag. Noch deutlicher als die Blutdruckveränderungen waren in dieser Gruppe die Veränderungen der Cholesterinwerte: das *Gesamtcholesterin* stieg im Beobachtungszeitraum im Durchschnitt um 15,3 mg/dl an (in der Vergleichsgruppe der nach festem Lohn/Gehalt bezahlten Beschäftigen um 0,6 mg/dl). Zum zweiten Meßzeitpunkt war in der von uns als gratifikationskritisch definierten Gruppe das LDL-Cholesterin im Mittel signifikant höher, das HDL-Cholesterin signifikant niedriger und damit auch der LDL/HDL-Quotient deutlich höher als in der Restgruppe.

Wie bereits erwähnt, konnten diese Veränderungen nicht substantiell durch die Kovariaten erklärt werden, so daß eine streßtheoretische Erklärung des Zusammenhanges zumindest naheliegt. In Subgruppen durchgeführte Analysen zum möglichen Einfluß veränderter Ernährungsgewohnheiten in dieser Subgruppe ergaben keine überzeugenden Hinweise, die eine solche Erklärung entkräftet hätten (Siegrist, Bernhardt, Feng et al., 1990).

Während wir weitere Befunde zum Zusammenhang zwischen Arbeitsbelastungen und koronaren Risiken bei dem untersuchten Kollektiv chinesischer Industriearbeiter im nachfolgenden Kapitel darstellen – es handelt sich um verhaltensgebundene Risikofaktorren – , sollen in diesem Kapitel abschliessend neueste Befunde zu einem weiteren wichtigen Risikofaktor, nämlich erhöhten Blutgerinnungswerten, vorgestellt und diskutiert werden. In Studie II hatten wir erstmals Gelegenheit, diesen Parameter zu analysieren.

6.4 Erhöhte Fibrinogenwerte

Epidemiologische Studien belegen eine erhöhte Koronargefährdung bei Personen, die erhöhte Fibrinogenwerte jenseits eines Grenzwertes von 420 mg/dl aufweisen (Cremer et al., 1994). In unserer Querschnittstudie an Industriemeistern waren wir daher interessiert, zu prüfen, ob chronischer Distress bei Männern mit erhöhten Fibrinogenwerten (n=30) häufiger auftritt als bei Männern mit niedrigeren Blutgerinnungswerten (n=113) und ob dies gilt, nachdem wichtige Einflußfaktoren wie Alter, Körpergewicht, Zigarettenkonsum und Bewegungsmangel statistisch kontrolliert worden sind. Wie *Tabelle 15* zu entnehmen ist, zeigten zwei Variablen des Modells "berufliche Gratifikationskrisen", die intrinsische Verausgabung messende Skala "Bedürfnis nach Anerkennung" und die sozio-emotionale Gratifikation messende Variable "Belastung durch fehlende Hilfeleistung in schwierigen Situationen" in bivariaten Analysen einen eigenständigen Effekt. Wie zu erwarten, bleiben bei einer weiterführenden logistischen Regressionsanalyse die Einflußgrößen wichtiger biomedizinischer Variablen wie Zigarettenrauchen, Übergewicht und LDL-Cholesterin wie auch die beiden psychosoziologischen Variablen erhalten. Unsere Ergebnisse zeigen, daß in einer hinsichtlich beruflicher Position und Arbeitsanforderungsprofil homogenen Gruppe von Industriemeistern eine Subgruppe anhand von Komponenten des Modells beruflicher Gratifikationskrisen identifiziert werden kann, die ein deutlich erhöhtes *Risiko ungünstiger Blutgerinnungswerte* aufweist. Das Modell dürfte daher im Ansatz gestatten, nicht nur zwischen sozioökonomischen Gruppierungen, sondern insbesondere auch innerhalb vergleichbarer sozioökonomischer Gruppierungen die differentielle kardiovaskuläre Gefährdung partiell zu erklären.

In einer vergleichenden Testung der beiden in Kapitel 3 dargestellten theoretischen Modelle des "job-strain" und der beruflichen Gratifikationskrisen gelang es in dieser sozioökonomisch homogenen Gruppe von Industriearbeitern, lediglich anhand des zuletzt genannten Modells signifikante Effekte auf das Kriterium "hohe Fibrinogenwerte" nachzuweisen (Peter et al., 1995).

Zusammenfassend zeigen die dargestellten Befunde, daß aus allen drei Studien, insbesondere aber aus den Studien I und II, *eigenständige Effekte* von Komponenten *beruflicher Gratifikationskrisen* auf die Ausprägung bzw. Auftretenswahrscheinlichkeit wichtiger somatischer *kardiovaskulärer Risikofaktoren* wie atherogener Lipidwerte, erhöhter Blutdruckwerte und erhöhter Blutgerinnungswerte nachweisbar sind. Eindrucksvoll sind diese Zusammenhänge auch bezüglich der Kumulation von Risikofaktoren, wie dies in beiden Studien für die Ko-Manifestation von Hypertonie und atherogenen Blutfettwerten gezeigt worden ist. In allen Fällen wird die Hypothese bestätigt, daß mindestens eine Komponente hoher extrinsischer oder intrinsischer Verausgabung und mindestens eine Komponente niedriger beruflicher Gratifikation zugleich in der Risikogruppe in erhöhtem Maße ausgeprägt ist. Auf der Gratifikationsseite erwiesen sich bei Industriearbeitern Gegebenheiten eingeschränkter beruflicher Statuskontrolle als bedeutsam, bei den Industriemeistern zusätzlich Belastungserfahrungen auf der Ebene interpersoneller, sozio-emotionaler Gratifikationen. Auf der Verausgabungsseite hat es sich als fruchtbar erwiesen, die theoretisch postulierte Unterscheidung in extrinsische und intrinsische Komponenten empirisch zu überprüfen. Beide Komponenten erwiesen sich – in unterschiedlichem Ausmaß bei beiden untersuchten Gruppen – als bedeutsam zur Abschätzung des kardiovaskulären Risikos.

Tabelle 15

Verteilung von Bestimmungsgrössen des Fibrinogenstatus[1] bei Industriemeistern (N=143)

Variable	Erhöhtes Fibrinogen[1] (N=30)	Normales Fibrinogen (N=113)	T-Test oder Chi^2
Körpergewicht (kg/m^2)	27.8 ±2.7	26.8 ±3.4	1.48
Gesamtcholesterin (mg/dl)	247.4 ±47.0	228.6 ±37.4	2.31*
LDL-Cholesterin (mg/dl)	150.6 ±42.0	136.0 ±35.2	1.94*
Hypertonie (> 160/95 mmHg)	23.3 %	29.2 %	0.41
Erhöhtes LDL-Cholesterin (> 190 mg/dl)	20.0 %	4.4 %	8.10**
LDL/HDL-Quotient (> 4.0)	20.0 %	5.3 %	6.65**
Alter (> 50 J.)	26.7 %	51.3 %	5.80*
Zigarettenrauchen (> 10 Zig./Tag)	40.0 %	21.2 %	4.43*
Bewegungsmangel	66.7 %	55.8 %	1.16
Mangel an wechselseitiger Hilfe	46.7 %	25.7 %	4.97 *
blockierter Aufstieg	33.3 %	22.3 %	1.55
Bedürfnis nach Anerkennung	30.0 %	14.2 %	4.12 *
Zeitdruck	60.0 %	63.7 %	0.14

** $p \leq .01$ * $p \leq .05$

1) (> 420 mg/dl)

Mit diesen Ergebnissen ist nicht nur in vergleichsweise erfolgreicher Weise ein theoretisches Modell getestet worden, sondern es sind auch weitere, überzeugende Argumente für eine *soziopsychosomatische Betrachtungsweise* der Entstehung von Herz-Kreislauf-Erkrankungen vorgebracht worden. Bevor diese Argumente durch Befunde, welche sich auf Krankheitsereignisse selbst, und nicht nur auf vorgelagerte Risikobedingungen, beziehen, bekräftigt werden, untersuchen wir die Frage, ob und in welchem Ausmaß das Modell beruflicher Gratifikationskrisen auch zur Erklärung verhaltensbedingter Herz-Kreislauf-Risiken einen eigenständigen Beitrag liefern kann.

7 Einflüsse auf verhaltensbezogene Risiken

In diesem Kapitel steht das *Zigarettenrauchen* als ein besonders wichtiger verhaltensbedingter Risikofaktor im Zentrum. Auch wenn die Gewohnheit des Zigarettenrauchens in der überwiegenden Zahl der Fälle während der Adoleszenz erworben wird, können doch das Ausmaß des täglichen Zigarettenkonsums sowie die Wahrscheinlichkeit, das Rauchen im Laufe des mittleren Erwachsenenalters wieder aufzugeben, von beruflichen Belastungsbedingungen abhängig sein. Insofern scheint es sinnvoll und richtig, nach Zusammenhängen zwischen beruflichen Gratifikationskrisen und Zigarettenkonsum zu fragen. Aus den Interviewleitfäden bzw. Fragebögen aller drei Studien liegen relativ detaillierte, zuverlässige Informationen zu Dauer und Umfang des Zigarettenkonsums vor (Abschnitt 7.1). Dies gilt für andere, wichtige *verhaltensbezogene Risikofaktoren* wie körperliche Inaktivität, Alkoholkonsum oder ungesunde Ernährung nicht in gleichem Umfang, so daß bezüglich einer Kumulation entsprechender Risiken Befunde aus den Studien I und II nicht so gut wie aus Studie III diskutiert werden können, wo den entsprechenden Variablen zentrale Bedeutung zukam (Abschnitt 7.2).

Nicht nur Bedingungen des Gesundheitsverhaltens, sondern auch solche des Krankheitsverhaltens sind zur Abschätzung kardiovaskulärer Risiken bedeutsam. In erster Linie gilt dies für die Bereitschaft, vorhandene somatische Risiken therapeutisch zu kontrollieren (Compliance). Am Beispiel der *Compliance bei Hypertonikern* der prospektiven Industriearbeiterstudie werden abschließend Einflüsse der Erwerbssituation analysiert, und es wird gezeigt, welche Auswirkungen eine fehlende Blutdruckkontrolle, bereits bei Grenzwerthypertonikern, auf die Entwicklung der Herzmuskelmasse besitzt (Abschnitt 7.3).

7.1 Zigarettenrauchen

In *Studie I* ist zunächst die Beobachtung bedeutsam, daß, ganz im Gegensatz zu den Risikofaktoren Bluthochdruck, Blutfettwerte und Körpergewicht, das Zigarettenrauchen bei Industriearbeitern nicht häufiger verbreitet ist als in sozioökonomisch besser gestellten Gruppen. Dies zeigt ein Vergleich mit großen herz-kreislauf-epidemiologischen Studien Deutschlands. 59% der Industriearbeiter sind Nichtraucher, 27% rauchen zwischen 1 und 20 Zigaretten täglich, 14% sind starke Raucher (mehr als 20 Zigaretten pro Tag). Interessant ist ferner, daß Jüngere seltener rauchen als Ältere, und daß sich unter Hypertonikern deutlich mehr Nichtraucher befinden. Im Verlauf der drei Erhebungswellen betrug der Prozentsatz derer, die das Rauchen aufgaben oder zumindest stark verringerten, 19%, während 8% den Zigarettenkonsum deutlich steigerten.

Bezüglich der uns interessierenden Fragestellung muß gesagt werden, daß sich deutliche Zusammenhänge mit Indikatoren beruflicher Gratifikationskrisen in diesem Kollektiv allerdings nur ergeben, wenn die beiden Gruppen der Raucher und Nichtraucher extremisiert werden, und zwar einerseits in die Gruppe starker Raucher (die zum Zeitpunkt der Erhebung mindestens 20 Zigaretten täglich rauchen und angeben, schon mindestens 15 Jahre lang geraucht zu haben) und andererseits in die Gruppe der Nichtraucher (die zum Zeitpunkt der Erhebung angaben, noch nie Zigaretten geraucht zu haben).

Arbeiter, die in Wechselschicht beschäftigt sind, gehören signifikant häufiger zu starken Rauchern, ebenso Arbeiter, die zu Beginn der Erhebung Arbeitslosigkeit befürchteten, sowie Arbeiter, die aufgrund eines beruflichen Abstiegs Statusinkonsistenz aufweisen. So waren unter Statusinkonsistenten (n=48) 60% starke Raucher, unter Statuskonsistenten (n=148) jedoch lediglich 39%. Differenziertere statistische Analysen anhand linearer Strukturgleichungsmodelle zeigten ferner, daß in der Gruppe der starken Raucher die in Abschnitt 6.3 erwähnten psychosoziologischen Prädiktoren insgesamt 39% der Varianz systolischer Blutdruckwerte erklärten, während das Modell praktisch keine Erklärungskraft in der Gruppe der Nichtraucher besaß. Starker, langandauernder Zigarettenkonsum ist also, in ähnlicher Weise wie die soziologische Kontexte intensiver Distresserfahrungen definierenden Bedingungen "Zwang zu Akkordarbeit" und "niedriger beruflicher Status" in der Lage, eine bezüglich Belastungswirkung homogene Gruppe zu definieren. Dies ist auch deshalb von Bedeutung, weil die kardiovaskulär pathogenen Effekte des Zigarettenrauchens in relevantem Umfang auf gesteigerte Sympathikus-Aktivität zurückgeführt werden können (Cryer et al., 1976).

Erfolgreicher war die Überprüfung von Zusammenhängen zwischen Indikatoren chronischer beruflicher Distresserfahrungen und Zigarettenkonsum in *Studie II*. Hier wurden zwei Hypothesen geprüft:

1. Industriemeister mit hohen beruflichen Gratifikationskrisen weisen, im Vergleich zu den geringer Belasteten, ein erhöhtes Risiko auf, zur Gruppe der Zigarettenraucher zu gehören.
2. Innerhalb der Gruppe der regelmäßigen Zigarettenraucher sind Industriemeister mit hohen Gratifikationskrisen signifikant häufiger auch starke Raucher (> 20 Zigaretten pro Tag) als in der Gruppe mit geringeren Belastungen.

Vier Indikatoren extrinsischer beruflicher Belastungen (Zeitdruck, Zunahme der Arbeitsbelastung, inkonsistente Anforderungen, hohe Zahl (> 50) unterstellter Mitarbeiter) in Ergänzung zu den Subskalen des Faktors "berufliche Distanzierungsunfähigkeit" und vier Indikatoren niedriger beruflicher Belohnungen (blockierter Aufstieg, Statusinkonsistenz, fehlende Anerkennung, Unzufriedenheit mit der Bezahlung) wurden auf ihre Diskriminierungsfähigkeit zwischen den Gruppen getestet.

Das Kollektiv der Industriemeister für die nachfolgenden Analysen bestand aus 163 (von 179) Probanden, da von 11 Probanden selektiv Daten fehlten und da 5 Pfeifenraucher aus den nachfolgenden Analysen ausgeschlossen wurden.

32% des Kollektivs waren langjährige Zigarettenraucher, 68% waren Nichtraucher, wobei sich die letztere Gruppe in die größere Subgruppe derer, die nie geraucht hatten, und in die kleinere Gruppe der Exraucher unterteilte. Da sich die beiden Subgruppen bezüglich der zu untersuchenden Variablen nicht bedeutsam unterschieden, wurden sie für die nachfolgend dargestellten Analysen in eine Gruppe zusammengefaßt. Gemäß den in der Literatur dokumentierten Alters- und Kohorteneinflüssen auf das Rauchverhalten wurden sämtliche Analysen nach drei Altersgruppen (5-Jahresintervalle) stratifiziert durchgeführt. Dabei zeigte sich ein starker Effekt in die erwartete Richtung: junge Industriemeister rauchten signifikant häufiger als ältere (Einzelheiten siehe Peter et al., 1991).

Insgesamt vier der acht Variablen, die zur Messung des Modells herangezogen wurden, wiesen Verteilungen in die erwartete Richtung auf: Zunahme der Arbeitsbelastung in den vergangenen 12 Monaten, hohe Anzahl unterstellter Mitarbeiter, fehlende kollegiale Anerkennung, blockierter beruflicher Aufstieg. Dagegen zeigten Skalen zur Messung beruflicher Kontrollbestrebungen keine Unterschiede zwischen Rauchern und der Restgruppe.

Entsprechend dem theoretischen Modell wurde ein dreistufiger Index (Variable "Krise") gebildet, dessen Wert (3) besagt, daß bei einer Person mindestens ein belastendes Verausgabungs- und mindestens ein belastendes Gratifikationsmerkmal vorhanden sein muß. Ein Wert (2) besagt, daß die Person entweder durch hohe Verausgabung oder durch geringe Gratifikation belastet ist, und bei Personen mit dem Wert (1) liegen entsprechende gratifikationskritische Erfahrungen nicht vor. Die Verteilung des Index in beiden Gruppen zeigt, daß 26,4% der Raucher, jedoch nur 7,3% der Restgruppe in die Kategorie (3) entfallen.

Zur weiteren Überprüfung des Zusammenhangs zwischen Rauchverhalten und beruflichen Gratifikationskrisen wurde die Variable "Lebensalter" in die Analysen einbezogen. Anhand eines logistischen Regressionsmodells zeigten sich eigenständige Effekte der Variablen "Alter" und "Krise" auf das Zigarettenrauchen. *Tabelle 16* macht zum einen deutlich, daß in der Gruppe der älteren Industriemeister (51-55 Jahre; Alter 3) ein signifikant geringeres Risiko besteht, zur Gruppe der Raucher zu gehören, zum anderen, daß Industriemeister mit hohen beruflichen Gratifikationskrisen (Krise 3) ein mehr als vierfach erhöhtes Risiko besitzen, zur Gruppe der Zigarettenraucher zu gehören, im Vergleich zur Gruppe ohne solche beruflichen Belastungen (Krise 1). *Tabelle 16* bestätigt die Hypothese, wonach Beschäftigte mit hohen chronischen beruflichen Distressbelastungen, auch nach Kontrolle des Alterseffekts, signifikant häufiger zu den regelmäßigen Zigarettenrauchern gehören.

Tabelle 16

Einfluß von Gratifikationskrisen und Alter auf Zigarettenrauchen (N=163 Industriemeister)

Variable	Regressions-Koeffizient [1]		Multivariate Odds-Ratio	95 % CI
Alter (2)	-0.73	(0.44)	0.48	0.21- 1.14
Alter (3)	-1.01*	(0.44)	0.36	0.15- 0.86
Krise (2)	0.08	(0.39)	1.08	0.50- 2.34
Krise (3)	1.47**	(0.54)	4.34	1.50- 12.54
Konstante	-0.37	(0.40)	LR-χ^2 = 189.49	df = 158

** $p \leq .001$;* $p \leq .05$

[1] Alle Variablen im Modell; jede Variable für alle anderen Variablen kontrolliert.

In Klammern: Standardfehler der Koeffizienten

Anhand der Ergebnisse der logistischen Regression wurde die erwartete Wahrscheinlichkeit, zur Gruppe der Raucher zu gehören, für die drei Gruppen mit fehlenden, geringen bzw. hohen beruflichen Belastungen ermittelt, und zwar nach Altersgruppen stratifiziert. Dabei zeigt sich, daß in allen drei Altersgruppen ein starker Anstieg der erwarteten Wahrscheinlichkeit, zur Gruppe der Raucher zu gehören, dann beobachtet werden kann, wenn starke berufliche Gratifikationskrisen vorliegen. (vgl. Peter et al., 1991 S. 318).

Bezüglich der zweiten Hypothese hatten wir erwartet, daß in der beruflich besonders stark belasteten Subgruppe der Industriemeister auch ein höherer Anteil starker Raucher zu finden ist. Die Ergebnisse zeigten, daß dies in der Tendenz zwar stimmt: immerhin raucht jeder zweite Industriemeister, der unter starken beruflichen Gratifikationskrisen leidet, 20 und mehr Zigaretten pro Tag, während dies nur bei 28% der geringer belasteten der Fall ist. Allerdings läßt sich der in der Hypothese behauptete Zusammenhang in der kleinen Stichprobe statistisch auf dem gewählten Signifikanzniveau ($p < .05$) nicht absichern.

Die dargestellten Befunde unterstreichen die Bedeutung psychosozialer Belastungserfahrungen im Kontext alltäglicher Erwerbsarbeit bei der Erklärung täglichen Zigarettenkonsums ganz besonders deshalb, weil sie an einem sozioökonomisch homogenen Kollektiv erhoben worden sind. Effekte sozioökonomisch differentieller Selektion in "Raucherkarrieren" dürften dabei lediglich eine untergeordnete Rolle spielen.

Durch verschiedene zusätzliche Analysen haben wir versucht, die Validität der dargestellten Befunde zu erhärten. So wurden beispielsweise die Analysen unter Berücksichtigung der in bestimmten Abteilungen ausgesprochenen Rauchverbote wiederholt. Es zeigte sich, daß auch bei Berücksichtigung dieser Gegebenheit keine Abweichungen von den oben dargestellten Ergebnissen zu verzeichnen waren. Weiter prüften wir, ob ein Zusammenhang zwischen beruflichen Gratifikationskrisen, körperlicher Aktivität und Rauchverhalten besteht, da denkbar ist, daß beruflich stark Belastete in besonders geringem Maße körperlich aktiv sind und daß sich dieser Tatbestand auf das Rauchverhalten auswirkt. In unseren Daten fand diese Annahme jedoch keine Bestätigung.

Eine zweite Strategie zur Erhärtung der Validität der Befunde bestand darin, daß wir die im Interview erhaltenen Angaben zum Zigarettenrauchen mit den Angaben aus den betriebsärztlichen Anamneseerhebungen verglichen. Wir fanden zwischen beiden Datensätzen eine sehr hohe, stark signifikante Übereinstimmung. Eine direkte Validierung der Angaben zum Zigarettenrauchen anhand von Cotininbestimmungen war uns nicht möglich. Sowohl die detaillierte Raucheranamnese als auch die relativ gute Übereinstimmung der Prävalenzzahlen zum Zigarettenkonsum mit anderen Untersuchungen an Männern des mittleren Erwachsenenalters in Deutschland (z.B. Hoeltz et al., 1990) lassen die subjektiven Angaben jedoch als sowohl zuverlässig als auch valide erscheinen.

Zusammenfassend können wir sagen, daß das getestete Modell in Studie II in weit stärkerem Maße als in Studie I in der Lage war, die vermuteten Einflüsse auf ein gesundheitspolitisch besonders relevantes Risikoverhalten nachzuweisen. Wie sehen diese Zusammenhänge bei chinesischen Industriearbeitern aus? Wie bereits erwähnt, wollen wir diese Frage im Rahmen einer Analyse kumulierter verhaltensbedingter Risiken beantworten.

7.2 Die Kumulation verhaltensbedingter Risiken

In *Tabelle 7* ist bereits deutlich geworden, daß wichtige kardiovaskuläre Risikofaktoren in den drei untersuchten Populationen unterschiedlich verteilt sind. Besonders eindrucksvoll sind die Unterschiede in den Lipidparametern zwischen dem untersuchten Kollektiv der 1.169 *chinesischen Industriearbeiter* und den beiden deutschen Kollektiven. Auch liegt die Hypertonierate bei den chinesischen Männern mit 12.1% sehr viel niedriger, ebenso wie der Prozentsatz Übergewichtiger (BMI > 25 kg/m^2: 15.9%). Im Gegensatz zu dieser positiven Bilanz bezüglich eines koronaren Hochrisikostatus fallen hohe Prävalenzen bei gesundheitsschädigenden Verhaltensweisen auf: 63% der untersuchten chinesischen Industriearbeiter rauchen Zigaretten, zwei Drittel davon mehr als 10 Stück am Tag. Auch regelmässiger Alkoholkonsum ist weit verbreitet: 55% konsumieren zwischen 1 und 40 Gramm Alkohol pro Tag, 13% sogar mehr. Schließlich ist in dieser Gruppe in China Bewegungsmangel mit 73% stark ausgeprägt. Hier überall stellt sich die wichtige Frage nach sozioökonomischen Differenzierungen gesundheitsschädigenden Verhaltens: läßt sich ein *sozialer Schichtgradient* in diesem Kollektiv nachweisen? Und weiter: läßt sich ein Teil dieses Trends auf berufliche Belastungsbedingungen zurückführen?

Die erste Frage können wir klar bejahen. Und zwar gilt der Zusammenhang sowohl für einzelne gesundheitsschädigende Verhaltensweisen wie Zigarettenkonsum und Alkoholkonsum, als auch für einen Summenindex *gesundheitsschädigenden Verhaltens*, der die Kumulation der vier Merkmale Zigarettenrauchen, Alkoholkonsum, körperliche Inaktivität und fehlende Gewichtskontrolle in einem additiven Score erfaßt. Der soziale Schichtgradient ist am deutlichsten ausgeprägt, wenn das Merkmal "höchster Schulabschluß" zur Definition der sozialen Lage herangezogen wird . Interessanterweise vermag die Variable "höchster Schulabschluß der Ehefrau" noch deutlicher als das Merkmal "eigener höchster Schulabschluß" zwischen den Gruppen zu differenzieren. Bezüglich einer Kumulation von Verhaltensrisiken zeigt auch das Merkmal "gegenwärtige berufliche Stellung" die erwarteten Differenzierungen: je niedriger das Bildungsniveau bzw. die berufliche Stellung, desto höher die Kumulation gesundheitsschädigender Verhaltensweisen (vgl. *Abbildung 7;* Einzelheiten siehe Bernhardt et al., 1990).

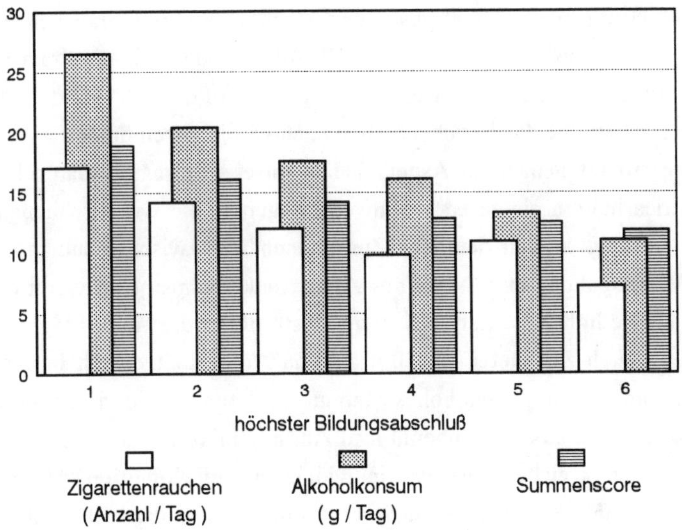

Abbildung 7. *Zusammenhang zwischen gesundheitsschädigendem Verhalten und Schulbildung bei 1.121 chinesischen Industriearbeitern (ANOVA; 1 = kein Schulabschluß; 6 = Universität) (nach Bernhardt et al., 1990, S. 45)*

Uns ist keine sozialepidemiologische Studie im Bereich der Herz-Kreislauf-Forschung bei chinesischen Männern des mittleren Erwachsenenalters bekannt, welche einen sozialen Schichtgradienten gesundheitsschädigenden Verhaltens auf der Ebene von Individualdaten in ähnlicher Form nachgewiesen hat. Die gesundheitspolitische Bedeutung dieser Ergebnisse ist hoch: noch beschränkt sich zwar gegenwärtig in der untersuchten Gruppe chinesischer Männer der soziale Gradient auf verhaltensbedingte Risiken, während das Lipidprofil bei den sozial schlechter gestellten Arbeitern sogar tendenziell günstiger ist (Bernhardt et al., 1990; Siegrist, Bernhardt, Feng et al., 1990). Es ist aber der Zeitpunkt absehbar, zu welchem auch die nahrungsbedingte

Cholesterinaufnahme in den unteren Schichten erhöht sein wird, wie dies in entwickelten Industriegesellschaften gegenwärtig beobachtet werden kann. Dadurch, so ist zu befürchten, wird sich der soziale Schichtgradient kardiovaskulärer Morbidität und Mortalität mittelfristig auch in so bevölkerungsreichen Schwellenländern wie China manifestieren (vgl. auch Kap. 2).

Für *präventivmedizinische Aktivitäten* ist jedoch bereits beim gegenwärtigen Kenntnisstand Anlaß zum Handeln gegeben. So sollten sozial differentielle gesundheitliche Aufklärungsmaßnahmen insbesondere zum Zigarettenrauchen bereits im Adoleszentenalter realisiert werden (s. Teil III), und es sollten in die Präventionsmaßnahmen bei erwerbstätigen Erwachsenen auch jene beruflichen Kontextmerkmale einbezogen werden, welche das Rauchverhalten nachweislich beeinflussen.

Zu diesem zuletzt genannten Aspekt haben unsere Befragungsdaten bei chinesischen Industriearbeitern einige erste Hinweise gegeben, die wir abschließend erwähnen wollen. So zeigten sich deutliche Zusammenhänge zwischen Indikatoren hoher beruflicher Verausgabung und Stärke des Zigarettenkonsums: je schwerer die körperliche Arbeit und je höher die Lärmbelastung, desto höher die Anzahl täglich gerauchter Zigaretten. Auch zeichneten sich Befragte an Arbeitsplätzen mit besonderen Erschwernissen und solche, die ein hohes Maß an Überstunden aufwiesen, durch erhöhten Zigarettenkonsum aus. Hier überall sind Ansatzpunkte für eine gezielte Präventionspolitik gegeben, welche neben den individuellen, auf Kognition, Motivation und Verhalten abzielenden Maßnahmen auch strukturelle Änderungen des Anforderungsprofils und des Gratifikationszusammenhangs der Erwerbsarbeit berücksichtigen sollten (s. Teil III).

Allerdings erscheint die Konzentration gesundheitsfördernder Maßnahmen auf einen Bereich gesundheitsschädigenden Verhaltens, das Zigarettenrauchen, als zu eng. Wie neben vielen anderen auch unsere eigenen Befunde zeigen, scheint es erforderlich, Zusammenhänge zwischen Arbeitsbelastungen und süchtigem Verhalten in systematischer Weise zu untersuchen. Ein solches Vorgehen schließt zumindest den Alkoholkonsum mit ein. Bei den wenigen Fragen, die uns zur Analyse dieser sicherlich komplexen Thematik zur Verfügung standen, zeigte sich immerhin, daß Arbeiter, die Lohneinbußen aufgrund von Kurzarbeit in Kauf nehmen mußten, einen deutlich erhöhten täglichen Alkoholkonsum aufwiesen. Gleiches galt für die Gruppe derer, welche die von ihnen gewünschte berufliche Stellung nicht erreicht hatten. Schließlich war auch das Ausmaß chronischer Verärgerung und Hoffnungslosigkeit signifikant mit dem Alkoholkonsum verknüpft.

Diese Ergebnisse unterstreichen die Notwendigkeit, den angesprochenen Fragenkomplex in weiteren Untersuchungen differenzierter und valider zu erfassen, um ihn sodann zur Grundlage relevanter präventivmedizinischer Aktivitäten zu machen.

7.3 Blutdruckkontrolle

Es trifft sicherlich zu, daß für *Krankheitsverhalten*, d.h.für Einstellungen und Handlungen, die in Reaktion auf Beschwerden oder diagnostizierte Erkrankungen erfolgen, andere psychische und soziale Determinanten im Vordergrund stehen als für präventives, *gesundheitsförderndes Handeln*. Dennoch läßt sich die Bereitschaft, Therapieratschläge bei ärztlich diagnostizierten Krankheiten wie dem Bluthochdruck zu befolgen, in gewissem Umfang als sekundärpräventives Handeln interpretieren, und es ist sinnvoll, zu fragen, ob Gegebenheiten relativer sozialer Benachteiligung, wie sie in diesem Buch analysiert werden, die Handlungsbereitschaft zur *Kontrolle des erhöhten Blutdrucks* beeinflussen. Im Rahmen der prospektiven Industriearbeiterstudie (*Studie I*) bot sich die Gelegenheit, aufgrund der hohen Prävalenz der Hypertonie und aufgrund der Tatsache, daß Daten zu Fragen nach Vorliegen eines Bluthochdrucks, zu diesbezüglicher ärztlicher Behandlung und gegebenenfalls zur Einnahmehäufigkeit antihypertensiver Medikamente bzw. zur Befolgung anderer therapeutischer Maßnahmen aus mindestens drei Meßzeitpunkten vorlagen, diese Fragestellung zu überprüfen. Dies erfolgte in Form einer medizinsoziologischen Dissertation durch Stefan Stock (Stock, 1993), deren wesentliche Ergebnisse im folgenden zusammengefaßt werden sollen.

7.3.1 Umfang und Determinanten der Non-Compliance

In den nachfolgenden Analysen unterscheiden wir zwei Gruppen von Hypertonikern, sog. Befolger und sog. Nichtbefolger. In die Gruppe der "Nichtbefolger" wurden zwei Subgruppen von Hypertonikern zusammengefaßt:

1. alle jene hypertonen Arbeiter, welche um ihre erhöhten Blutdruckwerte wußten, diesen Tatbestand auch akzeptierten, jedoch gegen ärztlichen Rat Medikamente entweder nie oder lediglich kurze Zeit eingenommen hatten;

2. alle jene hypertonen Arbeiter, die angaben, keine Kenntnis eines erhöhten Blutdrucks zu besitzen und daher auch keine Notwendigkeit zu sehen, eine Behandlung durchzuführen.

Zum Verständnis der Bedeutung dieser zweiten Gruppe muß hier betont werden, daß die hier zusammengefassten Arbeiter sehr wohl im Rahmen eines jeden Screenings von uns über die eigenen Blutdruckwerte informiert wurden, also wussten, daß sie Hypertoniker waren. Auch wurden sie von uns mit zusätzlichen Informationsmaterialien der Deutschen Liga zur Bekämpfung des Hohen Blutdrucks versehen. Aus ethischen Gründen hatten wir überdies mit dem betriebsärztlichen Dienst vereinbart, daß unsere Untersuchungsbefunde jeweils den Hausärzten der untersuchten Arbeiter zur Verfügung gestellt werden.

Die Gruppe der "Befolger" wurde demgegenüber wiefolgt definiert: hier handelte es sich um Hypertoniker, die angaben, eine regelmäßige antihypertensive Therapie zu befolgen, gleichviel, ob die Blutdruckwerte dadurch im Bereich einer kontrollierten Hypertonie (d.h.im Bereich der Normalwerte) lagen oder nicht.

Im Verlauf der Untersuchungen, beginnend mit der ersten Nachuntersuchung, sollte sich, nach unserer Annahme, der Prozentsatz unbehandelter sowie unkontrollierter Hypertoniker kontinuierlich senken. Für beide Gruppen der "Befolger" und der "Nichtbefolger" traf dies wie folgt zu: zum Zeitpunkt T1 lag der Prozentsatz der "Nichtbefolger" an allen identifizierten Hypertonikern bei 73% (88 von 121 diagnostizierten Hypertonikern), zum Zeitpunkt T2 war er beinahe unverändert hoch (70%). Erst bei der abschliessenden Untersuchung T3 konnte er auf die mindestens angestrebten 30% gesenkt werden. Mit anderen Worten: erst nach drei Untersuchungswellen mit entsprechenden Informations- und Motivationsmaßnahmen gelang es, in dieser Population eine akzeptable Rate behandelter (sowie kontrollierter) Hypertoniker zu erzielen. Erschwerend kommt allerdings hinzu, daß, wie oben ausgeführt, die Gruppe der unbehandelten Hypertoniker durch den Stichprobenschwund überproportional betroffen war, so daß auch hier die Effekte eher unter- als überschätzt werden.

Durch welche Merkmale zeichnen sich "Nichtbefolger" gegenüber "Befolgern" aus? Zu dieser Frage erbrachten Stefan Stocks Analysen folgende Antworten: Erstens waren "Nichtbefolger" signifikant jünger als "Befolger" (die Altersdifferenz der beiden Gruppen betrug zu T1 im Mittel 7 Jahre). Zweitens hatten "Nichtbefolger" häufiger eine niedrige berufliche Position inne, gehörten somit häufiger zur Gruppe der Angelernten. So waren 83,3% der Angelernten, im Vergleich zu 56% der Vorarbeiter oder Meister, zum Zeitpunkt T2 "Nichtbefolger".

Beide Effekte, Alter und berufliche Stellung, blieben in multivariaten Analysen erhalten. Die Befunde unterstreichen die bereits aus anderen Untersuchungen naheliegende Beobachtung, daß *angelernte Industriearbeiter* im jüngeren Erwachsenenalter dem hohen Blutdruck nur geringe Beachtung schenken und dementsprechend auch kaum bereit sind, therapeutische Ratschläge zu befolgen.

Ein weiteres Ergebnis bezieht sich auf die individuelle Längsschnittanalyse über die drei Meßzeitpunkte T1 bis T3 hinweg. Wie zu erwarten, verbessern sich die Blutdruckwerte im Beobachtungszeitraum bei den "Befolgern" gegenüber den "Nichtbefolgern" signifikant. Am deutlichsten ist dies im Bereich der diastolischen Werte zu beobachten. Hier beträgt die durchschnittliche Differenz zwischen "Befolgern" und "Nichtbefolgern" 7,8 mm Hg. Auch in der multivariaten Analyse der Längsschnittdaten bestätigt sich der bereits in den Querschnittsanalysen identifizierte Trend: es sind in erster Linie die *jungen hypertonen Industriearbeiter*, die aufgrund ihrer Non-Compliance eine ungünstige Blutdruckentwicklung aufweisen (zu Einzelheiten s. Stock, 1993).

Auf diese Weise multiplizieren sich in der Gruppe der jüngeren angelernten Industriearbeiter verschiedene Risiken, welche mit dem gratifikationskritischen Arbeitskontext in direktem oder indirektem Zusammenhang stehen: diese Beschäftigten sind besonders häufig Arbeitsbedingungen ausgesetzt, welche die Herz-Kreislauf-Gesundheit beeinträchtigen, indem sie zu einem Anstieg der Blutdruck- und Blutfettwerte über den Normbereich hinaus führen, zum anderen reagieren sie auf manifeste kardiovaskuläre Risiken wie Bluthochdruck mit unangemessenen Formen des Krankheitsverhaltens, d.h. mit mangelnder Zurkenntnisnahme der Krankheit und mangelnder Bereitschaft zu ihrer Kontrolle. Welche direkten körperlichen Folgen aus dieser Non-Compliance bereits bei lediglich grenzwertig erhöhten Blutdruckwerten resultieren, wollen wir im folgenden Abschnitt dokumentieren.

7.3.2. Echokardiographische Befunde bei unbehandelten Grenzwerthypertonikern

In *Studie I* wurden anläßlich des dritten Screenings alle Probanden mit persistierender Grenzwerthypertonie (SBD 140 - 160 mmHg, DBD 90 - 100 mmHg sowohl zum zweiten als auch zum dritten Meßzeitpunkt), sofern sie keine antihypertensive Medikation befolgten, zu einer echokardiographischen Untersuchung in die Poliklinik des Universitätsklinikums Marburg eingeladen. Diese Gruppe umfaßte 32 Industriearbeiter. Die Blutdruckwerte dieser Gruppe lagen im Mittel bei 150,8 ± 16,0 mm Hg systolisch und 96,8 ± 9,2 mm Hg diastolisch. Ein- und zweidimensionale echokardiographische Untersuchungen wurden von dem Kardiologen Wolfgang Motz nach den

Empfehlungen der amerikanischen Gesellschaft für Echokardiographie durchgeführt (Einzelheiten s. Siegrist et al., 1987).

Die echokardiographischen Untersuchungen zeigten, daß lediglich bei 20 der 42 Probanden ein nach klinischen Kriterien normaler Befund vorlag. Zehn Grenzwerthypertoniker wiesen eine deutlich pathologische Erhöhung der Wanddicke des linken Ventrikels und/oder des Durchmessers des Vorhofes auf. Bei sechs Probanden wurde ein Mitralklappenprolaps, bei drei eine rechtsventrikuläre Hypertrophie und bei drei weiteren eine Aorteninsuffizienz diagnostiziert. Klammert man diese letztgenannten 12 Probanden mit ihren zum Teil nicht behandlungsbedürftigen, zum Teil nicht mit Bluthochdruck zusammenhängenden Befunden aus, so ergibt sich, daß immerhin jeder dritte *unbehandelte Grenzwerthypertoniker* frühe Stadien der Entwicklung einer *linksventrikulären Hypertrophie* (LVH) aufweist.

In *Abbildung 8* sind die Mittelwerte der drei wichtigsten Beurteilungskriterien einer LVH für die beiden Gruppen, welche nach den offiziellen Diagnosekriterien eine linksventrikuläre Hypertrophie aufweisen bzw. nicht aufweisen, aufgetragen. Die gestrichelte Linie verdeutlicht die obere Grenze des Normbereichs. Für zwei der drei Kriterien ergeben sich hiernach signifikante, auch klinisch bedeutsame Unterschiede.

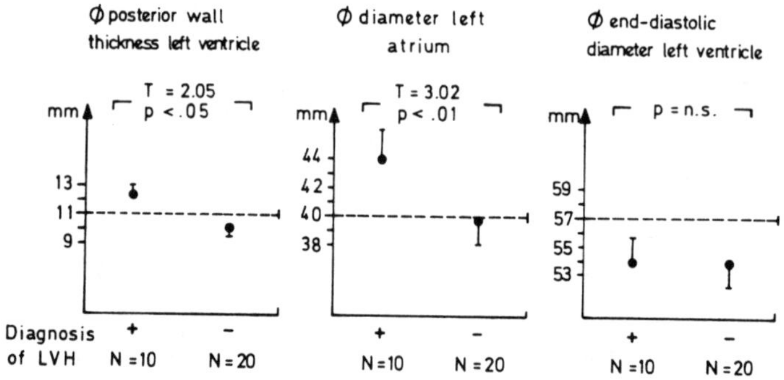

Abbildung 8. *Echokardiographische Befunde bei zwei Gruppen unbehandelter Grenzwerthypertoniker (LVH - positive (n = 10) und LVH - negative (n = 20) Gruppe) (Siegrist et al., 1987, S. 18)*

Wenn bereits bei grenzwertig erhöhten Blutdruckwerten nachweisbare organische Folgen in Form einer Ausdehnung der Masse des Herzmuskelgewebes vorliegen, so muß davon ausgegangen werden, daß in dem von uns untersuchten Kollektiv von Industriearbeitern angesichts der hohen Prävalenz der Hypertonie und angesichts der hohen Rate von Nichtbefolgern insgesamt sehr viel häufiger eine linksventrikuläre Hypertrophie diagnostiziert werden muß, als dies üblicherweise in einer Kohorte diesen Alters zu erwarten wäre. Diese Vermutung werden wir im folgenden Abschnitt prüfen.

Zuvor soll aber noch darauf hingewiesen werden, daß das "Kosten-Nutzen-Kalkül" derjenigen hypertonen Industriearbeiter, die Nichtbefolger bleiben, aus Sicht der Betroffenen kurzfristig durchaus verständlich ist: ein Verzicht auf medikamentöse Therapie bringt angesichts kaum vorhandener Symptome einen Zugewinn an Lebensqualität mit sich, zieht man deren Beeinträchtigung durch regelmäßige antihypertensive Pharmakotherapie in Betracht (Siegrist et al., 1987). Dieser kurzfristig erzielte, allerdings vergleichsweise bescheidene "Zugewinn" an Lebensqualität wird allerdings durch langfristig zu erwartende, erhebliche Benachteiligungen teuer bezahlt: die kardiovaskulären Komplikationsraten bei unbehandelter Hypertonie sind hoch (s. Kap. 2), und da Anzeichen einer linksventrikulären Hypertonie in diesem Kollektiv bereits im vergleichsweise frühen Erwachsenenalter auftreten, muß mit einem ausgeprägten Manifestationsrisiko von Endorganschädigungen bereits im mittleren und höheren Lebensalter gerechnet werden. So trägt die nicht allein durch schichtspezifische Sozialisationsbedingungen, sondern auch durch restriktive Arbeitstätigkeit beeinflußte Begrenzung des Zeithorizonts angesichts von Strategien der Gesundheitssicherung in der von uns untersuchten Gruppe junger, angelernter Industriearbeiter zu einer folgenreichen Kumulation gesundheitlicher und sozialer Benachteiligung in entscheidendem Umfang bei.

Blicken wir auf die wichtigsten Ergebnisse dieses Kapitels zurück, so zeigt sich, daß Indikatoren relativer sozialer Benachteiligung innerhalb soziologisch vergleichsweise homogener Gruppen von Industriearbeitern bzw. Industriemeistern mit verhaltensgebundenen Risikofaktoren insgesamt in einem beachtlichen Umfang korreliert sind. Auch wenn die Befunde im Vergleich zu den somatischen Risikofaktoren (vgl. Kap. 6) eine geringere Konsistenz und Stringenz aufweisen, so sind ihre praktischen, gesundheitspolitischen Konsequenzen doch von ähnlichem Gewicht. Dies gilt sicher für die chinesischen Industriearbeiter, deren kumulierte verhaltensgebunde Risiken eine deutliche Abhängigkeit von – eher groben – Indikatoren relativer sozialer Benachteiligung zeigen, und es gilt für hochbelastete deutsche Industriemeister, die bei Vorliegen beruflicher Gratifikationskrisen einen gesteigerten Zigarettenkonsum aufweisen. In der prospektiven deutschen Industriearbeiterstudie haben wir, vielleicht erstmals in dieser Deutlichkeit, zeigen können, daß restriktive Arbeitsbedingungen, wie sie sich in der Kategorie "angelernte Arbeiter" verdichten, das Gesundheitsverhalten ebenso wie das Krankheitsverhalten (im Falle des Vorliegens einer Hypertonie) ungünstig beeinflussen. Ferner wurde deutlich, daß die langfristigen Kosten der Strategie des Nichtbefolgens therapeutischer Maßnahmen in dieser benachteiligten Gruppe gravierend sind: jeder dritte untersuchte Grenzwert-Hypertoniker weist bereits Anzeichen einer pathologisch bedeutsamen linksventrikulären Hypertrophie auf, und es sind junge angelernte Arbeiter, die von diesem Tatbestand am häufigsten betroffen sind. So zeigen sich auch hier gesundheitlich relevante Folgen sozialer Ungleichheit bereits in frühen Phasen des mittleren Erwachsenenalters, und es drängt sich die Frage auf, welche Bilanz bezüglich Herz-Kreislauf-Morbidität und -Mortalität sich aus diesen ungünstigen Entwicklungen ergibt.

8 Der Einfluß beruflicher Gratifikationskrisen auf Herz-Kreislauf-Morbidität und -Mortalität

Ergebnisse zu dieser Fragestellung sind wiederum auf die prospektive deutsche Industriearbeiterstudie beschränkt. Angesichts der Beobachtung einer Kohorte von kardiovaskulär deutlich gefährdeten Männern des mittleren Erwachsenenalters über einen Zeitraum von 6,5 Jahren war damit zu rechnen, daß nicht-tödliche oder tödliche Herz-Kreislauf-Erkrankungen in einer Anzahl auftreten würden, welche eine erste Abschätzung des Erklärungsgehalts des Modells beruflicher Gratifikationskrisen gestattet. Die empirische Basis der nachfolgenden Analysen bilden 2.314 Personenjahre, d.h. Daten über 356 Probanden, von denen Informationen über Krankheitsereignisse im Beobachtungszeitraum vorliegen. Im folgenden Abschnitt 8.1 werden Ergebnisse bezüglich harter medizinischer Parameter, d.h. bezüglich der klinischen Ereignisse "akuter Herzmuskelinfarkt", "plötzlicher Herztod" sowie "zerebrovaskulärer Schlaganfall" dargestellt. Der nachfolgende Abschnitt 8.2 gibt einen Überblick über ergänzende Auswertungen insbesondere zu Vorstadien harter klinischer Ereignisse, zur sogenannten subklinischen Morbidität. Das Kapitel wird durch eine kurze Zusammenfassung von Befunden zu im subklinischen Stadium möglicherweise bedeutsamen Schlafstörungen abgeschlossen. Dabei wird ebenfalls die Rolle chronischer Distresserfahrungen im Rahmen unserer Modellvorstellung überprüft.

8.1 Klinische Endpunkte

Als *klinische Endpunkte* wurden definiert: 1. nicht-tödlicher akuter Myokardinfarkt (AMI) oder Tod infolge ischaemischer Herzkrankheit (plötzlicher Herztod, sudden cardiac death SCD (ICD 410-414)); 2. nicht-tödlicher oder tödlicher zerebrovaskulärer Insult oder Schlaganfall (CVI), wobei allerdings nicht zwischen hämorrhagischer und ischaemischer Genese unterschieden wurde (ICD 430-438).

Zur Definition von AMI oder SCD wurden folgende Kriterien herangezogen:

1. EKG-Befund nach Minnesota-Code: unabhängige, blinde Befunderhebung durch zwei Kardiologen, im Falle abweichender Beurteilung (5%) durch einen dritten Kardiologen;

2. Anamneseerhebung gemäß dem Protokoll der WHO-MONICA Studien (1994) sowie in allen Fällen klinischer Manifestation eines AMI zusätzliche Diagnosesicherung im Rahmen der Hospitalisierung;

3. offizielle Todesursache im Rahmen der Todesursachenstatistik.

Definitive *ischaemische Morbiditätsereignisse* (AMI) wurden kodiert, wenn eindeutige EKG-Befunde (Kriterium 1) und eindeutige zusätzliche Informationen vorlagen (Kriterium 2); definitive *Mortalitätsereignisse* (SCD) wurden nach Kriterium 3 kodiert. Wahrscheinliche Morbiditätsereignisse wurden in allen Fällen kodiert, in denen zwar eindeutige EKG-Zeichen, jedoch keine zusätzlichen Informationen vorlagen. Definitive und wahrscheinliche klinische Ereignisse wurden zu einer einzigen Kategorie zusammengefaßt.

Definitive *zerebrovaskuläre Ereignisse* (CVI) wurden kodiert, wenn Informationen über eine entsprechende, durch einen Neurologen gestellte Diagnose verfügbar waren bzw. wenn eine entsprechende offizielle Todesursache angegeben war. Wahrscheinliche CVI-Fälle wurden dann kodiert, wenn die entsprechende Symptomatik mit Bewegungseinschränkungen sowie einer mindestens zweiwöchigen Arbeitsunfähigkeit verbunden war und eine entsprechende ärztliche Diagnose gestellt worden war. Auch hier wurden definitive und wahrscheinliche Ereignisse zu einer Kategorie zusammengefaßt (zum folgenden s. Siegrist, Peter, Junge et al., 1990).

Aus den nachfolgenden Analysen wurden schließlich Probanden mit nicht-kardiovaskulärer Todesursache im Beobachtungszeitraum (n=5), mit nicht-ischaemischer Herzkrankheit (n=7) sowie mit fortgeschrittener ischaemischer Herzkrankheit (EKG-Befund) ohne eindeutige Minnesota-Kriterien für AMI (n=21) ausgeschlossen (zu einem späteren Zeitpunkt wird diese für unser pathogenetisches Modell wichtige, zuletzt genannte Hochrisikogruppe allerdings ebenfalls in die statistischen Analysen einbezogen). Dies bedeutet, daß für die kombinierte Analyse der restriktiv definierten Endpunktereignisse, unter Einbeziehung vereinzelt fehlender klinischer Daten, schließlich ein Kollektiv von 323 Probanden übrigbleibt.

Im Beobachtungszeitraum wurden in dem kardiovaskulär stark vorbelasteten Industriearbeiterkollektiv 21 tödliche oder nicht-tödliche koronare ischaemische Erstereignisse (AMI-SCD) sowie 8 tödliche oder nicht-tödliche zerebrovaskuläre Ereignisse dokumentiert. Bei zwei Arbeitern wurden beide Diagnosen – zu unterschiedlichen Zeitpunkten – gestellt.

Im folgenden werden bivariate und multivariate Analysen zur Frage des Einflusses von Komponenten beruflicher Gratifikationskrisen zunächst für die Gruppe mit koronaren (n=21), sodann für die Gruppe mit koronaren und zerebrovaskulären Ereignissen (n=27) vorgestellt.

Wenden wir uns zunächst der Frage der *Ausprägung etablierter Risikofaktoren* in den beiden Kollektiven der prospektiven Infarktpatienten und der im Beobachtungszeitraum Nichterkrankten zu. Um die langfristige Erhöhung dieser Risikofaktoren adäquat berücksichtigen zu können und um eine Überschätzung der Werte der Erstmessung zu vermeiden, wurden pro Proband Mittelwerte aus den verfügbaren Messwerten der ersten drei (Blutdruck) bzw. des zweiten und dritten (Lipide) Screenings gebildet. In *Tabelle 17* sind die Hauptergebnisse dieses Vergleichs zusammengestellt. Man erkennt, daß die Erkrankten signifikant älter sind, signifikant höhere LDL- und Gesamtcholesterinwerte sowie systolische und diastolische Blutdruckwerte aufweisen. Weitere Risikofaktoren sind zwar in der Tendenz ebenfalls in die erwartete Richtung verteilt, jedoch sind die Differenzen statistisch nicht signifikant. Dies trifft für körperliche Bewegungsarmut sowie für weitere, in *Tabelle 17* nicht aufgeführte Variablen wie HDL-Cholesterin, Triglyzeride, Familienanamnese und Diabetes mellitus zu. Zwei Variablen zeigen eine der Hypothese entgegengesetzte Verteilung: das Körpergewicht der zukünftigen Infarktpatienten ist im Durchschnitt etwas geringer, und es finden sich in dieser Gruppe etwas weniger Zigarettenraucher. Während es für die erste Beobachtung lediglich Vermutungen gibt – so ist denkbar, daß hohe chronische Distressbelastung einen gewichtsvermindernden Einfluß hat –, konnten wir nachweisen, daß in der Gruppe der zukünftigen Infarktpatienten ein besonders hoher Prozentsatz von Ex-Rauchern vorhanden war (40%), die über viele Jahre hinweg zu starken Rauchern zählten und diese Gewohnheit erst relativ spät (jedenfalls einige Monate bis Jahre vor der Ersterhebung) aufgegeben hatten.

In *multivariaten Analysen* anhand des logistischen Regressionsmodells erwiesen sich schließlich die folgenden vier Variablen als unabhängige Prädiktoren des Erstinfarktes: LDL-Cholesterinwerte ≥ 180 mg/dl (multivariate odds ratio (OR) = 2.24), systolische Blutdruckwerte > 160 mmHg (OR = 2.21), Alter > 45 Jahre (OR = 1.84) sowie BMI > 27.0 kg/m^2 (OR = 0.72; vgl. Peter, 1991, S. 122). Die Ergebnisse beziehen sich auf die gesamte Gruppe der Industriearbeiter, deren biomedizinische Werte im Beobachtungszeitraum vollständig vorlagen (n=314).

Tabelle 17
Verteilung koronarer Risikofaktoren in der Gruppe der an Herzinfarkt Erkrankten im Vergleich zur Restgruppe (N=314 Industriearbeiter)

Variable	erkrankt (n=21)		nicht erkrankt[1] (n=293)		T-Test oder Chi^2
Alter	46.6	±7.3	40.7	±9.9	2.65**
Körpergewicht (kg/m^2)	26.9	±2.5	27.4	±3.3	0.57
Syst. Blutdruck (mmHg)	151.1	±19.8	140.9	±16.6	2.84**
Diast. Blutdruck (mmHg)	95.3	±12.3	89.3	±12.1	2.26*
Gesamtcholesterin (mg/dl)	254.7	±25.0	233.0	±36.8	2.65**
LDL-Cholesterin (mg/dl)	178.8	±24.2	155.7	±33.9	3.01**
HDL-Cholesterin (mg/dl)	52.7	±9.6	50.6	±11.8	0.81
Zigarettenrauchen (> 10 Zig./Tag)	28.5%		33.7%		0.60
Bewegungsmangel	90.0%		77.7%		1.03

*** p<.001 ** p<.01 * p<.05

1) Probanden mit Schlaganfall (N=6), mit nicht-ischämischer (N=7) oder mit koronarer Herzkrankheit ohne Erfüllung der Endpunktkriterien (N=21) und mit nicht-kardiovaskulärer Todesursache (N=5) wurden aus dieser Analyse ausgeschlossen.

Bezüglich des LDL-Cholesterins und des systolischen Blutdrucks stimmen unsere Ergebnisse sehr gut mit der internationalen epidemiologischen Literatur überein. Indem *hohe LDL-Cholesterin-* und *hohe Blutdruckwerte* das Infarktrisiko deutlich erhöhen, sind auch alle Einflußfaktoren auf diese Größen präventivmedizinisch bedeutsam. Wir haben in Kapitel 6 gezeigt, in welchem Umfang chronische berufliche Distress-Bedingungen diese Größen beeinflussen. Damit wird nochmals die Relevanz dieser medizinsoziologisch-sozialepidemiologischen Ergebnisse unterstrichen. Es wurde ferner belegt, daß die *Ko-Manifestation* dieser beiden Risikofaktoren in besonders hohem Maße mit gratifikationskritischen Arbeitsbedingungen verknüpft ist. Ist dementsprechend auch das Risiko eines Herzinfarktes besonders stark erhöht, wenn die Ko-Manifestation von hohen Lipid- und Blutdruckwerten vorliegt?

Richard Peter hat in seiner Dissertation Analysen durchgeführt, welche diese Frage bejahen. Auf der Basis der Koeffizienten der im logistischen Regressionsmodell enthaltenen Variablen hat er die erwarteten Wahrscheinlichkeiten eines Herzinfarktereignisses nach unterschiedlichen Konstellationen von Blutdruck- und Lipidwerten ermittelt. Die Ergebnisse dieser Analyse sind in *Abbildung 9* dargestellt.

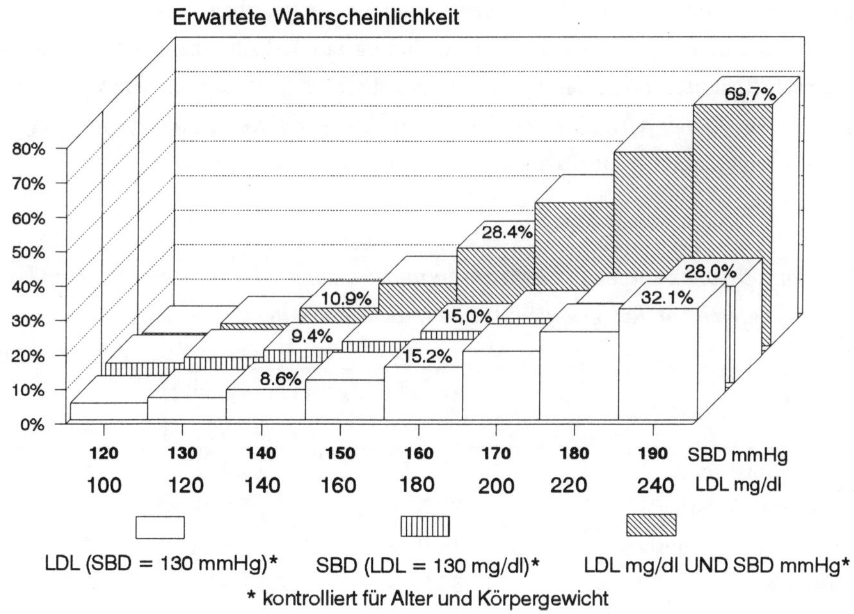

Abbildung 9. *Erwartete Wahrscheinlichkeit eines Herzinfarktereignisses in Abhängigkeit von Blutdruck- und LDL-Cholesterin-Höhe (logistische Regression; N = 314 Industriearbeiter) (Peter, 1991, S. 124)*

Die drei unterschiedlichen Säulenreihen dieser Abbildung zeigen unten (weiße Säulen) die Infarktwahrscheinlichkeit unter der Bedingung, daß konstant niedrige LDL-Cholesterinwerte (130 mg/dl) vorliegen. Hier beträgt bei Hinzukommen eines Blutdruckwertes von 160 mmHg die Infarktwahrscheinlichkeit lediglich 15,2%, und selbst in der höchsten Kategorie von Blutdruckwerten (SBD > 190 mmHG) erhöht sie sich nur auf 32,1%. Die mittlere Säulenreihe (leicht schraffiert) schätzt klinische Ereigniswahrscheinlichkeiten unter der Bedingung, daß konstant niedrige Blutdruckwerte (SBD 130 mmHg) vorliegen. Hier zeigen sich gut vergleichbare Prozentzahlen (15,0%, 28,0%). Dagegen erhöht sich die Infarktwahrscheinlichkeit sehr deutlich mit zunehmenden Werten in der Gruppe der Probanden, die sowohl hyperton sind als auch hohe LDL-Lipidwerte (> 180 mg/dl) aufweisen. Wer beispielsweise systolische Blutdruckwerte von 190 mmHg und mehr und gleichzeitig LDL-Cholesterinwerte von 240 mg/dl und mehr besitzt, muß, unter Verwendung der Daten dieser Modellschätzung, mit einer etwa 70-prozentigen Wahrscheinlichkeit rechnen, im Beobachtungszeitraum an einem Infarktereignis zu erkranken oder zu sterben.

Läßt sich nun, nach Kontrolle der etablierten biomedizinischen und verhaltensgebundenen Risikofaktoren, ein *eigenständiger* direkter *Einfluß* von Komponenten des Modells *beruflicher Gratifikationskrisen* auf das *Herzinfarktrisiko* nachweisen? *Tabelle 18* zeigt zunächst die *bivariaten* Ergebnisse zu dieser Frage.

Tabelle 18

Verteilung psychosozialer Risikofaktoren in der Gruppe der an Herzinfarkt Erkrankten im Vergleich zur Restgruppe (N=314 Industriearbeiter)

Variable	erkrankt (n=21)	nicht erkrankt[1] (n=293)	chi^2
Statusinkonsistenz	33.3 %	14.4 %	5.40*
Blockierter Aufstieg	90.5 %	69.8 %	3.21
Arbeitsplatzunsicherheit	19.0 %	8.9 %	2.33
Zeitdruck	33.3 %	13.4 %	4.72*
Distanzierungsunfähigkeit	28.6 %	8.3 %	6.89**

** $p \leq .01$; * $p \leq .05$

1) Probanden mit Schlaganfall (n=6), mit nicht-ischemischer Krankheit (N=7), oder mit fortgeschrittener KHK ohne Erfüllung der Endpunktkriterien (N=21), und mit nicht-kardiovaskulärer Todesursache (N=5) wurden aus der Analyse ausgeschlossen.

Danach finden sich unter den zukünftigen Infarktopfern mehr als doppelt so viele statusinkonsistente Arbeiter, doppelt soviele, die von Arbeitsplatzunsicherheit betroffen sind, und 90%, im Vergleich zu 70% bei den Gesundgebliebenen, die angeben, keine beruflichen Aufstiegschancen zu besitzen. Zugleich ist der Anteil derer, die unter starkem oder sehr starkem Zeitdruck leiden, doppelt so hoch, und mehr als dreimal soviele Arbeiter,die zukünftig erkranken, weisen ausgeprägt hohe berufliche Kontrollbestrebungen in Form von Distanzierungsunfähigkeit, Ungeduld und Irritierbarkeit, latenter Feindseligkeit und Bedürfnis nach beruflicher Anerkennung auf. In dieser Analyse werden die psychosoziologischen Informationen des ersten Befragungszeitpunktes zugrundegelegt, sodaß jede Form der Konfundierung ausgeschlossen ist. Wir haben zusätzlich Analysen durchgeführt, in welchen bei den zukünftigen Infarktopfern die jeweils letztverfügbare psychosoziologische Information berücksichtigt wurde. Auf diese Weise sollte es möglich sein, die subakute Belastungssituation vor dem Krankheitsausbruch möglichst getreu abzubilden. Interessanterweise zeigte sich hier, daß neben vier der bereits genannten Merkmale (Statusinkonsistenz, blockierter Aufstieg, Arbeitsplatzunsicherheit und Zeitdruck) zwei weitere Variablen bedeutsam waren: "Gefühle langandauernder Hilf- und Hoffnungslosigkeit" sowie "Belastung infolge Zunahme der Arbeitsintensität im vergangenen Jahr". Unter Berücksichtigung dieser, im Bezugssystem der im 3. Kapitel skizzierten "Bewältigungskarriere" gut interpretierbaren subakuten Belastungsbedingungen verringerte sich allerdings der eigenständige Effekt der Variable "berufliche Distanzierungsunfähigkeit" in entsprechenden Diskriminanzanalysen.

Den nachfolgenden *multivariaten Analysen* legen wir aus methodischen Gründen jedoch die zu einem einheitlichen Meßzeitpunkt, zu T0, erhobenen psychosoziologischen Daten zugrunde. In *Tabelle 19* sind die Ergebnisse einer *logistischen Regressionsanalyse* sämtlicher im Modell verbliebener biomedizinischer und psychosoziologischer Variablen aufgelistet. Aufgrund selektiv fehlender Daten hat sich die Stichprobe verringert. Dieser Umstand und die Tatsache, daß das Modell gleichzeitig eine vergleichsweise große Zahl von Variablen in die Schätzung einbezieht, sind für die veränderten odds ratios der biomedizinischen Variablen verantwortlich.

Vier der fünf bivariat auffälligen psychosoziologischen Variablen leisten einen eigenständigen Beitrag zur statistischen Erklärung von Herzinfarktereignissen. Zwei der Merkmale bilden Komponenten geringer beruflicher Statuskontrolle ab (*Statusinkonsistenz, Arbeitsplatzunsicherheit*), zwei Merkmale erfassen hohe berufliche Verausgabung (extrinsisch: *erlebter Zeitdruck* am Arbeitsplatz, intrinsisch: hohe Kontrollbestrebungen im Sinne *beruflicher Distanzierungsunfähigkeit* (oberes Terzil des gleichnamigen latenten Faktors).

Tabelle 19

Bestimmungsgrößen des Herzinfarkts bei Industriearbeitern (N=263)

Variable	Regressions-koeffizient(1)	Multivariate Odds-Ratio	95% CI
Alter (> 45 J.)	1.09(*) (0.57)	2.98	0.97 - 9.16
Körpergewicht (> 27 kg/m^2)	-1.13* (0.55)	0.32	0.11 - 0.95
Syst. Blutdruck (> 160 mmHg)	2.11* (0.83)	8.22	1.63 - 41.50
LDL-Cholesterin (> 180 mg/dl)	2.45* (1.14)	11.60	1.24 - 108.80
Statusinkonsistenz	1.48* (0.60)	4.40	1.36 - 14.20
Arbeitsplatzunsicherheit	1.23(*) (0.74)	3.41	0.81 - 14.50
Zeitdruck	1.24* (0.65)	3.45	0.97 - 12.30
Distanzierungsunfähigkeit	1.51* (0.70)	4.53	1.15 - 17.80
Konstante	-6.23***(1.58)	LR-chi^2=105.01	df=254

(*) p<.10; * p <.05; ** p <.01; *** p <.001

Danach ist das *relative Risiko* eines *vorzeitigen Herzinfarktes* zwischen 3,4 und 4,5-fach bei jenen Industriearbeitern *erhöht*, die von spezifischen, theoretisch bedeutsamen *gratifikationskritischen Belastungserfahrungen* im Berufsleben betroffen sind. Diese Effekte gelten nach statistischer Kontrolle möglicherweise konfundierender Einflüsse durch biomedizinische und verhaltensgebundene Risikofaktoren.

Während die bisherigen Analysen lediglich *Haupteffekte* dokumentiert haben, müssen wir nunmehr fragen, wie die theoretisch wichtige Ko-Manifestation von verringerter Statuskontrolle und erhöhter Verausgabung wenigstens approximativ getestet werden kann, nachdem lineare Interaktionseffekte im Rahmen der logistischen Regressionsanalyse nicht nachgewiesen werden konnten. Ein entsprechendes einfaches Verfahren besteht in der Bildung einer *dreistufigen Variable* "Gratifikationskrise", deren Wert (3) besagt, daß bei einem Probanden sowohl mindestens ein Indikator hoher Verausgabung als auch mindestens ein Indikator niedriger Statuskontrolle vorliegt. Danach weisen 38% aller zukünftigen Infarktopfer, aber nur 7,4% der Vergleichsgruppe, den Wert (3) dieser Variable auf (Chi^2=20.31; $p < .0001$). Fügt man nun anstelle der vier psychosoziologischen Einzelvariablen diese kombinierte Variable erneut in ein logistisches Regressionsmodell ein, so zeigt sich eine hochsignifikante Modellschätzung mit einem ebenfalls hochsignifikanten Betakoeffizienten der Variable "Gratifikationskrise" (β=3.42 (0.83) $p < .001$). Basierend auf den entsprechenden Koeffizienten lassen sich die *erwarteten Wahrscheinlichkeiten* eines Herzinfarktereignisses nach unterschiedlichen Risikokonstellationen berechnen, wie dies bereits in andern Fällen getan wurde. Das entsprechende Ergebnis ist in *Abbildung 10* dargestellt.

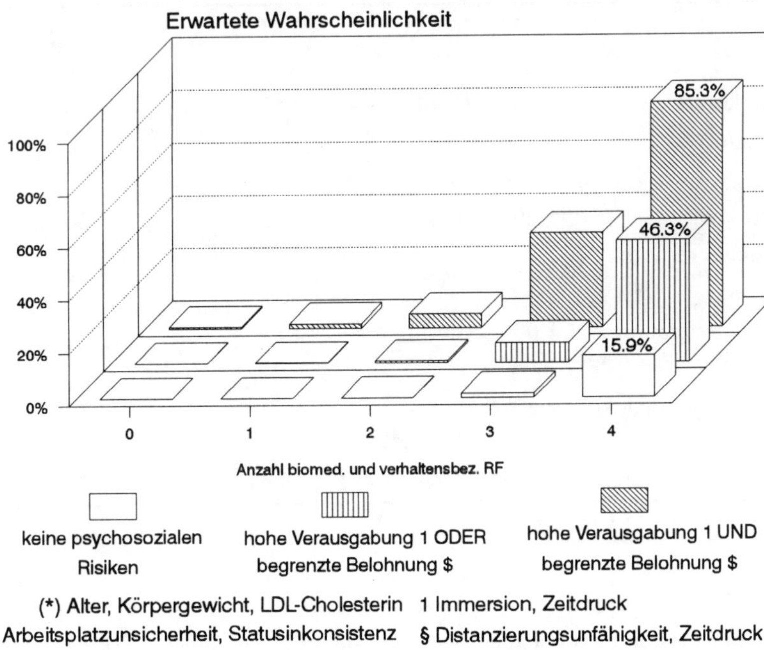

Abbildung 10. *Erwartete Wahrscheinlichkeit eines Herzinfarktereignisses in Abhängigkeit von beruflichen Gratifikationskrisen, biomedizinischen und verhaltensgebundenen Risikofaktoren (Logistisches Regressionsmodell; N = 263 Industriearbeiter) (nach Siegrist, Peter, Junge et al., 1990, S. 1132)*

Wie man der *Abbildung 10* entnehmen kann, läßt sich die Auftretenswahrscheinlichkeit von Herzinfarkt-Ereignissen anhand des logistischen Modells besonders gut schätzen, wenn Probanden mit den etablierten biomedizinisch- verhaltensgebunden und den Gratifikationskrisen messenden psychosoziologischen Risikoindikatoren betrachtet werden. Hier sagt das Modell über 85% der Herzinfarkt-Ereignisse korrekt voraus.

Tabelle 20
Bestimmungsgrößen kardiovaskulärer Ereignisse (Herzinfarkt, Schlaganfall) bei Industriearbeitern (N=323) (nach Siegrist et al., 1992)

Variable	Regressions-koeffizient	Multivariate Odds-Ratio	95% CI
Hypertonie	1.35** (0.45)	3.85	1.59 - 9.34
LDL-Cholesterin (≥ 160 mg/dl)	0.94* (0.44)	2.55	1.08 - 6.00
linksventrikuläre Hypertrophie	1.29* (0.63)	3.62	1.06 - 12.37
Statusinkonsistenz	1.05* (0.51)	2.86	1.04 - 7.80
Distanzierungsunfähigkeit	1.27* (0.55)	3.57	1.22 - 10.47
Konstante	-4.03***(0.50)	LR-chi^2=156.33	df=308

* p<.05; ** p<.01; *** p<.001

In einem nächsten Schritt haben wir die Gruppe der prospektiv Erkrankten *erweitert*, indem die tödlichen und nicht-tödlichen Herzinfarktereignisse um die kleinere Gruppe der tödlichen und nicht-tödlichen *Schlaganfallereignisse* ergänzt wurde. In diese Analyse wurden außerdem Ergebnisse der kardiologischen EKG-Befundung bezüglich des Vorliegens einer linksventrikulären Hypertrophie (LVH) einbezogen. Die bivariaten Ergebnisse dieser Analyse waren ähnlich wie im Falle der Herzinfarktgruppe (Einzelheiten s. Siegrist et al., 1992). Zusätzlich war jetzt ein sehr deutlicher, stark signifikanter Unterschied der LVH-Prävalenz in den beiden Gruppen sichtbar:

28% der prospektiv Erkrankten, jedoch nur 6,4% der Gesunden, wiesen eine LVH auf (Chi^2=7.20; $p < .001$). In der multivariaten Analyse dieser erweiterten Stichprobe ergaben sich einige interessante Veränderungen, die in *Tabelle 20* aufgelistet sind.

Danach vermögen weder "Alter" noch "Körpergewicht" eigenständige Effekte zu erzeugen, lediglich die beiden gut etablierten Risikofaktoren "Bluthochdruck" (mit einem Wert von 3.85 die vergleichsweise höchste odds ratio) und "erhöhtes LDL-Cholesterin" verbleiben, gemeinsam mit der Variable "Vorliegen einer linksventrikulären Hypertrophie", im Modell. Im Bereich psychosoziologischer Prädiktoren bleiben zwei der vier zuvor dokumentierten Effekte signifikant: "Statusinkonsistenz" und "hohe berufliche Distanzierungsunfähigkeit". Obwohl die übrigen Merkmale in bivariater Analyse teilweise signifikante Verteilungen aufweisen, tragen sie multivariat nicht mehr bedeutsam zur Verbesserung der Modellschätzung bei. Es ist aber wichtig, darauf hinzuweisen, daß auch in dieser Analyse die odds ratios psychosoziologischer Variablen eine mit den odds ratios biomedizinischer Variablen gut vergleichbare Stärke besitzen.

Abschließend sollen noch kurz Ergebnisse einer Analyse vorgestellt werden, welche die 21 Arbeiter mit *subklinischen Anzeichen* einer fortgeschrittenen *koronaren Herzkrankheit* (KHK), welche aus den bisherigen Analysen ausgeklammert wurden, einbeziehen. Es interessiert die Frage, ob die um die Probanden mit subklinischer KHK erweiterte Gruppe der Arbeiter mit sicheren und wahrscheinlichen nicht-tödlichen und tödlichen Herzinfarktereignissen (n=42) die gleichen oder vergleichbare Effekte, im Vergleich zu den Herz-Kreislauf-Gesunden, aufweist wie die kleinere, homogenere Infarktgruppe. Diese Frage kann eindeutig bejaht werden, wie die Ergebnisse der *Tabelle 21* belegen: drei der vier in diesen Analysen zentralen biomedizinischen Variablen bleiben im logistischen Regressionsmodell erhalten. Interessant ist die Beobachtung, daß die Lipidwerte ihre Diskriminationskraft verlieren, wenn auch subklinische Probanden in die Krankheitsgruppe einbezogen werden. Ohne dieser statistischen Beobachtung zuviel Gewicht verleihen zu wollen, kann doch vermutet werden, daß nicht die aus dem EKG-Befund deutbare Koronarschädigung allein von Bedeutung für das Auftreten akuter ischaemischer Ereignisse ist, sondern erst die Kombination von EKG-Befund und atherogenem Lipidprofil. Dies entspräche zumindest neuen pathophysiologischen Erkentnissen, wonach lipidreiche, mittelgroße Koronarstenosen ein besonderes Risiko für das Auftreten akuter ischaemischer Syndrome darstellen (Fuster et al., 1991). Im psychosoziologischen Bereich zeigt wiederum die zusammenfassende Variable "Gratifikationskrise" einen eigenständigen, sehr starken Effekt (odds ratio = 6.15).

Bevor wir die dargestellten Ergebnisse abschließend zusammenfassen (Abschnitt 8.2.3.), sollen ergänzende Auswertungsergebnisse zu Phänomenen subklinischer Morbidität (Abschnitt 8.2.1.) bzw. zu kardiovaskulär bedeutsamen Dysregulationen des Schlaf-Wachrhythmus (Abschnitt 8.2.2.) wenigstens im Ansatz vorgestellt werden.

Tabelle 21

Bestimmungsgrößen subklinischer und klinischer Erkrankungen bei Industriearbeitern (N=329) (nach: Siegrist & Peter, 1994)

Variable	Regressions-koeffizient	Multivariate odds-ratio	95% CI
Alter (> 45 J.)	0.66 (0.36)	1.94	0.96 - 3.91
Blutdruck (> 140/90 mmHg)	0.78* (0.38)	2.18	1.03 - 4.61
Körpergewicht (> 27 kg/m^2)	-0.76* (0.36)	0.47	0.23 - 0.96
hohe Verausgabung *oder* niedrige Belohnung	0.86* (0.37)	2.38	1.15 - 4.91
hohe Verausgabung *und* niedrige Belohnung	1.82** (0.57)	6.15	2.01 -18.82
Konstante	2.87***(0.39)	LR-ch^2=228.16	df=323

*p< .05; **p< .01; ***p< .001

8.2 Ergänzende Auswertungen

8.2.1 Subklinische Koronarmorbidität

In *Tabelle 21* wurde gezeigt, daß auch subklinische Stadien der KHK, im Verein mit manifesten Ereignissen, in einem direkten, statistisch dokumentierten Zusammenhang mit Indikatoren chronischer sozio-emotionaler Belastungen stehen. Weitere Indikatoren eingeschränkter Herz-Kreislauf-Gesundheit im subklinischen Bereich konnten im Rahmen der Studie I nicht erhoben werden. Immerhin gestatteten die EKG-Registrierungen, die zum Zeitpunkt T2 vorgenommen wurden, in einem Kollektiv von 298 Arbeitern, deren mittleres Alter zu diesem Zeitpunkt 44 Jahre betrug, die *Prävalenz der linksventrikulären Hypertrophie* anhand der Sokoloff-Kriterien zu ermitteln. Diese EKG-LVH-Prävalenz betrug 9,3%. Vergleicht man sie mit der LVH-Prävalenz 46-jähriger Männer in der Framingham-Studie (3,5%), in der vorwiegend Mittelschichtangehörige untersucht wurden (Kannel & Sorlie, 1981), so haben wir mit einer 2,6-fach erhöhten Prävalenz in unserem Arbeiterkollektiv einen weiteren Beleg für die erhöhte Herz-Kreislauf-Gefährdung bei Mitgliedern unterer sozio-ökonomischer Schichten .

In Kapitel 7.3 konnten wir an einer Subgruppe *unbehandelter Grenzwerthypertoniker* zeigen, daß *Frühstadien* einer lediglich echokardiographisch sichtbaren linksventrikulären Hypertrophie bereits bei jedem dritten Probanden nachweisbar waren. So drängt sich der Eindruck auf, daß die von uns untersuchte *Industriearbeiterpopulation* in einem außerordentlich *hohen Maße subklinisch kardiovaskulär geschädigt* ist, mit anderen Worten, daß frühzeitig manifeste multiple Dysfunktionen und organische Läsionen mit den vielfach dokumentierten Gegebenheiten relativer sozialer Benachteiligung einhergehen.

8.2.2 Die Bedeutung von Schlafstörungen

Ein sehr spezifischer, erst in den vergangenen fünfzehn Jahren eingehend untersuchter, kardiovaskulär bedeutsamer dysfunktionaler Zustand ist mit der sog. *Schlafapnoe* gegeben. Als Schlafapnoe bezeichnet man einen intermittierend im Schlaf auftretenden Atemstillstand dann, wenn er in kritischer Häufung (in der Regel mehr als 5 Apnoe-Phasen je Stunde Schlafzeit) und mit kritischer Dauer (mehr als 10 Sekunden pro Phase) auftritt (Lavie, 1983). Hierbei handelt es sich um ein rezidivierend eintretendes

Versagen der Aktivierung der an der Atmung beteiligten Muskelgruppen im Schlaf. An der Entstehung dieser Störung sind mit Sicherheit zentralnervöse, neuronal und neurohormonell vermittelte Einflüsse beteiligt, ebenso lokale Gegebenheiten im Bereich des Otopharynx, die jedoch noch nicht im einzelnen aufgeklärt sind (Peter et al., 1987). Bekannt sind allerdings verschiedene, mit erhöhter Schlafapnoeaktivität einhergehende Risikofaktoren wie starkes Übergewicht, hoher Alkoholkonsum, Vorliegen einer Hypertonie und männliches Geschlecht. Die Prävalenz der Schlafapnoe ist bis heute nur an wenigen nicht-klinischen Kollektiven untersucht worden und liegt, je nach Stichprobe und festgelegten Kriterien, zwischen 1 und 10% der erwachsenen Bevölkerung.

Schlafapnoe läßt sich an einer exzessiven Einschlafneigung am Tage sowie an abrupt auftretenden, markanten Schnarchgeräuschen in der Nacht erkennen. Infolge der gelegentlich bis zu Erstickungsanfällen führenden Apnoe-Symptome wachen manche Probanden in der Nacht mehrfach in einem Zustand hoher Aktivierung ("Notfallreaktion") auf. Mit der Entwicklung polysomnographischer Registriergeräte, welche die Atmungsaktivität an verschiedenen Muskelgruppen, die Sauerstoffspannung und die Herzfrequenz kontinuierlich erfassen, lassen sich heute Umfang und Art des Apnoegeschehens valide objektivieren. Eine nicht erkannte und nicht behandelte, über Jahre hinweg nächtlich rezidivierende Schlafapnoe vermag das Herz-Kreislauf-System auf nachhaltige Weise zu schädigen. In diesem Zusammenhang zu nennen, und inzwischen eindrucksvoll dokumentiert (Clark, 1979; Peter et al., 1987), sind essentielle und arterielle Hypertonie, Koronarinsuffizienz mit selektiven Myokardnekrosen, durch Druckbelastung und Streßhormone induzierte Herzhypertrophie sowie gefährliche Rhythmusstörungen mit dem Risiko des plötzlichen nächtlichen Herztodes.

Im Rahmen der zweiten Erhebungswelle der Marburger Industriearbeiterstudie war es aufgrund eines außergewöhnlichen Kooperationsangebotes vonseiten des Leiters der Schlafapnoe-Forschungsgruppe der Abteilung Innere Medizin der Philipps Universität Marburg, Jörg Hermann Peter, möglich, bei einer Subgruppe von Arbeitern, die im Rahmen der strukturierten Befragung starke, immer wiederkehrende Schlafstörungen anführten, eine *ambulante polysomnographische Registrierung* durchzuführen. Von den 20 letztendlich vollständig auswertbaren Registrierungen zeigten 8 eindeutig verstärkte Schlafapnoe-Aktivität, während die starken Schlafstörungen der übrigen Gruppe (n=12) offensichtlich anderen Ursprungs waren. Ermittelt man anhand der Zahl der Apnoe-Phasen pro Stunde Schlafzeit einen mittleren Apnoe-Index, so liegt dieser bei der apnoe-positiven Gruppe bei 13,3 ± 6,2, während er in der apnoenegativen Gruppe lediglich 3,5 ± 2,3 beträgt.

Selbstverständlich ist es nicht möglich, von dieser selektiven Subgruppe auf die Schlafapnoe-Prävalenz im gesamten Kollektiv zu schließen. Immerhin sollten wir erwähnen, daß aus dem Kollektiv von 78 Arbeitern mit hartnäckigen Durchschlafstörungen knapp die Hälfte (n=35) zur polysomnographischen Untersuchung eingeladen wurde. Aufgrund von Verweigerungen und technischen Mängeln waren letztendlich lediglich die Daten von 20 Arbeitern auswertbar. Die Subgruppen unterschieden sich jedoch mit Ausnahme des Alters nicht bezüglich zahlreicher untersuchter Parameter, so daß wir keine Hinweise auf eine Selektion des Kollektivs mit gültigen Registrierungen haben. Dies bedeutet, daß bei mindestens *10%* eines *Arbeiterkollektivs* (8 von 78) mit anamnestisch dokumentierten *Durchschlafstörungen* mit dem Vorliegen einer *Schlafapnoe* gerechnet werden kann. Interessanterweise zeigte eine aufwendige Feldstudie der Marburger Schlafapnoe-Forschungsgruppe an einem Kollektiv von 95 männlichen Arbeitern eines Elektrobetriebes eine Prävalenz von 10% polysomnographisch dokumentierter Schlafapnoe (Peter et al., 1987).

In einer anschließenden klinischen Untersuchung der apnoe-positiven Industriearbeiter unserer Studie wurde festgestellt, daß deren linke Herzkammer deutlich vergrößert war (enddiastolischer Durchmesser des linken Ventrikels: 64,0 ± 9,5 mm), ebenso der Durchmesser von Septum (10,8 ± 0,5 mm) und Hinterwand (10,2 ± 1,2 mm) (Peter et al., 1985). Diese Befunde unterstreichen die Notwendigkeit, in Ergänzung zu klinisch-morphologischen Größen *funktionelle Parameter* zu untersuchen. Nur auf diese Weise ist eine umfassende Abschätzung des *kardiovaskulären Gefährdungspotentials* möglich.

Es ist u.E. jedoch nicht ausreichend, den Zusammenhang zwischen gestörtem Schlaf und kardiovaskulärem Risiko auf die Schlafapnoe zu begrenzen. Vielmehr haben wir vorgeschlagen, einen zweiten Typus von Schlafstörungen zu identifizieren und analytisch von den klinischen Zuständen gestörter Schlafregulation abzugrenzen: *"distress-induzierte Schlafstörungen"* (Siegrist, 1987). Hiervon sprechen wir, wenn auffällig häufige, über Wochen und Monate anhaltende Durchschlafstörungen ohne ersichtlichen körperlichen Grund zu verzeichnen sind, wenn körperliche Schmerzen und organische Funktionseinbußen (Schlafapnoe) ebenso wie triviale Gründe (Lärm, nächtliches Wasserlassen etc.) ausgeschlossen werden können. In diesen Fällen vermuten wir, daß Schlafstörungen die Folge einer langandauernden, exzessiven Aktivierung des sympatho-adrenergen Systems während des Tages sind, die nachts nicht mehr angemessen kompensiert werden kann. Diese exzessive Aktivierung verweist auf das Vorliegen eines psychophysiologischen Erschöpfungssyndroms mit neurohormoneller Dysbalance und vermutlich reduzierter Dauer und Tiefe der regenerationsfördernden Non-REM Schlafstadien.

Verschiedene sozialepidemiologische Studien haben in den Monaten vor Ausbruch eines akuten Myokardinfarkts kumulierte sozioemotionale Belastungen, psychophysische Erschöpfungssymptome und Schlafstörungen nachgewiesen (Appels et al., 1987; Jenkins, 1982; Siegrist et al., 1987). Streßphysiologisch handelt es sich möglicherweise um nicht mehr kompensierbare Zustände langanhaltender sympathoadrenerger Aktivierung während des Tages, die unter anderem die funktionelle Balance zwischen katecholaminergem und serotonergem System stören – eine Balance, die für normales Schlafverhalten kennzeichnend ist. Indirekte Belege für eine solche Annahme liefern auch Beobachtungen zu den elektroenzephalographischen Mustern und hormonellen Ausscheidungsraten bei schlafenden Probanden, die tagsüber kontinuierlichem starkem Lärm am Arbeitsplatz ausgesetzt sind. Eigene Ergebnisse aus der Marburger Industriearbeiterstudie zeigen im *Langzeit-EKG* von Personen mit Verdacht auf distress-induzierte Schlafstörungen auffällig hohe zyklische Variationen der Herzfrequenz sowie auffällig *geringe Differenzen* zwischen mittlerer *Frequenz am Tag* und *während der Nacht.*

Kritische Lebensereignisse und *Belastungsverschärfungen*, Gefühle langanhaltender Hoffnungslosigkeit und Verärgerung sowie berufsbezogene Einstellungen, die sowohl hohes Engagement als auch *Unfähigkeit zur Distanzierung* gegenüber beruflichen Verpflichtungen widerspiegeln, fanden sich signifikant verknüpft mit der Häufigkeit hartnäckiger nächtlicher *Durchschlafstörungen.*

Der Zusammenhang zwischen distress-induzierten Durchschlafstörungen und beruflicher Distanzierungsunfähigkeit ist auch im Hinblick auf das *psychosoziale Risikoprofil prospektiver Infarktopfer* der Industriearbeiterstudie von Interesse. In der bivariaten Analyse dieses Profils zeigte sich ein signifikant höherer Anteil von Probanden mit stark gestörtem Schlaf (61,9% vs. 35,5%, Chi^2=4,81; $p < .001$), ebenso wie ein signifikant höherer Anteil mit hohen Scorewerten beruflicher Distanzierungsunfähigkeit unter den prospektiven Infarktopfern (s. o. Abschnitt 8.1). Erst in der multivariaten Analyse verschwand der Effekt von "Schlafstörungen" zugunsten des Effektes von "beruflicher Distanzierungsunfähigkeit".

Diese wenigen Hinweise können lediglich als *exkursorische Anmerkungen* zu einer eigenständigen, sehr wichtigen Forschungsrichtung verstanden werden, die sich mit Beziehungen zwischen chronischem Distress, zentralnervöser Regelung des Schlafes und kardiovaskulären Auswirkungen von Schlafstörungen unterschiedlicher Genese befaßt. Eine solche Forschungsrichtung sollte nicht außer acht lassen, daß *die formatio reticularis* im Zwischenhirn und Hirnstamm ein multifunktionales Zentrum bildet, das Kreislauf, Atmung, supraspinale Kontrolle von Motorik und Vigilanz moduliert, wobei Pressorezeptoren einen aktivitätsdämpfenden Einfluß ausüben. Entladungsmuster retikulärer Neuronen entsprechen vorwiegend dem Atem- und Herzfrequenz- und dem Delta-Theta-Rhythmus des EEG (Langhorst et al., 1985). Damit wäre ein morphologisches Substrat gegeben, über welches funktionelle Beziehungen zwischen Schlafaktivität einerseits und Herz-Kreislauf- sowie Atemaktivität andererseits gesteuert werden. Heute steht auch fest, daß zumindest das aminerge und peptiderge System bei der Regulation des Schlafes von Bedeutung sind, zwei neuroendokrine Systeme, deren Einflüsse auf den kardiorespiratorischen Funktionszustand ebenfalls unbestritten sind.

Von besonderem Interesse ist in diesem Zusammenhang die Erkenntnis, daß normales Schlafverhalten offenbar auf eine Balance zwischen katecholaminergem und serotonergem System angewiesen ist. Bedenkt man, daß Serotonin in den Nervenendigungen im *Nucleus tractus solitarii* (NTS) in die Kreislauf- wie in die Schlafregulation einbezogen ist und daß im NTS zugleich die erste Schaltstelle der Pressorezeptoren im Gehirn lokalisiert ist, so wird die enge morphologische und funktionale Koppelung von Schlaf und kardiorespiratorischer Regelung weiter verdeutlicht. In diesem Zusammenhang sollte auch erwähnt werden, daß durch Gabe bestimmter Betarezeptorenblocker vermehrt die Non-REM-Schlafstadien gestört werden, vermutlich auch hier durch die zentrale Suppression serotonerger Transmission (Koella, 1985).

Obwohl noch viele Fragen auf eine Lösung durch die Grundlagenforschung warten, zeigt sich doch heute schon, daß Schlafstörungen ein theoretisch wie praktisch aufschlußreiches Phänomen gestörter psychobiologischer Regulation darstellen, ein Phänomen, das häufig auf verdeckte kardiovaskuläre Risiken hinweist und das daher einer gewissenhafen Anamnese, Differentialdiagnostik und Therapie bedarf.

8.2.3 Zusammenfassung

Zusammenfassend können wir sagen, daß das Modell beruflicher Gratifikationskrisen nicht nur bei der Erklärung wichtiger somatischer (Kapitel 6) und verhaltensgebundener (Kapitel 7) Risikofaktoren, sondern auch bei der statistischen Vorhersage der im Beobachtungszeitraum aufgetretenen Erstmanifestationen klinisch-kardiovaskulärer Ereignisse erfolgreich war (Abschnitt 8.1). Diese Aussage trifft in erster Linie auf die tödlichen und nicht-tödlichen Herzinfarktereignisse zu, im weiteren jedoch auch auf die um zerebrovaskuläre Ereignisse erweiterte Gruppe sowie auf eine um subklinische KHK-Manifestationen ergänzte Herzinfarktgruppe. In allen Fällen zeigen sich eigenständige, in der Stärke mit etablierten biomedizinischen Risikofaktoren gut vergleichbare Effekte psychosoziologischer Variablen, welche Komponenten des Modells abbilden. Zwar beschränkt sich die vorliegende Analyse auf einen einzigen Typus multivariater statistischer Auswertungen, die logistische Regressionsanalyse. Auch konnten in den entsprechenden Analysen keine direkten Interaktionseffekte von Variablen, die hohe Verausgabung messen, mit Variablen, die niedrige Statuskontrolle messen, nachgewiesen werden, sodaß wir auch hier angesichts dieser Bedingungen lediglich von einer "schwachen" Modelltestung sprechen können. Immerhin zeigen Konsistenz und quantitative Bedeutung der nachgewiesenen Effekte, daß diesen Ergebnissen wissenschaftlich-theoretisches ebenso wie gesundheitspolitisch-praktisches Interesse zukommt, insbesondere, wenn man sie auf dem Hintergrund der reichhaltigen Erkenntnisse interpretiert, die in den Kapiteln 2 und 3 dargestellt worden sind.

Wie wir in exemplarisch vertiefenden Analysen zeigen konnten, stellen die harten klinischen Endpunkte jedoch lediglich den – tragischerweise oft einzigen, da tödlich ausgehenden – sichtbaren Beweis einer verdeckten subklinischen Krankheitsentwicklung dar, die sich im Laufe vieler Jahre bei durch Risikofaktoren gefährdeten Personen ergeben hat. An zwei Beispielen haben wir in flüchtigen Ausschnitten einen Einblick in dieses subklinische Krankheitsgeschehen erhalten: am Beispiel der Prävalenz der elektrokardiographisch dokumentierten linksventrikulären Hypertrophie, die gegenüber einem altersgleichen Kollektiv sozio-ökonomisch weniger benachteiligter Männer 2,6-fach erhöht war (Abschnitt 8.2.1) und am Beispiel der Prävalenz hartnäckiger nächtlicher Schlafstörungen (Abschnitt 8.2.2).

Rekurrierende, schwere Schlafapnoe-Zustände stellen einen eigenständigen Risikofaktor vorzeitiger kardiovaskulärer Schädigungen und Komplikationen bis hin zum nächtlichen Herztod dar. Anhand unserer selektiven polysomnographischen Untersuchungen haben wir Anhaltspunkte dafür gewonnen, daß vermutlich bei mindestens 10% unseres Kollektivs nächtliche Apnoe-Zustände in kritischer Anzahl vorhanden sind.

Schlafstörungen verweisen noch auf anderem Weg auf eine möglicherweise vorhandene kardiovaskuläre Gefährdung. Mit dem von uns zur Diskussion gestellten Konzept distress-induzierter Schlafstörungen läßt sich zumindest hypothetisch eine Brücke schlagen zwischen Zuständen ausgeprägter Distress-Erfahrungen, die häufig mit Durchschlafstörungen einhergehen, und dem Vulnerabilitätsprofil von Präinfarkt-Opfern, wie es aus den jeweils letzten Befragungsdaten vor Infarktmanifestation ermittelt worden ist. Zumindest erscheint es lohnend, entlang dieser in transdisziplinärer Arbeit erschlossenen Beobachtungen zukünftig mit fundierter Methodik weiterzuforschen und damit das Paradigma funktioneller Krankheitszustände in seiner Wertigkeit in neuen Grenzbereichen zu erkunden.

9 Zur Verbindung von sozialepidemiologischer und psychophysiologischer Forschung

9.1 Theoretische und methodische Einführung

Sämtliche bisher vorgestellten Ergebnisse aus den drei sozialepidemiologischen Studien beruhen auf einer statistischen Analyse von Zusammenhängen zwischen psychosoziologischen Prädiktorvariablen und somatischen bzw. verhaltensbezogenen Kriteriumsvariablen. Auch wenn einige der bekannten Kriterien zur Annahme einer kausalen Beziehung zwischen diesen beiden Gruppen von Variablen nach den in der epidemiologischen Forschung geltenden Maßstäben erfüllt sind, so z.B. die Verwendung prospektiver Untersuchungspläne, die statistische Überprüfung konfundierender Effekte durch sog. Drittvariablen, die Konsistenz von Befunden über Meßzeitpunkte und, zumindest teilweise, verschiedene Populationen hinweg, sowie die Verträglichkeit der Befunde mit biologischen Modellen der Krankheitsentwicklung, so bleibt doch die grundlegende Beschränkung bestehen, daß die streßbedingten biologischen Vermittlungsprozesse zwischen gratifikationskritischen Erfahrungen und pathophysiologisch wirksamen Prozessen kardiovaskulärer Dysregulation und Organschädigung im einzelnen von uns nicht nachgewiesen werden konnten. Letzten Endes bleibt unser wissenschaftliches Erkenntnisprogramm auf eine wahrscheinlichkeitstheoretische Begründung von *Plausibilitäten statistischer Assoziationen* zwischen zwei theoretisch in Beziehung gesetzten Klassen von Ereigniswahrscheinlichkeiten (a: gratifikationskritische Distress-Erfahrungen; b: kardiovaskuläre Risiken) angewiesen.

Diese *Beschränkung* teilt unser Untersuchungsansatz mit der gesamten *sozialepidemiologischen Forschung* in diesem Gebiet. Es ist daher nicht erstaunlich, daß immer wieder der Versuch unternommen wurde, durch Einbeziehung biologischer Parameter, welche zumindest die akute oder subakute Beeinflussung des kardiovaskulären Systems durch sozio-emotionale und psychomentale Distresserfahrungen nachweisen, eine diesbezügliche Kenntnislücke zu schließen. Grundsätzlich bieten sich hierbei *zwei methodische Zugänge* an: die ambulante physiologische Registriermethodik unter alltäglichen Belastungsbedingungen (*ambulantes "Monitoring"*) und die *experimentelle Untersuchung* von Zusammenhängen zwischen Stressor-Exposition, Streß-Bewältigung und physiologischer Aktivierung (experimentelle psychophysiologische bzw. psychoneuroendokrinologische Streßforschung). Mit beiden Zugängen sind spezifische Vor- und Nachteile verbunden.

So besitzt das ambulante Monitoring den unschätzbaren Vorteil, in ökologisch relevanten, für die chronische Distress-Wirkung ausschlaggebenden Situationen Informationen über physiologische Aktivierung zu liefern. Nachteilig wirkt sich allerdings die mangelnde Kontrollierbarkeit von Stimulus-Bedingungen und von Einzelheiten des Bewältigungshandelns aus. Auch stellen sich viele auswertungstechnische Fragen der relevanten Verdichtung physiologischer Information, der parallelen Einspielung wichtiger Information aus dem Bereich des Erlebens und Empfindens der registrierten Probanden, der Artefakt-Kontrolle sowie der Interpretation von Verlaufsdaten im intra- und inter-individuellen Vergleich.

Demgegenüber gestatten experimentelle Untersuchungspläne eine strikte Kontrolle von Stressor- und Streßreaktionsbedingungen und eine weitgehende Artefakt-Kontrolle. Der Zugewinn an Präzision wird jedoch bezahlt mit einer Schwächung des ökologisch validen Realitätsgehalts von Experimentalsituationen sowie mit einer Konzentration auf akute bzw. sub-akute Stressor-Exposition. Auch multiple Testsituationen ändern an diesen Restriktionen nichts Grundsätzliches. Auf der Ebene physiologischer Reaktionen können zwar die simultan ablaufenden Aktivierungen umfassend und weitgehend störfrei registriert werden, aber integrale Maße, die sich auf ein wesentlich längeres Zeitintervall beziehen, z.B. Veränderungen im diurnalen Rhythmus der physiologischen Aktivierung, der hormonalen Sekretion etc., sind unter Laborbedingungen mit zeitlich kurzfristig wirkenden Stressoren kaum testbar, ganz abgesehen von dem extremen, bis heute in der Regel nur im klinischen Kontext realisierbaren Meßaufwand.

Vergleichsweise wenige Studien sind bis heute auf einem methodisch befriedigenden Niveau durchgeführt worden, welche beide Forschungsansätze, die experimentelle psychophysiologische Methodik und das ambulante Registrierverfahren, bei ein und demselben Kollektiv überprüft haben. Ihre Ergebnisse sind uneinheitlich, und die gefundenen Korrelationen zwischen den untersuchten Indikatoren sympatho-adrenerger Aktivierung in der Regel niedrig (vgl. z.B. Doornen et al., 1994; Theorell, 1993). Angesichts dieser Situation haben wir uns für einen *experimentellen Untersuchungsansatz* entschieden und im Rahmen der beiden in Deutschland durchgeführten Studien I und II ein psychophysiologisches Laborexperiment in das jeweilige Studiendesign integriert. Wie begründen wir eine solche Kombination von Untersuchungsansätzen? Welchen Erkenntnisgewinn versprechen wir uns von dieser zusätzlichen Informationsquelle? Und welchen Laborstressor haben wir in diesem Zusammenhang unter Verwendung welcher Kriteriumsvariablen untersucht?

In den Abschnitten 9.1.1 und 9.1.2 gehen wir auf diese Fragen in der gebotenen Kürze ein, während Abschnitt 9.2 die wichtigsten Ergebnisse in einem kurzen Überblick darstellt. Abschnitt 9.3 schließlich diskutiert am Ende des empirischen Teils dieses Buches verschiedene Begrenzungen unseres gegenwärtigen Kenntnisstandes sowie weitere Entwicklungsperspektiven.

9.1.1 Das Reaktivitätskonzept und seine Kritik

In der psychophysiologisch-kardiovaskulären Forschungsliteratur im Zeitraum etwa zwischen 1965 und 1985 hat sich ein Paradigma herausgebildet, das sich international wachsender Beliebtheit und Anerkennung erfreute und welches in enger Verbindung mit der zeitgleich sich ausbreitenden klinisch-psychologischen Erforschung individuenspezifischer Bewältigungsstile ("coping styles", vor allem sog. Typ A-Verhalten; s.o. Kap.3) stand: das Konzept erhöhter kardiovaskulärer Reaktivität ("high reactivity"; vgl. Manuck & Kranz, 1986, Matthews et al., 1986, Manuck et al., 1995).

Die *zentrale Aussage* dieses Konzepts besagt, daß zentralnervös initiierte und sympathoadrenerg vermittelte Aktivierung kurzfristig eine "überschießende" kardiovaskuläre Reaktivität erzeugt, die sich in *hohen Frequenz- und Blutdruckanstiegen* sowie hohen Konzentrationen der rasch ins Blut sezernierten Hormone (z.B. Adrenalin, Noradrenalin) manifestiert. Diese Aktivierung stellt gemäß dem Reaktivitätskonzept nicht allein einen *Indikator* bzw. Marker des Vorliegens einer Streßreaktion dar, sondern definiert zugleich einen pathophysiologisch relevanten *Mechanismus* der langfristigen Schädigung des Herz-Kreislauf-Systems: durch chronisch wiederkehrende, langandauernde Aktivierungssequenzen werden hämodynamische Störungen, Schwellenwertverschiebungen der Ruheblutdruckwerte, endotheliale Dysfunktionen und Hypertrophie von Gefäßen und Herzmuskel gebahnt. Damit wird verschiedenen funktionalen und morphologischen Vorläufern der *koronaren Herzkrankheit* (Hypertonie, Atherosklerose, linksventrikuläre Hypertrophie) der Weg bereitet (Manuck et al., 1995).

Die pathophysiologische Evidenz dieser in dem Reaktivitätskonzept unterstellten Prozesse wird bis heute *kontrovers* beurteilt (Alpert & Wilson, 1992, Manuck et al., 1995). Kritische Punkte beziehen sich auf die Frage der Individuenspezifität von Reaktionsmustern, die Frage der unter Chronifizierungsbedingungen initiierten kompensatorischen Effekte sowie den Stellenwert und die Spezifität der durch überschießende Reaktivität gebahnten pathophysiologischen Prozesse. Während eine differenzierte

Diskussion dieser Kritikpunkte hier nicht möglich ist, soll doch ein für unsere eigenen Überlegungen und die Interpretation der nachfolgend dargestellten Befunde zentraler Gesichtspunkt kritisch kommentiert werden: der Aspekt der *Chronifizierung des Reaktivitätsmusters.*

Bezüglich der *Hypertonieentwicklung* unterstellt das Reaktivitätskonzept einen allmählichen Übergang von grenzwertigen zu manifest hypertensiven Ruheblutdruckwerten. Für diesen Übergang findet sich jedoch in der Literatur keine überzeugende Bestätigung (Julius et al., 1986, Weder & Julius, 1985). Auch gibt es keine einheitliche Evidenz einer erhöhten kardiovaskulären Reaktivität bei Hypertonikern, selbst nach Kontrolle möglicher medikamentöser Einflüße (Fredrikson & Matthews, 1990). Julius (1988) folgert daher, daß in der Hypertonieentwicklung von Personen, die wiederkehrende exzessive zentralnervöse Aktivierungen erleben, kompensatorische Mechanismen auf der Ebene der Rezeptorregulation erfolgen, deren Wirkung in einer Verminderung, nicht Erhöhung der Endorganresponsivität resultiert.

Ähnliche Überlegungen werden auch im Zusammenhang mit kontroversen Befunden zur prädiktiven Bedeutung von Reaktivitätsmustern für *Reinfarkt* und *Herztod* nach überstandenem Erstinfarkt diskutiert. Während Manuck et al. (1992) die Reaktivitätshypothese bestätigt fanden, konnten dies andere Studien nicht replizieren bzw. zeigten sie, daß eine verminderte Reaktivität bzw. eine Einschränkung der Herzfrequenz-Variabilität für die Vorhersage bedeutsam waren (Ahern et al., 1990, Kleiger et al., 1987, Coresh et al., 1992, Follick et al., 1990).

Ein weiteres kritisches Argument gegenüber dem Reaktivitätskonzept betrifft den *Mangel an prospektiven Studien.* So wird zwar unterstellt, daß eine individuenspezifische Reaktivität gewissermaßen lebenslang konstitutiv sei, jedoch bleibt der empirische Nachweis einer solchen Konstanz bisher aus. Erschwerend kommt hinzu, daß die meisten experimentellen Studien zum Reaktivitätskonzept an Studierenden durchgeführt wurden, mithin einer *jungen Erwachsenengruppe*. Die wenigen Studien, welche den Zusammenhang zwischen personalen Bewältigungsmerkmalen (z.B. Typ A Verhalten, Feindseligkeit) und kardiovaskulärer Reaktivität bei Gruppen in fortgeschrittenem Lebensalter experimentell untersucht haben, gelangen zu ganz unterschiedlichen Ergebnissen (Williams et al., 1991, Glass et al., 1980). Während die eine Studie erhöhte Herzfrequenzanstiege unter Streß bei Polizisten des mittleren Erwachsenenalters feststellte (Glass et al., 1980), wiesen Erwachsene mit koronargefährdenden psychologischen Merkmalen im Gegensatz dazu eine verminderte Reaktivität auf (Williams et al., 1991).

Basierend auf dieser *kritischen Einschätzung* eines "statischen" Reaktivitätskonzepts haben wir ein *Zwei-Stadien Prozeß-Modell* der streß-induzierten sympathoadrenergen Aktivierung vorgeschlagen (Siegrist, Klein & Matschinger, 1989, Siegrist & Klein, 1990). In diesem Modell wird, ähnlich wie bei Julius (1988) und Williams et al. (1991) unterstellt, daß nach einer längeren Phase exzessiver sympathoadrenerger Aktivierung (*Stadium I*) *kompensatorische Prozesse* auf der Ebene der Rezeptorregulation, möglicherweise bereits auf höherer, zentralnervöser Ebene erfolgen, deren Ergebnis eine "down"-Regulation betaadrenerger Rezeptoren und damit eine reduzierte maximale kardiovaskuläre Reaktivität unter experimentell induziertem Streß ist (*Stadium II*). Neuere Erkenntnisse der Rezeptorphysiologie, insbesondere zur *"down"-Regulation adrenerger Rezeptoren* unter Bedingungen fortgesetzter Stimulation (Lefkowitz et al., 1984, Lakatta, 1980, Motulsky & Insel, 1982, Axelrod & Reisine, 1984) stützen eine solche 2-Phasen-Modellvorstellung. Dies trifft auch für Beta-1- und Beta-2-Rezeptoren des kardiovaskulären Systems zu. Wenn die Rezeptorsensitivität als Folge ständiger Überproduktion von Überträgersubstanzen (v.a. Noradrenalin) vermindert ist, dann kann auch die Responsivität des Zielorgans (z.B. Herzfrequenzmodulation im Myokard) nicht mehr dem gewohnten Muster folgen. Verminderte Reaktivität kann jedoch nicht allein als Ergebnis eines veränderten rezeptor-vermittelten Signalaustausches interpretiert werden. Vielmehr ist bereits auf höherer, zentralnervöser Ebene zu erwarten, daß unter Bedingungen exzessiver Stimulation eine *De-Synchronisation* zwischen neuronalem Aktivierungsmuster und Neurotransmitter-Synthese bzw. -Ausschüttung erfolgt (Esler et al., 1990). So erscheint es durchaus plausibel, anzunehmen, daß "im Übergang von später Adoleszenz zum mittleren Erwachsenenalter bei (chronisch aktivierten) Typ-A Personen potentiell dysfunktionale Veränderungen sympathischer Aktivität erfolgen, die sich in einer verringerten Sensitivität kardiovaskulär-adrenerger Rezeptoren manifestieren" (Williams et al., 1991, S.524).

Wenn eine Verringerung kardiovaskulärer Reaktivität nach dem 2-Phasen-Modell aus dem aus Dauer und Intensität zentralnervös-autonomer Aktivierungsepisoden gebildeten Integral resultiert, dann ist zu folgern, daß Personen in vergleichbarem mittleren Erwachsenenalter, bei Kontrolle relevanter Störvariablen, häufiger mit *verminderten Anstiegen* reagieren, wenn ihre Biographie durch *starke chronische Distress-Erfahrungen* gekennzeichnet ist. In diesen Fällen, so ist anzunehmen, ist das autonome Nervensystem durch jahrelange exzessive Aktivierung bereits in einer Weise beansprucht worden, die zu kompensierenden (Dys)-Regulationen geführt hat. Dies bedeutet, daß das Ausmaß chronischer Distress-Erfahrungen als eine die kardiovaskuläre und hormonelle Reaktivität modulierende Größe betrachtet wird: je höher das

Ausmaß chronischer Distress-Erfahrungen, desto geringer, ceteris paribus, die Responsivität unter kontrollierten Stimulationsbedingungen. Diese *Hypothese* hat unsere Forschungsgruppe in den beiden Studien an deutschen Industriearbeitern bzw. Industriemeistern in Hinblick auf die aus dem Erwebsleben resultierenden chronischen Distress-Erfahrungen in Form beruflicher Gratifikationskrisen überprüft.

Im folgenden Abschnitt werden die experimentelle Anordnung, die untersuchten Subgruppen und der Auswertungsplan kurz beschrieben, bevor die wesentlichen Ergebnisse zu dieser Hypothese dargestellt und diskutiert werden.

9.1.2 Das psychophysiologische Streßexperiment

Zur experimentellen Induzierung psychomentaler Belastung nahmen die Probanden beider Studien (s.u.) an einem von Stroop (1935) entwickelten und in unserer Arbeitsgruppe modifizierten (Klein, 1990) *Farb-Wortwahl-Konflikt-Test* teil. Dieser in der psychophysiologischen Forschung häufig verwendete Test evoziert aktives Bewältigungsverhalten des Probanden durch eine Aufgabenstellung, welche Zeit- und Entscheidungsdruck erzeugt. Der ursprünglich in der psychologischen Interferenzforschung entwickelte Test ist seit Beginn der 60er Jahre zunehmend in der psychophysiologischen Forschung eingesetzt worden (Matthews et al., 1986, Klein, 1990, 1995). Hierbei ist von Bedeutung, daß der Stroop-Test, im Unterschied etwa zum cold pressor-Test oder der Darbietung von Videofilmen, aktives Bewältigungsverhalten erfordert und mit sympatho-adrenerger Aktivierung einhergeht. Vergleiche mit ähnlichen Formen psychomentaler Belastung, z.B. Kopfrechentests, haben gezeigt, daß er geeignet ist, physiologische Streßreaktionen gleicher Größenordnung zu evozieren, wobei die Leistungserfüllung hierbei weitgehend unbeeinflußt von intellektuellen Fähigkeiten bleibt. Neben den genannten Vorzügen gegenüber anderen Formen psychomentaler experimenteller Provokation scheint der Stroop-Test auch deshalb speziell für unseren Forschungsansatz geeignet zu sein, weil die zwei Schwierigkeitskomponenten *Zeitdruck* und *Entscheidungsdruck* auch im Arbeitsalltag der von uns untersuchten Probanden von Bedeutung sind.

Die von uns verwendete Fassung des Stroop-Tests besteht aus einer Serie von 200 Bildern, die dem Probanden in 4 Durchgängen (jeweils 50 Bilder in identischer Reihenfolge) über einen Videofilm vorgeführt werden. Die Bilder zeigen Farbworte, die in inkongruenter Farbe geschrieben sind. Verwendet werden die Farbworte rot, blau, gelb und grün. Während der ersten drei Durchgänge besteht die Aufgabe des Probanden darin, die Farbe, in der das dargestellte Wort geschrieben steht, zu nennen, nicht jedoch das Farbwort zu lesen. Diese Durchgänge unterscheiden sich lediglich in der Präsentationszeit der einzelnen Wörter bzw. der Intervalle zwischen den Bildern (Präsentationszeit pro Bild im ersten Durchgang: .78 Sekunden, im zweiten Durchgang: .45 Sekunden; im dritten Durchgang variieren die Präsentationsintervalle zwischen .20 und .40 Sekunden). Im vierten Durchgang wird bei konstanter Präsentationszeit (.40 Sekunden) die Anforderung an den Probanden erhöht, indem nun in unvorhersehbarer Reihenfolge die Aufgabe verändert wird: sobald ein akustisches Signal mit der Präsentation des Farbwortes ertönt, soll der Proband nicht mehr die Farbe des Wortes identifizieren, sondern das Wort selbst lesen. Dieser sehr rasche Wechsel der Aufgabenstellung angesichts der in inkongruenter Farbe dargebotenen Farbwörter führt unweigerlich zu Verwechslungen, Fehlern und Auslassungen. Da die Farbworte vom Probanden laut benannt werden müssen und da ein Experimentator die Ergebnisse protokolliert, entsteht tatsächlich bei den allermeisten Probanden in dieser Situation sowohl eine emotionale wie eine physiologische Aktivierung. Der Test dauert 5 Minuten und 14 Sekunden, wobei es zwischen den einzelnen Durchgängen eine kurze, 15 Sekunden dauernde Pause gibt.

Im folgenden beschreiben wir kurz den *Ablauf* der experimentellen Untersuchung im Rahmen der Studie II. In den Grundzügen stimmt er mit der Vorläuferstudie (Studie I) überein, obwohl einzelne Verbesserungen und Ergänzungen vorgenommen worden sind (vgl. Klein, 1990, 1995, Kress, 1994). In Studie II fand die Durchführung des psychomentalen Experiments vormittags zwischen 8.00 Uhr und 13.00 Uhr, also während der Arbeitszeit der Probanden statt. Vor dem Streß-Test wurde das standardisierte Interview zur Messung beruflicher Gratifikationskrisen, verhaltensgebundener Risiken und sozio-ökonomischer Basisdaten erhoben. Nach der anschließenden Aufklärung des Probanden über den Test und nach dessen Einverständniserklärung wurde von einem Arzt die Braunüle für die Blutentnahme gelegt und das EKG-Gerät angelegt. Es folgte eine 15-minütige Ruhephase, die der Proband bereits in liegender Position auf einer Untersuchungsliege verbrachte, und anschließend die erste Messung von Blutdruck und Herzfrequenz sowie die erste Blutentnahme. Danach erhielt der Proband die erste Testinstruktion auf Video, gefolgt von einer nochmaligen 2-minütigen Ruhepause, den 4 Stroop-Durchgängen und einer abschließenden Erholungsphase von 10 Minuten. Nach dem Test erfolgte die Kurzbefragung zur subjektiven Bewertung der eigenen Testleistung, zur Einnahme von Medikamenten und zum Kaffeekonsum am Untersuchungstag sowie die Information der Probanden über ihr Testergebnis.

Zur Messung der Streßreaktivität wurden folgende *kardiovaskulären* und *hormonellen Parameter* bestimmt:

- systolischer Blutdruck (SBD),
- diastolischer Blutdruck (DBD),
- Herzfrequenz (HR),
- Adrenalin (AD),
- Noradrenalin (NAD),
- Cortisol (CORT),
- Prolactin (PRL).

Die Blutdruckmessungen und die Blutabnahmen wurden von geübtem medizinischen Personal durchgeführt. Die Messung des Blutdrucks erfolgte sphygmanometrisch nach Riva Rocci zu festgelegten Zeitpunkten: nach Beendigung der 15-minütigen Ruhephase, zweimal während des Tests (jeweils 30 Sek. nach Beginn des 2. und des 4. Durchgangs) und dreimal während der Erholungsphase (nach 30 Sek., 1,5 Minuten und 10 Minuten). Die Herzfrequenz wurde mittels unipolarer Ableitung kontinuierlich registriert und die Frequenz jeweils in einem Intervall von 15 Sekunden vor der Blutdruckmessung bestimmt. Die Blutabnahmen für die Hormonbestimmungen erfolgten analog zu den Meßzeitpunkten des Blutdrucks. Die Blutproben für die Bestimmung der Hormonkonzentrationen im Plasma wurden sofort nach Entnahme auf Eis gekühlt, zentrifugiert und bis zur Auswertung im Labor bei -30 Grad Celsius aufbewahrt. Die Bestimmung der Katecholamine erfolgte im Labor des Instituts für Normale und Pathologische Physiologie der Philipps-Universität Marburg unter Leitung von Karl-Heinz Voigt mittels Hochdruckflüssigkeits-Chromatographie (HPLC) mit elektro-chemischer Detektion. Die Sensitivität des Assays war 10 pg/ml für Adrenalin und Noradrenalin, der Inter-Assay-Variationskoeffizient betrug für Adrenalin 3,8% und für Noradrenalin 2,3%. Die Messung der Cortisol- und Prolactin-Konzentration erfolgte mittels Radioimmunoassay im Labor des o.g. Physiologischen Instituts (Cortisol) bzw. der Universitäts-Frauenklinik Göttingen (Prolactin) unter Leitung von Prof. Dr. W. Wuttke.

Als *Basiswerte* der physiologischen Parameter wurden die nach der 15-minütigen Ruhephase gemessenen Werte verwendet. Reaktivität wurde definiert als Differenz (Delta) zwischen dem höchsten individuellen Wert, der während der experimentellen Provokation erreicht wurde, und dem Basiswert. Für Noradrenalin wurde entsprechend dem gegenüber Adrenalin verzögerten Anstieg zur Bestimmung des Belastungsmaximums auch der erste gemessene Erholungswert einbezogen, für Cortisol und Prolactin wegen des ebenfalls relativ langsamen Anstiegs der Plasmaspiegel die beiden 7 bzw. 15 min nach Testbeginn gemessenen Erholungswerte t6 und t7 (vgl. *Abbildung 11*).

Meßparameter	Ruhephase	Testphase			Erholungsphase		
SBD		x	x	x	x	x	x
DBD		x	x	x	x	x	x
HR		x	x	x	x	x	x
AD		x	x	x		x	x
NAD		x	x	x		x	x
CORT		x				x	x
PRL		x		x		x	x
		t0	t2	t4	t5	t6	t7

Minuten 0 // 15 16 17 18 19 20 21 22 // 30

Abbildung 11. *Untersuchungsschema zur Messung kardiovaskulärer und hormoneller Parameter unter standardisierter mentaler Belastung (Studie II) (nach Klein, 1995, S. 47)*

Bei der Erhebung hormoneller, aber auch kardiovaskulärer Parameter ist es erforderlich, den Einfluß einer Reihe von Störvariablen zu kontrollieren, die zu einer Verzerrung der Ergebnisse führen können. Dabei sind vor allem zu berücksichtigen:

- Individuelle Einflußfaktoren (Geschlecht, Alter, Gesundheitszustand);
- Chronische Einflüsse auf die Reaktivität des Organismus (z.B. circadianer Rhythmus);
- Einflußfaktoren, welche die Hormonausschüttung direkt, bspw. für mehrere Stunden beeinflussen, so der Konsum von Medikamenten, von Kaffee, Zigaretten, sowie das Ausmaß körperlicher Aktivität.

Eine *Standardisierung* der Untersuchungsbedingungen zum Ausschluß vermeidbarer *Störfaktoren* ist bei Erhebungen im Feld nur eingeschränkt möglich. Daher erfolgt ein Ausschluß möglicher Verzerrungen hier vor allem im Rahmen *statistischer Kontrollrechnungen.* Berücksichtigt werden dabei folgende Effekte:
1. Alter; 2. Zeitpunkt des Experimentes (frühere vs. spätere Vormittagszeit); 3. Kaffeekonsum bis zum Zeitpunkt des Experiments; 4. herz-kreislauf-relevante Medikamente; 5. Zigarettenkonsum; 6. Bewegungsmangel; 7. Übergewicht.

Effekte, die von der Höhe der Ausgangswerte auf den Anstieg der Reaktivität unter psychomentaler Belastung ausgingen, wurden für die kardiovaskulären Parameter durch Einbeziehung des Hypertoniestatus und entsprechend für die endokrinen Parameter durch eine an den Referenzwerten der Katecholaminausscheidung orientierten Gruppenbildung kontrolliert (s. Kress, 1994). Zusätzlich zu den erwähnten Störvariablen wurden die Auswirkungen der subjektiven Bewertung der eigenen Testleistung (Ärger über Fehler während bzw. nach dem Test, Zufriedenheit mit der eigenen Leistung) sowie der Güte des objektiven Testergebnisses und der Motivation der Probanden zur aktiven Bewältigung der Aufgabe auf das Ausmaß der Reaktivität untersucht. Systematische Effekte dieser Gegebenheiten konnten, insbesondere aufgrund ausführlicher Kontrollanalysen in Studie I, weitgehend ausgeschlossen werden.

Entsprechend der oben begründeten Untersuchungshypothese ging es uns darum, den *modulierenden Effekt* chronischer sozio-emotionaler Distress-Erfahrungen im Sinne von Gratifikationskrisen auf die experimentell induzierte Reaktivität zu überprüfen. Konkret wird erwartet, daß die beobachteten Delta-Werte in der Gruppe der durch Distress starke Belasteten signifikant geringer sind als in den weniger belasteten Gruppen, und zwar nach statistischer Kontrolle der konfundierenden Größen.

Während in Studie I vorwiegend Einzelindikatoren zur Definition chronischer Arbeitsbelastungen verwendet wurden (Klein, 1990), gelangten in Studie II Summenindizes zur approximativen Abschätzung der Intensität chronisch erfahrener beruflicher Gratifikationskrisen zur Anwendung. Alternativ wurde ein *Quotient*, gebildet aus der Summe von Items, welche extrinsische Verausgabung erfassen, und der Summe von Items, die niedrige Belohnungen messen, verwendet (Kress, 1994) sowie ein Index, der Merkmale hoher extrinsischer Verausgabung und niedriger Gratifikationen zu einem einzigen *Summenscore* addiert (mit anschließender Tertilbildung; vgl. Klein, 1995). Zwischen den beiden zuletzt genannten Operationalisierungsstrategien ließen sich keine wesentlichen Unterschiede in den bisher überprüften Ergebnissen feststellen. Im folgenden konzentrieren wir uns daher auf die Darstellung der Effekte nach Tertilbildung aufgrund des Summenscores.

In beiden Studien konnten modulierende Effekte intrinsischer Verausgabung (hohe Verausgabungsbereitschaft, hohe Distanzierungsunfähigkeit) auf die experimentell evozierte Reaktivität nicht festgestellt werden. Diese Variablen wurden in die o.g. Indexbildung nicht einbezogen. Es muß daher an dieser Stelle darauf hingewiesen werden, daß die nachfolgend angeführten Indizes das theoretische Modell nicht vollständig abbilden (zur Diskussion Klein, 1990, 1995). Die statistische Auswertung der Daten wurde mithilfe von SPSS durchgeführt (Norusis, 1985). Die Überprüfung der Effekte von Kontrollvariablen erfolgte mittels Korrelations- und Regressionsanalysen, t-Tests, Varianz- und Kovarianzanalysen (ANOVA, hierarchisches Modell). Die Effekte chronischer Arbeitsbelastungen wurden mittels 2-faktorieller Kovarianzanalysen (ANOVA, hierarchisches Modell) mit den Kovariaten Alter, Medikation, Zigarettenrauchen und Hypertoniestatus als 1. Faktor (kardiovaskuläre Parameter) bzw. Ausgangswerte, bezogen auf Referenzwerte (hormonelle Parameter), als 2. Faktor überprüft. Die Untersuchung identifizierter physiologischer Reaktivitätsmuster unter Einbeziehung sämtlicher Streßindikatoren erfolgte mittels Clusteranalyse (agglomerativ-hierarchisches Verfahren nach Ward; vgl. Backhaus et al., 1985).

Während in Studie I anläßlich des 3. Screenings die gesamte Population zur Teilnahme am psychophysiologischen Experiment eingeladen wurde, konnte in Studie II aus organisatorischen und finanziellen Gründen lediglich eine *Stichprobe* untersucht werden. Ihre Auswahl erfolgte mittels der vorab im Rahmen der Gesundheitsvorsorgeuntersuchung erhobenen betrieblichen Daten zu Arbeitsbelastungen sowie der Daten zur Ausprägung von Kontrollbestrebungen. Ausschlußkriterien waren Farbenblindheit, Medikation mit zentralnervös wirksamen antihypertensiven Substanzen sowie Dauermedikation aufgrund kardialer Indikation. Die zur Teilnahme am Experiment ausgewählte Stichprobe umfaßte 68 Industriemeister. Die Probanden unterschieden sich mit Ausnahme des Lebensalters (im Durchschnitt 1.6 Jahre jünger) und der damit assoziierten Betriebszugehörigkeitsdauer in keinem der zahlreich getesteten Kriterien signifikant von der Restgruppe (n= 111).

9.2 Chronischer Distress moduliert kardiovaskuläre und hormonelle Reaktivität

Das beschriebene Experiment führte in beiden Studien zu statistisch signifikanten und physiologisch bedeutsamen *Anstiegen* der Herzfrequenz sowie des systolischen und diastolischen Blutdrucks, in Studie II überdies teilweise der untersuchten Hormonparameter. Die Anstiege der kardiovaskulären Parameter waren in beiden Studien im Mittel beinahe gleich groß: delta SBD: 29.05 (11.10) bzw. 26.09 (13.91) mmHg; delta DBD: 15.08 (6.01) bzw. 12.66 (7.39) mmHg; delta HR: 18.55 (11.27) bzw. 20.51 (12.98) bpm. Einzelheiten können den drei erwähnten Arbeiten entnommen werden (Klein, 1990, 1995; Kress, 1994). Zusammenfassend kann festgestellt werden, daß die von uns gewählte experimentelle Situation in der Lage ist, relevante Streßreaktionen zu evozieren, daß der Effekt in einer unabhängigen Stichprobe repliziert werden konnte, und daß, wie aus der Zusatzbefragung in Studie II hervorging, der experimentelle Stressor eine beachtliche ökologische Validität besitzt: 65 % der Industriemeister waren der Meinung, die Testsituation (Zeit- und Entscheidungsdruck) gebe typische Erfahrungen ihres Arbeitsalltages, die sie sehr häufig oder häufig erlebten, wieder.

Die Ergebnisdarstellung zur Prüfung unserer zentralen Hypothese bezieht sich im wesentlichen auf die *Studie II*, insbesondere auf die Auswertungen, die Daniela Klein im Rahmen ihrer medizinischen Dissertation durchgeführt hat (Klein, 1995). In der Industriearbeiterstudie (Studie I) wurden im wesentlichen Einzelindikatoren zur Erfassung beruflicher Gratifikationskrisen herangezogen. Dabei zeigten sich signifikante Haupteffekte im Sinne der Hypothese bezüglich der Variablen "Zeitdruck", "Arbeitsplatzunsicherheit", "Verschlechterung der Arbeitsbedingungen" sowie "Mehrfachbelastungen am Arbeitsplatz" (Klein, 1990, Siegrist & Klein, 1990).

Die wesentlichen Ergebnisse zu den kardiovaskulären und hormonellen Parametern bei experimentell induziertem Streß in Studie II (Industriemeister) werden in *Tabelle 22* dargestellt. Die Tabelle zeigt, daß erwartungsgemäß bei den *hochbelasteten Probanden* die *Streßreaktionen* von Blutdruck und Herzfrequenz am *schwächsten* sind und die durch Gratifikationskrisen nicht oder nur gering belasteten Probanden die stärksten Anstiege aufweisen. Am deutlichsten ausgeprägt und auch statistisch nach Kontrolle der Störgrößen signifikant ($F = 4.94$; $p < .05$) ist der Unterschied ausgeprägt für die Herzfrequenz. Das gleiche gilt für die Variable Adrenalin. Hier ist der varianzanalytisch ermittelte Effekt des Index "Gesamtbelastung" auf die Reaktivität nach Kontrolle der Ausgangswerte für Adrenalin signifikant ($F = 3.6$; $p < .05$). Für Noradrenalin zeigt sich lediglich eine Tendenz, nicht jedoch ein signifikanter Effekt.

Schließlich zeigt sich auch für den Hormonparameter Cortisol nach Kontrolle der Störvariablen ein signifikanter Effekt in die erwartete Richtung ($F = 5.0$; $p < .01$). Für die Prolactin-Anstiege zeigt sich zwar ein Haupteffekt des Merkmals "Gesamtbelastung" in die erwartete Richtung, jedoch läßt er sich statistisch nicht absichern (vergleiche *Abbildung 12*).

Tabelle 22

Mittelwerte und Standardabweichungen kardiovaskulärer und hormoneller Parameter (Delta-Werte ANOVA) nach Tertilen chronischer Arbeitsbelastung bei 54 Industriemeistern (Studie II) (zusammengestellt aus Klein, 1995, S. 81-87).

	delta SBD		delta DBD		delta HR	
Gesamtbelastung	x	sd	x	sd	x	sd
gering (n=14)	33.00	16.89	14.36	7.27	30.29	18.10
mittel (n=22)	24.77	12.78	12.77	7.14	19.44	11.91
stark (n=18)	23.33	13.29	10.56	5.90	14.05	6.90

	delta AD (pg/ml)		delta NAD (pg/ml)	
Gesamtbelastung	x	sd	x	sd
gering (n=14)	88.79	70.11	223.64	92.09
mittel (n=20)	77.62	99.40	162.27	130.47
stark (n=17)	36.41	18.96	173.47	143.34

	delta CORT (µg/ml)		delta PRL (ng/ml)	
Gesamtbelastung	x	sd	x	sd
gering (n=14)	2.19	2.43	.90	1.35
mittel (n=19)	1.55	2.59	.59	1.09
stark (n=16)	- .28	2.14	.12	.52

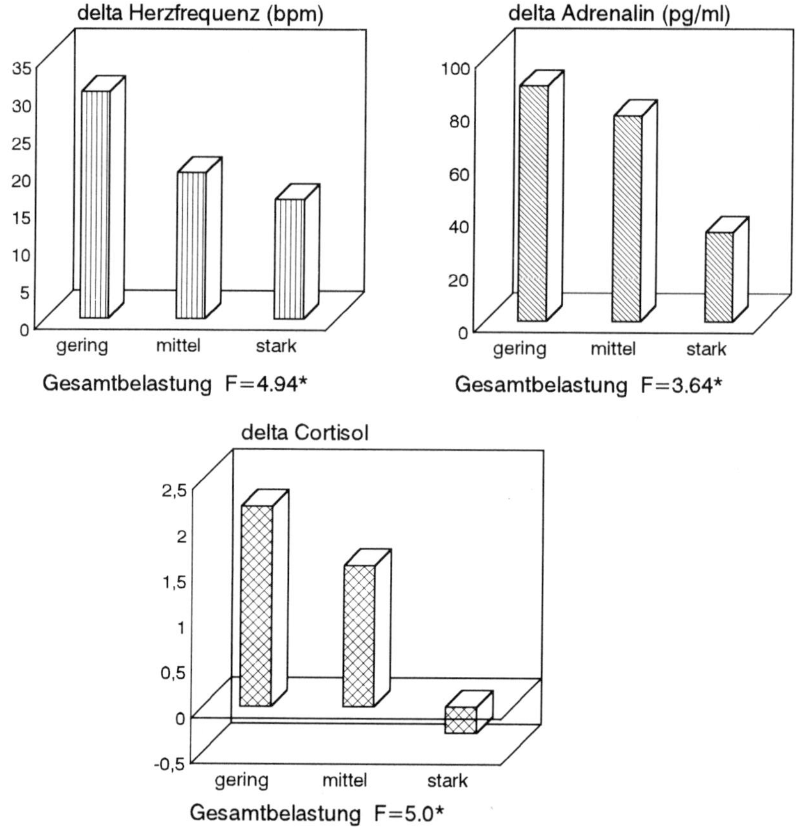

Abbildung 12. *ANOVA: Zusammenhang zwischen Arbeitsbelastungen (Tertilen) und Reaktivität (Herzfrequenz, Adrenalin, Cortisol); N=54 (nach Klein, 1995, S. 81-85)*

In einem innovativen Auswertungsschritt hat Daniela Klein die in Studie II erhobenen physiologischen Streßindikatoren simultan in die Analyse einbezogen und anhand explorativer statistischer Methoden Probandengruppen ermittelt, die hinsichtlich ihrer physiologischen Streßreaktivität vergleichsweise homogen sind. Unter Anwendung des agglomerativ-hierarchischen Verfahrens der Clusteranalyse nach Ward (Backhaus et al., 1985, Allen et al., 1991) wurden Berechnungen auf der Basis dichotomisierter Reaktivitätswerte der Streßindikatoren durchgeführt. Danach ergab sich eine *Zwei-Cluster-Lösung* als hinsichtlich der Gruppenhomogenität angemessene Teilung (Einzelheiten siehe Klein, 1995, Seite 90f). Auf diese Weise gelang es, deutliche Mittelwertsunterschiede zwischen einem *Cluster 1* (*schwach ausgebildete Reaktivität*; n=18) und einem *Cluster 2* (*stark ausgebildete Reaktivität*; n=39) bezüglich aller untersuchten Streßparameter zu finden. Mit Ausnahme des diastolischen Blutdrucks waren die Mittelwertsunterschiede zwischen den beiden Clustern statistisch signifikant. Von besonderem Interesse ist hierbei die Feststellung, daß sowohl Parameter, welche eine Aktivierung des sympathoadrenergen Systems indizieren (Ausnahme diastolischer Blutdruck) als auch Parameter, welche im Zusammenhang mit der Aktivierung des Hypophysen-Nebennierenrinden-Systems gemessen werden (Cortisol, Prolactin), diesem Trend folgen. Daher stellt sich abschließend die Frage, ob die beiden Cluster sich hinsichtlich des Ausmaßes beruflicher Gratifikationskrisen signifikant unterscheiden. Wie *Abbildung 13* verdeutlicht, ist dies tatsächlich der Fall: es gibt einen *hochsignifikanten Effekt* des Merkmals "*Gesamtbelastung*" auf die Zugehörigkeit zu den *zwei Clustern*: 63% der Probanden im obersten Tertil der Gesamtbelastung lassen sich dem *schwach* reaktiven Cluster (Cluster1) zuordnen, 37% dem *stark* reaktiven Cluster 2. Umgekehrt gehören 93% im untersten Tertil (geringe Gesamtbelastung) zur Gruppe derer, die durch ein starkes physiologisches Reaktivitätsmuster gekennzeichnet sind, nur 7% der gering Belasteten weisen eine Zugehörigkeit zum schwach reaktiven Cluster auf.

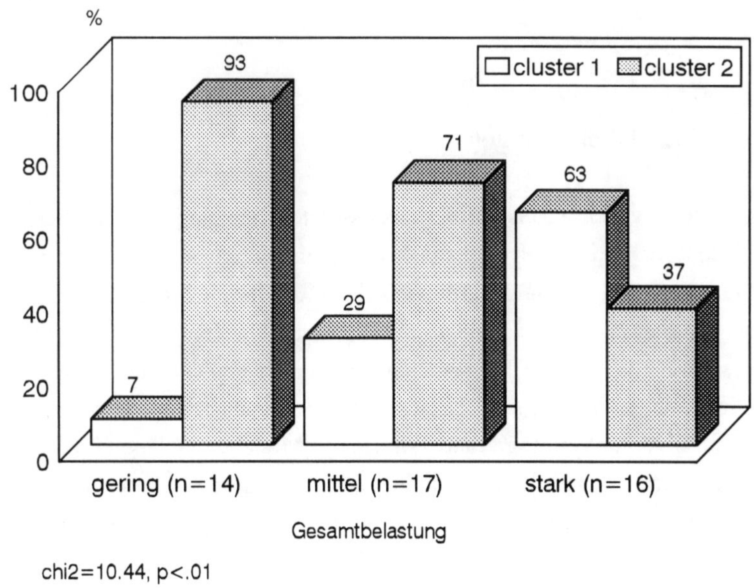

Abbildung 13. *Ausprägung chronischer Arbeitsbelastungen (Tertile) in zwei Reaktivitätsclustern (Cluster 1: schwache Reaktivität; n=18; Cluster 2: starke Reaktivität; n=39) (Studie II) (Klein, 1995, S. 94)*

Die Überprüfung der postulierten Zusamenhänge im Rahmen der Studie II erbrachte als *zentrales Ergebnis*, daß *chronische Arbeitsbelastung* im Sinne beruflicher Gratifikationskrisen signifikant mit *verringerter Reaktivität* von kardiovaskulären (Herzfrequenz), sympathoadrenergen (Adrenalin) und adrenokortikalen (Cortisol) Streßindikatoren unter standartisierter mentaler Belastung *assoziiert* ist. Ähnliche Veränderungen sind auf deskriptiver Ebene für Blutdruck, Noradrenalin und Prolactin zu beobachten. Ergänzend konnte in einem explorativen Auswertungsschritt unter simultaner Einbeziehung sämtlicher Streßindikatoren ein Zusammenhang zwischen einem Cluster schwacher Responsivität und dem Ausmaß der beruflichen Geamtbelastung gefunden werden. Diese Befunde sprechen für die Annahme, daß chronische Distresserfahrungen in der Lage sind, das Ausmaß kardiovaskulärer und hormoneller Reaktivität zu modulieren. Obwohl die Daten auf *Querschnittsstudien* basiern, geben sie doch indirekt Hinweise auf die *Plausibilität* des von uns vorgeschlagenen *Zwei-Phasen-Modells* sympathoadrenerger und kardiovaskulärer Reaktivität. Eine weiterführende Diskussion dieser hier lediglich zur Ergänzung des sozialepidemiologischen Untersuchungsansatzes angeführten Ergebnisse kann an dieser Stelle nicht erfolgen (vgl. Klein, 1995).

9.3 Weiterführende Überlegungen

In den Kapiteln des zweiten Teiles wurden drei sozialepidemiologische Studien vorgestellt und diskutiert, deren Ziel es war, Zusammenhänge zwischen Komponenten beruflicher Gratifikationskrisen und kardiovaskulärer Gefährdung nachzuweisen. Da zumindest eine Studie prospektiv angelegt und durch vier konsekutive Messzeitpunkte charakterisiert war, da einzelne Fragestellungen an einer unabhängigen Stichprobe repliziert werden konnten und da schließlich durch die Kombination von sozialepidemiologischer und psychophysiologischer Forschung Modellvorstellungen über die Vermittlung von Streßerleben und gesundheitlicher Gefährdung geprüft werden konnten, liegt es nahe, die nachgewiesenen stochastischen Zusammenhänge im Sinne eines sozio-psycho-somatischen Konzeptes von Herz-Kreislauf-Erkrankungen zu interpretieren.

Dennoch besteht die Notwendigkeit, die *Begrenzungen* dieser empirischen Beiträge zu einem theoretischen Modell über die in der Diskussion herausgestellten Einschränkungen und Unsicherheiten unserer Forschungsarbeit hinaus aufzuzeigen. Diese Begrenzungen ergeben sich auf drei Ebenen: erstens auf der Ebene der *untersuchten*

Kriteriumsvariable, d.h. der Verallgemeinerbarkeit des Modells beruflicher Gratifikationskrisen über Herz-Kreislauf-Gefährdungen hinaus, ja sogar über den Bereich pathogener, krankheitszentrierter Analysen hinaus in den Bereich salutogener, gesundheitsfördernder Bedingungen; zweitens auf der Ebene der *untersuchten Stichproben*, d.h. der Verallgemeinerbarkeit über den industriellen Sektor hinaus, sowie der Übertragbarkeit der ausschließlich bei Männern gefundenen Zusammenhänge auf berufstätige Frauen; schließlich drittens auf der Ebene der bisher *untersuchten Operationalisierungsdimensionen*, die einen eindeutigen und einseitigen Akzent auf den beruflichen Kontext sozialer Krisen gelegt haben.

Die drei Studien wurden im Zeitraum von 1982 bis 1992 durchgeführt und ausgewertet. In den letzten Jahren sind nicht nur einzelne kleinere *weiterführende Untersuchungen* in unserer Gruppe begonnen worden, sondern es sind uns auch bereits bestehende Datensätze zum Zweck der sekundäranalytischen Analyse zugänglich gemacht worden, die Informationen enthalten, welche mit Einschränkung im Sinne des Vorliegens beruflicher Gratifikationskrisen interpretiert werden können. In diesen Studien sind zwei weitere, wichtige Indikatoren eingeschränkter Gesundheit als Kriteriumsvariablen untersucht worden: die subjektiv berichtete Beschwerdehäufigkeit und -intensität sowie der Umfang von Fehlzeiten. Beide Kriterien stellen komplexe Sachverhalte dar, die sich nicht nahtlos in eine wissenschaftlich fundierte streßtheoretische Argumentation einbeziehen lassen. Dennoch sind diese Sachverhalte von großer Bedeutung, wenn man einerseits bedenkt, welches Gewicht die subjektiv erlebte Gesundheit für das alltägliche Handeln und Befinden besitzt, und wenn man andererseits die Arbeitsunfähigkeit auch unter dem Aspekt erlebter, nicht mehr tolerierter beruflicher Belastungserfahrungen betrachtet. Beide Kriterien sind daher geeignet, etwas über den Geltungsbereich unseres Modells auszusagen.

Drei Studien befassen sich mit dem Zusammenhang von *Beschwerdehäufigkeit bzw. -intensität* und kritischen beruflichen Belastungserfahrungen. Die erste Studie wurde an mehreren hundert *Busfahrern* einer deutschen Großstadt durchgeführt. Die gesundheitliche Belastung von Busfahrern ist, auch unter stressphysiologischen Gesichtspunkten, in einer Reihe eindrucksvoller Studien nachgewiesen worden (Netterström & Juel, 1988, Ragland et al., 1987, Michaels & Zoloth, 1991). Es liegt daher nahe, der Frage nachzugehen, ob die von uns ins Zentrum gestellten Momente beruflichen Belastungsgeschehens in dieser Gruppe einen Einfluß auf wahrgenommene Beschwerden ausüben. Die zweite Studie betrifft ein Kollektiv niederländischer *Computerspezialisten*, welche als Software-Entwickler besonderen Belastungen ausgesetzt sind, die dritte schließlich *Krankenschwestern* eines Universitätsklinikums. Vorläufige Ergebnisse aus allen drei Studien zeigen, daß Symptomhäufigkeit und teilweise auch

Symptomintensität mit beruflichen Belastungserfahrungen, die im Sinne des Modells interpretierbar sind, mittelstark bis stark korrelieren. Eine der Studien gestattet darüber hinaus einen direkten Vergleich zwischen den beiden in Kapitel 3 diskutierten Modellen "job strain" und "berufliche Gratifikationskrisen". Die nachgewiesenen Beziehungen zu Beschwerdehäufigkeit und -intensität sind für beide Modelle von vergleichbarer Güte.

Eine von Christiane Tobis kürzlich abgeschlossene Magisterarbeit zum Zusammenhang zwischen beruflichen Distress-Erfahrungen und Fehlzeiten konnte sich auf entsprechende Daten aus unserer Industriemeisterstudie (Studie II) stützen. Sie zeigte sowohl bivariat als auch multivariat, nach Kontrolle wichtiger Störgrößen, eigenständige, starke Effekte von Indikatoren niedriger Gratifikationen, jedoch nicht hoher Verausgabung, auf die Häufigkeit kurzfristiger *Fehlzeiten* (Tobis, 1994). Dieses zuletzt genannte Ergebnis erscheint unter dem Aspekt *differentieller Prädiktionskraft des Modells* beruflicher Gratifikationskrisen besonders interessant: während die mit starker sympathoadrenerger Aktivierung einhergehende aktive Distresserfahrung (hohe Verausgabung trotz niedriger Belohnung) in erster Linie das Herz-Kreislauf-System ungünstig beeinflußt, zeigen berufliche Enttäuschungserfahrungen, die nicht (mehr) mit hoher Verausgabung assoziiert sind, enge Zusammenhänge mit kurzfristigen Fehlzeiten, die zumindest teilweise im Kontext von Resignation und mangelnder Motivation interpretiert werden können.

Hier stellt sich die weiterführende Frage nach der *Ergänzungsbedürftigkeit* einer vorwiegend *pathogenetisch* orientierten Modellprüfung, wie sie in diesem empirischen Teil vorgenommen wurde, durch eine *salutogenetisch* orientierte Analyserichtung (Antonovsky, 1987). Zwei Gesichtspunkte waren für unsere Entscheidung ausschlaggebend, den Zusammenhang von sozialen Krisen und Gesundheit auf der Basis einer pathogenetisch orientierten Forschungsarbeit zu überprüfen, ein erkenntnistheoretischer und ein gesundheitspolitischer Gesichtspunkt. Unser *erkenntnistheoretisches Argument* lautete, daß vermutete, aber noch nicht eindeutig identifizierte Bestimmungsmomente eines Systems am besten dadurch entdeckt werden können, daß man dessen Störungen oder sogar dessen Zusammenbruch untersucht. Auf diese Weise ist es uns gelungen, aus einem "mismatch" zwischen selbstregulatorischen Funktionen in Form sozio-emotionaler Motivationen und an Berufsstatus gebundenen Optionen der Leistung, Belohnung und Zugehörigkeit auf grundlegende Beeinträchtigungen organisch-systemischer Regulation zu schließen. Mit dem Modell beruflicher Gratifikationskrisen haben wir Effekte gestörter Struktur- und Funktions-Korrespondenz zwischen diesen statusgebundenen Optionen und den auf sie gerichteten sozio-emotionalen Motivationen auf distress-vermittelte Herz-Kreislauf-Risiken nachgewiesen.

In einem weiteren Schritt ließen sich diese Erkenntnisse nun auch auf ein salutogenetisch ausgerichtetes Foschungsprogramm anwenden. So wäre denkbar, den Zusammenhang zwischen der Ausprägung biologischer Marker protektiver, gesundheitsfördernder Faktoren und dem Ausmaß gelungener Erfahrungen eines "matching" zwischen sozio-emotionalen Motivationen und statusgebundenen Optionen zu überprüfen. Was am Beispiel von Konstrukten wie "Selbst-Wirksamkeit" und "sozioemotionalem Rückhalt" in der neueren Forschungsliteratur teilweise bereits erprobt wurde (Bandura, 1992, Cohen, 1988), ließe sich auf diese Weise auf eine konzeptuell breitere Basis stellen.

Es gibt allerdings ein zweites, starkes Argument, das dafür spricht, die pathogenetisch orientierte, auf Identifikation von Risiken fixierte Perspektive nicht vorschnell aufzugeben: im 2. Kapitel haben wir gesehen, daß in einer großen Zahl fortgeschrittener Gesellschaften trotz Sozialstaatentwicklung und moderner Medizin ein teilweise dramatisch zu nennendes Gefälle der Morbidität und Mortalität nach sozialen Schichtkriterien besteht und daß sich diese schichtspezifischen Unterschiede in den vergangenen 15-20 Jahren weiter vergrößert haben. Sollen wissenschaftliche Erkenntnisse in den Dienst *gesundheitspolitischer Zielsetzungen* gestellt werden, die darin bestehen, dieses soziale Gefälle zu verringern, so ist es unumgänglich, die Struktur und Funktion des erwähnten "mismatch" zwischen selbstregulatorischen Prozessen und sozialstruktureller Chancenstruktur genauer zu analysieren. Nur auf diese Weise lassen sich präzise, erfolgversprechende Ansatzpunkte präventiver Maßnahmen finden (vgl.Kap. 10).

Wir sagten, daß Begrenzungen des bisher Untersuchten nicht nur auf der Ebene der Kriteriumsvariablen im Spannungsfeld von Krankheits- und Gesundheitsindikatoren bestehen, sondern auch auf der Ebene der untersuchten Populationen. Mit den Hinweisen auf zur Zeit laufende weitere Untersuchungen haben wir diesem Einwand in gewisser Weise bereits Rechnung getragen: alle drei genannten Studien befassen sich mit Beschäftigten im *Dienstleistungssektor* (Busfahrer, Computerfachleute, Krankenpflegepersonal), und zumindest eine Studie prüft das Modell ausschließlich an einer Stichprobe *berufstätiger Frauen* (Krankenschwestern). Es muß allerdings klar festgestellt werden, daß damit die mit der Konzentration unserer empirischen Studien auf Arbeitsverhältnisse, die im Kern auf kontinuierliche Vollzeiterwerbstätigkeit in Sektoren mit vorwiegend männlichen Erwerbstätigen begrenzt sind, gegebene Einseitigkeit nicht behoben ist. Weder haben wir die folgenreichen Tatsachen geschlechtsspezifischer Benachteiligungen bei Lohnhöhe und Aufstiegschancen angemessen berücksichtigt, noch haben wir damit die größere Anfälligkeit von Frauen, zu Randbelegschaften zu gehören und diskontinuierliche Berufsverläufe aufzuweisen, in Rechnung gestellt. Auch wissen wir nicht, ob gratifikationskritische Erfahrungen bei berufstätigen Frauen durchschnittlich vergleichbar starke emotionale Reaktionen hervorrufen wie bei Männern und ob ähnliche Formen der Bewältigung eingesetzt und ähnliche Muster kompensatorischen Verhaltens wirksam werden. Und selbst wenn all dies der Fall wäre, ist nicht gesagt, daß Frauen in gleicher oder ähnlicher Weise wie Männer über die erwähnten, herz-kreislauf-spezifischen pathophysiologischen Mechanismen erkranken.

Alle diese interessanten Fragen müssen unbeantwortet bleiben und rufen nach weiterführenden Untersuchungen. Daß solche Studien allerdings nicht einfach sein dürften, zeigen die bisher vorliegenden Analysen zur Erklärungskraft des "job strain"-Modells bei Frauen, die durchgehend weniger konsistente Ergebnisse als bei Männern erbracht haben (Hall 1990, 1994). Eine möglicherweise vielversprechende Untersuchungsstrategie könnte darin bestehen, berufstätige Frauen in der Phase der Menopause und Postmenopause prospektiv zu verfolgen, zu einem Zeitpunkt also, da wichtige herz-kreislauf-protektive Faktoren abgeschwächt werden und sich dementsprechend die kardiovaskuläre Vulnerabilität erhöht. Erste, vielversprechende Ergebnisse einer entsprechenden Forschungsstrategie liegen aus den USA vor (Matthews, 1994).

Die dritte Ebene von Begrenzungen unserer Forschungsarbeit betrifft die theoretisch zwar vorgebahnte, mit den gewählten Operationalisierungen jedoch weiter verstärkte *Gewichtung des Berufslebens*. Damit sind Aspekte außerberuflicher Gratifikationserfahrungen ebenso in den Hintergrund gedrängt worden wie Fragen der Übertragung beruflicher in außerberufliche Erfahrungsbereiche, der Kumulation von beruflichen und nicht-beruflichen Belastungserfahrungen bzw. der Kompensation der ersteren durch die letzteren. Diese Gewichtung reflektiert letzten Endes die Dominanz zweckrationalen Handelns und instrumenteller Wertorientierungen in modernen Gesellschaften. Auch unterstellt sie in gewisser Weise die Fortsetzung einer Synchronisation von individueller Lebenszeit und sozialer Zeit und die prägende Kraft der im Erwerbsleben generierten Erfahrungen für die soziale Identitätsbildung.

Mit dieser Schwerpunktsetzung stellen sich *kritische Fragen* der *Übertragbarkeit* des Modells auf Gesellschaften mit deutlich abweichenden soziokulturellen Wertorientierungen, aber auch Fragen der Bedeutung des theoretischen Ansatzes für die Zukunft moderner Gesellschaften. Es ist immerhin möglich, daß *Individualisierungstendenzen* der Lebensgestaltung, der sozialen Identitätsbildung und damit auch der emotional bedeutsamen Gratifikationserfahrungen sich über die gegenwärtig noch eng umgrenzten sozialen Kreise hinaus ausbreiten und zu einem Verlust der Geltung sozialer Normen und der Wertigkeit sozialer Statusphänomene ganz allgemein führen.

Größer scheint allerdings die Wahrscheinlichkeit zu sein, daß ein Geltungsverlust sozialer Normierungs- und Identitätsmuster sowie eine Schwächung traditioneller Formen zwischenmenschlicher Solidarität nicht durch bewußt gestaltete Individualisierung aufgewogen werden, sondern daß sich im gesellschaftlichen Leben Formen des passiven Rückzugs ausbreiten, in denen Menschen selbst-regulatorische Bedürfnisse zunehmend in virtuellen ("Cyberspace") oder imaginierten Wirklichkeiten befriedigen. Unter diesen Bedingungen versiegt die Bereitschaft, letztlich auch die Fähigkeit, sozio-emotional und motivational in eine gesellschaftlich geteilte Wirklichkeit zu investieren und die Energien der Selbst-Regulation in das sozial-kommunikative Feld fließen zu lassen. Die triste Vision einer Gesellschaft der "Individuen", welche das individuationsfördernde Potential menschlicher Vergesellschaftung zerstört hat, ist auf lange Sicht nicht ganz von der Hand zu weisen. Dann allerdings ist auch die Frage nach gesundheitsfördernden Bedingungen des Austausches zwischen Individuum und Gesellschaft obsolet geworden. Die gesellschaftliche Wirklichkeit, die wir heute erleben und betrachten, ist von einer solchen Vision allerdings noch weit entfernt, und so scheint es legitim und folgerichtig, die im ersten Teil dieses Buches entwickelte und im zweiten Teil empirisch überprüfte theoretische Konzeption auch auf ihre *praktischen Implikationen* hin zu untersuchen.

Teil III

Folgerungen für die Praxis der Gesundheitsförderung

10 Das Drei-Ebenen-Modell der Gesundheitsförderung

Jede Erörterung praktischer Schlußfolgerungen aus wissenschaftlichen Erkenntnissen muß ihren Ausgangspunkt bei zwei kritischen Fragen nehmen: Wie *zuverlässig* und *sicher* ist das Wissensfundament, auf dem die praktischen Maßnahmen und Empfehlungen aufbauen? Und welche *Wertkonflikte* bzw. ethischen Probleme ergeben sich, wenn dieses Wissen mit der Zielsetzung angewandt wird, bestimmte Aspekte der Wirklichkeit systematisch zu verändern?

Die erste Frage stellt sich angesichts der Begrenzungen theoretischer und methodischer Art, denen die Sozialwissenschaften ausgesetzt sind, mit besonderer Dringlichkeit. Es sind heute genügend Beispiele falscher oder zumindest in ihrem Geltungsbereich unkritisch überschätzter sozialwissenschaftlicher Erklärungen und Prognosen bekannt, die das Handeln und Denken von Menschen jahre- oder jahrzehntelang beeinflußt haben. Daher ist auch die heute weitverbreitete *Skepsis* gegenüber sozialwissenschaftlichem Expertenwissen gut verständlich und in jedem Fall ernstzunehmen. Andererseits gibt es bekanntlich kein Verfahren der praktischen Intervention, welches so wirkungsvoll und zugleich rational überprüfbar wäre wie dasjenige, welches sich der Umsetzung von theoretischem Wissen bedient.

Zweifellos muß ein theoretischer Ansatz, der einen so breiten Geltungsbereich beansprucht, wie er im dritten Kapitel vertreten worden ist, in weit größerem Umfang der empirischen Testung unterworfen werden, als dies bisher möglich war. Insofern ist das Wissensfundament, auf dem die nachfolgenden Ausführungen basieren, unsicher. Andererseits kann die von uns entwickelte und überprüfte Konzeption zumindest unter der Randbedingung Geltung beanspruchen, daß die Herz-Kreislauf-Gesundheit männlicher Kollektive von Erwerbstätigen im mittleren Erwachsenenalter in modernen Industriegesellschaften Gegenstand wissenschaftlicher Erklärung ist. Wendet man im übrigen die *wissenschafts- und erkenntnistheoretischen Argumente* Karl R. Poppers (1966) auf unsere Theorie an, so läßt sich festhalten, daß die im vorhergehenden Teil zusammenfassend dargestellten Bestätigungen tatsächlich auf riskante Voraussagen zurückgehen. Dies bedeutet: es wäre leicht möglich gewesen, die Hypothese zu falsifizieren, daß berufliche Gratifikationskrisen kardiovaskuläre Risiken erklären bzw. vorhersagen. Es bedeutet ferner, daß die von uns vorgeschlagenen Erklärungen von dem abweichen, was man ohnehin erwartet hätte, ohne die Theorie zu kennen. In diesem Sinne ist *neues Wissen* erzeugt worden. Schließlich haben sich auch aus unserem theoretischen Ansatz, wie aus jeder leistungsfähigen Theorie, bestimmte Verbote bzw. Ausschlußgebote ergeben: unsere Theorie schließt aus, daß Herz-Kreislauf-Risiken im mittleren Erwachsenenalter anhand der biomedizinisch bekannten Risikofaktoren hinreichend (z.B. gemessen am Kriterium erklärter Varianz) erklärbar sind. Im übrigen gilt selbstverständlich Poppers Grundsatz, daß die Theorie nur in dem Maße bestätigt ist, in dem Falsifizierungsversuche durchgeführt worden sind.

Auf diesem Hintergrund läßt sich somit die Aussage vertreten, daß bestätigungsfähiges und in gewissem Umfang in konsistenter Weise bestätigtes Wissen vorliegt, welches als Basis praktischer Maßnahmen der Gesundheitsförderung dienen kann.

Schwieriger ist die zweite der oben aufgeworfenen Fragen zu beantworten: Welche Wertkonflikte bzw. ethischen Probleme ergeben sich aus der Anwendung dieses theoretischen Wissens mit dem Ziel einer systematischen Veränderung der Praxis, konkret mit dem Ziel einer Beeinflussung bestehender Praxis der Gesundheitsförderung? Es erscheint vordringlich, diese Frage hier zumindest soweit zu behandeln, daß die unserer wissenschaftlichen Arbeit zugrundeliegenden *Wertmaximen* nochmals deutlich herausgestellt werden können. Ziel unserer Arbeit ist es, anhand einer theoretischen Perspektive, die sich der Kombination soziologischen, psychologischen und medizinischen Wissens bedient, neue Erkenntnisse über Bedingungen menschlicher Gesundheit und Krankheit zu gewinnen. Ein solcher Erkenntnisgewinn bildet die Voraussetzung dafür, daß Maßnahmen der Gesundheitsförderung und Krankheitsverhütung optimiert werden können. Wenn hier von Optimierung gesprochen wird, so ist die zugrundeliegende Wertorientierung die eines *"negativen Utilitarismus"* (Popper, 1958). Dies bedeutet, daß wir in erster Linie bestrebt sind, die mit eingeschränkter Gesundheit und vermeidbarer Krankheit gegebene Problemlast zu verringern. Wir können nicht wissen, ob die praktische Umsetzung unserer theoretischen Erörterungen die Gesundheit einer größeren Zahl von Menschen tatsächlich verbessert, aber wir können mit guten Gründen davon überzeugt sein, daß die praktische Umsetzung unseres Wissens Krankheitsrisiken und Bedingungen eingeschränkter Gesundheit zu verringern vermag.

Genau an diesem Punkt verbindet sich unser negativer Utilitarismus mit einer zweiten Wertvorstellung bzw. regulativen Idee, der Idee der *Verminderung sozialer Ungleichheiten* zwischen Menschen. Diese regulative Idee meint nicht das utopische, irreale Ziel der Gleichheit aller Menschen angesichts von Gesundheit und Krankheit.

Vielmehr zielt sie auf den gesellschafts- und gesundheitspolitischen Gestaltungsspielraum, der sich einer Analyse jener sozial ungleich verteilten Gesundheitseinschränkungen und Krankheitslasten eröffnet, die subjektiv ungewollt und objektiv vermeidbar sind (Fox, 1989, Stronks & Gunning-Schepers, 1993). Daraus folgt für die Beantwortung unserer oben aufgeworfenen Frage: Führen theoriegeleitete praktische Maßnahmen zu einer Verminderung sozialer Ungleichheiten bezüglich vermeidbarer Krankheits- und Sterberisiken, so halten wir mögliche Wertkonflikte, die sich aus dieser praktischen Anwendung von Wissen ergeben, prinzipiell für lösbar.

Basierend auf diesen Voraussetzungen wenden wir uns in den folgenden Abschnitten drei Ebenen praktischer Maßnahmen der Gesundheitsförderung zu: erstens der Ebene personaler Intervention, zweitens der Ebene interpersoneller und schließlich drittens der Ebene struktureller Intervention. Alle drei Ebenen leiten sich direkt aus dem Modell beruflicher Gratifikationskrisen ab, wie dies in *Abbildung 14* veranschaulicht wird.

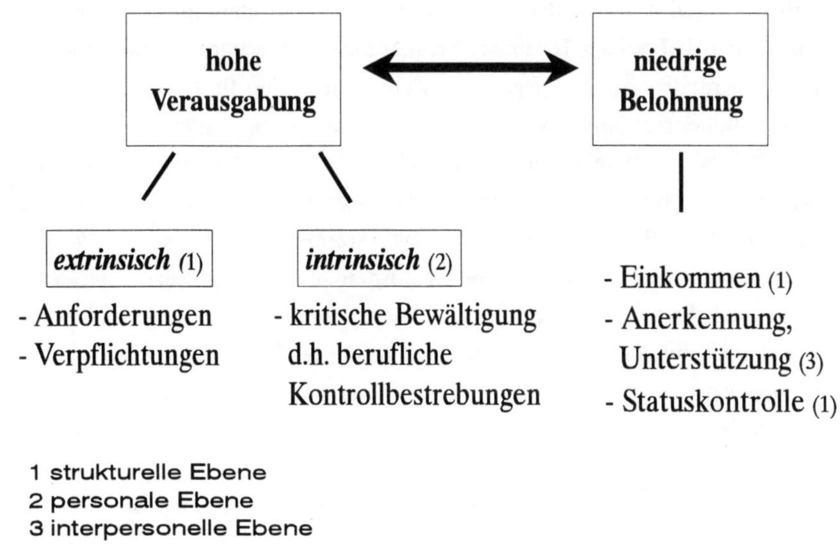

Abbildung 14. *Das Drei-Ebenen-Modell der Gesundheitsförderung*

Die *personale Ebene* bezieht sich im engeren Sinne auf die individuelle Bewertung und Bewältigung beruflicher Anforderungen, die intrinsische Komponente von Verausgabungsleistungen, wie sie im Konzept beruflicher Kontrollbestrebungen präzisiert und operationalisiert worden ist. Im weiteren Sinne sind hierbei jedoch drei Aspekte der Intervention anzusprechen:

- der Aspekt *gesundheitsbezogenen Wissens*, insbesondere des Wissens über gesundheitsschädigende Wirkungen starker und langandauernder negativer Emotionen sowie exzessiver Aktivierungen des sympatho-adrenergen Systems;
- der Aspekt der *Selbsterfahrung bzw. -wahrnehmung* von Zuständen gesteigerter Aktivierung und negativer Emotionalität;
- der Aspekt *verhaltenswirksamer Einstellungen und Motivationen*, die es zu thematisieren und zu verändern gilt.

Abschnitt 10.1 behandelt diese Aspekte in der hier gebotenen Ausführlichkeit, wobei abschließend auf die Unzulänglichkeit einer ausschließlich auf personale Maßnahmen beschränkten Intervention, wie sie heute auch in der betrieblichen Gesundheitsförderung noch weithin üblich ist (Kühn, 1993), hingewiesen wird.

In Abschnitt 10.2 wird die *interpersonelle Ebene* von Gesundheitsförderungsmaßnahmen analysiert. Hier geht es zum einen darum, Lernprozesse in Gruppen so zu nutzen, daß die auf der personalen Ebene angestoßenen Änderungen wirksam verstärkt werden. An den beiden Beispielen des Ärgertrainings und des Selbstbehauptungstrainings wird dies näher ausgeführt. Zum andern betrifft die interpersonelle Ebene der Gesundheitsförderung insbesondere in der primären Prävention jedoch den konkreten Arbeitsplatz, genauer die horizontalen und vertikalen Sozialbeziehungen unter dem Aspekt gratifikationssteigernder Maßnahmen. Trotz enger Verflechtung mit der strukturellen Ebene werden hier gezielt einzelne Maßnahmen der *Personalentwicklung* diskutiert, von denen gesundheitsfördernde Wirkungen erwartet werden dürfen. Den Abschnitt beschließt die *exemplarische Darstellung* eines in unserer Arbeitsgruppe soeben durchgeführten, als Vortest zu wertenden *betrieblichen Gesundheitsförderungsprogrammes*, das sich am Mehrebenen-Modell beruflicher Gratifikationskrisen orientiert und das in seiner ersten Phase insbesondere die personale und interpersonelle Ebene ins Zentrum stellt.

Die *strukturelle Ebene* der Intervention findet in dem in *Abbildung 14* visualisierten Modell, wiederum bezogen auf die primäre Prävention, drei Ansatzpunkte. Sie werden in Abschnitt 10.3 besprochen. An erster Stelle steht die Optimierung der Lohn-Leistungs-Relation in regulären Beschäftigungsverhältnissen. Hierzu zählen Maßnahmen wie Verbesserungen im Bereich kompensierender Lohndifferentiale, reduzierte Exposition gegenüber Schwerarbeit, Öffnung von Tarifkorridoren, Ausbau von Gewinnbeteiligungsmöglichkeiten für Arbeitnehmer sowie Abstandsgebot niedriger Erwerbseinkommen gegenüber Transfereinkommen. Einen zweiten wichtigen Ansatzpunkt bilden die nicht-monetären Anreizsysteme. Von ihrer Förderung sind weit reichende, bisher nicht ausreichend untersuchte positive Wirkungen zu erwarten, so etwa durch den Ausbau von Flexibilitätsspielräumen der Arbeitszeitgestaltung, durch Förderung eines innerbetrieblichen "Achtungsmarktes", durch ein erweitertes Angebot von mit der Arbeitsstelle assoziierten Dienstleistungen sowie durch Verbesserung inner- und überbetrieblicher Weiterbildungsangebote. Drittens schließlich beziehen sich strukturelle Interventionsschritte auf den wichtigsten und schwierigsten Bereich, die berufliche Statuskontrolle, insbesondere die Arbeitsplatzsicherheit. Bei der Diskussion beschäftigungspolitischer Optionen zeigen sich die Grenzen struktureller Intervention auf der Meso-Ebene gesellschaftlicher Systeme mit besonderer Deutlichkeit. Der letzte Abschnitt (10.4) zeigt daher an diesem Beispiel die enge Vernetzung von Meso- und Makro-Ebene gesellschaftlicher Systeme auf.

10.1 Die personale Ebene

10.1.1 Gesundheitliche Aufklärung

Der Geltungsbereich personaler, individuenbezogener Intervention in dem von uns behandelten Gebiet wird durch das Paradigma der *Lerntheorie* hinreichend genau umschrieben. Lernprozesse setzen Wissen, Einsicht, Problemlösungskompetenz und Motivation voraus. Wir müssen daher fragen, welche praktischen Konsequenzen sich aus unserem theoretischen Wissen bezüglich Informierung, Sensibilisierung, Instruierung und Motivierung gesundheitlich gefährdeter Personen bzw. Gruppen von Personen ergeben.

Daß Information eine notwendige, jedoch keinesfalls hinreichende Bedingung individueller Gesundheitsförderung darstellt, ist durch eine Fülle gesundheitspsychologischer Untersuchungen belegt worden (zusammenfassend Schwarzer, 1992). Auf zwei Ebenen ergeben sich jedoch aus unseren im zweiten Teil dargestellten Befunden dringende Aufgaben einer verbesserten gesundheitlichen Aufklärung:

- auf der Ebene des allgemeinen Wissensstandes über Risiko- und Schutzfaktoren körperlicher Krankheiten wie der hier paradigmatisch behandelten Herz-Kreislauf-Erkrankungen;
- auf der Ebene spezifischen und neuartigen Wissens über die Rolle sozio-emotionaler Distresserfahrungen bei der Entwicklung der genannten Krankheiten. Hierbei liegt eine Betonung der individuell beeinflußbaren Risiko- und Schutzfakto-

ren besonders nahe, da gesundheitliche Aufklärung zunächst als eine Aufgabe personaler Intervention betrachtet wird. Das Konzept beruflicher Kontrollbestrebungen erweist sich als hilfreicher Ansatzpunkt einer personenbezogenen Aufklärung über Distress.

Auf beiden Ebenen der gesundheitlichen Aufklärung bestehen weitverbreitete *Wissensdefizite*, die sich nicht nur auf die Kenntnis der einzelnen Einflußgrößen beziehen, sondern auch auf das Verständnis der Mechanismen und Prozesse, über welche sie das Gesundheitsgeschehen beeinflussen.

Die erste und vergleichsweise einfach zu vermittelnde Ebene ist die der etablierten kardiovaskulären Risiko- und Schutzfaktoren. Hier lassen sich aus dem referierten und gewonnenen Wissensstand zumindest die folgenden *handlungsrelevanten Informationen* zusammenfassend benennen:

- Kenntnis der je individuellen Werte bezüglich Blutdruck, Blutlipide (LDL-, HDL- und Gesamtcholesterin) und Fibrinogen; diese Kenntnis ist für alle Erwachsenen wünschenswert, besonders wichtig jedoch für Männer ab dem 40. und Frauen ab dem 50. Lebensjahr. Falls ein genetisches Risiko bekannt ist, sollte mit der Feststellung dieser Werte so früh wie möglich begonnen werden;
- Kenntnis der Normwerte dieser Größen und Einschätzung des Handlungsbedarfs bei Überschreiten dieser Werte; im einzelnen insbesondere:
- Zurkenntnisnahme der Behandlungsbedürftigkeit grenzwertiger Blutdruckwerte (vgl. Frühstadien linksventrikulärer Hypertonie bei unbehandelter Grenzwerthypertonie; Kap. 7.3);
- Zurkenntnisnahme dringender Behandlungsbedürftigkeit manifester Hypertonie sowie Kenntnis medikamentöser und nicht-medikamentöser Therapiemaßnahmen und entsprechender Erfolgskontrolle (Blutdruckselbstmessung);
- Zurkenntnisnahme der Behandlungsbedürftigkeit eines atherogenen Lipidprofils, wobei bei aller Kontroverse um entsprechende Grenzwerte LDL-Cholesterinwerte > 180 mg/dl bzw. ein LDL/HDL-Quotient > 4.0 sicherlich behandlungsbedürftig sind;
- Beachtung der Bedeutung erhöhter Blutgerinnung, insbesondere Fibrinogenwerte > 420 mg/dl und Kenntnis primär- und sekundärpräventiver Maßnahmen (z.B. Aspirin);
- Wissen über eine erhöhte kardiovaskuläre Erkrankungsgefahr bei Vorliegen von zwei oder mehr Risikofaktoren bei einer Person (z.B. Hypertonie und hohe atherogene Blutlipidwerte; vgl. Kap. 6.2);
- Kenntnis der Rolle verhaltensgebundener Risiko- und Schutzfaktoren wie Zigarettenrauchen, körperliche Bewegung, Entspannung und Regeneration, in erster

Linie jedoch Ernährung (die Empfehlungen einer herz-kreislauf-schonenden Ernährungsweise in der primären Prävention sind allgemein bekannt (vgl. Kap. 2.2);

- Wissen über die Symptome der koronaren Herzkrankheit (Angina pectoris), des akuten Herzinfarktes, der zerebrovaskulären Durchblutungsstörungen sowie des Schlaganfalls; Kenntnis von Erste-Hilfe-Maßnahmen, insbesondere der Rolle der Frühhospitalisierung bei Herzinfarkt und Schlaganfall.

Obwohl dieser Katalog von Wissensbeständen informierten und interessierten Laien recht selbstverständlich erscheinen mag, haben doch die vielen epidemiologischen, medizinsoziologischen und- psychologischen Studien immer wieder den erschreckenden Umfang von Wissensdefiziten belegt (vgl. Kap. 2, 6, 7, 8). Hier besteht also ein großer Handlungsbedarf einer bevölkerungsorientierten Präventivmedizin!

Noch größer sind mit Sicherheit Wissensdefizite auf der zweiten, oben angesprochenen Ebene der Gefährdung durch chronischen Distress. Aufklärung muß sich hier in erster Linie auf die folgenden Phänomene beziehen:

- Kenntnis der unter den Begriff "chronischer Distress" subsumierten Tatbestände und Abgrenzung gegenüber dem Alltagsverständnis von "Streß";
- Vorstellung über die herz-kreislauf-schädigende Wirkungsweise von chronischem Distress und Kenntnis der mit Distress-Zuständen verbundenen emotionalen, körperlichen und verhaltensgebundenen Reaktionen (h.a. Rolle von Schlafstörungen, vitaler Erschöpfung; vgl. Kap. 3, 8);
- Kenntnis distress-mindernder bzw. Entspannung, Wohlbefinden und Regeneration fördernder Bedingungen und Maßnahmen sowie Kenntnis der durch solche Maßnahmen herbeigeführten emotionalen, körperlichen und verhaltensgebundenen Reaktionen;
- Wissen über wichtige extrinsische sozio-emotionale und psychomentale Risiko- und Schutzfaktoren in der Arbeitswelt sowie im ausserberuflichen, persönlichen und familiären Bereich und Fähigkeit, dieses Wissen auf die eigene Lebenssituation zu übertragen;
- Wissen über wichtige intrinsische sozio-emotionale und psychomentale Risiko- und Schutzfaktoren (Eigenschaften, Bewältigungsstile bzw. -prozesse) und Fähigkeit, dieses Wissen auf die eigene Person und das bewußt wahrgenommene Verhalten zu übertragen. Dieser Punkt wird in Abschnitt 10.1.2 ausführlicher, und mit besonderem Bezug zum Konzept beruflicher Kontrollbestrebungen, besprochen.

Wie bei jedem Prozeß der Wissensvermittlung stellen sich auch hier die Kernfragen: Wer stellt das Wissen zur Verfügung, wer informiert? Welche Personengruppen bzw. einzelnen Personen sind in der Lage und bereit, dieses Wissen aufzunehmen und welche Personen sind als Zielgruppen der Wissensvermittlung vorgesehen? Wann, wo und in welcher Form wird dieses Wissen vermittelt? Wie wird sichergestellt, daß das Wissen nach den geforderten Qualitätskriterien und unter Beachtung der relevanten didaktischen Erfordernisse vermittelt wird? Welche Wirkungen zeigt das vermittelte Wissen bei den Zielpersonen bzw. -gruppen?

Obwohl wir heute in einer Informationsgesellschaft leben, sind in allen genannten Bereichen Schwierigkeiten, Versäumnisse und Defizite unschwer zu erkennen. Generell gilt, daß Wissensvermittlung, die auf Gesundheitsförderung und Krankheitsverhütung ausgerichtet ist, in unserer Gesellschaft nicht in ausreichendem Umfang und mit der hierzu erforderlichen materiellen und ideellen Unterstützung erfolgt. Dies trifft in erster Linie für die Bereiche schulische Bildung, berufliche Bildung, universitäre Aus-, Fort- und Weiterbildung und Erwachsenenbildung zu. Auch Kommunen, Verbände, Leistungsträger (z.B. Krankenkassen, Rentenversicherungsträger, Lebensversicherungsgesellschaften) und Arbeitgeber haben bis in die jüngste Vergangenheit hinein auf die präventivmedizinische Herausforderung nicht mit der notwendigen Konsequenz reagiert. Günstiger sieht die Bilanz bei den medialen Aktivitäten durch Rundfunk, Fernsehen und Presse aus, die sich dieser Thematik, bei allen Einschränkungen und Reserven im einzelnen, in teilweise vorbildlicher Weise und mit hoher Kontinuität angenommen haben.

Versuchen wir, den *Handlungsbedarf* zusammenfassend abzuschätzen, so können wir sagen:

1. Es wird auf absehbare Zeit einen hohen Informationsbedarf in den Bereichen Gesundheitsförderung und Krankheitsverhütung allgemein, und speziell bei Herz-Kreislauf-Krankheiten und ihren verhaltensmedizinischen und psychosoziologischen Aspekten geben. Dieser Informationsbedarf wird häufig erst bei Risikogruppen (z.B. nach Feststellung einer Gefährdung) bzw. in riskanten Situationen (z.B. nach Ausbruch einer Krankheit) manifest. Hier sind die gesellschaftlich verantwortlichen Gruppen aufgerufen, Wissen bereits präventiv, d.h. in früheren Lebensphasen, bei der noch nicht gefährdeten Bevölkerung zu vermitteln.

2. Wissensvermittlung muß zielgruppenspezifisch, unter Berücksichtigung unterschiedlicher Bildungs-, Motivations- und Kontextbedingungen erfolgen. Ein wesentliches Kriterium der Auswahl von Zielgruppen und der Intensität der Informationsvermittlung bildet der epidemiologisch ermittelte Gefährdungsgrad spezifischer Bevölkerungsgruppen. So sind Informations- und Motivationsbemühungen, welche auf

eine Verhütung gesundheitsschädigender Verhaltensweisen abzielen, mit hoher Priorität bei Adoleszentengruppen mit ungünstigem schulischen, beruflichen und familiären Hintergrund durchzuführen. Aufklärung über die Rolle von Hypertonie und Hyperlipidämie bei der KHK, über Therapiemaßnahmen und Compliance scheint demgegenüber bei Erwerbstätigen zwischen 30 und 45 Jahren unterhalb der Facharbeiterebene, wie wir in Kapitel 7.3 gesehen haben, von besonders hoher Dringlichkeit zu sein. Dies sind lediglich zwei Beispiele einer epidemiologisch angeleiteten Zielgruppenbestimmung.

3. Das heute greifbare kommunikationspsychologische und -soziologische Expertenwissen über wirkungsvolle Darbietung von Information, über Hintergründe des Widerstands gegenüber bzw. der Aufnahmebereitschaft von Botschaften muß in vollem Umfang umgesetzt werden. Die multimediale Informationsvermittlung muß intelligent geplant und durchgeführt werden, und es muß sorgfältig überlegt werden, wie die leicht verfügbare mediale Information mit der knappen und teuren Ressource "personale Kommunikation" kombiniert werden kann.

4. Experten müssen in weit größerem Umfang als bisher auf ihre Rolle als Informanten und Mediatoren vorbereitet werden. Dies gilt in erster Linie für die Berufsgruppe der Ärzte. Hier sind umfassende Defizite in der Aus-, Weiter- und Fortbildung aufzuarbeiten, und es sind Anreizsysteme und Qualitätsmaßstäbe zur Durchführung und Bewertung kommunikativer Leistungen zu schaffen. Für die zur Zeit sich formierenden nicht-ärztlichen Gesundheitsberufe gilt dies in ähnlicher Weise, wobei hier der paradoxe Tatbestand nicht verschwiegen werden darf, daß einige dieser Gruppen – v.a. Gesundheitspsychologen, klinische Psychologen, Sozialarbeiter im Gesundheitswesen, Suchttherapeuten – über hervorragende kommunikative Kompetenzen und verhaltensrelevante Expertise verfügen, jedoch durch die arzt-zentrierte Struktur des Gesundheitswesens nicht in dem notwendigen Umfang bzw. zum richtigen Zeitpunkt aktiviert werden können. Wir haben weiter oben festgestellt, daß Informationsdefizite bezüglich der Rolle von chronischem Distress und weiterer psychosozialer Belastungs- und Schutzfaktoren besonders gravierend sind. Diese Defizite existieren jedoch nicht nur bei den Laien, sondern gegenwärtig in ähnlich großem Umfang auch in der ärztlichen Profession. Hier öffnet sich daher den fachlich mit dieser Thematik besser vertrauten sozial- und verhaltenswissenschaftlichen Professionsgruppen im Gesundheitswesen ein Feld neuartiger, relevanter Expertise.

5. Informierung und Aufklärung bilden stets den ersten, notwendigen, jedoch kaum je hinreichenden Schritt einer beabsichtigten Verhaltensänderung, eines erfolgreichen Lernprozesses. Sie müssen daher eingebettet sein in ein Bündel von Maßnahmen der Intervention auf personaler, interpersoneller und struktureller Ebene. Auf der persona-

len Ebene sind es in erster Linie Schritte der Sensibilisierung durch Selbsterfahrung, der Identifizierung von Distress-Zuständen und der Anwendung gegenregulierender Entspannungsmaßnahmen. Dazu kommt das Einüben der Thematisierung distress-evozierender Einstellungs- und Motivationsmuster, wie sie hier in erster Linie anhand des Konzeptes beruflicher Kontrollbestrebungen identifiziert worden sind, und das Einüben veränderter Einstellungen und Verhaltensweisen im Sinne einer kognitiv-verhaltenstherapeutischen Streßbewältigung (vgl. Abschnitt 10.1.2).

10.1.2 Streßbewältigung

Es hat sich eingebürgert, von primärer Prävention immer dann zu sprechen, wenn die Adressaten im Prinzip frei von den Gefährdungen oder Erkrankungen sind, welche Gegenstand entsprechender Programme sind. Dagegen beinhaltet der Begriff der sekundären Prävention stets die Arbeit mit definierten Gruppen, die durch das Vorliegen behandlungswürdiger Risikofaktoren, subklinischer oder klinischer Krankheitszustände oder Behinderungen gekennzeichnet sind. Die Unterscheidung dieser beiden Präventionsebenen ist deshalb von großer Wichtigkeit, weil die Tatsachen unterschiedlicher Betroffenheit, unterschiedlichen Leidensdruckes und unterschiedlicher Erfordernisse der Problembewältigung je eigene Ansätze, Formen und Inhalte von Lernprozessen nahelegen. In der *primärpräventiven Streßbewältigung* besteht das Hauptziel darin, die erworbenen Kenntnisse über die Bedeutung und gesundheitliche Auswirkung von Distress mit der eigenen Lebenssituation und den eigenen Einstellungen, Wahrnehmungen und Empfindungen in Beziehung zu setzen und, darauf aufbauend, Verhaltensänderungen durch Lernen zu erzielen. Einen wesentlichen ersten Schritt in diese Richtung stellt die Sensibilisierung dar.

Sensibilisierung bedeutet, daß Distress-Phänomene von einer Person realistisch wahrgenommen und zum Thema einer Reflexion gemacht werden. Dies ist keineswegs selbstverständlich, ist doch unsere alltägliche Wahrnehmung, wie im 3. Kapitel ausgeführt wurde, darauf ausgerichtet, Unterbrechungserfahrungen soweit wie möglich auszublenden und mit hochgradig routinisierten, vorbewußten Einstellungsmustern nach dem Typus des "und so weiter" und "ich kann immer wieder" zu operieren (Schutz, 1964). Distress-Erfahrungen zeichnen sich durch ihren Bedrohungsgehalt und ihre damit gegebene "Unterbrechungsvirulenz" aus. Zahlreiche intrapsychische Prozesse der Wahrnehmungsabwehr und der Dissonanzreduktion sorgen dafür, daß unsere Alltagserfahrung im Regelfall frei von solchen Bedrohungen und Instabilitäten bleibt. Besonders stark ausgeprägt dürften solche Wahrnehmungsbarrieren gegen Distress-Erfahrungen bei Personen sein, die sich durch starke Kontrollbestrebungen auszeichnen. Im 3. Kapitel haben wir auf die besondere intrapsychische Dynamik kontrollambitionierter Personen hingewiesen, die sich in einer Verbindung von motivationalen Zuständen mit perzeptiven Mustern manifestiert: Das ausgeprägte Bestreben, in möglichst jeder Situation stark, erfolgreich und außergewöhnlich leistungsfähig zu sein, erschwert es, Erfahrungen zuzulassen, welche Kontrollverlust, Schwäche, Verletzbarkeit u.ä. signalisieren. Hier überall ist Sensibilisierung ein erstes Ziel eines Streßbewältigungsprogrammes. Sein Erfolg kann bereits daran gemessen werden, wieweit bei den Teilnehmern eine Bereitschaft besteht, einzuräumen, daß man Distress selbst erfahren hat und daß man von diesen Erfahrungen berührt und betroffen war.

Trainingsprogramme zur Streßbewältigung, wie sie heute in wachsender Zahl angeboten werden (z.B. Kaluza & Basler, 1991), legen daher zu Recht einen besonderen Akzent auf die Sensibilisierungsphase. Gesteigerte, verbesserte Wahrnehmung bezieht sich dabei sowohl auf die *Selbstbeobachtung* in belastenden Situationen wie auf die situationsspezifische und generalisierte eigene *Befindlichkeit*.

Zu den entscheidenden Fragen, die ein Streßbewältigungsprogramm mit dem Ziel einer verbesserten Selbstbeobachtung in belastenden Situationen besprechen sollte, zählen die folgenden: Was erlebe ich als für meine Lebenssituation typische, d.h. langfristig wirksame, weil wiederkehrende belastende Situation bzw. Situationen? Unter welchen Umständen manifestiert sich diese Situation (wann, wo, wie häufig)? Was trage ich selbst zum wiederholten Auftreten dieser Situation bei? Welche Gedanken gehen mir beim Erleben dieser Situation durch den Kopf? Welche Gefühle werden durch die Situation ausgelöst, verstärkt oder abgeschwächt? Bewerte ich diese Situation angemessen? Was wird von mir in der Situation gefordert? Wie reagiere ich mit Handlungen, Bewegungen, Sprache und Gefühlsausdruck in der Situation, wie im nachhinein? Erscheint mir meine Reaktion bei genauerem Hinsehen angemessen, notwendig oder überflüssig? Wie lange bin ich der als belastend erlebten Situation ausgesetzt? Führt mein Verhalten zu einer teilweise oder vollständig erfolgreichen Bewältigung der Situation? Benötige und erhalte ich Hilfe von anderen in dieser Situation? Ist das Einbeziehen anderer in die Situation angemessen? Reagiere ich heute auf eine seit längerer Zeit wiederkehrende Belastungssituation anders als zu Beginn? Wenn ja: Habe ich gelernt, die Situation erfolgreicher zu meistern? Oder habe ich meine Einstellungen zu der und meine Reaktionen auf die Situation verändert?

Im Gegensatz zu der heute weitverbreiteten kognitionspsychologischen Streßtheorie, die ihren konsequentesten Ausdruck im transaktionalen Streßmodell (Lazarus, 1991) gefunden hat, gehen wir, wie im 2. und 3. Kapitel dargelegt, von einer *emotionstheoretischen Fundierung* des Distresserlebens aus, dessen kognitive Repräsentation und Thematisierung begrenzt ist. Aus dieser Perspektive kommt der Sensibilisierung gegenüber Stimmung und Befindlichkeit einschließlich Symptomwahrnehmung im Streßbewältigungstraining eine besondere Bedeutung zu. So ist durchaus denkbar, daß sich der Bedeutungsgehalt einer Situation in vollem Umfang den Betroffenen erst erschließt, wenn sie in der Lage sind, signifikante Veränderungen ihrer Stimmung, Befindlichkeit und ihrer wahrnehmbaren physiologischen Aktivierung mit entsprechenden auslösenden Situationen in Verbindung zu bringen. Hierzu gehören erlebte Gefühle besonderer Intensität (Wut, Ärger, Scham, Schock, Panik, Verzweiflung), erlebte Zustände physiologischer Aktivierung (z.B. Herzrasen, Schweißausbruch, Tränenausbruch, trockener Mund, Schwindel, Muskelzittern, weiche Knie, Immobilität), aber auch erlebte Abweichungen im Muster des gewohnten Bewältigungsverhaltens wie Leistungseinbruch oder -versagen, einschneidende Gedächtnis- und Konzentrationsstörungen. Schließlich können bilanzierende, situationsübergreifende Gefühle der Ohnmacht, des "Ausgebranntseins", der Wirkungs- und Energielosigkeit, des generalisierten Versagens und der vitalen Erschöpfung einen kritischen Zustand der Belastungs-Bewältigungskarriere signalisieren (vgl. Kap. 3.3, 4.2).

In unseren Ausführungen zum *Konstrukt beruflicher Kontrollbestrebungen* haben wir darauf hingewiesen, daß hoch kontrollambitionierte Personen häufig Anforderungen und Bewältigungsmöglichkeiten unrealistisch einschätzen, d.h. unter- oder überbewerten, und daß eine solche kognitive Fehlwahrnehmung dem in der Regel unbewußten Motiv der Ausweitung von Kontrollhandeln und dem Erleben von Dominanzgefühlen dient. Wir haben gezeigt, daß hohe Score-Werte bei Skalen, welche berufliche Distanzierungsunfähigkeit messen, eine von den Betroffenen wahrnehmbare negative Befindlichkeit abbilden. Verbesserte Wahrnehmung einer solchen negativen Befindlichkeit und Erkundung der Kontexte, in denen sie auftritt, kann Risikopersonen im Rahmen von Streßbewältigungsprogrammen einen hilfreichen Einstieg in einen verbesserten Umgang mit Distress geben.

Wie gelingt es nun, erfahrene *Belastungen zu verringern*? Personale Streßbewältigungsstrategien lassen sich unter verschiedenen Aspekten erläutern. In zeitlicher Hinsicht können kurzfristige von längerfristig wirksamen unterschieden werden, bezüglich der zu modifizierenden Phänomene in der Person lassen sich somatische (Autonomes Nervensystem (ANS), Motorik), affektive, kognitive und overte Handlungsprozesse differenzieren, auch wenn eine exakte Trennung hier teilweise schwerfällt. In der folgenden *Tabelle 23* wird eine Übersicht über wichtige, längerfristig wirksame personale Bewältigungsstrategien auf den genannten Ebenen gegeben.

Tabelle 23
Übersicht über längerfristig wirksame personale Streßbewältigungsstrategien

somatische Ebene (ANS, Motorik)	affektiv-kognitive Ebene	Handlungsebene
- regelmäßige Entspannung (muskulär, Autogenes Training, Atemtechniken, Vorstellungsübungen, Meditation, Yoga)	- (Neu)-Bewertung von Anforderungen, Leistungsverhalten und Kontrollbedürfnis	- Problemlösungskompetenz (z.B. Handlungsplanung, Zeit- und Störungsmanagement, Delegation, Konfliktlösung)
- regelmäßige körperliche Aktivität	- Bewältigung von Ärger, Feindseligkeit und Mißtrauen	- Selbstbehauptungs- und soziales Kompetenztraining (hier auch Dosierung von Anforderungen)
- vermehrte Ruhephasen (Pausenregelung, Freizeit, Schlafdauer und -qualität)	- Förderung von Selbstwirksamkeitserfahrungen	- kompensatorische Gratifikationserfahrungen (Hobbies, soziale Kontakte)

Die in der Tabelle aufgeführten Stichworte sollen im folgenden kurz erläutert werden, ohne daß hier eine systematische Darstellung eines lerntheoretisch fundierten Streßbewältigungsprogramms erfolgen kann (vgl. Schwarzer, 1992). Die regelmäßige *Entspannung* bildet ein Kernelement der Streßbewältigung. Wache Entspannung ist ein bewußt herbeiführbarer physiologischer Zustand, der einen Gegenpol zu exzessiver Aktivierung und Erregung darstellt und der sich zugleich in typischer Weise von Schlafaktivität unterscheidet (Benson, 1983). Unter den vielfältigen aktiven Methoden der systematischen Entspannung sind muskuläre Entspannung, Atemtechniken, Autogenes Training, Vorstellungsübungen (Visualisierung), Meditation einzeln oder in bestimmten Kombinationen (Yoga) zu nennen. Als Grundlage und zugleich als Einstieg in die Einübung aktiver Entspannungstechniken ist die progressive Muskelentspannung nach Jacobsen besonders geeignet. Sie besteht bekanntlich in der aufeinanderfolgenden Anspannung der wichtigsten willentlich zu beeinflussenden Muskeln und deren anschließenden Lockerung. Die progressiv immer mehr Muskelgruppen einbeziehenden Übungen vermitteln zunehmend Empfindungen einer tiefen Entspannung, insbesondere, wenn diese mit gedanklicher Entspannung einhergeht.

Die regelmäßige Durchführung von Muskelentspannungsübungen dient der *unspezifischen Stärkung personaler Streßtoleranz.* Sie ist insoweit in ihrem Wirkungsgrad begrenzt. In Kombination mit den übrigen in *Tabelle 23* genannten Strategien ist sie jedoch sinnvoll und hilfreich, auch wenn sie mit beträchtlichen Zeitkosten verbunden ist. Denn wie jede Fertigkeit gelingt die aktive Entspannung um so besser, je regelmäßiger sie praktiziert wird. Daher empfiehlt es sich, sie zu einer möglichst gleichbleibenden Zeit in den Tagesrhythmus einzubauen, soweit Arbeitszeitgestaltung (z.B. wechselnde Schichten), persönliche und familiäre Wohn- und Lebenssituation dies ermöglichen. Gleiches gilt auch für die übrigen, in der Tabelle genannten muskulären Entspannungsverfahren, Atem- und Meditationstechniken, die allesamt Techniken konzentrativer Selbstentspannung darstellen, sei es durch Beeinflussung des vegetativen Nervensystems über Selbstsuggestion, sei es durch langsame und rhythmische Atmung, durch Visualisierung oder kontemplative Versenkung.

Vergleichbare Schutzwirkungen gegen chronisches Distresserleben gehen von *regelmäßiger körperlicher Betätigung* aus. Die gesundheitsfördernden Effekte motorischer Entladung und Entspannung in bzw. nach affektiv belastenden Situationen sind vielfach untersucht und beschrieben worden, so bereits von einem der Gründungsväter der Streßforschung (Selye, 1950). Neben den kurz- und längerfristig wirksamen physiologischen Veränderungen sind jedoch auch die psychologischen Effekte von Bedeutung, so zum Beispiel Erfolgs- und Selbstwirksamkeitsgefühle, Ablenkung, Spaß, Gruppenerlebnis. Regelmäßige körperliche Aktivität sollte nicht nur ein Gebot der aktiven Freizeitgestaltung, sondern nach Möglichkeit auch eine Maßnahme betrieblicher Gesundheitsförderung sein, soweit dies mit dem Arbeitsablauf, den räumlichen Gegebenheiten und den Tarifvereinbarungen in Einklang zu bringen ist. Ähnliches gilt auch für die dritte der hier erwähnten somatischen Strategien unspezifischer Streßbewältigung: der Beachtung angemessener *Ruhephasen.* Hier ist ebenfalls neben der Schlafdauer und -qualität, neben angemessenen Ruhemöglichkeiten im außerberuflichen Leben an ein konsequentes Einhalten bzw. Ausdehnen von Pausenregelungen am Arbeitsplatz zu denken. Arbeitszeitsouveränität und psychophysiologisch begründbare und begründete Pausen stellen wichtige Postulate differentieller, nach Belastungsschwerpunkten variierender betrieblicher Gesundheitsförderung dar.

Die *affektive* und die *kognitive* Ebene lassen sich im programmatischen Vorgehen der Streßbewältigung schwer auseinanderhalten, da bewußtseinspflichtige Emotionen ebenso wie affektive Anteile von Gedachtem zum Thema systematischer Reflexion und Einübung gemacht werden. Im Modell beruflicher Gratifikationskrisen wird die personale Determinante des Distressgeschehens auf die intrinsische Verausgabungskomponente reduziert. Hohe intrinsische Verausgabung, der auch ein hohes Belohnungs- und Anerkennungsbedürfnis inhärent ist (vgl. Dimension 1 des Konstrukts "berufliche Kontrollbestrebungen"), setzt ein spezifisches Leistungsverhalten voraus, dessen kognitiv-motivationale Wurzeln im dritten Kapitel ausführlich erörtert worden sind. Kognitiv orientierte verhaltenstherapeutische Intervention setzt daher an diesem Einflußgefüge an, in dem beispielsweise übersteigerte Leistungs- und Wirkungserwartungen, unökonomische Verausgabungsleistungen im sozialen Vergleichsprozeß interpretiert und auf ihre Motive und Ergebnisse hin befragt werden. Trennlinien zwischen dem, was gesollt und dem, was gewollt wird, werden sichtbar gemacht, und Motivationen, die dazu verleiten, durch selbstinitiierte Anforderungserhöhung Kontrollareale auszuweiten, werden bewußt gemacht. Diese spezifische *kognitions- und motivationspsychologische Komponente* eines Streßbewältigungsprogramms ist mit besonderem Erfolg in der sekundären bzw. tertiären Prävention nach Herzinfarkt in der Herz-Kreislauf-Rehabilitation erprobt worden (K. Siegrist, 1988, 1993), sie läßt sich jedoch in modifizierter Form auch in der primären Prävention anwenden. Ergänzt wird sie durch die beiden Komponenten der Ärgerbewältigung und der Förderung von Selbstwirksamkeitserfahrungen, Komponenten, deren Beeinflussung nicht ohne Bezug zur Handlungsebene denkbar ist.

Ziel des *Selbstbehauptungs- und sozialen Kompetenztrainings* ist es, im Hinblick auf das Vermeiden beruflicher Gratifikationskrisen die Verausgabungs-Belohnungsrelation so zu steuern, daß Distresserfahrungen minimisiert werden. Eine wichtige Rolle hierbei spielt die Fähigkeit zur Regulation extrinsischer Verausgabungsleistungen, das heißt von außen gestellter Anforderungen im beruflichen Alltag. Ablehnung von Anforderungen, Neinsagen, Enttäuschung von Erwartungen, Aufschieben von Verpflichtungen - dies sind insbesondere in hierarchisch strukturierten Beziehungen ausgesprochen kritische, riskante Verhaltensweisen. Ihr Einsatz muß daher sorgfältig geplant, aber auch eingeübt werden, beispielsweise gegen verinnerlichten Konformitätszwang, gegen realistische oder unrealistische Sanktionsängste. Entsprechende Trainingsmaßnahmen können sich beispielsweise am Prozeßmodell sozial kompetenten Verhaltens orientieren (Pfingsten & Hirsch, 1991).

Zwei weitere Maßnahmenbündel des Streßbewältigungsprogramms betreffen die *Problemlösungskompetenz* sowie die *kompensatorischen Aktivitäten*. Das Meistern üblicher, aber auch außergewöhnlicher Anforderungen kann auch nach Abschluß von Lernprozessen der primären und sekundären Sozialisation weiter optimiert werden. Ein beträchtlicher Anteil von Distresserfahrungen im beruflichen Alltag läßt sich auf inadäquate Problemlösungskompetenz zurückführen. Es ist daher vordringlich, diese Kompetenz beim Einzelnen zu überprüfen und so zu trainieren, daß sie erfolgreich eingesetzt werden kann. Auf die verschiedenen Programme, die hierzu erarbeitet worden sind und die Phänomene wie Handlungsplanung, Zeit- und Störungsmanagement, Delegation, Fehleranalyse, Konfliktlösung, Führungs- und Entscheidungsverhalten umfassen, kann hier nicht eingegangen werden (Grawe, 1980, Kaluza & Basler, 1991).

Nicht zu unterschätzen in ihrer distressvermindernden Wirkung sind kompensierende Aktivitäten, welche, vorzugsweise außerhalb des Berufslebens, zu einer günstigen Bilanz zwischen Verausgabungs- und Belohnungserfahrungen beitragen. Zufriedenheits- und Harmonieerlebnisse beim Ausüben von Hobbies, die der Entfaltung persönlicher Neigungen und Begabungen Raum lassen, oder bei geselligen Aktivitäten weisen jene besondere Mischung aus Anregung und Entspannung auf, welche auf physiologischer, emotionaler und kognitiver Ebene salutogene Wirkungen zu entfalten vermag (Karasek & Theorell, 1990, Csikszentmihalyi, 1975). Aus soziologischer Sicht muß an dieser Stelle mit aller Deutlichkeit auf die enge Verbindung von sozialer Schichtzugehörigkeit, beruflichem Tätigkeitsfeld (vor allem Grad der beruflichen Autonomie; Kohn & Schooler, 1983) und Repertoire von Freizeitaktivitäten hingewiesen werden: je höher die soziale Schichtzugehörigkeit, je größer die Autonomie am Arbeitsplatz, desto vielfältiger und anspruchsvoller das Freizeitrepertoire. Hier zeigt sich einmal mehr die Begrenzung eines Streßbewältigungsprogramms, welches sich ausschließlich auf die personale Ebene konzentriert.

10.2 Die interpersonelle Ebene

10.2.1 Selbstbehauptung und Anerkennung

Im vorhergehenden Abschnitt wurden neun Bereiche von Streßbewältigungsmaßnahmen erörtert (vgl. *Tabelle 23*), welche auf personaler Ebene im Rahmen primärpräventiver Trainingsprogramme geschult und zum Zweck der Gesundheitsförderung im Alltagsleben angewandt werden können. Ein solches Training wird in der Regel in Form von Gruppenprogrammen durchgeführt, wobei sich einzelne Maßnahmen selbstverständlich auch in einer therapeutischen Zweierbeziehung realisieren lassen. Ihre besondere Dynamik erhalten Lernprozesse in Gruppen dort, wo interpersonelle Beziehungen den eigentlichen Anlaß der Aktivierung und somit vordringliches Ziel der Streßbewältigung bilden. Dies soll am Beispiel des *Ärgerbewältigungs- und Selbstbehauptungstrainings* kurz veranschaulicht werden.

Auslöser intensiver Ärgergefühle bilden häufig zwischenmenschliche Beziehungen. Team- oder gefügeartige Formen der Arbeitsteilung (Popitz et al., 1957) im Industrie- oder Dienstleistungssektor, formalisierte Über-Unterordnungsbeziehungen im Betrieb und Kontakte zu Kunden geben hierzu reichlich und wiederkehrend Anlaß. Wie Williams & Williams (1993) in ihrem Ärgerbewältigungsprogramm darstellen, ist es hilfreich, bei bzw. nach jeder Ärgererfahrung die drei Fragen zu stellen:

- Bin ich im Recht?
- Ist der Anlaß meiner Verärgerung wichtig?
- Kann ich die Situation steuern bzw. auf sie wirkungsvoll reagieren?

Nur wenn die Antwort in allen drei Fällen ja lautet, sind spezifische Maßnahmen einer längerfristig wirksamen Ärgerbewältigung wie Selbstbehauptungs-, Toleranz- und Kooperationstraining angezeigt. Wirkungsvolle Selbstbehauptung setzt in gewissem Umfang Selbstsicherheit in affektiv angespannten Situationen voraus. Darunter werden selbstregulatorische Fähigkeiten wie Affektkontrolle, Kontrolle der Lautstärke der Stimme, des Verbalisierungsinhalts, der Mimik und Gestik verstanden. Selbstsicherheit wird durch die positive Selbstbekräftigung (zuversichtliches, ermunterndes, angstminderndes Selbstgespräch) und positive Selbstwirksamkeitserwartungen erhöht. Das Erlernen von Ärgerbewältigung und Selbstbehauptung im Gruppenprozeß vermittelt Erfahrungen besonderer Intensität und gilt daher als besonders wirkungsvoll. Hier können auch Verhaltensweisen eingeübt werden, welche zu einem Abbau der mit Ärgerneigung häufig einhergehenden Feindseligkeits- und Mißtrauensgefühle verhelfen (Williams & Williams, 1993), wie Toleranz, Freundlichkeit, Empathie, Humor, Entgegenkommen und Kooperationsbereitschaft. Einübung prosozialen Verhaltens und Abbau generalisierter negativer Einstellungen und Affekte bilden Kernelemente des Distress-reduzierenden Lernens in Gruppen. Sowohl in der theoretischen Fundierung wie auch in der Praxis der Gruppenarbeit sind diese Elemente bisher zugunsten körpernaher sowie individuenzentrierter Bewältigungsstrategien vernachlässigt worden.

Die interpersonelle Ebene von Streßbewältigungsmaßnahmen kann sich jedoch nicht in gruppenspezifischen Lernprozessen der primären Prävention erschöpfen. Sie muß den beruflichen Leistungs- und Belohnungszusammenhang am konkreten Arbeitsplatz ebenso berücksichtigen. Im Modell beruflicher Gratifikationskrisen werden interpersonelle Interventionsmaßnahmen auf eine *Stärkung nicht-monetärer Belohnungen* beschränkt. Damit wird ein einzelner Aspekt aus dem vielschichtigen zwischenmenschlichen Geschehen am Arbeitsplatz herausgelöst. Diese selektive Betonung ist in den ersten beiden Teilen des Buches theoretisch und empirisch begründet worden. Knüpfen wir nochmals an die Ausführungen des dritten Kapitels zu den in *Abbildung 3* visualisierten Beziehungen zwischen Selbstregulation, sozioemotionalen

Motivationen und sozialer Chancenstruktur an, so können wir sagen, daß berufliche Verausgabung im Medium zielgerichteten Handelns bei Betroffenen nicht nur Selbstwirksamkeitserfahrungen verstärkt, sondern korrespondierend auch positive externe Bewertungserwartungen stimuliert. Belohnung, Lob und Anerkennung bilden die auf positive Selbstbewertung des Empfängers zielenden Transmitter. In der Regel stellt die Zuteilung positiver Sanktionen eine Aufgabe bzw. ein Privileg von Vorgesetzten gegenüber Nachgeordneten dar. Häufig jedoch wird sie im Berufsalltag ergänzt oder kompensiert durch horizontalen Gratifikationsaustausch unter Kollegen. Beide Richtungen des nicht-monetären Gratifikationsflusses, der horizontale und der vertikale, sind von Bedeutung und eignen sich als Ansatzpunkte interpersoneller Intervention.

Unter Arbeitskollegen, speziell bei teamartiger Kooperation, bilden wechselseitige Gratifikationsbekundungen ein wesentliches Merkmal solidarischer Beziehungen. Solidarität unter gleich oder ähnlich Gestellten am Arbeitsplatz kann als kollektive Bewältigungsstrategie von Gefahren und Herausforderungen interpretiert werden, die sich in verschiedenen Formen des *reziproken Altruismus* äußert.

Reziproker Altruismus wird durch arbeitsorganisatorische Regelungen erleichtert oder erschwert. Mit dem Konzept der *autonomen Arbeitsgruppen* ist in Skandinavien in den siebziger Jahren versucht worden, Zusammenarbeit durch Lockerung der Arbeitsteilung, gemeinsame Einflußnahme, wechselseitige Unterstützung und Anerkennung zum Ansatzpunkt arbeitsorganisatorischer Streßbewältigung zu machen (Gardell, 1982, Karasek & Theorell, 1990). Diese anti-tayloristischen, auf Erhöhung von Kontrolle und Entscheidungsspielraum, auf Anreicherung von Tätigkeitsinhalten und Verbesserung sozialer Beziehungen zwischen Arbeitenden abzielenden Strategien sind in erster Linie im *Produktionssektor* erprobt worden. Die Vernetzung technischer und arbeitsorganisatorisch-sozialer Aspekte bei solchen Innovationen führte allerdings nicht selten zur grundlegenden Umwälzung der soziotechnischen Produktionssysteme, (sog. new design plans, vgl. Lawler, 1986). Erst in jüngster Vergangenheit sind, orientiert am *Anforderungs-Kontrollmodell* von Karasek (s.o. Kapitel 2 und 3), *arbeitsorganisatorische Maßnahmen* zur Erhöhung von Entscheidungs- und Kontrollspielräumen entwickelt und evaluiert worden, die sich auf kleinere Betriebseinheiten beziehen und keine gesamthafte sozio-technische Reorganisation erfordern (Karasek, 1992; s.u. Abschnitt 10.3).

Mit dem Zurückdrängen der Erwerbstätigkeit im sekundären Sektor, der weitreichenden Umgestaltung von Produktionstechniken im Neoindustrialismus und mit der Ausbreitung von Beschäftigungsverhältnissen im tertiären Sektor sind dem Konzept autonomer Arbeitsgruppen Grenzen gesetzt. Dennoch werden in bestimmten Beschäftigungssektoren anti-tayloristische Konzepte der Gruppenarbeit an Bedeutung gewinnen.

Die zweite, entscheidende Richtung des Flusses nicht-monetärer Gratifikationen erfolgt auf der *vertikalen Ebene* zwischen Vorgesetzten und Untergebenen. Hier öffnet sich ein weites Feld von Personalentwicklungsmaßnahmen, dessen Potentiale, nicht zuletzt bedingt durch arbeits- und tarifrechtliche Überregulierungen, noch längst nicht ausgeschöpft ist. Auch hier zeigt sich jedoch, daß ein gesicherter Gratifikationstransfer nur erfolgen kann, wenn auf struktureller Ebene Festlegungen erfolgen. Diese werden im nachfolgenden Abschnitt erläutert.

Zuvor soll abschließend am Beispiel eines von unserer Arbeitsgruppe soeben abschlossenen Vortests zur Entwicklung eines betrieblichen Interventionsprogramms die Kombination der bisher erwähnten Aspekte dargestellt und die Durchführbarkeit eines theoriegeleiteten Maßnahmenbündels belegt werden. Es handelt sich dabei um die zielgruppenspezifische Entwicklung und Durchführung eines betrieblichen *Streßbewältigungsprogramms bei innerstädtischen Busfahrern.*

10.2.2 Exemplarische Darstellung: ein Programm zur Streßbewältigung bei Busfahrern

Einer Gruppe von 30 männlichen und weiblichen Busfahrern im Alter von 40-60 Jahren, die seit mindestens 5 Jahren in innerstädtischen Linien einer westdeutschen Großstadt eingesetzt werden, wurde ein über 12 Wochen sich erstreckendes Streßbewältigungsprogramm angeboten, in dem sich ein jeweils gleichbleibender Kreis von bis zu 10 Teilnehmern einmal wöchentlich während 90 Minuten unter Anleitung eines erfahrenen Gruppenleiters zusammenfand. Zwei Gruppen wurden von einer klinischen Psychologin, eine Gruppe von einer klinischen Soziologin geleitet. Die Teilnahme war freiwillig. Nach dem Prinzip eines Warteschlangendesigns wurde eine gleich große Kontrollgruppe gebildet, der in Aussicht gestellt wurde, nach Abschluß der wissenschaftlich evaluierten Intervention ebenfalls an dem Programm teilnehmen zu können. Auf Einzelheiten des Untersuchunsdesigns, auf die gemessenen soziologischen, psychologischen und physiologischen Parameter kann hier nicht eingegangen werden (vgl. Siegrist, Peter et al., 1995). Das Ziel bestand darin, wesentliche der in *Tabelle 23* genannten somatischen, affektiv-kognitiven und verhaltensbezogenen Streßbewältigungsstrategien in kondensierter Form den Teilnehmern zu vermitteln. Nachfolgend soll der Aufbau der einzelnen Sitzungen kurz skizziert werden.

1. Gegenseitiges Kennenlernen; Vorstellung der Trainingsziele; Vermitteln von Gruppenregeln; aktuelles Erleben einer Streßsituation in der Gruppe (Durchführen des Farb-Wortwahltests nach Stroop, s. Kap. 9) mit freiwilligen Teilnehmern; begriffliche Erörterungen zum Thema "Streß"; Besprechen und Austeilen von Hausaufgaben; Erkunden der aktuellen Befindlichkeit ("Blitzlicht"); dieses Programm-Element erfolgt regelmäßig am Ende jeder Sitzung und wird nachfolgend nicht mehr gesondert aufgeführt.

2. Beantwortung von Fragen aus der ersten Stunde; Vertiefung von Wissen über Streß (Stichworte: Stressor, Streßreaktion, chronische und akute Bedingungen; Bewertung und personale Bewältigung; Ebenen der Streßreaktion; emotionale und physiologische Reaktionen bei aktivem versus passivem Distress; langfristige gesundheitliche Folgen); Durchführung der progressiven Muskelrelaxation (PMR: Langform); Hausaufgabe zum Streßerleben.

3. Klärung von Fragen aus vorhergehender Stunde; Erfahrungen mit der Hausaufgabe; Diskussion chronischer und akuter Stressoren im Berufsalltag von Busfahrern (Verknüpfung allgemeiner Aussagen mit persönlichen Erfahrungen, Klassifizierung und Strukturierung; Unterschiede individuellen Erlebens und Bewertens, z.T. in Kleingruppen); Durchführung PMR (Langform); Hausaufgabe: PMR üben anhand einer ausgeteilten Kassette.

4. Diskussion der Erfahrungen mit PMR-Übungen; günstige und ungünstige Formen der Belastungsbewältigung auf den 4 Ebenen (körperliche Reaktion, Gedanken, Gefühle, Verhalten); Bewußtwerden positiver und negativer Aspekte der eigenen Lebenssituation in Hinblick auf Beruf, speziell erleichternde und erschwerende Bedingungen außerhalb des beruflichen Alltags (Erfahrungsaustausch in Kleingruppen); PMR (7 Muskelgruppen); Hausaufgabe zum Zusammenhang beruflicher-außerberuflicher Situation.

5. Chronische Stressoren bei Busfahrern: Was ist veränderbar, was nicht (Themen u.a. Arbeitsorganisation, Schichteinteilung, Wendezeiten, Fahrtakte, Busausstattung, Kundenkontakt, Kommunikation mit Zentrale, Kontakt mit Kollegen und Vorgesetzten, Rationalisierung, Arbeitsplatzsicherheit, Bezahlung, beruflicher Aufstieg); Änderungen, die vom einzelnen, von der Gruppe, von den betrieblichen Instanzen ausgehen; PMR (7 Muskelgruppen); Hausaufgabe zu veränderbaren bzw. nicht veränderbaren Aspekten der beruflichen Situation; Zwischenevaluation des Kurses.

6. Möglichkeiten der Streßbewältigung bei nicht veränderbaren externen Bedingungen (realistische Wahrnehmung der Situation, bewußter Umgang mit Gefühlen, gezieltes Einsetzen von Entspannung); typische berufliche Situationen, die Ärger auslösen (Rollenspiel, Gruppengespräch); angemessene und unangemessene Ärger-

Reaktion; Grundsätze zu Ärgervermeidung und -abbau; PMR (Kurzform 4 Muskelgruppen); Hausaufgabe zum Bewußtwerden von Ärger-Erleben im Alltag.

7. Zusammenhang zwischen emotionaler Reaktion und persönlicher Disposition; Verallgemeinerung von Feindseligkeit und Mißtrauen, Bedeutung von Vertrauen, Freundlichkeit und Empathie; Selbsterfahrungsübungen zu Empathie am Beispiel des Zuhörenkönnens; PMR (Kurzform); Hausaufgaben zum Einüben von Ärger-Bewältigungsstrategien.

8. Diskussion der Erfahrungen mit Ärger-Bewältigung, ihren Chancen und Grenzen; Fähigkeit zur Selbstbehauptung in relevanten Situationen; Hinweise auf selbstunsichere versus selbstsichere Verhaltensweisen (Stimme, Mimik, Gestik, Handlungsentscheidungen); Rolle von Selbstverbalisation und positiven Gefühlen; Rollenspiele zum Einüben von Selbstbehauptung; PMR (Kurzform) mit Einführen von "Ruheworten"; Hausaufgaben zu praktischen Übungen zur Selbstbehauptung; Zwischenevaluation des Kurses.

9. Umgang mit beruflichen Anforderungen: normale und übersteigerte berufliche Kontrollbestrebungen des einzelnen; lebensgeschichtlicher und beruflicher Hintergrund; Fehlwahrnehmung (z.B. Unterschätzung) von Anforderungen; langfristig selbstzerstörerische Folgen übersteigerter Kontrollbestrebungen; Bedeutung von Ausgleichsstrategien (Sport, Geselligkeit, Freizeit, Muße); PMR (Kurzform); Hausaufgabe zu persönlichen Ausgleichsstrategien.

10. Diskussion von Widerständen gegen regelmäßiges Durchführen von Ausgleichsstrategien (incl. PMR); Vorbereitung des Treffens mit dem Vorgesetzten in der kommenden Sitzung: Sammeln von Forderungen und Änderungsvorschlägen; Ablaufplanung; angemessene Diskussionsstrategien; PMR (Kurzform).

11. Treffen mit dem Vorgesetzten: Darlegung von Forderungen und Änderungsvorschlägen (verbesserte Kommunikation, regelmäßige Mitteilungen, Versammlungen, Einbeziehung von Fahrern in Schichtplangestaltung, Verbesserung des Vorschlagwesens, spezielle Maßnahmen für ältere Fahrer, Klagen zu speziellen Arbeitszeit- und Dienstregelungen, zu Rahmenbedingungen der Busfahrertätigkeit etc.).

12. Rekapitulation des Gesprächs mit Vorgesetzten, Erörterung weiterer Schritte nach Ablauf des Trainingsprogramms; Abschlußdiskussion zu Programminhalten, Programmablauf und Teilnehmer-Erwartungen; abschließende Kursevaluation und Verabschiedung.

Dieses hier kurz skizzierte *Kursprogramm* wurde von den Teilnehmern überwiegend sehr positiv aufgenommen, sowohl bezüglich der selbständigen Durchführung und erlebten Entspannungswirkung des progressiven Muskelrelaxationstrainings als auch bezüglich wichtiger Lernziele der kognitiv-affektiven und verhaltensbezogenen

Streßbewältigung. Erste Auswertungen zeigen überdies nach 12 Wochen eine signifikante Senkung des Summenscore-Mittelwerts bei Skalen, welche den latenten Faktor "berufliche Distanzierungsunfähigkeit" des Konstrukts "berufliche Kontrollbestrebungen" messen (s. Kap. 4), in der Interventions- im Vergleich zur Kontrollgruppe.

Ein Drei-Ebenen-Modell betrieblicher Gesundheitsförderung, das sich am Konzept beruflicher Gratifikationskrisen orientiert, kann sich jedoch nicht auf die beiden bisher behandelten Aspekte der personalen und interpersonellen Intervention beschränken. Vielmehr muß die strukturelle Ebene organisatorischer Veränderungen einbezogen werden. Allerdings bildet das erwähnte Kursprogramm eine günstige motivationale, kognitive und affektive Voraussetzung für das Zustandekommen einer tragfähigen Zusammenarbeit zwischen abhängig Beschäftigten und Leitenden in den hierzu erforderlichen inner- und überbetrieblichen Gremien. Das hier vorgestellte Kursprogramm kann daher für beide Seiten als eine vorbereitende bzw. flankierende Maßnahme zur Ebene organisatorisch-struktureller Änderungen gesehen werden. In unserem Fall waren weder alle Teilnehmer zugleich Mitglieder bereits bestehender innerbetrieblicher Gremien zur Verbesserung der Arbeits- und Gesundheitsbedingungen, noch bildete die Streßbewältigungsgruppe eine Keimzelle neuer betrieblicher Gesundheits"zirkel". Allerdings sollte auf zweifache Weise ein Transfer der Ergebnisse der Kursarbeit in strukturelle Maßnahmen sichergestellt werden:

- durch Präsentation und Diskussion der in der Gruppenarbeit entwickelten und vom Interventionsteam überarbeiteten und ergänzten Änderungsvorschläge beim Vorstand des Unternehmens, beim betriebsärztlichen Dienst und beim Gesamtbetriebsrat;
- durch das Angebot einer beratenden Begleitung von Organisations- und Personalentwicklungsmaßnahmen, die als Konsequenz aus dem Kursprogramm in einschlägigen innerbetrieblichen Arbeitskreisen zur Umsetzung vorbereitet werden sollen.

Es ist uns bewußt, daß das für eine spezielle Zielgruppe entwickelte, an einem theoretischen Konzept orientierte und in einem kleinen Modellversuch erprobte Streßbewältigungsprogramm nur begrenzte Geltung, Reichweite und Wirkung beanspruchen kann. Dennoch ist deutlich geworden, daß die in den bisherigen Abschnitten des Kapitels auf einer vergleichsweise allgemeinen Ebene besprochene Gesundheitsförderungsmaßnahmen erfolgreich konkretisiert werden können.

10.3 Die strukturelle Ebene

10.3.1 Die Lohn-Leistungs-Relation

Monetäre Gratifikationskrisen spielen eine wichtige Rolle beim Distresserleben im beruflichen Alltag, auch wenn ihre Wirkung häufig durch Phänomene begrenzter beruflicher Statuskontrolle überlagert wird. So zeigte sich beispielsweise in unserer Industriearbeiterstudie (Studie I), daß ökonomischer Zwang zu fortgesetzter Akkordarbeit einen wichtigen Belastungskontext für hohe Blutdruckwerte darstellt (vgl. *Abbildung 6*). Von diesem Zwang ist allerdings vorwiegend die Gruppe der angelernten Arbeiter betroffen, die über einen geringen Grad beruflicher Statuskontrolle verfügt. Angst vor Versetzung, blockierter Aufstieg, Statusinkonsistenz in Form einer beruflichen Abwärtsmobilität und Arbeitsplatzunsicherheit stellen nicht allein erwerbsstatusspezifische Bedrohungen dar, sondern sie belasten die Betroffenen zusätzlich – und vielleicht zuallererst konkret spürbar – durch absehbare Einkommenseinschränkungen bzw. durch das Nichteintreffen erwarteter Einkommensverbesserungen. Je geringer der Abstand des mühsam erarbeiteten Erwerbseinkommens zum gesellschaftlich abgesicherten Mindesteinkommen durch Transferzahlungen wird, desto größer wird nicht nur das objektive Verarmungsrisiko, sondern auch das subjektive Benachteiligungsgefühl und die daraus folgende negative Selbstbewertung.

Aber selbst bei höheren Einkommensgruppen bildet die Erfahrung eines Ungleichgewichts zwischen erbrachter Leistung und finanzieller Entlohnung eine Quelle chronischen Distresserlebens. In der Industriemeisterstudie (Studie II) zeigte sich, daß die stellvertretenden Meister immer dann unter der Tatsache litten, eine Gehaltsstufe niedriger als die Meister bezahlt zu werden, wenn ihr im Vergleich zu den Meistern größerer Arbeitseinsatz offenbar bzw. spürbar wurde. So war beispielsweise die Intensität des Zigarettenkonsums unter der Belastungskonstellation hoher Verausgabung (hohe Anzahl unterstellter Mitarbeiter) und niedriger Belohnung (fehlende kollegiale Anerkennung, blockierter Aufstieg) signifikant erhöht (vgl. *Tabelle 16*), und eine erhöhte Hypertonieprävalenz fand sich in diesem Kollektiv bei denjenigen Männern, deren hohe Arbeitsbelastung, gemessen anhand des Indikators "Belastung durch häufige Unterbrechungen", mit Angst vor Versetzung – und damit Einkommenseinbuße – einherging (vgl. *Tabelle 14*). Schließlich zeigten unsere Ergebnisse bei Industriearbeitern in China (Studie III), daß auch eine überdurchschnittliche Einkommenssituation das Herz-Kreislauf-Risiko erhöhen kann, wenn sie mit ungewöhnlich hoher Verausgabung (Überstunden) erkauft wird und im Verein mit verstärkter wirtschaftlicher Zukunftsangst auftritt (vgl. Abschnitt 6.3).

Aus diesen Befunden können wir folgern, daß zumindest unter präventivmedizinischen Aspekten nicht so sehr eine numerische Lohn- und Gehaltshöhe den Ansatzpunkt einkommens- und tarifpolitischer Maßnahmen bilden muß, sondern vielmehr eine *relationale*, das Lohn-Leistungs-Verhältnis abwägende Bezahlung. Aus dieser Schlußfolgerung lassen sich verschiedene konkrete Folgerungen ableiten, die teilweise nicht nur gegen unternehmerische Interessen verstoßen, sondern auch tarifrechtliche Traditionen in den Gewerkschaften tangieren.

Die erste Forderung betrifft das *Abstandsgebot zwischen Erwerbs- und Transfereinkommen.* Im dritten Kapitel haben wir unter Hinweis auf ein berühmtes Zitat von John Stuart Mill begründet, warum statusniedrige Erwerbsarbeit stets mit einer relativen Benachteiligung einhergeht: Schwerarbeit wird nicht angemessen durch höhere Lohnzahlungen kompensiert, weil das entsprechende Arbeitsmarktsegment keine Arbeitsplatzalternativen besitzt. Tatsächlich ist für die deutsche Arbeitnehmerschaft in einzelnen Fallstudien nachgewiesen worden, daß kompensierende Lohndifferentiale bei statusniedrigen Gruppen nicht erfolgen (Lorenz & Wagner, 1989). Schwerarbeit lohnt sich somit im allgemeinen nicht. Diese Erfahrung wird umso schmerzlicher, je geringer der Abstand des leistungsabhängigen Erwerbseinkommens in den untersten Lohngruppen zum leistungsunabhängigen Transfereinkommen wird. Wenn die statistischen Berechnungen zutreffen, wonach zur Zeit in den alten Bundesländern ein Sozialhilfeempfänger, der einem Drei-Personen-Haushalt vorsteht, 85% des Nettoarbeitsentgelts eines Industriearbeiters der untersten Leistungsgruppe erhält, dann zeigt sich hier ein klarer gesellschaftspolitischer Handlungsbedarf. Dieser Handlungsbedarf kann nicht darin bestehen, die niedrigsten Lohngruppen mit steigenden Sozialhilfesätzen automatisch anzuheben, da dies zu Lohnverzerrungen führen würde, die sich wiederum in erhöhten Rationalisierungsmaßnahmen und erhöhter Arbeitslosigkeit in diesen unterprivilegierten Gruppen niederschlügen. Vielmehr müssen deutliche Signale dahingehend gesetzt werden, daß Transferzahlungen transitorische bzw. subsidiäre Funktionen besitzen und daß ihre kontinuierliche Gewährung an das Vorliegen gesetzlich definierter Kriterien gebunden wird.

Eine zweite Forderung bezieht sich auf den *Ausbau kompensierender Lohndifferentiale insbesondere in unteren Lohngruppen.* Generell läßt sich sagen, daß die tarifpolitischen Bestimmungen in Deutschland nicht genügend Rücksicht auf das Produktivitäts- und Arbeitsbelastungsgefälle nehmen. Wichtige Differenzierungskriterien hierfür bilden die Branchenzugehörigkeit, die regionale Lage, das Qualifikationsniveau der Beschäftigten und der Umfang in Kauf genommener Arbeitserschwernisse und damit verbundener gesundheitlicher Belastungen. Es ist nicht von der Hand zu weisen, daß mit einer solchen Differenzierung des Tarifwesens neue Konflikte aufbrechen und daß durch eine Dezentralisierung von Verhandlungsmacht gewerkschaftliche Einflußchancen geschmälert werden können. Diese Risiken sind gegen die vermutlich höherwertigen Risiken einer Verschlechterung der Beschäftigungslage infolge Arbeitsplatzexports abzuwägen. Jedenfalls sind *Flexibilitätsspielräume der Tarifpolitik* konsequent auszugestalten. Hierzu zählt die Errichtung sog. tarifvertraglicher Korridore, die einzelnen Branchen unter definierten Bedingungen Abweichungen vom Ecklohn gestatten, ebenso die Festlegung tarifvertraglicher Optionen, die eine Kompensation niedrigerer Löhne durch Freizeit bzw. durch bestimmte Bonussysteme gestatten. In unserem Zusammenhang ist jedoch in erster Linie eine verstärkte Berücksichtigung psychomentaler und sozio-emotionaler Arbeitsbelastungen bei der Festlegung von Kriterien für die Gewährung kompensierender Lohndifferentiale zu fordern. Wer die im zweiten Teil dargestellten Forschungsergebnisse ernst nimmt, wird es schwer haben, eine Begrenzung von Erschwerniszulagen auf Arbeitsbedingungen, die zu einem erhöhten Berufsunfall- oder Berufskrankheitsrisiko führen, argumentativ zu vertreten.

Mit einer dritten Forderung wird der Zusammenhang zwischen *Beschäftigungsdauer* und *Lohnhöhe* angesprochen. In der *Humankapitaltheorie* wird üblicherweise davon ausgegangen, daß schulisches und berufliches Bildungsniveau gemeinsam mit der Dauer der Berufserfahrung und der Dauer der Berufszugehörigkeit die Lohn- bzw. Gehaltshöhe bestimmen. Unterstellt wird damit ein Zusammenhang zwischen Fähigkeit, Produktivität und Einkommen. Allerdings wird die Dauer der Berufszugehörigkeit vergleichsweise geringer honoriert als das Qualifikationsniveau, da sich in vielen Längsschnittanalysen eine umgekehrt u-förmige Beziehung zwischen Dauer der Berufszugehörigkeit und Einkommen nachweisen läßt. In einer ökonometrischen Zusatzanalyse zu unserer Industriearbeiterstudie (Studie I) haben Lorenz & Wagner (1989) gezeigt, daß die Betriebszugehörigkeit in den drei Werken des Metallunternehmens zumindest bei ausbildungsadäquat eingestellten Beschäftigten sich nicht in höheren Löhnen niederschlägt, d. h. nicht honoriert wird. Diese Beobachtung ist sicherlich auf dem Hintergrund einer oligopolistischen bzw. monopolistischen Arbeitsmarktstellung des Unternehmens in einer Region mit ländlicher Industriearbeiterschaft zu interpretieren. In unserem Zusammenhang ist die Tatsache von besonderer Bedeutung, daß bestimmte Arbeitnehmergruppen mit einer hohen Betriebszugehörigkeitsdauer zugleich ihre starke gesundheitliche Gefährdung in Kauf nehmen und dafür, genau betrachtet, nicht nur nicht angemessen entschädigt, sondern sogar finanziell benachteiligt werden. Am deutlichsten ist dies beim Übergang von Akkordlohn in Zeitlohn sichtbar. Viele der von uns untersuchten Industriearbeiter an Akkordarbeitsplätzen fühlten sich nach 10, 15 oder 20 Jahren Akkordarbeit physisch und psychisch an der Grenze ihrer Leistungsfähigkeit angelangt und waren von tiefgreifenden Erschöpfungszuständen gekennzeichnet. Ihren besonderen Antrieb zu einem weiteren Aushalten dieser belastenden Situation erhielten sie einzig und allein dadurch, daß ihnen eine finanzielle Rückstufung nach Aufgabe der Akkordarbeit drohte. Hier ist ein vordringlicher Handlungsbedarf gegeben: die Expositionsdauer gegenüber Schwerarbeit muß zeitlich begrenzt und der Übergang zu leichterer Arbeit nach erbrachter Verausgabung besser honoriert werden. *Lohndifferenzierungen*, welche *gesundheitsgefährdende Arbeitsbedingungen in einer erwerbsbiographischen Perspektive* angemessen berücksichtigen, stellen u. E. die wichtigste tarifpolitische Forderung dar, die aus unseren Forschungsergebnissen abzuleiten ist.

Der Maßnahmenkatalog zur Verbesserung der Lohn-Leistungs-Relation ist mit diesen drei Forderungen mit Sicherheit nicht erschöpft. So drängen sich beispielsweise Verbesserungen im Bereich der Gewinnbeteiligung von Arbeitnehmern und im Bereich der Entwicklung alternativer Bonussysteme auf. Jedoch zeigen die drei genannten Forderungen den aus präventivmedizinischer Sicht besonders dringlichen Handlungsbedarf auf. Zugleich wird aber auch deutlich, wie begrenzt die Interventionschancen von Instanzen sind, deren Aufgabenbereich in der betrieblichen Gesundheitsförderung liegt. Es darf sicherlich als besonderer Glücksfall gewertet werden, daß nach Abschluß unserer Industriemeisterstudie in einem großen deutschen Automobilunternehmen (Studie II) von der Unternehmensleitung beschlossen wurde, die Gehälter der stellvertretenden Industriemeister auf die gleiche Gehaltsstufe wie diejenige der Industriemeister anzuheben!

10.3.2 Nicht-monetäre Gratifikationen

Unsere Forschungsergebnisse sind schon allein deshalb von praktischer Bedeutung, weil sie zeigen, wie wichtig nicht-ökonomische, nicht-monetäre, nicht-materielle Aspekte von Belohnungserwartungen und -erfahrungen für Wohlergehen und körperliche Gesundheit sind. Zwar sind Zusammenhänge zwischen solchen symbolischen Erfahrungen und der Arbeitszufriedenheit aus der Forschungsliteratur zum sog. Betriebsklima seit langem bekannt, aber neu dürfte der Nachweis sein, daß diese Erfahrungen dann, wenn sie im Verein mit hoher, kontinuierlicher beruflicher Verausgabung erlebt werden, die Herz-Kreislauf-Gesundheit direkt beeinträchtigen. Erinnert sei in diesem Zusammenhang nochmals an den Nachweis eines Zusammenhangs zwischen erwarteter, jedoch nicht erfolgter Reziprozität von Hilfeleistung und Höhe der Blutgerinnung bei Industriemeistern (vgl. *Tabelle 15*), oder an die Bedeutung der Variable "fehlende kollegiale Anerkennung" bei der Abschätzung des Risikos starken Rauchens. Häufig summieren sich Erfahrungen niedriger monetärer und nicht-monetärer Gratifikationen zu einer Intensität des Distresserlebens, deren einzelne Bestandteile den Betroffenen nicht explizit bewußt sind. Dies wird beispielsweise in dem Summenscore bzw. Quotienten beruflicher Belastungserfahrungen deutlich, der eine lineare Beziehung zum kardiovaskulären bzw. hormonellen Reaktionsgeschehen unter standardisierter mentaler Provokation aufweist (vgl. Kapitel 9). Zum einen ergeben sich aus diesen Erkenntnissen praktische Folgerungen für die *Fortbildung von Führungspersonal*, u.a. auch für Leiter von Personalabteilungen in Unternehmen. Personalentwicklungsmaßnahmen erhalten unter dem hier vertretenen präventivmedizinischen Aspekt eine neue Verbindlichkeit und Dringlichkeit. Zum andern werden auf vier Ebenen *Organisationsentwicklungsmaßnahmen* nahegelegt, deren Ziel es ist, nichtmonetäre Gratifikationskrisen zu verringern und damit längerfristig die Gesundheit der Beschäftigten zu erhalten.

Die erste Ebene betrifft die Förderung eines *innerbetrieblichen "Achtungsmarktes"*. Der öffentliche Ausdruck von Lob, Wertschätzung, Achtung und Anerkennung besonderer Leistungen, der seinen sichtbarsten Ausdruck im Zuteilen von Preisen, Auszeichnungen oder exklusiven Mitgliedschaften erfährt, bildet bisher im allgemeinen ein Privileg besonders hoch qualifizierter Berufsgruppen. Es spricht vieles dafür, den Achtungsmarkt für besondere berufliche Leistungen auch Mitgliedern weniger privilegierter Berufsgruppen zu öffnen. Selbstverständlich richten sich die positiven Sanktionen nach Art, Umfang und Bedeutung erbrachter Leistungen und müssen gegen inflationäre Tendenzen ebenso abgesichert werden wie monetäre Belohnungen. Es kann nicht Aufgabe dieses Abschnittes sein, konkrete Anregungen für die Entwicklung eines Achtungsmarktes für einzelne Branchen, Beschäftigtengruppen etc. zu geben, vielmehr geht es hier darum, die Notwendigkeit einer systematischen Ergänzung monetärer um nicht-monetäre Gratifikationen zu verdeutlichen. Ansatzpunkte ergeben sich beispielsweise bei der Aufwertung des innerbetrieblichen Vorschlagswesens, bei inner- oder überbetrieblichem Wettbewerb oder bei der Erhöhung von Leistungstransparenz zwischen abhängig Beschäftigten und Vorgesetzten. Nach unseren Erfahrungen ist der zuletzt genannte Punkt von besonderem Gewicht. Insbesondere in großen Abteilungen werden Vorgesetzte nur über negative Vorfälle von Untergebenen unterrichtet; positive Leistungen werden in der vertikalen Linie selten thematisiert; damit sind auch Chancen einer gehaltvollen, weil informierten und individualisierten positiven Rückmeldung durch Vorgesetzte begrenzt. Dem gegenwärtig unter anderen Aspekten diskutierten Abbau von Hierarchieebenen (lean management) kommt im Hinblick auf eine Erhöhung sozio-emotionaler Gratifikationserfahrungen bei abhängig Beschäftigten hohe Bedeutung zu.

Auf einer zweiten Ebene von Organisationsentwicklungsmaßnahmen drängen sich Verbesserungen der *zeitlichen Flexibilität von Beschäftigungsverhältnissen* auf. Angesichts der Kostbarkeit der Ressource "Zeit" bilden Fortschritte im Bereich der Arbeitszeitreglementierung das vielleicht bedeutsamste nicht-monetäre Gratifikationspotential. Einerseits ist hier an Maßnahmen zu denken, welche besondere berufliche Leistungen durch Privilegien einer individualisierten, flexiblen Regelarbeitszeit honorieren, andererseits an die Gewährung von Sonderurlaub als Ausdruck einer bilanzierenden nicht-monetären Gratifikation.

Eine dritte, wichtige Maßnahme scheint allerdings an eine bestimmte Unternehmensgröße gebunden zu sein: das betriebsinterne bzw. betriebsnahe *Angebot von Dienstleistungen*. Erwerbstätige Mütter, deren Kinder in einem betriebseigenen Kindergarten betreut werden, erfahren diese Option vermutlich als wesentlich stärker gratifikationsfördernd als die Möglichkeit, an einem vergleichbaren Arbeitsplatz ohne Kinderbetreuung einen höheren Lohn zu erzielen. Banken, Lebensmittelgeschäfte, Beratungsdienste wie z.B. Reisebüros, Autoreparaturwerkstätten etc. in erreichbarer Nähe des Arbeitsplatzes zu haben – dies bildet für viele Beschäftigte einen besonderen Anreiz. Hier überall handelt es sich allerdings nicht, wie bei den bisher besprochenen Maßnahmen, um individuell zuteilbare Gratifikationsleistungen. Vielmehr betreffen sie hier die gesamte Belegschaft. Die Motive eines Unternehmens, in solche zusätzlichen Dienstleistungen zu investieren, können vielfältig sein und von einer Kompensation besonderer Arbeitsbelastungen bzw. Standortnachteile über Sicherung eines qualifizierten Mitarbeiterstammes bis hin zu Maßnahmen einer spezifischen "Unternehmenskultur" reichen. In diesem Zusammenhang sind auch besondere betriebliche Gesundheitsfördermaßnahmen wie differenzierte Kantinenmenus, die auch regelmäßig vegetarische Diät anbieten, Betriebssportangebote sowie Ausbau der betrieblichen Gesundheitsdienste zu sehen.

Auch die vierte Entwicklungsmaßnahme hat neben der individuellen eine kollektive Komponente: der *Ausbau des inner- und überbetrieblichen Fort- und Weiterbildungsangebotes*. Einerseits gehört es zur bewährten Praxis, daß Betriebe Opportunitätskosten in Form von Qualifizierungsmaßnahmen bei denjenigen Beschäftigten investieren, die durch besonderen Einsatz und besondere Produktivität hervorstechen. Andererseits stellen betriebliche Weiterbildungsangebote häufig die wichtigste kollektive Gratifikationsstrategie dar, einer Belegschaft Lernchancen, individuelle Entwicklungsmöglichkeiten, Aufstieg und Arbeitsplatzsicherheit zu gewährleisten. In der Betonung der Wichtigkeit des inner- und überbetrieblichen Weiterbildungsangebotes sind sich die Vertreter der beiden, in Teil I besprochenen theoretischen Konzepte gesundheitlich relevanter Arbeitsbelastungen, des Anforderungs-Kontroll-Modells und des Modells beruflicher Gratifikationskrisen, vollkommen einig. Es kann daher an dieser Stelle auf die wertvollen Erfahrungen und Vorarbeiten der Arbeitsgruppen um Karasek (Karasek & Theorell, 1990, Karasek, 1992), Theorell (Theorell, 1993, Orth-Gomer et al., 1995 und Landsbergis, 1994) bei der Verbesserung innerbetrieblicher Qualifizierung verwiesen werden. Es ist allgemein bekannt, daß Humankapitalinvestitionen auch Investitionen in die Arbeitsplatzsicherheit darstellen. Daher kommt der Förderung inner- und überbetrieblicher Fort- und Weiterbildung auch im Kampf gegen die Arbeitslosigkeit eine wichtige Rolle zu (vgl. Abschnitt 10.3.3).

10.3.3 Berufliche Statuskontrolle

Die nachhaltigsten, stärksten und bisher am besten replizierbaren Belastungsaspekte beruflicher Gratifikationskrisen beziehen sich, mit Ausnahme des kritischen personalen Bewältigunsmusters "berufliche Distanzierungsunfähigkeit", auf die begrenzte berufliche Statuskontrolle. So konnten wir zeigen, daß blockierter sozialer Aufstieg ebenso wie Arbeitsplatzunsicherheit mit einer Erhöhung atherogener Lipidwerte bzw. einem erhöhten Risiko der Ko-Manifestation von atherogenen Lipidwerten und Bluthochdruck assoziiert sind (vgl. *Tabellen 8, 12 und 13*), und daß Angst vor erzwungener beruflicher Mobilität gehäuft bei hypertensiven Industriemeistern vorgefunden wird (vgl. *Tabelle 14*). Besonders schwerwiegend sind unsere Befunde zu vorzeitigen nicht-tödlichen und tödlichen Herzinfarkt- und Schlaganfallereignissen bei Industriearbeitern. Statusinkonsistenz (v.a. berufliche Abwärtsmobilität) und Arbeitsplatzunsicherheit erwiesen sich als besonders bedeutsame Prädiktoren (vgl. *Tabellen 19* und *20*).

Interventionsmaßnahmen zur Erhöhung beruflicher Statuskontrolle auf betrieblicher Ebene sind begrenzt. Dennoch muß unter präventivmedizinischen Gesichtspunkten gefordert werden, daß die diesbezüglich verfügbaren Maßnahmen der Organisations- und Personalentwicklung ausgeschöpft werden. Zu diesen Maßnahmen zählen u.a. die periodische Überprüfung der innerbetrieblichen Beförderungskriterien, der Abbau dysfunktionaler vertikaler Statusdifferenzierungen, die Rotation von Positionen mit erhöhter Verantwortung, die Berücksichtigung des Anciennitätsprinzips bei unvermeidbaren Umsetzungen und Entlassungen bzw. Investitionen in die Beschäftigungsgarantie sowie das innerbetriebliche Krisenmanagement bei erhöhten Arbeitslosigkeitsrisiken. So begrenzt diese Maßnahmen auch sind, so sehr vermögen sie doch andererseits gesundheitsfördernde Wirkung zu entfalten, wenn sie konsequent realisiert werden.

Betriebliche Beschäftigungsgarantie und damit einhergehende hohe berufliche Statuskontrolle der Kernbelegschaft wird allerdings maßgeblich von der Produktivität des Unternehmens mitbestimmt. Faktoren, welche Produktivität, Umsatz, Gewinn, Marktstellung und Profil eines Unternehmens beeinflussen, sichern mittelbar auch die Arbeitsplätze. Hier zeigt sich die überragende Rolle, welche dem Unternehmensmanagement für die Beschäftigungssicherheit zukommt. In Deutschland haben verschiedene Entwicklungen auf Arbeitgeber- und Arbeitnehmerseite zu der als durchaus kritisch zu bewertenden Beschäftigungssituation beigetragen, die sich im Untersuchungszeitraum unserer drei Studien angebahnt und seit Beginn der neunziger Jahre zugespitzt hat. Zu nennen sind in diesem Zusammenhang die Saturierung des kriegsbedingten Aufbau- und Nachholbedarfs, die Resistenz gegenüber zukunftsträchtigen Schlüsseltechnologien wie Mikroelektronik, Computerindustrie, Gentechnologie, das Verharren in Technologien, die zwar früher zum Aufstieg der deutschen Wirtschaft wesentlich beigetragen haben, jedoch heute weltweit verfügbar sind (Verbrennungsmotoren, Autos, Kunststoffe), die weite Verbreitung veralteter Produktions- und Führungskonzepte (vor allem der Massenproduktion), die Subventionierung nicht-innovativer Produktionsbereiche und die Vernachlässigung der Arbeitsplatzentwicklung im Dienstleistungssektor.

Im Zuge der Globalisierung der Wirtschaft und der damit einhergehenden Verlagerung von Arbeitsplätzen kommt der wachsenden Schere zwischen Produktivitäts- und Lohnzuwachs, die in Deutschland gegenwärtig zu beobachten ist, kritische Bedeutung zu. Wir haben bereits an anderer Stelle auf die vielfältigen tarif- und arbeitsrechtlichen Regulierungen hingewiesen, die eine nicht am Produktivitätszuwachs orientierte Lohnpolitik begünstigen. Die vielfältigen Vorteile eines Hochlohnlandes mit umfassender sozialer Sicherung könnten sich auf diese Weise bereits in näherer Zukunft teilweise als Hindernisse einer tragfähigen wirtschaftlichen Entwicklung erweisen. Zumindest ist die Befürchtung nicht von der Hand zu weisen, daß diejenigen Länder vorrangig den wachstumsfördernden Arbeitsmarkt besetzen werden, die in der Lage sind, einen maximalen Produktivitätszuwachs bei begrenztem Lohnzuwachs zu erzielen. Dies scheint zumindest das gemeinsame Merkmal der gegenwärtig bezüglich Wachstumsdynamik besonders aussichtsreichen Volkswirtschaften zu sein. Es muß heute allerdings eine offene Frage bleiben, ob die ökologischen, gesellschaftlichen und gesundheitlichen Folgelasten eine solche Entwicklung rechtfertigen.

10.4 Ausblick

Thema dieses Buches waren die gesundheitlichen Auswirkungen sozialer Krisen im Erwerbsleben. Dabei galt unser besonderes Augenmerk vollzeitbeschäftigten Männern im mittleren Erwachsenenalter, die im industriellen Sektor einer stark entwickelten (Deutschland) bzw. sich rasch entwickelnden (China) Volkswirtschaft tätig sind. Die Distresswirkung sozialer Krisen wurde von uns im Bezugssystem einer Korrespondenz von erwerbsstatusgebundenen Leistungs-, Belohnungs- und Zugehörigkeitsoptionen und von sozio-emotionalen Motivationslagen positiver Selbstregulation interpretiert. Strukturelle und funktionale Dysbalance zwischen gesellschaftlicher Chancenstruktur im Erwerbsleben und selbstregulatorischen Bedürfnissen erwerbsfähiger Personen im frühen und mittleren Erwachsenenalter führt zu chronischem Distresserleben mit relevanten gesundheitlichen Folgen. Dies wurde für eine spezifische, weitverbreitete und daher als prototypisch erachtete Form funktionaler Dysbalance zwischen Leistung und Belohnung im Erwerbsleben genauer belegt (Modell beruflicher Gratifikationskrisen). Wir wiesen anhand von Daten aus Längsschnitt- und Querschnittstudien eigenständige Effekte von Indikatoren beruflicher Gratifikationskrisen auf das Risiko frühzeitig sich manifestierender Herz-Kreislauf-Erkrankungen und auf die Wahrscheinlichkeit, an einem oder mehreren der wichtigen Risikofaktoren zu leiden, nach. Diese in ihrer Intensität und Vielfalt neuartigen Erkenntnisse haben uns aufgrund ihrer präventivmedizinischen und gesundheitspolitischen Bedeutung veranlasst, auf den drei Ebenen der Person, der Gruppe und der strukturell-organisatorischen Rahmenbedingungen neue Möglichkeiten der Prävention und Gesundheitsförderung zu erkunden.

In diesem Buch konnte die *Tragweite* unseres analytischen Ansatzes nur am Rande diskutiert werden. Während erste Ergebnisse darauf hindeuten, daß das Modell beruflicher Gratifikationskrisen auch im tertiären Erwerbssektor seine Gültigkeit besitzt und daß es bei vollzeitbeschäftigten Frauen in ähnlicher Weise wie bei Männern anwendbar ist, bleibt es zukünftigen Untersuchungen überlassen, Einflüsse tiefgreifenden sozio-kulturellen und sozio-ökonomischen Wandels auf das Distress-Potential beruflicher Gratifikationskrisen zu untersuchen. Es ist klar geworden, daß unsere Betonung des Stellenwerts der Erwerbsarbeit für Individualisierung und positive Selbstregulation auf die überragende Bedeutung des *westlichen Modernisierungsprozesses* verweist.

Moderne Gesellschaften sind ihrem Selbstverständnis nach individuationsfördernde, den Lebenszusammenhang in Primärgruppen transzendierende Gesellschaften. Zu den Bedingungen der Modernität gehört unter anderem auch, daß die gesellschaftliche

Chancenstruktur ein ausreichendes Angebot an Statuspositionen für die Realisierung individuationsfördernder Motivationen im Kontext der Erwerbsarbeit zur Verfügung stellt. Moderne Gesellschaften sind meritokratisch organisiert: in der Triade von Ausbildung, beruflichem Status und Erwerbseinkommen manifestiert sich der Motor dieser individuationsfördernden Entwicklung. Es ist daher einsichtig, daß entscheidende Differenzierungen im System gesellschaftlicher Wertschätzung und Achtung entlang der Trennlinie zwischen Erwerbseinkommen einerseits und Transfereinkommen bzw. subsidiär gewährtem Unterhalt andererseits verlaufen. Denn beide Einkommensformen, Transferleistung und Subsidiaritätsprinzip, bedrohen im Kern, sollten sie sich massenhaft ausbreiten, die an die meritokratische Triade gebundene Autonomieentwicklung moderner Gesellschaften. Sie bedrohen sie, indem sie in vormoderne Abhängigkeiten von Familienverband und staatlicher Fürsorge zurückführen und damit repressive Einschränkungen individueller Wahlfreiheit und selbstregulatorischer Bedürfnisartikulation mit sich bringen.

Was geschieht nun aber, wenn diese Konstruktion von innen her zerbricht, wenn der Gesellschaft in großem Umfang die Arbeit ausgeht, z. B. aufgrund technologisch erreichter Fortschritte in der Arbeitsproduktivität, aufgrund struktureller *Arbeitslosigkeit?* Was geschieht, wenn Millionen Menschen Arbeit suchen, ohne sie zu finden, obwohl sie daraufhin sozialisiert, qualifiziert und motiviert worden sind?

Erstens wächst in einer solchen Situation der Druck auf Wirtschaft und Gesellschaft, Arbeit besser zu verteilen, z.B. durch Begrenzung von Wochenarbeitszeit, Lebensarbeitszeit, durch Erosion des Vollzeiterwerbsverhältnisses, durch – nicht unumstrittene – arbeitsmarktpolitische Maßnahmen wie Frühpensionierung.

Zweitens wächst der Druck auf Teile der von Arbeitslosigkeit Betroffenen, durch Qualifizierung und Requalifizierung am Arbeitsmarkt zu partizipieren. Zugleich wächst die relative Verelendung derer, die hierzu nicht mehr in der Lage sind, und es nimmt gesamtwirtschaftlich die Segmentierung des Arbeitsmarktes zu, d.h. die Aufteilung in zwei Sektoren von Beschäftigten, in einen gut ausgebildeten, flexibel einsetzbaren Sektor von Kernbelegschaften und einen prekär qualifizierten, wenig mobilen, unsicher beschäftigten Sektor von Randbelegschaften.

Man kann sich aber auch vorstellen, daß in einer solchen Situation wachsender Arbeitslosigkeit neue Beschäftigungsverhältnisse entwickelt werden, Beschäftigungen in einem zweiten Arbeitsmarkt, in dem ein Niedrigarbeitskostensektor mit akzeptablen Einkommen entsteht, aber auch Beschäftigungsverhältnisse, die durch Formen solidarischer Hilfeleistung gekennzeichnet sind, bei denen auch nicht-monetäre Anreize wie Zeitsouveränität und gesellschaftliche Wertschätzung eine Rolle spielen.

Im Augenblick fällt es schwer, abzuschätzen, welche Entwicklungen angesichts der jüngsten *Globalisierung des Arbeitsmarktes* zu erwarten sind. Zwei Tatbestände sind jedenfalls klar: Strukturelle Arbeitslosigkeit großen Umfangs bedroht langfristig zentrale Werte und Normen der Leistungsgesellschaft und des mit ihr intendierten Entwicklungsschubs einer Individualisierung von Lebensverhältnissen. Hohe strukturelle Arbeitslosigkeit produziert wachsende direkte und indirekte soziale Kosten, die weiter gesteigert werden durch gesundheitliche Kosten in Form des Leidens an der Gesellschaft. Und zweitens: Erwerbsarbeit wird für all jene, die sie besitzen, somit für die gesellschaftliche Mehrheit, zu einer knappen, damit kostbaren, weil werterhaltenden Ressource. So wie wir in der näheren Zukunft aller Voraussicht nach mit einem steigenden Umweltbewußtsein und einem steigenden Kostenbewußtsein rechnen können, so wird sich vermutlich auch ein steigendes Wertbewußtsein angesichts knapper werdender Erwerbsarbeit ausbreiten. Damit erhält auch das Thema *Gesundheit und Arbeit* eine neue Aktualität.

Erwerbsarbeit wird in Zukunft mit mehr Rücksicht auf die Gesundheit der Beschäftigten gestaltet werden müssen. Dies bedeutet eine verstärkte Bekämpfung krankmachender Arbeitsbedingungen, eine gezielte Politik betrieblicher Gesundheitsförderung und insbesondere verstärkte Maßnahmen, die Gesundheit auch älterer Arbeitnehmer zu erhalten. Erwerbsarbeit wird in Zukunft auch in stärkerem Maße die arbeitsbezogenen individuellen Motivationen und Ansprüche der Beschäftigten berücksichtigen müssen. Sie wird bestrebt sein, berufliche Gratifikationskrisen zu verringern und damit mittelbar wiederum die Gesundheit der Beschäftigten ebenso wie die Qualität ihrer Produktion zu fördern. Schließlich wird Erwerbsarbeit in Zukunft in stärkerem Maße sozial geteilte, in Gruppen organisierte Tätigkeit sein. Die gesundheits- und produktivitätsfördernden Aspekte neuer Formen von sozialem Rückhalt und Kollektivitätserfahrung im Arbeitsprozeß werden an Bedeutung gewinnen, insbesondere in Verbindung mit zu erwartenden neuen Flexibilitätsspielräumen. Diese letzteren ermöglichen neue Erfahrungen von Zeitsouveränität, neue Arrangements zwischen Freizeit und Arbeitszeit, aber auch verstärkte Integrationschancen rehabilitierter und requalifizierter Erwerbsfähiger, mithin die partielle Auflockerung eines geschlossenen Arbeitsmarktes von lebenslang Vollzeitbeschäftigten. Wie weit diese Entwicklungen geeignet sind, die ungünstigen Auswirkungen sozialer Krisen auf die menschliche Gesundheit nachhaltig zu verringern, muß gegenwärtig eine offene Frage bleiben.

Literatur

Ablad, B., Björkmann, J. A., Gustafsson, D., Hansson, G., Östlund-Lindquist & Petterson, K. (1988). The role of sympathetic activity in atherogenesis: effects of beta-blockade. *American Heart Journal, 116*, 322-327.

Ahern, D. K., Gorkin, L., Anderson, J. L., Tierney, C., Hallstrom, A., Ewart, C., Capone, R. J., Schron, E., Kornfeld, D., Herd, J. A. & Follick, M. J. (1990). Biobehavioral variables and mortality on cardiac arrest in the Cardia Arrhythmia Pilot Study (CAPS). *American Journal of Cardiology, 66,* 59-62.

Allen, M.T., Boquet, A.J. & Shelley, K.S. (1991). Cluster analyses of cardiovascular sponsivity to three laboratory stressors. *Psychosomatic Medicine, 53*, 272-288.

Alpert, B. S. & Wilson, D. W. (1992). Stress reactivity in childhood and adolescence. In J. R. Turner, A. Sherwood & K. C. Light (Eds.), *Individual differences in cardiovascular responses to stress* (pp. 103-124). New York: Plenum.

Antonovsky, A. (1967). Social class, life expectancy, and overall mortality. *Milbank Memorial Fund Quarterly, 45*, 31-73.

Antonovsky, A. (1987). *Unraveling the mystery of health: how people manage stress and stay well*. San Francisco: Jossey Bass.

Appels, A. (1980). Psychological prodromata of myocardial infarction and sudden death. *Psychotherapy and Psychosomatics, 34*, 187-195.

Appels, A., Kop, W., Meesters, C., Markusse, R., Golombeck, B. & Falger, P. (1994). Vital exhaustion and the acute coronary syndroms. *International Review of Health Psychology,* 3, 65-95.

Appels, A. & Mulder, P. (1989). Fatigue and heart disease. The association between vital exhaustion and past, present and future coronary heart disease. *Journal of Psychosomatic Research, 33*, 727-738.

Appels, A., de Vos, J., van Diest, R., Höppener, P., Mulder, P. & de Groen J. (1987). Are sleep complaints predictive of future myocardial infarction? *Activitas Nervosa Superior,29 (Suppl.)*, 147-151.

Arnetz, B.B., Wassermann, J., Petrini, B., Brenner, S.O., Levi, L., Eneroth, P., Salovaara, H., Hjelm, R., Salovaara, L., Theorell, T. & Petersson, I.L. (1987). Immune function in unemployed women. *Psychosomatic Medicine, 49*, 3-12.

Assmann, G., Berg, A. & Breithardt, G. (1990). Nationale Cholesterin-Initiative. *Deutsches Ärzteblatt, 87, 17,* 1-20.

Assmann, G. & Schulte, H. (1992). Relation of high density lipoprotein cholesterol and triglycerides to incidence of atherosclerotic coronary artery disease (the PROCAM experience). *American Journal of Cardiology, 70*, 733-737.

Axelrod, J. & Reisine, T. D. (1984). Stress hormones. *Science, 224*, 452-459.

Backhaus, K., Erichson, B., Poinke, W., Schuchard-Fischer, C. & Weiber, R. (1985). *Multivariate Analysemethoden*. Berlin: Springer.

Ballieux, R.E., Cullen, J., Fielding, J.F., L'Abbate, A., Siegrist, J. & Wegman, H.M. (Eds.) (1984). *Breakdown in human adaptation to stress: towards a multidisciplinary approach*. Boston: Martinus Nijhoff.

Baltes, P. B. (Ed.) (1993). *Successful aging*. Cambridge: Cambridge University Press.

Badura, B., Kaufhold, G., Lehman, H., Pfaff, H., Schott, D. & Waltz, M. (1987). *Leben mit dem Herzinfarkt*. Berlin: Springer.

Bandura, A. (1986). *Social foundations of thought and action*. Englewood Cliffs, NJ: Prentice Hall.

Bandura, A. (1992). Exercise of personal agency through the self-efficacy mechanism. In R. Schwarzer (Ed.), *Self-efficacy: thought control of action* (pp. 3-38). Washington, DC: Hemisphere.

Barken, O.J. & Martyn, C.N. (1992). The maternal and fetal origins of cardiovascular disease. *Journal of Epidemiology and community Health, 46*, 8-11.

Barker, D.J. & Osmond, C. (1986). Infant mortality, childhood nutrition, and ischaemic heart disease in England and Wales. *The Lancet, 1,* 1077-1081.

Beamish, R.E., Singal, T.K. & Dhalla, N.S. (Eds.) (1985). *Stress and heart disease*. Boston: Martinus Nijhoff.

Beck, U. (1986). *Risikogesellschaft*. Frankfurt: Suhrkamp.

Bengtsson, C., Hällstrom, T. & Tibblin, G. (1973). Social factors, stress experience, and personality traits in women with ischemic heart disease compared to a population sample of women. *Acta Medica Scandinavica (Suppl.), 549*, 82-92.

Benson, H. (1983). The relaxation response. In T. M. Dembroski, T. H. Schmidt & G. Blümchen (Eds.), *Biobehavioral bases of coronary heart disease* (pp. 439-449). Basel: Karger.

Berger, P.A. & Hradil, S. (Hrsg.) (1990). Lebenslagen, Lebensläufe, Lebensstile. *Soziale Welt, Sonderband 7*.

Berger, P.L. & Luckmann, T. (1969). *Die gesellschaftliche Konstruktion der Wirklichkeit*. Frankfurt: S. Fischer.

Berkman, L.F. (1995). The role of social relations in health promotion. *Psychosomatic Medicine*, *57*, 245-254.

Bernhardt, R., Feng, Z., Siegrist, J., Cremer, P., Deng, Y., Dai, G. & Schettler, G. (1990). *Die Wuhan-Studie*. Berlin: Springer.

Biemer, P.P., Groves, R.M, Lyberg L.E., Mathiowetz, N.A. & Sudman, S. (Hrsg.) (1991). *Measurement Errors in Surveys*. New York: Wiley.

Blalock, H.M. (1981). *Conceptualization and measurement in the social sciences.* Beverly Hills: Sage.

Bolm-Audorff, U. (1983). *Berufliche Belastungen und koronare Herzkrankheiten*. Frankfurt: R.F. Fischer.

Bowlby, R.P.L. (1979). *The making and breaking of affectional bonds*. London: Tavistock.

Braverman, H. (1974). *Labor and monopoly capital: the degradation of work in the 20th century*. New York: Monthly Review Press.

Brenner, M.H. (1973). *Mental illness and the economy*. Cambridge: Harvard University Press.

Broadhead, W.E., Caplan, B.H., James, S.A. & Gehlbach, S. H. (1983). The epidemiologic evidence for a relationship between social support and health. *American Journal of Epidemiology, 117,* 521-537.

Brose, H.G., Wohlrab-Sahr, M. & Corsten, M. (1993). *Soziale Zeit und Biographie*. Opladen: Westdeutscher Verlag.

Brown, G. W. & Harris, T. O. (Eds.) (1989). *Life events and illness*. New York: Guilford.

Brown, M.S. & Goldstein, J.L. (1986). A receptor mediated pathway for cholesterol homeostasis. *Science*, *232,* 34-47.

Bruhn, J.G., Chandler, B., Lynn, T.N. & Wolf, S. (1966). Social characteristics of patients with coronary heart disease. *American Journal of Medical Sciences, 251*, 629-637.

Buchmann, M. (1985). Krankheitsverhalten: die Bedeutung von Alltagsvorstellungen über Gesundheit und Krankheit. In A. Gebert, F. Gutzwiller, C. Kleiber & G. Kocher (Hrsg.), *Der Umgang mit Gesundheit und Krankheit* (S. 71-83). Horgen: Schweizerische Gesellschaft für Gesundheitspolitik.

Bühl, W.L. (1984). *Krisentheorien*. Darmstadt: Wissenschaftliche Buchgesellschaft.

Cannon, W.B. (1928). The mechanisms of emotional disturbance of bodily functions. *New England Journal of Medicine*, *198*, 877-884.

Caplan, G., Cobb, S., French, J.R.P., Harrison, R.V. & Pinneau, S.R. (1975). *Job demands and worker health: main effects and occupational differences*. Washington: NIOSH Publication 75-160, U.S. Department of Health, Education and Welfare.

Carmody, T.P., Istvan, J., Matarazzo, J.D., Connor, S.L. & Connor, W.E. (1986). Applications of social learning theory in the promotion of heart-healthy diets: The Family Heart Study dietary intervention model. *Health Education Research, 1,* 13-27.

Casper, M., Wing, S., Strogatz, D., Davis, C.E. & Tyroler, H.A. (1992). Antihypertensive treatment and US trends in stroke mortality, 1962 to 1980. *American Journal of Public Health, 82,* 1600-1606.

Cassel, J. Heyden, S., Bartel, A.G. & Kaplan, B.H. (1971). Incidence of coronary heart disease by ethnic group, social class, and sex. *Archives of Internal Medicine, 128*, 901-906.

Castelli, W.P., Abbot, R.D. & McNamara, P.M. (1983). Summary estimates of cholesterol used to predict coronary heart disease. *Circulation, 67*, 730-736.

Castelli, W.P., Anderson K.A. (1986). A population at risk. *American Journal of Medicine, 80 (Suppl 2A)*: 23-32.

Changeux, J.P. (1984). *Der neuronale Mensch*. Reinbek: Rowohlt.

Christensen, N.J. (1989). Das Netzwerk der Neurotransmitter. In R.D. Hesch (Hrsg.). *Endokrinologie* (S. 272-283). München: Urban & Schwarzenberg.

Cicourel, A.V. (1974). *Methode und Messung in der Soziologie*. Frankfurt: Suhrkamp.

Clark, R.W. (1979). Sleep apnea. *Primary Care, 6*, 653-679.

Cobb, S. (1976). Social support as a moderator of life stress. *Psychosomatic Medicine, 38*, 300-314.

Cockerham, W.C. (1992). *Medical sociology (5th Edition)*. Englewood Cliffs: Prentice Hall.

Cohen, S. (1988). Psychosocial models of the role of social support in the etiology of physical disease. *Health Psychology, 7*, 265-297.

Cooper, C. L. & Payne, R. (Eds.) (1988). *Causes, coping and consequences of stress at work*. Chichester: Wiley.

Coresh, J., Klag, M. J. & Mead, L. A. (1992). Vascular reactivity in young adults and cardiovascular disease: a prospective study. *Circulation, 19*, 218-223.

Costa, T. de, Zonderman, A.B, McCrae, R.R. & Williams, R.B. (1986). Cynicism and paranoid alienation in the Cook and Medley Ho scale. *Psychosomatic Medicine, 48*, 283-285.

Cremer, P., Nagel, D., Labrot, B., Muche, R., Elster, H., Mann, H. & Seidel, D. (1991). *Göttinger Risiko-, Inzidenz- und Prävalenzstudie (GRIPS)*. Berlin: Springer.

Cremer, P., Nagel, D., Labrot, B., Mann, H., Muche, R., Elster, H. & Seidel, D. (1994). Lipoprotein Lp(a) as predictor of myocardial infarction in comparison to fibrinogen, LDL cholesterol and other risk factors. *European Journal of Clinical Investigation, 24,* 444-453.

Crisp, A., Queenan, M. & D´Souza, M.F. (1984). Myocardial infarction and the emotional climate. *The Lancet, i*, 616-619.

Cryer, P.E., Haymond, M.W. & Santiago, J.V. (1976). Norepinephrine and epinephrine re-release and adrenergic mediation of smoking associated hemodynamic and metabolic events. *New England Journal of Medicine, 295*, 573-577.

Csikszentmihalyi, M. (1975). *Beyond boredom and anxiety*. San Francisco: Jossey-Bass.

Darwin, C.E. (1859). *On the origin of species by means of natural selection, or, the preservation of favoured races in the struggle for life*. London: Murray.

Darwin, C.R. (1872). *The expression of the emotions in man and animals*. Reprint 1965. Chicago: The University of Chicago Press.

Davies, M.J. (1990). A macro and micro view of coronary vascular insult in ischemic heart disease. *Circulation, 82 (Suppl. II)*, 38-46.

Dawber, T.R. (1980). *The Framingham study*. Cambridge: Harvard University Press.

Deanfield, J. E., Shea, M. & Ribiero, P. (1984). Transient ST segment depression as a marker of myocardial ischemia during daily life. *American Journal of Cardiology, 54*, 1195-1200.

DeGraba, T.J., Fisher, M. & Yatsu, F.M. (1992). Atherogenesis and strokes. In H.J.M. Barnett , J.P. Mohr, B.M. Stein & F.M. Yatsu (Eds.), *Stroke: pathophysiology, diagnosis, and management* (p. 29-48) (2nd edition). New York: Churchill Livingstone.

Dembroski, T.M., Schmidt, T.H. & Blümchen, G. (Eds.) (1983). *Biobehavioral bases of coronary heart disease*. Basel: Karger.

Dennett, D.C. (1991). *Consciousness explained*. London: Penguin.

Dimsdale, J.E. & Herd, J.A. (1982). Variability of plasma lipids in response to emotional arousal. *Psychosomatic Medicine, 44*, 413-430.

Dittmann, K. & Matschinger, H. (1982). *Soziale Belastungen, Bewertungsmuster und Streß*. Unveröffentlichter Abschlußbericht an die Deutsche Forschungsgemeinschaft. Marburg.

Dittmann, K., Matschinger, H. & Siegrist, J. (1985). *Fragebogen zur Messung von Kontrollambitionen. Skalenhandbuch*. Zentrum für Umfrage, Methoden, Analysen. Mannheim.

Dixhoorn, J. van (1990). *Relaxation therapy in cardiac rehabilitation*. Unpublished Doctoral Dissertation. Medical Faculty, University of Rotterdam.

Dixon, W.J., Brown, M.B. Engelman, L., Frane, J.W., Hill, M.A., Jenrich, R.I. & Toporek, J.D. (1983). *BMDP Statistical Software*. Berkeley, CA: University of California Press.

Dockerey, D.W. & Pope, C.A. (1994). Acute respiratory effects of particulate air pollution. *Annual Review of Public Health, 15*, 107-132.

Doeringer, P. & Piore, M.J. (1971). *Internal labour market and manpower analysis*. Boston: Boston University Press.

Dohrenwend, B.P. & Dohrenwend, B.S. (Eds.) (1981). *Stressful life events and their contexts*. New York: Prodist.

Doornen van, L.J.P. & Blokland van, R. (1987). Serum cholesterol; sex specific psychological correlates during rest and stress. *Journal of Psychosomatic Research, 31*, 239-249.

Doornen van, L.J.P., Knol, D., Willemsen, D. & de Geus, E.J.C. (1994). The relationship between reactivity in the laboratory and in real-life: is reliability the limiting factor? *Journal of Psychophysiology, 8*, 289-296.

Duncan, O.D. (1984). *Notes on social measurement.* New York: Russell Sage Foundation.

Durkheim, E. (1897). *Der Selbstmord* (Neuausgabe 1973). Neuwied: Luchterhand.

Efron, B. (1975). The efficiency of logistic regression compared to normal discriminant analysis. *Journal of the American Statistical Association, 70*, 892-898.

Engel, G.L. (1968). A life setting conducive to illness: The giving-up, given-up complex. *Archives of Internal Medicine, 69,* 293-300.

Epstein, F.H., Kannel, B., Klimov, N. & Meade, T.W. (1987). Relation of risk factors to clinical events. In A.G. Olsson (Ed.), *Atherosclerosis. Biology and clinical science* (pp. 381-388). Edinburgh: Churchill Livingstone.

Erikson, E.H. (1963). *Childhood and society*. New York: Norton.

Ernst, E. (1990). Fibrinogen: an independent risk factor for cardiovascular disease. *British Medical Journal, 303*, 596-597.

Esler, M.D., Julius, S., Zweifler, A., Randall, O., Harburg, E., Gardiner, H. & DeQuattro, V. (1977). Mild high-renin hypertension. *New England Journal of Medicine, 296*, 405-411.

Esler, M.D., Jennings, G., Lambert, G., Meredith, J., Horne, M. & Eisenhofer, G. (1990). Overflow of catecholamine neurotransmitters to the circulation: source, fate, and functions. *Physiological Review, 70,* 963-985.

Falk, A., Hansun, B.S., Isacsson, S.O. & Ostergren, P.O. (1992). Job strain and mortality in elderly men: social network, support, and influence as buffers. *American Journal of Public Health, 82,* 1136-1139.

Farquhar, J.W., Fortmann, S.P. & Flora, J.A. (1990). Effects of community-wide education on cardiovascular disease risk factors. The Stanford Five-City Project. *Journal of the American Medical Association, 264*, 359-365.

Folkow, B. (1990). Personal and historical perspectives in hypertension: "structural factors" in primary and secondary hypertension. *Hypertension, 16*, 89-101.

Follick, M. J., Ahern, D. K. & Borkin, L. (1990). Relation of psychosocial and stress reactivity variables to ventricular arrhythmias in the Cardiac Arrhythmia Pilot Study (CAPS). *American Journal of Cardiology, 66*, 63-67.

Forsdahl, A. (1977). Are poor living conditions in childhood and adolescence an important risk factor for arteriosclerotic heart disease? *British Journal of Preventive and Social Medicine, 31*, 91-95.

Foucault, M. (1973). *Die Geburt der Klinik*. München: Hanser.

Fox, J. (Ed.) (1989). *Health inequalities in European countries*. Aldershot: Gower.

Fox, J. & Goldblatt, P.O. (1982). *Longitudinal Study 1971-1975: England and Wales*. Office of Population Censuses and Surveys. London: Her Majesty's Stationery Office.

Frank, C. & Smith, S. (1990). Stress and the heart: biobehavioral aspects of sudden cardiac death. *Psychosomatics, 31*, 255-264.

Frankenhaeuser, M. (1983). The sympathetic-adrenal and pituitary-adrenal response to challenge. In T.M. Dembroski, T.H. Schmidt & G. Blümchen (Eds.), *Biobehavioral base of coronary heart disease* (pp. 91-105). Basel: Karger.

Frankenhaeuser, M. & Gardell, B. (1976). Underload and overload in working life: outline of a multidisciplinary work. *Journal of Human Stress, 2,* 34-46.

Fredrikson, M. & Matthews, K. A. (1990). Cardiovascular responses to behavioral stress and hypertension: a meta-analytical review. *Annals of Behavioral Medicine, 12*, 30-38.

Freeman, H. & Levine, S. (Eds.) (1989). *Handbook of medical sociology* (4th edition). Englewood Cliffs: Prentice Hall.

Friczewski, S., Maschewsky, W., Naschold, F., Wotschak, P. & Wotschak, W. (1987). *Herz-Kreislauf-Krankheiten und industrielle Arbeitsplätze*. Frankfurt: Campus.

Friedman, M. & Rosenman, R.H. (1974). *Type A behaviour and your heart*. New York: Knopf.

Fuster, V., Badimon, L., Badimon, J.J. & Chesebro, J.H. (1992). The pathogenesis of coronary artery disease and the acute coronary syndromes. *New England Journal of Medicine, 326*, 242-250 and 310-318.

Gaillard, A.W.K. & Wientjes, C.J.E. (1993). A framework for the evaluation of work stress by physiological reactivity. In F. La Ferla & L. Levi (Eds.), *A healthier work environment* (pp. 266-282). Copenhague: World Health Organization.

Galton, D.J. (1987). DNA polymorphisms for genetic analysis of atherosclerosis. In G. Schlierf & H. Moerl (Eds.), *Expanding horizons in atherosclerosis research*. Berlin: Springer.

Ganten, D. & Ritz, E. (Hrsg.) (1985). *Lehrbuch der Hypertonie*. Stuttgart: Schattauer.

Gardell, B. (1982). Worker participation and autonomy: a multilevel approach to democracy at the workplace. *International Journal of Health Services, 12*, 527-558.

Garfinkel, A. (1983). A mathematics for physiology. *American Journal of Physiology, 245*, 455-466.

Garfinkel, H. (1967). *Studies in ethnomethodology*. Englewood Cliffs: Prentice Hall.

Gebelin, M.S. & Hirsch, C.S. (1980). Human stress cardiomyopathy: Myocardial lesions in victims of homicidal assaults without internal injuries. *Human Pathology, 11*, 123-129.

Gecas, V. (1989). The social psychology of self-efficacy. *Annual Review of Sociology, 15*, 291-316.

Gehlen, A. (1958). *Der Mensch, seine Natur und seine Stellung in der Welt*. Bonn: Athenäum.

Geiger, T. (1932). *Die soziale Schichtung des deutschen Volkes* (Nachdruck 1987). Stuttgart: Enke.

Geissler, R. (1986). *Die Sozialstruktur Deutschlands* (Neuauflage 1992). Opladen: Leske.

Gerrard, J.M. & Peterson, D.A. (1985). The contribution of platelets to stress-related cardiovascular disease. In B.E. Beamish, P.K. Singal & N. Dhalla (Eds.), *Stress and heart* disease (pp. 331-345). Boston: Martinus Nijhoff.

George, R. & Ramasarma, T. (1977). Nature of the stimulation of biogenesis of cholesterol in the liver by noradrenaline. *Biochemistry Journal, 162*, 493-498.

Glass, D. (1977). *Behavior patterns, stress and coronary heart disease*. Hillsdale: Erlbaum.

Glass, D. C., Krakoff, L. R. & Contrada, R. (1980). Effect of harassment and competition upon cardiovascular and catecholamine responses in type A and type B individuals. *Psychophysiology, 17*, 454-463.

Glass, L. & Mackey, M.C. (1988). *From clocks to chaos: the rhythms of life*. Princeton: Princeton University Press.

Goffmann, E. (1963). *Stigma* (deutsche Ausgabe 1975). Frankfurt: Suhrkamp.

Gohlke, H., Gohlke-Bärwolf, C., Peters, K., Schmitt, M., Katzenstein, M., Gaida, C., Schneider, E. & Roskamm, H. (1989). Prävention des Zigarettenrauchens in der Schule. *Deutsche Medizinische Wochenschrift, 114*, 1780-1784.

Goldberger, A.L., Peng, C.K., Mietus, J., Hausdorff, J.M., Havlin, S. & Stanley, H.E. (1992). Long range correlations in healthy dynamics and their breakdown with disease: a new paradigm for physiological monitoring. *Proceedings of the 14th Annual International Conference of the IEEE Engeneering in Medicine and Biology Society, 14*, 969-970.

Grawe, K. (Hrsg.) (1980). *Verhaltenstherapie in Gruppen*. München: Urban & Schwarzenberg.

Greif, S., Bamberg, E. & Semmer, N. (Hrsg.) (1991). *Psychischer Streß am Arbeitplatz*. Göttingen: Hogrefe.

Grignani, G., Soffiantino, F., Zucchella, M., Pacchiarini, L. & Tavazzi, L. (1991). Platelet activation by emotional stress in patients with coronary artery disease. *Circulation, 83 (Suppl. II)*, 128-136.

Grundy, S.M. & Griffin, C. (1959). Effects of periodic mental stress on serum cholesterol levels. *Circulation, 19*, 496-498.

Guilleminault, C., Cummisky, J. & Dement, W. (1980). Sleep apnea syndromes: recent advances. *Advances of Internal Medicine, 26*, 347-372.

Habermas, J. (1973). *Legitimationsprobleme im Spätkapitalismus*. Frankfurt: Suhrkamp.

Hack, L. (1994). Industriesoziologie. In H. Kerber & A. Schmieder (Hrsg.), *Spezielle Soziologien* (S. 40-74). Reinbek: Rowohlt.

Hacker, W. (1978). *Allgemeine Arbeits- und Ingenieurpsychologie*. Bern: Huber.

Hahn, P. (1971). *Der Herzinfarkt in psychosomatischer Sicht*. Göttingen: Vandenhoek & Ruprecht.

Haines, A., Imeson, D. & Meade, T. (1987). Phobic anxiety and ischaemic heart disease. *British Medical Journal, 295*, 297-299.

Hall, E. (1990). *Women's work: an inquiry into the health effects of invisible and visible labor*. Stockholm: Akademitryck.

Hall, E. (1994). Women, work, and health: employment as a risk factor for coronary heart disease. *Journal of Preventive Cardiology, 4*, 25-38.

Hansson, G. K. (1993). Immune and inflammatory mechanisms in the development of atherosclerosis. *British Heart Journal, 69 (Suppl.1)*, 38-41.

Harrison, R.V. (1978). Person-environment fit and job stress. In C.L. Cooper & R. Payne (Eds.), *Stress at work* (pp. 175-205). Chichester: Wiley.

Haynes, S.G., Eaker, E.D. & Feinleib, M. (1983). Sponse behavior and coronary heart disease in men: prospective results from the Framingham Heart Study. *American Journal of Epidemiology, 118*, 1-22.

Haynes, S.G., Feinleib, M. & Cannel, W.B. (1980). The relationship of psychosocial factors to coronary heart disease in the Framingham-Study. *American Journal of Epidemiology, 111*, 37-58.

Heller, R.F., Williams, H. & Sittampalam, Y. (1984). Social class and ischaemic heart disease: use of the male:female ratio to identify possible occupational hazards. *Journal of Epidemiology and Community Health, 38*, 198-202.

Hellhammer, D., Florin, I. & Weiner, H. (Eds.) (1988). *Neurobiological approaches to human disease*. Toronto: Huber.

Helmert, U., Shea, S., Hermann, B. & Greiser, E. (1990). Relationship of social class characteristics and risk factors for coronary heart disease in West Germany. *Public Health*, 104, 399-416.

Henke, K.D. (1990). Zur ökonomischen Evaluation der Prävention von Herz-Kreislaufkrankheiten. In M. Arnold, C. von Ferber & K.D. Henke (Hrsg.), *Ökonomie der Prävention* (S. 95-122). Stuttgart: Bleicher.

Henry, J.P. (1992). Biological basis of the stress response. *Integrative Physiological and Behavioral Science, 27*, 66-83.

Henry, J.P., Liu, J. & Meehan, W.P. (1995). Psychosocial stress and experimental hypertension. In J.H. Laragh & B.M. Brenner (Eds.), *Hypertension. Pathophysiology, diagnosis, and management* (2nd edition) (pp. 905-921). New York: Raven Press.

Henry J.P. & Stephens P.M. (1977). *Stress, health, and the social environment*. New York: Springer.

Hertzman, C. (1995). *Environment and health in central and eastern Europe. A report for the Environmental Action Programme*. Washington, DC: World Bank.

Hesch, R.D. (Hrsg.) (1989). *Endokrinologie*. München: Urban & Schwarzenberg.

Hess, W.R. (1957). *The functional organization of the diencephalon*. J.R. Hughes (Ed.). New York: Grune & Stratton.

Hinkle, L.E., Benjamin, B., Christenson, W.N. & Ullmann, D.S. (1966). Coronary heart disease. 30-year experience of 1160 men. *Archives on Environmental Health, 13*, 312-321.

Hinkle, L.E. Jr, Whitney, L.H., Lehman, E.W. & Dunn, J. (1968). Occupation, education and coronary heart disease: risk is influenced more by education and background than by occupational experiences, in the Bell System. *Science, 161*, 238-246.

Hoeltz, J., Bormann, C. & Schroeder, E. (1990). *Subjektive Morbidität, Gesundheitsrisiken und Inanspruchnahme von Gesundheitsleistungen*. München: Infratest.

Holst, D. von (1972). Renal failure as the cause of death in Tupaia belangeri (tree shrews) exposed to persistent social stress. *Journal of Comparative Physiology, 78*, 236-273.

House, J.S. (1981). *Work stress and social support*. Reading MA: Addison Wesley.

House, J.S., Landis, K. & Umberson, D. (1988). Social relationships and health. *Science, 241*, 540-545

Howard, B.V., Schneiderman, N., Falkner, B., Haffner, S.M. & Laws, A. (1993). Insulin, health behaviors and lipid metabolism. *Metabolism, 42 (Suppl. 1)*, 25-35.

Hradil, S. (1987). *Sozialstrukturanalyse in einer fortgeschrittenen Gesellschaft.* Von Klassen und Schichten zu Lagen und Milieus. Opladen: Leske.

Illsley, R. & Svensson, P.G. (Eds.) (1990). Health inequities in Europe. *Social Science and Medicine, 31*, 3, 223-420.

Jahoda, M., Lazarsfeld, P.F. & Zeisel, H. (1933). *Die Arbeitslosen von Marienthal.* (Neuausgabe 1975). Frankfurt: Suhrkamp.

Jenkins, C.D. (1982). Psychosocial risk factors for coronary heart disease. *Acta Medica Scandinavica, 660 (Suppl.)*, 123-136.

Jessor, R., Donovan, J.E. & Costa, F. (1990). Personality, perceived life chances, and adolescent health behavior. In K. Hurrelmann & F. Lösel (Eds.), *Health hazards in adolescence* (pp. 25-42). Berlin: deGruyter.

Jöreskog, K.G. (1971). Statistical analysis of sets of congeneric tests. *Psychometrika, 36*, 109-133.

Jöreskog, K.G. & Sörbom, D. (1979). *Advances in factor analysis and structural equation models*. Cambridge: Abt Books.

Johnson, J.V. (1991). The significance of the social and collective dimensions of the work environment for human health and well-being. In A. Enander, B. Gustavsson, B. Karlsson, & B. Starrin (Eds.), *Work and Welfare*. Karlstad, University of Karlstad.

Johnson, J.V. & Hall, E.M. (1988). Job strain, work place social support, and cardiovascular disease. *American Journal of Public Health, 78*, 1336-1342.

Johnson, J.V. & Hall, E.M. The interconnectedness of class, work, and health. In S. Levine, D. Chapman-Walsh & B. Amick (Eds.), *Society and health.* New York: Oxford University Press.

Johnson, J.V. & Stewart, W.S. (1993). Measuring work organization exposure over the live course with a job-exposure matrix. *Scandinavian Journal of Work Enviroment and Health, 19*, 21-28.

Julius, S. (1988). The blood pressure seeking properties of the central nervous system. *Journal of Hypertension, 6*, 177-185.

Julius, S., Weder A.B. & Hinderliter, A.L. (1986). Does behaviorally induced blood pressure variability lead to hypertension? In K.A. Matthews S.M. Weiss, T. Detre, T.M. Dembroski, B. Falkner, S.B. Manuck & R.B. Williams (Eds.), *Handbook of stress, reactivity, and cardiovascular disease*. New York: Wiley.

Kahn, R., Wolfe, D., Quinn, R., Snoek, J. & Rosenthal, R. (1964). *Organizational stress: studies in role conflict and ambiguity*. New York: Wiley.

Kaluza, G. & Basler, H.D. (1991). *Gelassen und sicher im Streß*. Berlin: Springer.

Kannel, W.B. & Sorlie, P. (1981). Left ventricular hypertrophy in hypertension: prognostic and pathogenetic implications. In B.E. Strauer (Ed.), *The heart in hypertension* (pp. 223-242). Berlin: Springer.

Kannel, W.B., Doyle, J.T. Ostfeld, A., Jenkins, D., Kuller, L., Podell, R. & Stamler, J. (1984). Optimal resources for primary prevention of of atherosclerotic diseases. *Circulation, 29*, 157A-205A.

Kaplan, B.H., Cassel, J.C. & Tyroler, H.A. (1971). Occupational mobility and coronary heart disease. *Archives of Internal Medicine, 128*, 938-943.

Kaplan, G. A. & Keil, J. E. (1993). Socioeconomic factors and cardiovascular disease: a review of the literature. *Circulation, 88*, 1973-1997.

Kaplan, G.A. & Salonen, J.T. (1990).Socioeconomic conditions in childhood and ischaemic heart disease during middle age. *British Medical Journal, 301*, 1121-1123.

Kaplan, J.R., Adams, M.R. & Clarkson, T.B. (1985). Psychosocial influences on female "protection" among cynomolgus macaques. *Atherosclerosis, 53*, 283-295.

Kaplan, J.R. & Manuck, S.B. (1994). Anti-atherogenic effects of beta-adrenergic blocking agents: theoretical, experimental and epidemiological considerations. *American Heart Journal, 128*, 1316-1329.

Kaplan, J.R., Manuck, S.B., Clarkson, T.B., Lusso, F.M. & Taub, D.B. (1982). Social status, environment, and atheroslerosis in cynomolgus monkeys. *Arteriosclerosis, 2*, 359-365.

Kaplan, J.R., Manuck, S.B. & Clarkson, T.B. (1983). Social stress and atherosclerosis in normocholesterolemic monkeys. *Science, 220*, 733-735.

Karasek, R.A. (1979). Job demands, job decision latitude, and mental strain: implications for job redesign. *Administration Science Quaterly, 24*, 285-307.

Karasek, R.A. (1992). Stress prevention through work reorganization: a summary of 19 international case studies. *Conditions of Work Digest, 11*, 23-41

Karasek, R.A., Russell, R.S. & Theorell, T. (1982). Physiology of stress and regeneration in job related cardiovascular illness. *Journal of Human Stress, 8*, 29-42.

Karasek R.A. & Theorell, T. (1990). *Healthy work: stress, productivity, and the reconstruction of working life*. New York: Basic Books.

Kasl, S.V. (1989). An epidemiological perspective on the role of control in health. In S.L. Sauter, J.J. Hurrell & C.L. Cooper (Eds.), *Job control and worker health* (pp. 161-189). Chichester: Wiley.

Kasl, S.V. (1991). Assessing health risks in the work setting. In S. Hobfall (Ed.), *New directions in health psychology assessment* (pp. 95-125). Washington, DC: Hemisphere Publishers.

Kasl, S.V. & Cobb, S. (1969). The intrafamilial transmission of rheumatoid arthritis VI. Association of rheumatoid arthritis with several types of status inconsistency. *Journal of Chronic Disease, 22*, 259-278.

Kasl, S.V. & Cobb, S. (1970). Blood pressure changes in men undergoing job loss: a preliminary report. *Psychosomatic Medicine, 32*, 19-38.

Keil, U. (1990). Prävention der klassischen Risikofaktoren. *Arzneimittel-Forschung, Drug Research, 40*, 2-7.

Keil, U. & Spelsberg, A. (1995). Epidemiologie der Atheroskleroserisiken. In P. Schwandt & W.O. Richter (Hrsg.), *Handbuch der Fettstoffwechselstörungen* (S. 65-83). Stuttgart: Schattauer.

Kern, H. & Schumann, M. (1970). *Industriearbeit und Arbeiterbewußtsein*. Frankfurt: Europäische Verlagsanstalt.

Kern, H. & Schumann, M. (1984). *Das Ende der Arbeitsteilung?* München: Beck.

Kleiger, R. E., Miller, J. P., Bigger, J. T., Moss, A. J. and the Multicenter Post-Infarction Research Group (1987). Decreased heart rate variability and its association with increased mortality after acute myocardial infarction. *American Journal of Cardiology, 59*, 256-262.

Klein, D. (1990). *Stressreaktionen bei Industriearbeitern.* Arbeitsplatzbelastungen und koronares Risiko. Frankfurt: Campus.

Klein, D. (1995). *Der Einfluß chronischer Arbeitsbelastungen auf kardiovaskuläre und hormonelle Stressreaktivität unter standardisierter mentaler Belastung*. Medizinische Dissertation, Philipps Universität Marburg.

Koella, W.P. (1984). The organization and regulation of sleep. *Experientia, 40*, 309-338.

Kohli, M. (1989). Institutionalisierung und Individualisierung der Erwerbsbiographie. In D. Brock, H.R. Leu, C. Preiá & H.R. Vetter (Hrsg.), *Subjektivität im gesellschaftlichen Wandel* (S. 249-278). München: Hanser.

Kohlmann, T. (1993). *Kanonische Korrelation und Assoziationsanalyse in der empirischen Sozialforschung: ein Beitrag zur Quantifizierung ordinaler Variablen*. Soziologische Dissertation, Philipps Universität Marburg.

Kohn M. & Schooler, C. (1983). *Work and personality: an inquiry into the impact of social stratification*. Norwood, NJ: Abblex.

Kop, W.J. (1994). *The predictive value of vital exhaustion in the clinical course after coronary angioplasty*. Doctoral dissertation, University of Limburg, Maastricht.

Kornhauser, A. (1965). *The mental health of the industrial worker: a Detroit study*. New York: Wiley.

Kreckel, R. (1992). *Politische Soziologie der sozialen Ungleichheiten*. Frankfurt: Campus.

Kreppner, K. (1975). *Zur Problematik des Messens in den Sozialwissenschaften*. Stuttgart: Klett.

Kreß, S. (1993). *Der Einfluß chronischer Arbeitsbelastung auf die Katecholaminausschüttung unter akutem psychomentalen Stress*. Medizinische Dissertation, Philipps Universität Marburg.

Krieger, D.T. & Liotta, A.S. (1979). Pituitary hormones in the brain. *Science, 205*, 366-372.

Kristensen, T.S. (1994). Cardiovascular diseases and the work environment. In P.N. Cheremisinoff (Ed.), *Encyclopedia of environmental control technology, Vol. 7* (pp. 217-243). Houston: Gulf Publishing Company.

Kühn, H. (1993). *Healthismus*. Berlin: Edition Sigma.

Kuhn, T.S. (1973). *Die Struktur wissenschaftlicher Revolutionen*. Frankfurt: Suhrkamp.

Lakatta, E. G. (1980). Age-related alterations in the cardiovascular response to adrenergically mediated stress. *Federation Proceedings, 39*, 3173-3177.

Landsbergis, P.A. & Cahill, J. (1994). Labor union programs to reduce or prevent occupational stress in the United States. *International Journal of Health Services, 24*, 105-129.

Langhorst, P., Schulz, G., Lambertz, M. & Krienke, B. (1980). Funktionelle Organisation eines gemeinsamen Hirnstammsystems für Kreislauf, Atmung und allgemeine Aktivitätsmessung. In R. Schiffer (Hrsg.), *Zentralvegetative Regulationen und Syndrome* (S. 39-55). Berlin: Springer.

Langosch, W. (1989). *Psychosomatik der koronaren Herzkrankheiten*. Weinheim: Edition Medizin.

Lavie, P. (1983). Sleep apnea in industrial workers. In C. Guilleminault & E. Lugaresi (Eds.), *Sleep-wake disorders: natural history, epidemiology and longterm evolution* (pp. 127-135). New York: Raven Press.

Lawler, E.E. (1986). *High-involvement management*. San Francisco: Jossey-Bass.

Lazarus, R.S. (1966). *Psychological stress and the coping process*. New York: McGraw Hill.

Lazarus, R.S. (1991). *Emotion and adaptation*. New York: Oxford University Press.

Lazarus, R.S. & Folkman, S. (1984). *Stress, appraisal, and coping*. New York: Springer.

LeDoux, J.E. (1987). Emotion. In F. Plum (Ed.), *Handbook of physiology. Nervous system V, Higher function* (pp. 419-459). Washington: American Physiological Society.

LeDoux, J.E. (1989). Cognitive-emotional interactions in the brain. *Cognition and Emotion, 3*, 267-289.

Leete, R. & Fox, J. (1977). Registrar General's social classes: origins and uses. *Population Trends, 1*.

Lefkowitz, R. J., Caron, M. G. & Stiles, G. L. (1984). Mechanisms of membrane-receptor regulation. *New England Journal of Medicine, 310*, 1570-1579.

Levine, S.P., Towell, B. L., Suarez, A. M., Knieriem, L. K., Harris, M. M. & George, J.N. (1985). Platelet activation and secretion associated with emotional stress. *Circulation, 71*, 1129-1134.

Levine, S.P. (1987). Psychobiologic consequences of disruption in mother-infant relationships. In N.A. Krasnegor, E.M. Blass, M.A. Hofer & W.P. Smotherman (Eds.), *Perinatal development: a psychobiological perspective* (pp. 359-376). Orlando, FL: Academic Press.

Liberatos, P., Link, B.G. & Kelsey, J.L. (1988). The measurement of social class in epidemiology. *Epidemiological Review, 10*, 87-121.

Likert, R. (1932). A technique for the measurement of attitudes. *Archives of Psychology, 18*, 5-55.

Lilienfeld, A.M. (1956).Variation in mortality from heart disease: race, sex and socioeconomic status. *Public Health Reports, 71*, 545-552.

Liu, K., Cedres, L.B., Stamler, J., Dyer, A., & Stamler, R. (1982). Relationship of education to major risk factors and death from coronary heart disease, cardiovascular diseases, and all causes: findings of three Chicago epidemiologic studies. *Circulation, 66*, 1308-1314.

Loomis, D. & Wing, S. (1990). Is molecular epidemiology a germ theory for the end of the twentieth century? *International Journal of Epidemiology, 19*, 1-3.

Lorenz, W. & Wagner, J. (1989). Tätigkeit im erlernten Beruf, Betriebszugehörigkeitsdauer und Arbeitseinkommen. *Mitteilungen aus der Arbeitsmarkt- und Berufsforschung, 22,* 568-575.

Lown, B. (1987). Sudden cardiac death: biobehavioral perspective. *Circulation, 76 (Suppl. I)*, 186-191.

Lown, B., Verrier, R.L. & Corbalane, R. (1973). Psychologic stress and threshold for repetitive ventricular response. *Science, 182*, 834-836.

Malkoff, S.B., Muldoon, M.F., Zeigler, Z.R. & Manuck, S.B. (1993). Blood platelet responsivity to acute mental stress. *Psychosomatic Medicine, 55,* 477-482.

Manuck, S.B., Kaplan, J.R. & Adams, M.R. (1988). Effects of stress and the sympathetic nervous system on coronary artery atherosclerosis in the Cynomolgus macaque. *American Heart Journal, 116,* 328-333.

Manuck, S.B. & Kranz, D.S. (1986). Psychophysiological reactivity in coronary heart disease and essential hypertension. In K.A. Matthews, S.M. Weiss, T. Detre, T.M. Dembroski, B. Falkner, S.B. Manuck & R.B. Williams (Eds.), *Handbook of stress, reactivity, and cardiovascular disease*. New York: Wiley.

Manuck, S.B., Marsland, A.L., Kaplan, J.R. & Williams, J.K. (1995). The pathogenicity of behavior and its neuroendocrine mediation: an example from coronary artery disease. *Psychosomatic Medicine, 57*, 275-283.

Manuck, S.B., Olsson, G., Hjemdahl, P. & Rehnqvist, N. (1992). Does cordiovascular reactivity to mental stress have prognostic value in postinfarction patients? A pilot study. *Psychosomatic Medicine, 54*, 102-108.

Markovitz, J.D. & Matthews, K.A. (1991). Platelets and coronary heart disease: potential psychophysiologic mechanisms. *Psychosomatic Medicine*, *53*, 643-668.

Marmot, M.G. (1994). Work and other factors influencing coronary health and sickness absence. *Work and Stress, 8*, 191-201.

Marmot, M.G., Adelstein, A.M., Robinson, N. & Rose, G.A. (1978). Changing social-class distribution of heart disease. *British Medical Journal, 2,* 1109-1112.

Marmot, M.G., Davey Smith, G., Stansfield, S., Patel, C., North, F., Head, J., White, J., Brunner, E. & Feeney, A. (1991). Inequalities in health twenty years on: the Whitehall II study of British civil servants. *The Lancet, 337*, 1387-1393.

Marmot, M.G. & McDowall, M.E. (1986). Mortality decline and widening social inequalities. *The Lancet, 2,* 274-276.

Marmot, M.G., Shipley, M. & Rose, G. (1984). Inequalities in death – specific explanation of a general pattern? *The Lancet, 1,* 1003-1006.

Marmot, M.G. & Syme, S.L. (1976). Acculturation and coronary heart disease in Japanese-Americans. *American Journal of Epidemiology, 104,* 225-247.

Marmot, M.G. & Theorell, T. (1988). Social class and cardiovascular disease: the contribution of work. *International Journal of Health Services, 18*, 659-674.

Martikainen, P.T. (1990). Unemployment and mortality among Finnish men, 1981-5. *British Medical Journal, 301*, 407-411.

Marx, K. (1844). *Frühschriften, 1. Band* (Neuausgabe 1962). Darmstadt: Wissenschaftliche Buchgesellschaft.

Maseri, A., L'Abbate, A. & Baroldi, G. (1978). Coronary vasospasm as a possible cause of myocardial infarction: a conclusion derived from the study of "preinfarction" angina. *New England Journal of Medicine, 299*, 1271-1277.

Maseri, A., Chierchia, S. & Davies, G. (1986). Pathophysiology of coronary occlusion in acute infarction. *Circulation, 73*, 233-239.

Maslach, C. & Schaufeli, W.B. (1993). Historical and conceptual development of burnout. In W.B. Schaufeli, C. Maslach & T. Marek (Eds.), *Professional burnout: recent developments in theory and research* (pp. 1-16). Washington, DC: Taylor & Francis.

Mason, J.W. (1968). Organization of psychoendocrine mechanisms. *Psychosomatic Medicine, 30*, 565-588.

Mason, J.W. (1971). A re-evaluation of the concept of nonspecificity in stress theory. *Journal of Psychiatric Research, 8*, 323-333.

Matschinger, H., Siegrist, J., Siegrist, K. & Dittmann, K.H. (1986). Type A as a coping career: Towards a conceptual and methodological redefinition. In T.H. Schmidt, T.M. Dembroski & G. Blümchen (Eds.), *Biological and psychological factors in cardiovascular disease* (pp. 104-126). Berlin: Springer.

Matsumoto, J.S. (1970). Social stress and coronary heart disease in Japan. A hypothesis. *Milbank Memorial Fund Quarterly, 48*, 9-36.

Matthews, K. A. (1994). *Turning points: menopause, behavior, and risk for cardiovascular disease*. Paper presented at the Third International Congress of Behavioral Medicine. Amsterdam.

Matthews, K.A. & Haynes, S.G. (1986). Type-A behavior pattern and coronary disease risk: update and critical evaluation. *American Journal of Epidemiology, 123*, 923-960.

Matthews, K.A., Weiss, S.M., Detre, T. Dembroski, T.M., Falkner, B., Manuck, S.B. & Williams, R.B. (Eds.) (1986). *Handbook of stress, reactivity, and cardiovascular disease.* New York: Wiley.

Mattiasson, I., Lindgärde, F., Nilsson, J.A. & Theorell, T. (1990). Threat of unemployment and cardiovascular risk factors: longitudinal study of quality on sleep and serum cholesterol concentrations in men threated with redundancy. *British Medical Journal, 301*, 461-466.

Maziere, C., Mazière, J.C., Mora, L., Gardette, J. & Polonovski, J. (1985). Epinephrine decreases low density lipoprotein processing and lipid synthesis in cultured human fibroblasts. *Biochemistry and Biophysics Research Communications, 133*, 958-963.

McCance, A.J. (1989). The autonomic nervous system and mortality in coronary heart disease. *Cardiovascular World Report, 2*, 148-153.

McClelland, D.C. (1975). *Power: the inner experience*. New York: Irvington.

Mead, G.H. (1934). *Mind, self and society*. (Reprint 1962). Chicago: University of Chicago Press.

Meade, T.W., North, W.R.S. & Chakrabarti, T. (1980). Haemostatic function and cardiovascular death: early results of a prospective study. *The Lancet, 1*, 1050-1054.

Medalie, J.H., Kahn, H.A., Neufeld, H.N., Riss, E. & Goldbourt, U. (1973). Five-year myocardial infarction incidence - II. Association of single variables to age and birthplace. *Journal of Chronic Diseases, 26*, 329-349.

Michaels, D. & Zoloth, S.R. (1991). Mortality among urban bus drivers. *International Journal of Epidemiology, 20*, 399-404.

Mill, J.S. (1848). *Principles of political economy with some of their applications to social philosophy*. (Reprint 1962) London: Routledge & Kegan Paul.

Mirowsky, J. & Ross, C.E. (1986). Social patterns of distress. *Annual Review of Sociology, 12*, 23-45.

Moeller, J. (1987). *Cholesterol-interactions with testosterone and cortisol in cardiovascular diseases*. Berlin: Springer.

Morgenstern, H. (1980). The changing association between social status and coronary heart disease in a rural population. *Social Science and Medicine, 14A*, 191-201.

Morris, J.K., Cook, D.G. & Sharper, G. (1994). Loss of employment and mortality. *British Medical Journal, 308*, 1135-1139.

Moser, K.A., Goldblatt, P.O., Fox, A J. & Jones, D.R. (1987). Unemployment and mortality: comparison of the 1971 and 1981 longitudinal study census sample. *British Medical Journal, 294*, 86-90.

Motulsky, H.J. & Insel, P.A. (1982). Adrenergic receptors in men: direct identification, physiologic regulation, and clinical alterations. *New England Journal of Medicine, 307*, 18-29.

Murray, F.B. (1972). Acquisition of conservation through social interaction. *Developmental Psychology, 6*, 1-16.

Netterström, B. & Juel, K. (1988). Impact of work-related and psychosocial factors on the development of ischemic heart disease among urban bus drivers in Denmark. *Scandinavian Journal of Work and Environmental Health, 14*, 231-238.

Norusis, M.J. (1985). *SPSS-X Advanced statistic guide*. New York.

Notkola, V., Punsar, S., Karvonen, M.H. & Haapakoski, J. (1985). Socioeconomic conditions in childhood and mortality and morbidity caused by coronary heart disease in adulthood in rural Finnland. *Social Science and Medicine, 21,* 517-523.

O'Donnell, L., O'Meara, N., Owens, D., Johnson, A., Collins, P. & Tomkin, G. (1987). Plasma-catecholamines and lipoproteins in chronic psychological stress. *Journal of the Royal Society of Medicine, 80,* 339-342.

Ornish, D., Brown, S.E., Scherwitz, L.W., Billings, J.H., Armstrong, W.T., Ports, T.A., McLanahan, S.M., Kirkeeide, R.L., Brand, R.J. & Gould, K.R. (1990). Can lifestyle changes reverse coronary heart disease? *The Lancet, 336,* 129-133.

Orth-Gomer, K. & Unden, A.L. (1987). The measurement of social support in population surveys. *Social Science and Medicine, 24,* 83-94.

Orth-Gomer, K. & Schneiderman, N. (Eds.) (1995). *Behavioral medicine approaches to cardiovascular disease prevention.* Springfield, IL: Erlbaum.

Paffenbarger, R.S., Hyde, R.T. & Wing, A.L. (1990). Physical activity and physical fitness as determinants of health and longevity. In C. Bouchard, R.J. Shephard, T. Stephens, J.R. Sutton & B.D. McPherson (Eds.), *Exercise, fitness, and health* (pp. 33-48). Champaign, IL: Human Kinetics Books.

Pamuck, E.R. (1985). Social class inequality in mortality from 1921 to 1972 in England and Wales. *Population Studies, 39,* 17-31.

Parkes, K.R. (1989). Personal control in an occupational context. In A. Steptoe & A. Appels (Eds.), *Stress, personal control and health* (pp. 21-48). Chichester: Wiley.

Peter, J. H., Podszus, T. & von Wichert, P. (Eds.) (1987). *Sleep related disorders and internal diseases.* Berlin: Springer.

Peter, J. H., Siegrist, J., Podszus, T., Mayer, J., Selzer, K. & von Wichert, P. (1985). Prevalence of sleep apnea in healthy industrial workers. *Klinische Wochenschrift, 63,* 807-811.

Peter, R. (1985). *Arbeitsbelastungen und kardiovaskuläres Risiko bei Metallarbeitern unter besonderer Berücksichtigung von Lärm.* Unveröffentlichte Diplomarbeit, Philipps-Universität, Marburg.

Peter, R. (1991). *Berufliche Belastungen, Belastungsbewältigung und koronares Risiko bei Industriearbeitern.* Münster: LIT.

Peter, R., Siegrist, J., Cremer, P., Stork, J. & Seidel, D. (1995). *Association between plasma fibrinogen concentration and chronic work stress: results from a cross-sectional study on middle-managers.* (Manuscript submitted for publication).

Peter, R., Siegrist, J., Stork, J., Mann, H & Labrot, B. (1991). Zigarettenrauchen und psychosoziale Arbeitsbelastungen bei Beschäftigten des mittleren Managements. *Sozial- und Präventivmedizin, 36,* 315-321.

Pfingsten, U. & Hirsch, R. (1991). *Gruppentraining sozialer Kompetenz* (GSK) (2. Auflage). Weinheim: Psychologie-Verlags-Union.

Pflanz, M. & Siegrist, J. (1978). Basic assumptions in teaching medical sociology in medical schools. In Y. Nuyens & J. Vansteenkiste (Eds.), *Teaching medical sociology* (pp. 107-117). Leiden: Martinus Nijhoff.

Piore, M.J. & Sabel, C.F. (1985). *Das Ende der Massenproduktion*. Frankfurt: Fischer.

Plessner, H. (1970). *Philosophische Anthropologie*. Frankfurt: Fischer.

Popitz, H. (1967). *Der entfremdete Mensch. Zeitkritik und Geschichtsphilosophie des jungen Marx*. Darmstadt: Wissenschaftliche Buchgesellschaft.

Popitz, H., Bahrdt, H.P., Jüres, E.A. & Kesting, H. (1957). *Das Gesellschaftsbild des Arbeiters*. Tübingen: Mohr.

Popitz, H., Bahrdt, H.P., Jüres, E. & Kesting, H. (1957). *Technik und Industriearbeit*. Tübingen: Mohr.

Popper, K.R. (1958). *Die offene Gesellschaft und ihre Feinde*. Tübingen: Mohr.

Popper, K.R. (1966). *Logik der Forschung*. Tübingen: Mohr.

Porter, L.W. & Lawler, E.E. (1968). *Managerial attitudes and performance*. Homewood, IL: Dorsey.

Portmann, A. (1952). *Zoologie und das neue Bild vom Menschen*. Reinbek: Rowohlt.

Press, S.I. & Central, W. (1978). Choosing between logistic regression and discriminant analysis. *Journal of the American Statistical Association, 73*, 699-705.

Prigogine, I. (1982). *Vom Sein zum Werden*. München: Piper.

Raab, W. (1970). *Preventive myocardiology*. Springfield, IL: Thomas Publ.

Ragland, D., Winkleby, M., Schwalbe, J. & Holman, B. (1987). Prevalence of hypertension in bus drivers. *International Journal of Epidemiology, 16*, 208-214.

Rasch, G. (1960). *Probabilistic models for some intelligence and attainment tests*. Copenhague: Nielsson & Lydiche.

Reed, D.M., LaCroix, A.Z., Karasek, R.A., Miller, F.D. & MacClean, C.A. (1989). Occupational strain and the incidence of coronary heart disease. *American Journal of Epidemiology, 129*, 495-502.

Reed, D., McGee, D. & Katsuhiko, Y. (1984). Psychosocial processes and general susceptibility to chronic disease. *American Journal of Epidemiology, 119*, 356-370.

Reichenbach, D.M. & Moss, N.W. (1975). Myocardial cell necrosis and sudden death in humans. *Circulation, 51 (Suppl. III)*, 60-65.

Reinecke, J. (1991). *Interviewer- und Befragtenverhalten. Theoretische Ansätze und methodische Konzepte*. Opladen: Westdeutscher Verlag.

Rose, G. & Marmot, M.G. (1981). Social class and coronary heart disease. *British Heart Journal, 45*, 13-19.

Rose, R.M., Hurst, L. & Jenkins, C.D. (1978). *Air traffic controler health change study*. Report, FFA Contract no. DOT-FA 73 WA-3211. Boston: Boston University School of Medicine.

Rosen, G. (1979). The evolution of social medicine. In H.S. Freeman, S. Levine & L. Reeder (Eds.), *Handbook of medical sociology* (pp. 23-45). Englewoods Cliffs: Prentice Hall.

Rosenman, R. & Friedman, M. (1958). The possible relationship of occupational stress to clinical coronary heart disease. *California Medicine, 89*, 169-174.

Ross, R. (1986). The pathogenesis of atherosclerosis - an update. *New England Journal of Medicine, 314,* 488-500.

Rotter, J.B. (1966). Generalized expectancies for internal versus external control of reinforcement. *Psychological Monographs, 80,* 1-28.

Rozanski, A., Bairey, C.N. & Krantz, D.S. (1988). Mental stress and the induction of silent myocardial ischemia in patients with coronary artery disease. *New England Journal of Medicine, 318*, 1005-1012.

Ruberman, W., Weinblatt, E., Goldberg, J.D. & Chaudhary, B.S. (1984). Psychosocial influences on mortality after myocardial infarction. *New England Journal of Medicine, 311,* 552-559.

Salonen, J. (1982). Socio-economic status and risk of cancer, cerebral stroke, and death due to coronary heart disease: a longitudinal study in Eastern Finnland. *Journal of Epidemiology and Community Health, 36*, 294-297.

Sapolski, R.M. & Mott, G.E. (1987). Social subordinance in wild baboons is associated with suppressed high density lipoprotein cholesterol: the possible role of chronic social stress. *Endocrinology, 121*, 1605-1610.

Schaefer, H. & Blohmke, M. (1977). *Herzkrank durch psychosozialen Streß*. Heidelberg: Hüthig.

Schaffner, T. (1994). Pathogénie de l'athérosclerose: connaissances actuelles et questions ouvertes. *Médecine et Hygiène*, *52*, 534-541.

Schelsky, H. (1965). *Auf der Suche nach Wirklichkeit. Gesammelte Aufsätze*. Düsseldorf: Schwan.

Scherwitz, L., McKelvaen, R. & Lamann, C. (1983). Type A behavior, self-involvement and coronary atherosclerosis. *Psychosomatic Medicine, 45*, 47-57.

Schmidt, T.H., Dembroski, T.M. & Blümchen, G. (Eds.) (1986). *Biological and psychological factors in cardiovascular disease*. Berlin: Springer.

Schnall, P.L., Pieper, C., Schwartz, J.E., Karasek, R.A., Schlussel, Y., Devereux, R.P. & Pickering, T.G. (1990). The relationship between 'job strain', workplace diastolic blood pressure, and left ventricular mass index: results of a case-control study. *Journal of the American Medical Association, 263*, 1929-1935.

Schnall, P.L., Landsbergis, P.A. & Becker, D. (1994). Job strain and cardiovascular disease. *Annual Review of Public Health, 15*, 381-411.

Schönpflug, W. & Batmann, W. (1989). The costs and benefits of coping. In S. Fisher & J. Reason (Eds.), *Handbook of stress, Cognition and health* (pp. 699-714). Chichester: Wiley and Sons.

Schütz, A. (1971). *Das Problem der Relevanz*. Frankfurt: Suhrkamp.

Schultz, C. (1998). *Determination der Lipoproteinkonzentration beim Menschen unter besonderer Berücksichtigung der Bedeutung von sozialen Belastungen und deren Verarbeitung*. Medizinische Dissertation. Philipps Universität Marburg.

Schutz, A. (1964). *Collected papers* (3 Vols.). The Hague: Martinus Nijhoff.

Schwandt, P. & Richter, W.O. (1995). *Handbuch der Fettstoffwechselstörungen*. Stuttgart: Schattauer.

Schwartz, P. (1984). Stress and sudden cardiac death: the role of the autonomic nervous system. *Journal of Clinical Psychiatry Monograph, 2*, 7-13.

Schwarzer, R. (1992). *Psychologie des Gesundheitsverhaltens*. Göttingen: Hogrefe.

Schwefel, D., Svensson, P.G. & Zöllner, H. (Eds.) (1987). *Unemployment, social vulnerability, and health in Europe*. Berlin: Springer.

Seeman, M. (1959). On the meaning of alienation. *American Sociological Review, 24*, 783-791.

Seidel, D. & Cremer, P. (1987). Guidelines for the clinical evaluation of lipoprotein profiles. In A.M. Gotto (Ed.), *Atherosclerosis Reviews, 14*, 61-76.

Seitelberger, F. (1988). Das Gehirn des Menschen. In E. Oeser & F. Seitelberger (Hrsg.), *Gehirn, Bewußtsein und Erkenntnis* (S. 50-122). Darmstadt: Wissenschaftliche Buchgesellschaft.

Seligman, M.E.P. (1975). *Helplessness: on depression, development and death*. San Francisco: Freeman.

Selye, H. (1936). A syndrome produced by diverse nocuous agents. *Nature, 148*, 84-85.

Selye, H. (1950). *Stress: the physiology and pathology of of exposure to stress*. Montreal: Acta Medica.

Selye, H. (1973). The evolution of the stress concept. *American Scientist, 61*, 692-699.

Shekelle, R.B., Osterfeld, A.M. & Paul, O. (1969). Social status and incidence of coronary heart disease. *Journal of Chronic Diseases, 22*, 381-394.

Siegrist, J. (1970). *Das Consensus-Modell.* Studien zur Interaktionstheorie und zur kognitiven Sozialisation. Stuttgart: Enke.

Siegrist, J. (1986). Berufliche Statusbedrohung und Leiden an der Gesellschaft. *Medizinische Soziologie, Jahrbuch 4,* 145-166.

Siegrist, J. (1987). Sleep disturbances and cardiovascular risk: a biopsychosocial approach. In J.H. Peter., T. Podszus & P. von Wichert (Eds.), *Sleep related disorders and internal diseases* (pp. 173-182). Berlin: Springer.

Siegrist, J. (1995). *Medizinische Soziologie* (5. Auflage). München: Urban & Schwarzenberg.

Siegrist, J., Bernhardt, R., Feng, Z. & Schettler, G. (1990). Socioeconomic differences in cardiovascular risk factors in China. *International Journal of Epidemiology, 19,* 905-910.

Siegrist, J., Broer, M. & Junge, A. (im Druck). *Profil der Lebensqualität Chronischkranker (PLC).* Göttingen: Hogrefe.

Siegrist, J., Dittmann, K., Rittner, K. & Weber, I. (1980). *Soziale Belastungen und Herzinfarkt.* Stuttgart: Enke.

Siegrist, J. & Geyer, S. (1992). *Inventar lebensverändernder Ereignisse.* Datenbank des Zentrums für Umfragen, Methoden und Analysen (ZUMA). Mannheim: Informationszentrum Sozialwissenschaften.

Siegrist, J. & Klein, D. (1990). Occupational stress and cardiovascular reactivity in blue-collar workers. *Work & Stress, 4,* 295-304.

Siegrist, J., Klein, D. & Matschinger, H. (1989). Occupational stress, coronary risk factors and cardiovascular responsiveness. In H. Weiner, I. Florin, R. Murison & D. Hellhammer (Eds.), *Frontiers of stress research* (pp. 323-335). Toronto: Huber.

Siegrist, J. & Matschinger, H. (1988). Distress-Karriere und koronares Risiko. *Jahrbuch der medizinischen Psychologie, 1,* 87-99.

Siegrist, J. & Matschinger, H. (1989). Restricted status control and cardiovascular risk. In A. Steptoe & A. Appels (Eds.), *Stress, personal control and health* (pp. 65-82).Chichester: Wiley.

Siegrist, J., Matschinger, H., Cremer, P. & Seidel, D. (1988). Atherogenic risk in men suffering from occupational stress. *Atherosclerosis, 69,* 211-218.

Siegrist, J., Matschinger, H., Klein, D. & Peter, R. (1987). *Der Einfluß sozialer Belastungen und ihrer Verarbeitung auf die Entwicklung kardiovaskulärer Risiken.* Abschlußbericht an die Deutsche Forschungsgemeinschaft. Unveröffentlichtes Manuskript. Marburg.

Siegrist, J., Matschinger, H. & Motz, W. (1987). Untreated hypertensives and their quality of life. *Journal of Hypertension, 5 (Suppl. 1),* 15-20.

Siegrist, J. & Peter, R. (1994). Job stressors and coping characteristics in work-related disease: issues of validity. *Work and Stress, 8,* 130-140.

Siegrist, J., Peter, R. & Aust, B. (1995). *Berufliche Gratifikationskrisen im Dienstleistungsbereich.* Zwischenbericht Nordrhein-westfälischer Forschungsverbund Public Health. Unveröffentlichtes Manuskript. Düsseldorf.

Siegrist, J., Peter, R., Georg, W., Cremer, P. & Seidel, D. (1991). Psychosocial and biobehavioral characteristics of hypertensive men with elevated atherogenic lipids. *Atherosclerosis, 86,* 211-218.

Siegrist, J., Peter, R., Junge, A., Cremer, P. & Seidel, D. (1990). Low status control, high effort at work and ischemic heart disease: prospective evidence from blue-collar men. *Social Science and Medicine, 31*, 1127-1134.

Siegrist J., Peter R. & Klein D. (1993). *Der Einfluß von Rauchen und Distress auf die Entwicklung von Herz-Kreislauf-Risiken*. Abschlußbericht. Unveröffentlichtes Manuskript. Düsseldorf.

Siegrist, J., Peter, R., Motz, W. & Strauer, B.E. (1992). The role of hypertension, left ventricular hypertrophy and psychosocial risks in cardiovascular disease: prospective evidence from blue-collar men. *European Heart Journal, 13 (Suppl. D),* 89-95.

Siegrist, J., Siegrist, K. & Weber, I. (1986). Sociological concepts in the etiology of chronic disease: the case of ischemic heart disease. *Social Science and Medicine*, *22*, 247-53.

Siegrist, K. (1986). *Sozialer Rückhalt und kardiovaskuläres Risiko*. München: Minerva.

Siegrist, K. (1988). Effort and distress in coronary patients: how to modify? In T. Elbert, W. Langosch, A. Steptoe & D. Vaitl (Eds.), *Behavioural medicine in cardiovascular disorders* (pp. 175-191). Chichester: Wiley.

Siegrist, K. (1993). Specificity of social support and coping with myocardial infarction. In T. Abel, S. Geyer, U. Gerhardt, J. Siegrist & W. van den Heuvel (Eds.), *Medical sociology: research on chronic illness* (pp. 243-266). Bonn: Informationszentrum Sozialwissenschaften.

Simmel, G. (1908). *Soziologie* (Neuausgabe 1958). Berlin: Duncker & Humblot.

Skinner, J.E. & Reed, J.C. (1981). Blockade of frontocortical-brainstem pathway prevents ventricular fibrillation of ischemic heart. *American Journal of Physiology, 240,* H156-H163.

Smith, T.W. (1992). Hostility and health: current status of a psychosomatic hypothesis. *Health Psychology, 11,* 139-150.

Snow, C.P. (1967). *Die zwei Kulturen. Literarische und naturwissenschaftliche Intelligenz*. Stuttgart: Klett.

Steinkamp, G. (1993). Soziale Ungleichheit, Erkrankungsrisiko und Lebenserwartung. *Sozial- und Präventivmedizin, 38*, 111-122.

Steptoe, A. & Appels, A. (Eds.) (1989). *Stress, personal control and health*. Chichester: Wiley.

Stock, G., Schlor, K.G., Heidt, H. & Buss, J. (1978): Psychomotor behavior and cardiovascular patterns during stimulation of the amygdala. *Pfluegers Archiv, 376*, 177-184.

Stock, S. (1993). *Non-Compliance und Bluthochdruck.* Eine medizinsoziologische Studie bei Industriearbeitern. Münster: LIT.

Strauss, A. L. (1991). *Grundlagen qualitativer Sozialforschung: Datenanalyse und Theoriebildung in der empirischen soziologischen Forschung.* München: Piper.

Strauss, J. & Goethals, G.R. (Eds.) (1992). *The Self.* New York: Springer.

Stroebe, W. & Stroebe, M.S. (1995). *Social psychology and health.* Buckingham: Open University Press.

Stronks, K. & Gunning-Schepers, L.J. (1993). Should equity in health be target number 1? *European Journal of Public Health, 3*, 104-111.

Stroop, J. (1935). Studies of interference in serial verbal reactions. *Journal of Experimental Psychology, 18*, 643-661.

Suarez, L. & Barrett-Connor, E. (1984). Is an educated wife hazardous to your health? *American Journal of Epidemiology, 119*, 244-249.

Susser, M., Watson, W. & Hopper, K. (1985). *Sociology in medicine*, (3rd edition). New York: Oxford University Press.

Syme, S.L., Borhani, N.O. & Buechley, R.W. (1966). Cultural mobility and coronary heart disease in an urban area. *American Journal of Epidemiology, 82*, 334-346.

Syme, S.L., Hyman, M.M. & Enterline, P.E. (1964). Some social and cultural factors associated with the occurrence of coronary heart disease. *Journal of Chronic Disease, 17*, 277-289.

Szklo, M., Tonascia, J. & Gordis, L. (1976). Psychosocial factors and the risk of myocardial infarctions in white women. *American Journal of Epidemiology, 103,* 312-320.

Taggart, P. & Carruthers, M. (1977). Behavior patterns and emotional stress in the etiology of coronary heart disease. In D. Wheatley (Ed.), *Stress and the heart* (p. 33-456). New York: Raven Press.

Talbott, E., Kuller, L.H. & Detre, K. (1977). Biologic and psychosocial risk factors of sudden death from coronary disease in white women. *American Journal of Cardiology, 39*, 160-171.

Theorell, T. (1993). Medical and physiological aspects of job interventions. In C.L. Cooper & I.T. Robertson (Eds.), *International Review of Industrial and Organizational Psychology, 8*, 173-192.

Theorell, T., Haggmark, C. & Eneroth, P. (1987). Psychoendocrinological reactions in female relatives of cancer patients. Effects of an intervention program. *Acta Oncologica, 26*, 419-424.

Theorell, T., Karasek, R.A. & Eneroth, P. (1990). Job strain variations in relation to plasma testosterone fluctuations in working men-a longitudinal study. *Journal of Internal Medicine, 227,* 31-36.

Theorell, T., Orth-Gomer, K. & Eneroth, P. (1990). Slow-reacting immunoglobulin in relation to social support and changes in job strain: a preliminary note. *Psychosomatic Medicine, 52*, 511-516.

Tobis, C. (1994). *Berufliche Belastungen und Arbeitsunfähigkeit bei Industriemeistern*. Unveröffentlichte Magisterarbeit, Zusatzstudiengang Gesundheitswissenschften und Sozialmedizin der Heinrich Heine Universität. Düsseldorf.

Townsend, P. & Davidson, N. (1982). *Inequalities in health: the Black report*. Harmondsworth: Penguin.

Uemura, K. & Pisa, Z. (1988). Trends in cardiovascular disease mortality in industrialized countries since 1950. *World Health Statistical Quarterly, 41*, 155-167.

Uexküll, J. von (1920). *Theoretische Biologie*. Berlin: Springer.

Uexküll, T. von (1986). *Psychosomatische Medizin* (3. Aufl.). München: Urban & Schwarzenberg.

Uexküll, T. von (1987). Medizin und Soziologie-Interdisziplinarität als Tranquilizer oder als Problem? In W. Dieckmann (Hrsg.), *Medizinsoziologie in der Bundesrepublik; eine Zwischenbilanz* (S. 9-18). Berlin: Express Edition.

Vernon, S.W. & Buffler, P.A. (1988). The status of status inconsistency. *Epidemiologic Reviews, 10*, 65-86.

Virchow, R. (1849). *Mitteilungen über die in Oberschlesien herrschende Typhusepidemie*. (Wiederabdruck 1968). Darmstadt: Wissenschaftliche Buchgesellschaft.

Volpert, W. (1974). *Handlungsstrukturanalyse*. Köln: Pahl-Rugenstein.

Wadsworth, M.E.J. (1986). Serious illness in childhood and its association with later-life achievement. In R. Wilkinson (Ed.), *Class and health: research and longitudinal data*. London: Tavistock.

Waltz, M. (1994). *Social isolation and social mediators of the stress of illness*. Münster: LIT.

Wardwell, W.I. & Bahnson, C.B. (1973). Behavioral variables and myocardial infarction in the southeastern Connecticut Heart Study. *Journal of Chronic Diseases, 26*, 447-461

Weber, I. (1984). *Berufstätigkeit, Belastungserfahrung und koronares Risiko*. München: Minerva.

Weber, M. (1922). *Wirtschaft und Gesellschaft. Grundriß der verstehenden Soziologie*. (Studienausgabe 1964). Köln: Kiepenheuer & Witsch.

Weder, A.B. & Julius, M.D. (1985). Behavior, blood pressure variability and hypertension: a research agenda. In S. Julius & D.R. Bassett (Eds.), *Handbook of hypertension* (Vol. 9). Amsterdam, New York, Oxford.

Weinberg, S. (1987). Newtonianism, reductionism, and the art of congressional testimony. *Nature, 330*, 433-437.

Weiner, H. (1992). *Perturbing the organism. The biology of stressful experience*. Chicago: The University of Chicago Press.

Weiner, H., Florin, I., Murison, R. & Hellhammer, D. (Eds.) (1989). *Frontiers of stress research*. Toronto: Huber.

Weiner, H., Hofer, A. & Stunkard, A.J. (Eds.) (1980). *Brain, behavior, and bodily disease.* New York: Raven Press.

Weinstock, N., Bartholome, M. & Seidel, D. (1981). Determination of apolipoprotein B by kinetic nephelometry. *Biochimica Biophysica Acta*, 663.

Weiss, J.M. (1972). Psychological factors in stress and disease. *Scientific American, 226*, 104-113.

Wetterer, A. & von Troschke, J. (1986). *Smoker motivation*. Berlin: Springer.

White, R.W. (1959). Motivation reconsidered: the concept of competence. *Psychological Review, 66,* 297-333.

WHO MONICA Project (1994). Myocardial infarction and coronary deaths in the World Health Organization MONICA project. *Circulation, 90,* 583-612.

Wieland, H, Seidel, D., Wiegand, V. & Kreuzer, H. (1980). Serum lipoproteins and coronay artery disease: comparison of the lipoprotein profile with the results of coronary angiography. *Atherosclerosis*, *36*, 427-431.

Wieland, H. & Seidel, D. (1983). A simple and specific technique for precipitation of low-density lipoproteins. *Journal of Lipid Research, 24*, 904-909.

Wieland, H. & Seidel, D. (1983). Quantitative Lipoprotein Electrophoresis. In L.A. Lewis (Ed.), *CRC Handbook of Electrophoresis III*. Boca Raton, FL: CRC Press.

Williams, R.B., Barefoot, J.C., Califf, R.M. & Haney, T.L. (1992). Prognostic importance of social and economic resources among medically treated patients with angiographically documented coronary artery disease. *Journal of the American Medical Association, 267,* 520-524.

Williams, R.B., Haney, T.L, Lee, K.L., Jong, J., Blumenthal, J. & Whales, R. (1980). Type A behavior, hostility and coronary atherosclerosis. *Psychosomatic Medicine, 42,* 539-549.

Williams, R.B., Suarez, E.C., Kuhn, C.M., Zimmerman, E.A. & Schanberg, S.M. (1991). Biobehavioral basis of coronary-prone behavior in middle-aged men. Part I: evidence for chronic SNS activation in Type As. *Psychosomatic Medicine, 53*, 517-527.

Williams, R. & Williams, V. (1993). *Anger kills*. New York: Times Books.

Wilkinson, R.G. (Ed.) (1986). *Class and health. Research and longitudinal data*. London: Tavistock.

Wilson, E.G. (1975). *Sociobiology: the new synthesis*. Cambridge, MA: Harvard University Press.

Winer, B.J. (1971). *Statistical principles in experimental design* (2nd edition). New York: McGraw Hill.

Wing, S., Casper, M., Riggan, W., Hayes, C. & Tyroler, H.A. (1992). Geographic and socioeconomic variation in the onset of decline of coronary heart disease mortality in white women. *American Journal of Public Health, 82*, 204-209.

Wolf, P.A., Cobb, J.L. & D'Agostino, R.B. (1992). Epidemiology of stroke. In H.J.M. Barnett , J.P. Mohr, B.M. Stein & F.M. Yatsu (Eds.), *Stroke: pathophysiology, diagnosis, and management* (pp. 3-27) (2nd Edition). New York: Churchill Livingstone.

Woodward, M., Shewry, M.C., Smith, W.C. & Tunstall-Pedoe, H. (1992). Social status and coronary heart disease: results from the Scottish Heart Health Study. *Preventive Medicine, 21,* 136-148.

Zober, A. & Germann, C. (1992). Zur Prävalenz der Hypercholesterinämie und weiterer koronarer Risikofaktoren bei Mitarbeitern eines deutschen Großunternehmens. *Deutsches Ärzteblatt 89, 31*, B1642-B1648.

Sachregister

Klinische Psychologie

Dietmar Schulte

Therapieplanung

Lehrbuch der Problemanalyse und Indikationsstellung
1996, VI/344 Seiten, DM 48,–/sFr. 48,–/öS 375,–
ISBN 3-8017-0910-8

Wie kann ich einem Patienten mit psychischen Störungen helfen? Welche psychotherapeutischen Methoden sind indiziert? Ist der Patient motiviert und änderungsbereit? Das vorliegende Buch zeigt Psychotherapeuten, wie sie Antworten auf solche Fragen finden können, wie sie eine Therapie über den gesamten Verlauf hinweg planen können und welche Diagnositk dazu erforderlich ist. Das Buch eignet sich für das Studium und die Weiterbildung sowie als Nachschlagewerk für Praktiker.

Peter Missel / Walter Braukmann (Hrsg.)

Burnout in der Suchttherapie

Vom hilflosen Helfer zum engagierten Opfer
1995, 162 Seiten, DM 39,80/sFr. 39,80/öS 311,–
ISBN 3-8017-0858-6

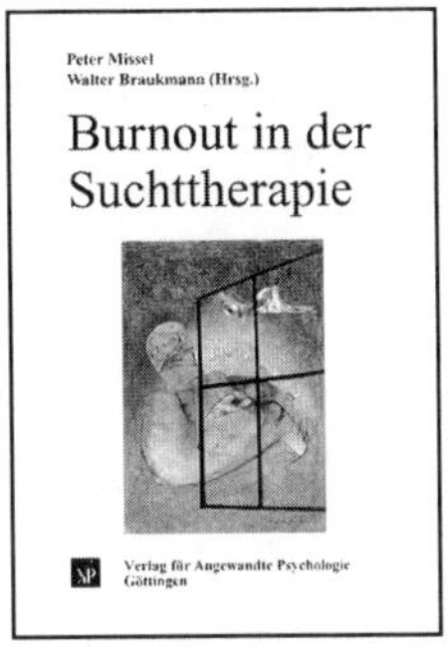

Die Arbeit mit Suchtkranken bleibt bei vielen Helfern nicht ohne Folgen: innere Erschöpfung und Unzufriedenheit mit dem für die Patienten Erreichten sind häufig das Ergebnis. Die Burnout-Gefährdung bei Suchttherapeuten wird in diesem Buch anhand von therapeutischen Modellen, empirischen Untersuchungen und Präventionskonzepten neu beleuchtet. Gleichzeitig will es Mut machen, therapeutische Mythen in der Suchttherapie zu hinterfragen und Strategien aufzuzeigen, Burnoutsymptome rechtzeitig zu erkennen, sich vor ihnen zu schützen oder sie adäquat zu bewältigen.

Rainer Ningel / Wilma Funke (Hrsg.)

Soziale Netze in der Praxis

1995, 284 Seiten, DM 49,80/sFr. 49,80/öS 389,–
ISBN 3-8017-0833-0

Der vorliegende Band gibt einen fundierten Einblick in die Thematik der Sozialen Unterstützung und des Sozialen Netzwerks. Die 20 Autoren aus verschiedenen Disziplinen setzen sich kritisch mit den Konstrukten auseinander und berichten über ihre Erfahrungen mit der praktischen Umsetzung in unterschiedlichsten Anwendungsfeldern. Der Bogen wird gespannt von ausgewählten Konzepten und theoretischen Ansätzen aus der Soziologie, Psychologie und Sozialpädagogik über die Entwicklung sozialer Stützsysteme und deren Ausgestaltung in verschiedenen Lebenszusammenhängen.

Volker Friebel

Morbus Crohn – Psyche einer Krankheit

1995, 188 Seiten, DM 49,80/sFr. 49,80/öS 389,–
ISBN 3-8017-0832-2

Morbus Crohn ist eine Krankheit mit unberechenbarem Verlauf, deren Ätiologie und Pathogenese trotz einiger Annäherungen immer noch im Dunkeln liegt. Das vorliegende Buch stellt ausführlich Krankheitsbild, Begleiterscheinungen, Diagnostik, Ursachenforschung und medizinische Behandlungsmöglichkeiten der Krankheit dar und arbeitet den Wissensstand zu psychischen Aspekten der Erkrankung auf. Dabei wird zunächst auf Persönlichkeitsmerkmale der Patienten eingegangen und der Einfluß von Streß auf den Krankheitsverlauf beschrieben.

Hogrefe · Verlag für Psychologie
Rohnsweg 25 • 37085 Göttingen

Weitere Veröffentlichungen aus der Reihe GESUNDHEITSPSYCHOLOGIE

Band 1
Psychologie des Gesundheitsverhaltens
von Ralf Schwarzer

Band 2
Gesundheitsförderung und Krankheitsprävention im Kindes- und Jugendalter
von Arnold Lohaus

Band 3
Gesundheit, Risikowahrnehmung und Vorsorgeverhalten
von Jürgen Bengel

Band 4
Sport und Primärprävention
von Wolfgang Schlicht

Band 5
Soziale Krisen und Gesundheit
von Johannes Siegrist

Band 6
Gesundheitspsychologie des Jugendalters
von Inge Seiffge-Krenke